全世界无产者，联合起来！

列宁全集

第二版增订版

第五十一卷

1921年6—11月

中共中央 马克思 恩格斯 著作编译局编译
列 宁 斯大林

人民出版社

《列宁全集》第二版是根据中国共产党中央委员会的决定，由中共中央马克思恩格斯列宁斯大林著作编译局编译的。

凡　　例

1. 书信卷正文和附录中的文献分别按篇或组的写作或签发时间编排并加编号。

2. 在正文中,文献标题下括号内的日期是编者加的,文献本身在开头已注明日期的,标题下不另列日期。

3. 1918 年 2 月 14 日以前,在俄国写的书信的日期为俄历,在国外写的书信则为公历;从 1918 年 2 月 14 日起,所有书信的日期都为公历。

4. 目录中标题编号左上方标有星花 * 的书信,是《列宁全集》第 1 版刊载过的。

5. 在正文中,凡文献原有的或该文献在列宁生前发表时使用过的标题,其左上方标有五角星☆。

6. 未说明是编者加的脚注为写信人的原注。

7. 著作卷《凡例》中适用于书信卷的条文不再在此列出。

目　录

插　　图

前　言

本卷收载列宁在 1921 年 6 月下旬至 11 月上旬的书信、电报、便条、批示等。这个时期的列宁著作编入本版全集第 42 卷前半部分。

1921 年春新经济政策施行不久，俄国整个伏尔加河流域和乌拉尔部分地区发生空前的饥荒。本卷中的很多书信反映了列宁领导苏维埃政府采取各种紧急措施来救济千百万饥民的具体情况。列宁向全国人民发出全力救济饥民的号召，想方设法往灾区调拨食物和种子。他赞同全俄赈济饥民委员会争取从国外获得救济粮的活动，坚持对利用这个组织进行反苏维埃活动的立宪民主党人、孟什维克和社会革命党人采取最严厉的措施。他欢迎国外赈济俄国饥民的活动，高度评价国际工人阶级的募捐活动，赞许欧美国家一些个人往俄国邮寄食品包裹，接受著名挪威学者南森领导的国际赈济饥民委员会的援助。苏维埃政府同美国救济署和国际联盟的代表就赈济俄国饥民问题在 8 月开始的谈判，是一场极其复杂的斗争。列宁在一些函电中既提出苏俄代表应采取的谈判策略和原则立场以及争取达成协议的具体建议，又指示苏俄代表高度警惕对方的活动，公开揭露他们的反苏目的。他认为战胜饥荒的主要出路在于迅速征收粮食税。列宁有关粮食税征收工作的函电在本卷中为数不少。在救灾的同时，列宁十分关心农业生产的恢复和发展。他指示国家计划委员会制定关于恢复和发展受灾地区农业的计划,要求农业人民委员部有力地推行这一计划。他在9月29日给尼·彼·哥尔布诺夫的信中称赞工业企业农场总管理局下属的一些国营农场为建立真正无产阶级农业所取得的成就。

改行新经济政策以后,列宁十分关注新经济政策的实施情况及其结果。本卷涉及这一内容的书信很多。在实施新的经济政策和探寻社会主义经济建设的新途径的过程中,列宁认为发挥地方的独创精神和进取精神最为重要。他在本卷开首的给撒马尔罕共产党员的电报中写道:"现在,主要的是立即改善工农的状况。粮食税,工农业之间流转的发展,小工业的发展,——这一切当前都取决于地方工作人员的干劲和才能。"(见本卷第1页)他起草的《劳动国防委员会给各地方苏维埃机关的指令》和《劳动国防委员会关于地方经济会议、关于报告制度和关于贯彻执行劳动国防委员会指令的决定草案》(见本版全集第41卷),提出了新经济政策条件下的工作任务和工作方法,责令省县两级经济会议定期汇报工作,以便研究、总结和交流各地的实际工作经验。6月30日全俄中央执行委员会主席团通过这两个文件。列宁在7月和8月发了许多函电,作了若干批示,督促迅速印发这两个文件,检查各地经济会议上送报告的情况,布置对这些报告进行分析研究。7月21日他写信给中央各报编辑部,要他们发表解释《决定》的文章,详细论述地方经济会议和报告对于执行新经济政策和正确进行经济建设所具有的原则性意义,"尤应强调商品交换问题,还有发挥地方经济积极性问题,同官僚主义作斗争以及吸收非党人士参加经济建设事业问题"(见本卷第94页)。列宁还告诫各民族共和国的共产党员要谨慎地实施新经济政策,务必考虑当地的条件和特点。在 8 月 7 日分别给米·巴·托姆斯基的信和给格·伊·萨法罗夫的信中,列宁强调必须慎重地对待土耳其斯坦的穆斯林贫苦农民,要尽量多关心他们,把他们组织起来,进行教育;也需要向当地的农民和商人作一系列让步。他在 9 月 13 日致阿·阿·越飞的信中重申新经济政策要特别注意保护当地人的利益,要取得当地人的信任。他认为这是一个具有世界性的问题,将会影响印度,影响东方,要千倍地慎重。

　　列宁在实行新经济政策的初期认为有组织的商品交换是最重要的问题。他屡次向中央消费合作总社询问基层合作社用盐、煤油、布匹等交换农民的剩余产品和原料的情况。他强调同农民的商品交换应在完全自愿的基础上进行,批评"强制性的商品交换"的做法。他在 9 月开始感到自愿的商品交换不会收到预期的效果,实物交换开始变成商品买卖,货币交换引起对货币的需求。他在 9 月致列·达·托洛茨基的一封信中写道,现在到处都在叫嚷没有钱,我们可能崩溃,做买卖的浪潮比我们有力。商品交换明显失败以后,列宁及时提出从国家资本主义转到国家调节商业和货币流通。为此,建立稳定的苏维埃货币成为一项迫切的任务。在 10 月 17 日致财政人民委员尼·尼·克列斯廷斯基的信中,列宁要求加快准备币制改革,采取措施整顿和改革同各方面都不适应的国家预算。在 10 月 28 日致叶·阿·普列奥布拉任斯基的信中,列宁提出要根本改变币制改革的整个速度,拖延就有危险。他在 11 月初给普列奥布拉任斯基的几张便条,就整顿货币流通情况和稳定卢布价值问题提出降低钞票面值等具体意见。

　　从本卷收载的众多信件和批示中可以看出,列宁对国家计划委员会的工作格外重视。列宁写给国家计划委员会主席格·马·

克尔日扎诺夫斯基的许多书信，提出了科学编制国民经济计划、正确安排国家计划委员会的工作的具体意见。他在7月2日的信中特别强调指出，国家计划委员会主要的任务仍是迅速地消除显然不合理的、显然与国家经济计划相矛盾的东西。对于国民经济中的各种问题，如建造油船问题、森林工业的新管理形式、И.И.马霍宁工程师发明的电动机车、允许在乌拉尔地区对英国资本家实行租让的条件、发展农业以及发生饥荒地区的播种计划等，列宁都征询国家计划委员会的意见。这类书信文献充分体现出列宁的民主作风。列宁写给中央统计局的几封信，除了布置新的统计任务，还对改进统计工作提出建议。

　　本卷大部分文献反映了列宁领导经济建设的日常活动。列宁提议选择一些工人和诚实的专家，在工农检查院成立一个由亚·阿·科罗斯捷廖夫领导的经济部门促进委员会。7月份列宁与科罗斯捷廖夫的多次通信谈这件事。列宁认为，委员会的基本任务是：振兴经济，改进工作，力求做到真正个人负责。列宁为保证卡希拉电站工程和沃尔霍夫电站工程必需的物资、设备和粮食的供应发出很多函电。他关心发展采金工业的措施和金矿开采场所需物品的保障。他非常重视顿巴斯煤炭工业的恢复和发展，命令各省党政机关动员离开顿巴斯的煤矿工人返回矿井，指示顿巴斯煤田中央煤炭工业管理局促进当地的工业、商业和农业协调发展。他请科学捕捞研究专家不时报告渔业和鱼品工业总管理局的工作进展情况，提出改进工作的建议。他主张国家集中人力和物力发展那些对国民经济有决定意义的重点企业，为此责成国家计划委员会选择仍由国家供应的第一批企业。他在9月12日给各区域和各省经济会议的电报中指出，当前经济建设最重要最迫切的任务之一,就是缩减由国家供应的企业的数目,只保留最少量的规模最大、设备最好的企业和厂矿由国家供应。

国营企业改行经济核算以后,1921 年 9 月 10 日列宁签署的《工资问题基本原则》对工资制度作了相应的改革。在此以前,列宁在工资问题上曾广泛听取政治局委员、大企业领导人、工会干部和工程技术人员的意见。列宁强调劳动报酬和生产成果之间的直接联系,赞成物质奖励,实行提成、奖金等制度,以提高工人积极性。他在 10 月 10 日的一份电报中赞成顿巴斯煤矿实行按生产率用粮食和现金支付劳动报酬的新规定,废除过去平均支付的办法。他在 10 月 15 日写给瓦·亚·阿瓦涅索夫的信中提议,对仓库工作人员应按其把库存的东西直接分发给企业而腾出库房的面积给予奖励,也奖励把库存货物直接送到工厂的人。他写道:"不同个人利益结合,什么也办不成。要**善于**同利益结合起来。"(见本卷第441 页)他在 10—11 月间致伊·伊·拉德琴柯的信中指示,对外贸易人民委员部的小包买主、代办员和代销人筹集出口储备的工作应按比例提成。他在收到 А.И.波嘉耶夫关于对渔业工人实行计件工资、物质鼓励等新的报酬方法促进捕鱼量猛增的报告后,10月 9 日去信建议波嘉耶夫写一篇介绍新报酬方法的文章在报纸上发表。在 10 月 22 日致列·谢·索斯诺夫斯基的信中,列宁主张在生产企业里为迅速减少库存物资积压规定奖金。

列宁认为实行租让政策和加强对外经济联系有利于最迅速地恢复国民经济。本卷的若干函电表明列宁竭力促使同资本主义国家的租让谈判取得实际结果。同美国的俄裔百万富翁哈默签订的租让合同是苏维埃共和国谈成的第一个租让合同。列宁自始至终参与了这项谈判。10 月 14 日列宁写信通报全体中央委员:朱·

哈默想以优惠条件向乌拉尔工人提供100万普特粮食,他的儿子阿·哈默去过乌拉尔并决定帮助恢复乌拉尔的工业。他在10月19日致路·卡·马尔滕斯的信中写道,必须使哈默答允的事情具有租让合同这种确切的法律形式,因为这在政治上是重要的,让世人看到美国人已经承租。他在10月27日致伊·伊·拉德琴柯的信中指出,这个合同作为贸易的开端具有重大意义。此外,英国大工业家莱·厄克特的承租问题、同瑞典滚珠轴承公司的租让谈判以及同意大利关于缔结贷款协定的谈判,列宁也过问甚详。他在10月13日的一份电报中指出:"如不进行对外商品交换,共和国的经济复兴是不可能的。"(见本卷第434页)当时各民族苏维埃共和国都有自己的对外贸易。列宁在许多情况下支持它们在对外贸易业务中有某种独立性,认为这可以迅速购买设备和粮食以恢复工业和改善工人的生活。本卷的几封书信反映列宁对阿塞拜疆石油委员会和南高加索各共和国的对外贸易的监督。

　　欧美工人集体参加苏维埃俄国工农业的恢复工作,是1921—1922年出现的国际无产阶级援助苏俄的新形式。列宁对这种生产援助的经济意义和政治意义给予很高评价。1921年6月间劳动国防委员会通过的关于美国的工业移民的决定指出,最好采用将某些个别工业企业或某几批企业按照议定的条件租给美国工人集体来经营的办法。列宁在10月13日致悉尼·希尔曼的信中,祝贺迅速达成关于组织美国工人援助苏维埃俄国的协议,指出特别重要的是组织这种援助的工作现在在那些并非共产主义者的工人中开展起来了。在同外国工人签订的所有协议中,最大最重要的一个是关于美国工人移民团承办库兹涅茨克煤田一批企业和承租库兹巴斯一片土地的协议。列宁9月和10月写给瓦·弗·古

比雪夫、路·卡·马尔滕斯、尼·彼·哥尔布诺夫等人的一些信是
处理同库兹巴斯自治工业侨民区签订合同和该侨民区的活动问
题的。

　　列宁重视科学技术和文化教育的书信在本卷中也占有一定的
数量。列宁在许多书信和批示中继续关心无线电技术、泥炭水力
开采法、电犁的鉴定和运用。他注视欧美科学技术新成就并主张
从国外引进技术。他在9月3日致哥尔布诺夫的信中指示，最高
国民经济委员会必须明确规定由谁负责向人民委员会和劳动国防
委员会清楚地、及时地、切合实际而不是例行公事地介绍欧美的技
术，尤其要做到一切最重要的新式机器在莫斯科都应当有一件，以
便学习和教授。在9月30日的一封信中，他确定外文图书委员会
的任务是："尽力使1914—1921年间国外出版的最新的科学技术
（化学、物理学、电工学、医学、统计学、经济学等等）杂志和书籍在
莫斯科、彼得格勒和共和国各大城市的专业图书馆里都备有一份，
并做到按时收到一切期刊。"（见本卷第378页）他关心一切同教育
人民委员部的工作、学校的工作以及扫盲任务有关的最重要的事
情。他直接参与《关于改善学校和其他教育机构供应措施的决定》
这一文件的起草。他在9月8日致格·叶·季诺维也夫的信中认
为，绝对需要让本地居民特别是农民也负担学校的部分费用，容许
为供应教育人民委员部各机关而开办和租赁企业，以改善学校的
经济情况并减轻教师挨饿的程度。有一些书信反映列宁对教学地
图集的绘制、现代俄语词典的编写和马克思恩格斯通信编选的关
心和指导。

　　本卷中的大量函电表现出列宁处理党政机关的各种日常工作
的情况。列宁非常注意改进党政机关的工作。他要求党政干部严

格遵守党和国家的纪律,准确无误地完成承办的事情。他反复强调在各个部门和各项工作中都要建立个人负责制,追究玩忽职守和领导不力的人的责任。他在9月3日致哥尔布诺夫的信中写道:建立明确的个人负责制是人民委员会办公厅和劳动国防委员会办公厅最重要的工作,他将严格地要求做到这一点;应该有监督检查制度,对每一项工作都要经常检查实际完成情况,这是最重要最必需的。他在9月19日致尼·巴·布留哈诺夫的信中强调指出,应该改变一切部门性的指示和命令都送给人民委员会主席签署的做法,要敦促地方机关按正常纪律办事。他要求及时而准确地递送人民委员会主席收发的信件,并亲自拟出传送人民委员会主席发出的文件的几条规定。他按无产阶级原则排解人事纠纷,解决党组织内的冲突。在9月29日致季诺维也夫的信中,他反对借口原则分歧把持不同意见者打成有错误倾向的人。他要求中央和地方国家机关工作人员认真处理人民的申诉和来信,他自己总是毫不迟延地处理违法乱纪行为。他对同志们的健康和治疗、工作安排以至生活困难的关怀感人至深。

　　列宁不能容忍官僚主义和拖拉作风。他在本卷中两次说道,如果容忍拖拉作风,那就不要搞任何经济建设了。他在9月3日致司法人民委员德·伊·库尔斯基的信中指出,拖拉作风在莫斯科各机关和中央各机关屡见不鲜,应注意同这种现象作斗争。他在这封信中提出对失职人员要在报刊上申斥并严加惩办、选择有说服力的有关拖拉问题的案件提交法庭审理等七条整治拖拉作风的措施。9月27日致伊·卡·叶若夫的信又提出反拖拉作风必须采取的三项措施。9月30日写给副司法人民委员的信再次提出由法庭审理若干件有关拖拉作风的案件,要使每次审判都成为

有政治影响的事件。列宁在 10 月 20 日致莫斯科革命法庭的信中
强调说,无论从党的角度还是从政治角度看,都应该把对拖拉案件
的审理搞得非常庄严、非常有教育意义,应该使判决给人以强烈的
震动。

　　本卷中还有一些关于国际共产主义运动和工人运动的信件。
这些信件表明列宁密切注视欧美各国共产党和工人运动的动向,
尤其注意纠正某些共产党活动家的右倾机会主义错误和左倾宗派
主义错误。7 月 7 日写给共产国际第三次代表大会策略委员会会
议参加者的信和 8 月 13 日写给季诺维也夫的信较为重要。在前
一封信中,列宁指出流亡国外的共产党人常常采取"过左"的立场,
尽管如此,依然应该尊重那些优秀的、忠实可靠的革命者。在后一
封信中,列宁建议在德国以合法形式建立一个对国际工人运动资
料进行正确的综合和辑选的情报所,按国际帝国主义和国际工人
运动这两个主要问题查阅世界各国全部书刊并按问题编纂重要书
籍和报纸文章的目录,还建议编辑一些诸如共产主义运动内部和
外围以及工人运动内部的分歧和争论问题、著名的罢工和事件的
经过等等的专题目录。

　　在《列宁全集》第 2 版中,编入本卷正文部分的书信、电报、便
条和批示共 602 件,另有 39 封列宁签署的并非列宁起草的重要书
信作为《附录》收载。所有这些文献绝大部分未编入第 1 版。

　　在本增订版中,本卷文献比第 2 版相应时期的文献增加 1 篇,
即《给俄共(布)各省委员会和区域委员会的电报》,编入本卷的附
录部分。

弗·伊·列宁

（1921 年 11 月）

1921 年

1

给撒马尔罕共产党员的电报[1]

（6月27日）

撒马尔罕　省党委　**沙夫兰斯基**

感谢朋友们对我的问候。现在，主要的是立即改善工农的状况。粮食税，工农业之间流转的发展，小工业的发展，——这一切当前都取决于地方工作人员的干劲和才能。资本主义对我们说来并不可怕，因为无产阶级牢牢地掌握着政权、交通运输和大工业，并且能够通过监督把资本主义引上国家资本主义的轨道。在这样的条件下，资本主义有助于同官僚主义和小生产者的涣散性进行斗争。**我们知道我们要的是什么，因此我们定能取得胜利。**

劳动国防委员会主席　**列宁**

载于1932年《列宁文集》俄文版第20卷

译自《列宁全集》俄文第5版第53卷第1页

2

致全体人民委员或副人民委员

1921年6月27日

阿瓦涅索夫同志向你们分发了昨天印出的劳动国防委员会和人民委员会的指令草案并附有需要汇报的问题。①

这个草案将由全俄中央执行委员会于星期四，即6月30日，最后批准。

所有的修改意见必须在星期三即6月29日中午12时以前送交阿瓦涅索夫同志。

各人民委员负责考虑与各该人民委员部有关的汇报问题是否**全面周到**并务使问题的措辞得当。

修改意见过期概不受理。

人民委员会和劳动国防委员会主席

弗·乌里扬诺夫（列宁）

载于1945年《列宁文集》俄文版第35卷

译自《列宁全集》俄文第5版第53卷第1—2页

---

① 见本版全集第41卷第259—285页。——编者注

3

致土耳其斯坦共和国
人民委员会和粮食人民委员部

(6月27日)

刚从你们那里回来的巴达耶夫同志向我简略地谈了当地同志对他的殷勤接待以及他们对莫斯科和彼得格勒工人的事业的热情支持。

恳请转达我对当地全体同志的深切谢意,并请求他们今后继续千方百计地对两个首都的工人给予最有力的粮食支援。

情况严重。必须尽力支援。我相信你们一定会全力以赴。

致共产主义的敬礼!

弗·乌里扬诺夫(列宁)

载于1921年8月24日《俄罗斯联邦驻花拉子模苏维埃共和国全权代表处通报》第20号

译自《列宁全集》俄文第5版第53卷第2页

4

致邮电人民委员部

6月27日

附上布留哈诺夫同志就渔业电报问题打来的电话的记录。

请你们注意渔业和**迅速**发送渔业电报的**极端**重要性。[2]

我坚决命令你们尽**最大**努力并同布留哈诺夫**商妥**。

请将有关这件事的情况告诉我。

劳动国防委员会主席

弗·乌里扬诺夫(列宁)

译自《列宁全集》俄文第5版
第53卷第3页

5

致维·米·莫洛托夫[3]

(6月27日)

这就是那个名单:

福季耶娃,莉迪娅·亚历山德罗夫娜。从1902——1904年我
侨居国外期间起就认识她。

格利亚谢尔⎫1917年入党,我从1917年10月5日起认识她
沃洛季切娃⎭们,两人从1917年10月起在斯莫尔尼宫工作。

勒柏辛斯卡娅,我在侨居国外时从 1903 年起认识的潘捷莱蒙·尼古拉耶维奇·勒柏辛斯基的堂妹。

列 宁

6 月 27 日

译自《列宁文集》俄文版第 38 卷
第 369—370 页

6

给克·格·拉柯夫斯基、米·康·弗拉基米罗夫、乌克兰共产党(布)中央的电报[4]

(6 月 28 日)

哈尔科夫　人民委员会　拉柯夫斯基、
乌克兰共产党(布)中央、
乌克兰粮食人民委员部　弗拉基米罗夫

你们从 6 月 22 日起完全停止了向中部地区发运粮食。我要对布留哈诺夫的电报补充指出一点,如不立即恢复从乌克兰每昼夜至少发运一列车粮食,中部地区势必濒于绝境。不这样做,两个首都的供应势必长时间地严重中断,而这在共产国际代表大会期间是尤其不能容许的。因此,建议立即恢复向北方发运粮食,每日至少 30 车皮。

务请你们用电报和电话告知你们现在采取的措施以及成功的把握如何。

人民委员会主席　**列宁**①

载于 1932 年《列宁文集》俄文版
第 20 卷

译自《列宁全集》俄文第 5 版
第 53 卷第 3—4 页

7

致伊·阿·泰奥多罗维奇

（6 月 28 日）

高尔基送来了《赈济饥民委员会》草案。

请过一刻钟,李可夫阅毕后向他索取。

明天我们要在政治局作出决定。请您打电话给莫洛托夫,让他明天给您安排 5 分钟时间。

我个人认为可以把我们的草案同高尔基的草案结合起来。[5]

载于 1959 年《列宁文集》俄文版
第 36 卷

译自《列宁全集》俄文第 5 版
第 53 卷第 4 页

---

① 签署该电的还有维·米·莫洛托夫。——俄文版编者注

8

☆致鲁勉采夫博物院

（6月28日）

请把黑格尔《逻辑学》一书借给我暂时用一下。现派脚踏车兵拉丘金同志前去取书。

　　　　　　人民委员会主席　　**列宁**

载于1940年1月20日《汽笛报》
第16号

译自《列宁全集》俄文第5版
第53卷第4页

9

同彼·拉·沃伊柯夫的来往便条
和给秘书的指示

（6月28日）

电报是否都已发出？[6]

一定叫人**检查电报是否收到**：电报何时送交收件人？请告诉我。

（1921年6月27日）①

电报有两份：
1. 拍给洛卡茨科夫的。——6时前线路不通。
   电报是在昨天**6时16分—18时16分**之间发出的。
2. 给克拉辛的电报也是在昨天下午4时以后发出的。由国外站发往伦敦的时间我暂时不知道。今天晚上将由外交人民委员部报告此事。

沃伊柯夫

请提醒我。

译自《列宁文集》俄文版第38卷
第370页

10

给格·康·奥尔忠尼启则的电报

6月29日上午11时10分

致奥尔忠尼启则

我刚到，也刚看了您拍来的密码电报。希望今天就能了解某些详情并给您发去密码电报。现在只能对您说：别着急，忍耐一下，留下来。要实行极其谨慎的政策。形势可能很快就好转。②

---

① 发电报的日期是列宁写在彼·拉·沃伊柯夫的便条上的。——俄文版编者注
② 列宁在"形势可能很快就好转"这句话下面画了着重线并在页边写了"密码"一词。——俄文版编者注

您在弗拉基高加索还能停留多少小时？

列　宁

发往弗拉基高加索

载于 1945 年《列宁文集》俄文版
第 35 卷

译自《列宁全集》俄文第 5 版
第 53 卷第 5 页

11

致尼·彼·哥尔布诺夫[7]

（6 月 30 日）

　　哥尔布诺夫同志：请弄清是否能给予帮助和给予什么样的帮助。请千方百计地给予帮助。（这个印刷厂是否已列入李可夫实行集体供应的六个厂之内？斯莫尔亚尼诺夫是否要到那里去看一看？）

列　宁

6 月 30 日

载于 1932 年《列宁文集》俄文版
第 20 卷

译自《列宁全集》俄文第 5 版
第 53 卷第 5 页

12

致波·斯·斯托莫尼亚科夫

1921年6月30日

斯托莫尼亚科夫同志：

谨向您介绍来人格奥尔吉·德米特里耶维奇·

瞿鲁巴同志，

他是对我们**极为**重要的卡希拉电站[8]的建设者。

为了**迅速**在柏林订购必需的货物，付清货款并力争**毫不拖延地**取得货物，需要有人给他出主意或给予其他帮助，特别是钱。

请千方百计地给予帮助。

能否打电报在克拉辛(从伦敦回莫斯科)路过柏林时截住他。

致共产主义的敬礼！

列　宁

发往柏林

载于1959年《列宁文集》俄文版
第36卷

译自《列宁全集》俄文第5版
第53卷第6页

13

给安·马·列扎瓦的电话

（6月30日）

对外贸易人民委员部
列扎瓦同志

鉴于同瑞典滚珠轴承公司签订租让合同一事非常紧迫和重要，请采取必要措施尽快解决购买该公司现有库存滚珠轴承问题。[9]必须于一周内提出最后解决办法。请将以后的情况通知我。

人民委员会主席　**列宁**

载于1959年《列宁文集》俄文版
第36卷

译自《列宁全集》俄文第5版
第53卷第6页

14

致全俄肃反委员会①

(6月30日)

全俄肃反委员会

　　抄送:邮电人民委员部

　　请把无线电报专家和发明家艾森施泰因和现任我们电力工业托拉斯领导职务的工程师施瓦尔茨被捕的有关材料给我送来。

　　　　　　　　　　劳动国防委员会主席

　　　　　　　　弗·乌里扬诺夫(列宁)

　　附言:关于他们每个人的情况

(1)何时被捕?

(2)根据谁的命令?

(3)逮捕的理由?

(4)谁侦查的?

(5)罪证?

(6)关于释放可能性的结论意见?**10**

　　　　　　　　　　　　　　列　宁

　　　　　　译自《列宁文集》俄文版第37卷
　　　　　　第301页

---

① 内容相同的信,在同一天还分别送给邮电人民委员部瓦·萨·多夫加列夫斯基和最高国民经济委员会尼·尼·瓦什科夫。——俄文版编者注

15

致维·米·莫洛托夫

（不早于 6 月 30 日）

莫洛托夫同志：

我认为，把附上的信件留做鉴定材料[11]是有益的。

务请以中央委员会名义（尽快地）正式通知萨普龙诺夫和波格丹诺夫：谢列布里亚科夫本人已拒绝，不能委派他了。

这样一来只好由波格丹诺夫自行安排国家建筑工程委员会的人选了（萨普龙诺夫挂名＋阿尔费罗夫＋瞿鲁巴＋扎哈罗夫＋戈尔多维奇）。我昨天已经同波格丹诺夫谈妥。

您的　列宁

译自《列宁文集》俄文版第 39 卷
第 300 页

16

致安·马·列扎瓦

（7 月 2 日）

列扎瓦同志：

现退回。

我对拉比诺维奇的印象不好。他从5月22日逗留到6月11日,**却一条切实的建议都没有提出来! 只是唉声叹气!**[12]

莫非这就是他所掌握的全部情况吗?

再没有更详细的材料了吗? 他仍旧"没有最后考虑好"吗??

致共产主义的敬礼!

列 宁

7月2日

译自《列宁文集》俄文版第37卷
第302页

17

致格·马·克尔日扎诺夫斯基[13]

7月2日

格·马·:

写得不好。

"初读"后的一般印象是:

第1页:"很多人"看到了"显而易见的"偏向……

(为什么要承认责难的人"很多"? 一下子调子和"步子"就错了……有利于敌人。)

第2页:

"各人民委员部通盘的改组不可避免地牵涉到……"

("不可避免"吗? 完全**可以避免**,因为**没有**进行任何**通盘**

的改组。结果是:作者把读者的注意力引导到**并不存在**
的"通盘的"事情上面去了。)

第3页:

划分出主要的,集中于大企业,等等……

"但只要好好想一想,就能看出不可能**零敲碎打**……"

"零敲碎打"。

(证明不了。只有**零敲碎打**才有可能。应当从一点一滴
开始,从**一件**事开始。)

第4页……不能容许搞极端

(无可争辩,但纯属理论)

奥萨德奇在对外贸易人民委员部(已提过两次)

"国家计划委员会**委员们**不得不**无休止地**(只奥萨德奇一
人吧?)从事起草工作……"

$$35-1=34$$

第5页……

燃料…… 拉林(为什么**不举出**任何一个数字,却引证他
的话呢? 这是长敌人的志气! 要么根本不提他,不用拉
林的话,而用自己的话,用事实来谈自己的工作,要么对
他展开进攻。别的战术都必败无疑。)

第**6**页:"匆忙组成了一个同饥饿作斗争的工作人员小组"

(? 这根本不是国家计划委员会的事!)

第7页

第8页 劳动国防委员会主席的指示

（？哪些？读者不知道）

　　最高运输委员会＋运输总委员会

　　交通人民委员部……**"大概很快就会有所表示"**（加上了着重标记的话也是对敌人有利的）。涅奥皮哈诺夫……

　　（他做了什么呢？没说过一句明明白白的话。

　　哪怕举一个例子也好。他给过什么帮助？

　　做到了节约？揭露了错误？帮助避免了错误？究竟是怎么帮助的？）

8—9：　……**"任务"**……

　　任务已令人如此厌烦，最好是闭口不谈。大家的任务都多得要命。

　　共同的、普遍的、无所不包的任务**显然**是完成不了的。

写得不好，也可以说完全不行。最好暂时在报刊上默不作声。至于向劳动国防委员会的汇报：

（α）明确列出**实际上已做到的**事情，哪怕只举三四个不大的，但却是准确的、实际的例子，要讲已经取得的成绩，而不要讲任务，要讲已经具体完成的，而不要讲一般的、设想的。

　　拉姆津在彼得格勒做了些什么？

　　涅奥皮哈诺夫在莫斯科做了些什么？

　　斯特卢米林

　　波波夫

　　其他人

（β）每个委员是否都分配了工作？什么时候分配的？这样的人在

35 人中占多少?

(γ)在人民委员部所属 10 个委员会中间只同 **1 个**(? 燃料委员
会)关系**正常**。

这表现在哪里?

1921 年下半年的计划中有哪些实际上已经达到了?

燃料的节约?

　　结论:继续同 10 个委员会**打成一片**,克服 9 个**什么也**不
干的委员会的因循守旧习气?

(δ)**拟订**1921 年下半年计划?

　　农业人民委员部(收成?)中央统计局?

　　日常工作组

　　最高国民经济委员会

依我看,为了向劳动国防委员会作汇报,就应当大致这样准备
材料。

看来,总的综合计划最早要 1921 年秋才能订出,在大致弄清
收成以前是**不能**把这个计划提出来的。

就这样吧。(但收成是一回事,**完成的**税收额和**拿到的**粮食数
则是另一回事。数字要到 1922 年,即事后,才能知道。)

这就是说,**无论如何都应当以预计的最低量**为出发点。

局部的计划已经制定(是燃料吗?);制定了$\frac{1}{2}$(是交通人民委
员部吗?)。似乎在这里可以举一点具体事实。

制定了$\frac{1}{4}$? 人口总数?(这是中央统计局的事,**不归国家计划**
委员会管。大家都要把**自己的**工作往国家计划委员会身上推。国
家计划委员会不应当容许这样。)

而主要的仍是:迅速、立即、"零敲碎打地"**消除显然不合理的、显然与国家经济计划相矛盾的东西。**

(关闭哪个部门的哪些企业……

哪些铁路停运,哪些半停运……

建设哪些运输燃料的支线……

据拉姆津说,有一片森林比任何亚—恩巴都能提供更多木材。应该为它起一个名称,并作出计划:怎样采伐,怎样运输……

1 000 个好工厂中,到几号开工 10 个,几号开工 50 个等等,就是达到 100 个或 200 个也好。)

您的 列宁

载于 1959 年《列宁文集》俄文版
第 36 卷

译自《列宁全集》俄文第 5 版
第 53 卷第 7—10 页

18

致约·斯·温什利赫特[14]

(7 月 4 日和 7 日之间)

温什利赫特同志:有人报告说彼得格勒的情况很糟。说社会革命党人已加紧活动,而彼得格勒肃反委员会对社会革命党人的活动竟一无所知!说他们都是新人,秘密工作搞得很出色,有自己的情报机构。

说可不要大意,别再出现一个喀琅施塔得。

请您多加注意,**今天就**给我写封便函来。

要不要从这里派些经验丰富的肃反工作人员到彼得格勒去?[15]

据说,社会革命党人正把拥护社会革命党的农民派到彼得格勒去?

您得到什么消息,您有什么计划?

致共产主义的敬礼!

列　宁

译自《列宁全集》俄文第5版
第54卷第441页

19

给莉·亚·福季耶娃的指示[16]

(7月4日和9日之间)

(1)弄清:邀请莫斯科人一事由谁决定?(问约诺夫?)

(2)关于第4节,不许派人出国。

给拉品斯基写信(由拉狄克转交):(1)他什么时候把自己的稿件和(2)参考**书目**寄来。

载于1932年《列宁文集》俄文版
第20卷

译自《列宁全集》俄文第5版
第53卷第10页

20

给格·康·奥尔忠尼启则的电报

(7月4日)

致奥尔忠尼启则

您中断了斯大林的休养[17]，使我感到惊讶。斯大林本来还应当至少休养4个或6个星期。请把有经验的医生的诊断书要来。

请告诉我，您为巴库和发展对外贸易在做些什么。您对此保持沉默真令人怀疑。

列　宁

发往梯弗利斯

载于1942年《列宁文集》俄文版
第34卷

译自《列宁全集》俄文第5版
第53卷第10页

21

致托·Л.阿克雪里罗得

(7月4日)

阿克雪里罗得同志：现送上我的讲话稿。[18]我已作了修改。请交给一位**德国人**略加润色,然后,将校样送给我看。

致共产主义的敬礼!

列　宁

7月4日

译自《列宁文集》俄文版第38卷
第372页

22

致俄共(布)中央政治局[19]

(7月5日)

建议通过电话予以批准并作如下补充:委托购买尽可能多的小麦和大米。

列　宁

7月5日

译自《列宁全集》俄文第5版
第53卷第11页

23

同埃·马·斯克良斯基的来往便条

（7月5日和9月2日之间）

致斯克良斯基

这个思想,原则上我早就坚持过,当时要求(并和伏龙芝商量过)：**主要**从遭受饥荒的省份**征召青年入伍**。

列别捷夫的想法是对的。[20]让他稍微考虑一下,找人商量商量,或者提交劳动国防委员会

或者写信给我。[21]

列别捷夫讲的,不是军队问题,而是劳动、民警、劳动军、总劳动等等问题。

关于军队问题,如果您记得的话,曾提交政治局讨论过,政治局决定在各地,不仅在遭受饥荒的地区,都要强调阶级成分。当然,也需要首先从那些地区招兵。但是,现在应当找人深入研究的不是军队问题,如果您同意的话。

斯克良斯基：

这是怎么回事?

现在就成立一个委员会吗?

还是应当再研究一下。

译自《列宁文集》俄文版第 37 卷
第 302—303 页

24

致弗·德·凯萨罗夫

(7月6日)

请教学地图集绘制委员会把所有这些资料[22]弄到手,安排小组委员会进行工作,并告诉我小组委员会成员的姓名和小组委员会的工作成果。

列　宁

7月6日

载于1961年《苏联历史》杂志
第2期

译自《列宁全集》俄文第5版
第53卷第12页

25

同博胡米尔·什麦拉尔互递的便条[23]

(7月6日)

请确切指出:

第三国际第二次代表大会提纲是在**什么时候**由**什么**出版社出版的?

代表大会之后,即1920年秋初,在**某些**从前曾是全党机关报的报纸上立即登载了条件[24]。布里安曾在《平等报》上十分明确地讲过这件事。那些当时受右派影响的报纸没有刊载。中央机关报《人民权利报》在被我们夺过来之前一直掌握在右派手里。直到**1月**才在**左派**党的正式出版物上全文发表。

赖兴贝格《**前进报**》[25]上发表的您的讲话的译文

　　　　(1)是否正确?

　　　　(2)是否完整?

列　宁

仅仅是一个简短的摘要。原文几乎比它长5倍。

译自《列宁全集》俄文第5版
第53卷第11页

26

致格·瓦·契切林

(7月7日)

契切林同志或李维诺夫同志:

　　政治局决定让法朗士来。[26]我想,由我来答复他是有好处的。您的意见如何? 如果您反对(由我来答复),那么您的理由是什么?

　　如果同意,可否写个草稿来?

　　致共产主义的敬礼!

列　宁

译自《列宁全集》俄文第5版
第53卷第12页

27

致最高国民经济委员会、
粮食人民委员部、国家计划委员会、
工农检查院、全俄工会中央理事会

1921年7月7日

鉴于**劳动国防委员会**必须于明日最后解决

以劳动国防委员会的名义派去(巴库、格罗兹尼和顿巴斯)的

斯米尔加委员会的

成员、职权范围等问题，

请于今日最迟明日下午6时以前商定该委员会[27]的成员及其

他问题。

劳动国防委员会主席

弗·乌里扬诺夫(列宁)

译自《列宁全集》俄文第5版
第53卷第13页

28

致维·米·莫洛托夫

1921年7月7日

致莫洛托夫同志

根据同温什利赫特的谈话，建议中央作出决定：

责成**明仁斯基**同志立即去休养，直至**医生**出具业已恢复健康的**书面**证明为止。在此期间，每周来此不得超过 2—3 次，每次2—3 小时。

列　宁

载于 1945 年《列宁文集》俄文版　　　　译自《列宁全集》俄文第 5 版
第 35 卷　　　　　　　　　　　　　　　第 53 卷第 13 页

29

致阿·伊·李可夫和维·米·莫洛托夫

（7月7日）

致**李可夫**和**莫洛托夫**

我非常为调动担心。梅霍诺申根本不适合在中央机关工作。

我怀疑巴布金和阿瓦涅索夫把"调查"搞过分了。依我看,你们的委员会应于**3 小时内结束工作**。

对布留哈诺夫

和波嘉耶夫

两人都得斥责一番(**但语气要和缓**)。如果再吵,把两人都撵出去并关起来。[28]

不多说了。

译自《列宁全集》俄文第 5 版
第 53 卷第 13—14 页

30

致共产国际第三次代表大会
策略委员会会议参加者

(7 月 7 日)

致季诺维也夫同志并请将下述内容转告
昨天开会的委员会的成员们

尊敬的同志们:

我听说我昨天在委员会上针对匈牙利共产党人(确切地说,是针对他们当中的某些人)讲的话[29]引起了不满。因此,我赶紧写这封信告诉你们:当我自己流亡国外时(长达 15 年以上),我曾几次采取"过左"的立场(按我现在的看法)。1917 年 8 月,我也流亡国外,曾向我党中央委员会提出过一个过"左"的建议。这个建议幸而遭到断然拒绝。流亡国外的同志常常采取"过左"的立场,这是很自然的。无论过去或现在,我都丝毫无意为此责备像流亡国外的匈牙利同志们这样优秀的、忠实可靠的、有功劳的革命者,我们大家,整个共产国际,对他们都是很尊敬的。

　　致共产主义的敬礼!

列　宁

1921年7月7日

原文是德文

译自《列宁全集》俄文第5版
第53卷第14页

31

致格·瓦·契切林

(7月8日)

契切林同志:

　　同意您的看法,应该接待法朗士。也许可以麻烦您将附件修改一下并交打字员用我的公文纸打出来。

　　是否需要等克拉辛(他将于7月13日到达)? 也许,硬让克拉辛同法朗士见面是不合适的? 也许相反,这么做很合适?

您的　列宁

译自《列宁全集》俄文第5版
第53卷第12页

32

致约瑟夫·法朗士[①]

7月8日

　　致尊敬的美国参议员
　　约瑟夫·欧文·法朗士

亲爱的先生：

　　您1921年7月5日的亲切来函及随函附来的两份饶有兴味的决议已收到，对此我向您深表谢意。我将在下周内（但不早于13日）十分高兴地同您见面和交谈。如果方便，请告诉我您的电话号码、住址以及对您最为合适的时间。

尊敬您的

原文是英文　　　　　　　　　　　译自《列宁全集》俄文第5版
　　　　　　　　　　　　　　　　　第53卷第15页

[①]　列宁在文件上方写道："7月12和13日提醒我。不早于7月13日。"——俄文版编者注

33

在韦谢贡斯克来电上作的标记
和给秘书的批示

（7月8日）

从一些农民的愿望中可以看出有一种想法：以粮食和其他农产品作为保险金，对自己的房屋保火险，条件是春季投保的保险金以后用这些产品来支付。鉴于有必要扩大粮食储备，请对上述想法进行研究，如有可能，则可颁布相应的法律。韦谢贡斯克县粮食委员瓦霍涅夫。

抄送：布留哈诺夫、波格丹诺夫、泰奥多罗维奇、

斯莫尔亚尼诺夫同志

给这四位同志和外交人民委员部发文。

我认为韦谢贡斯克县的同志们的想法是完全正确的；请您立即召集上面指定的人员（5人）开会制订相应的法令。期限一周。

人民委员会主席　**列宁**

载于1932年《列宁文集》俄文版
第20卷

译自《列宁全集》俄文第5版
第53卷第15—16页

34

致莉·亚·福季耶娃

（7月8日）

莉迪娅·亚历山德罗夫娜：

　　请将附信分发出去并进行检查（检查发文和签收登记簿）。

注意 { 应立一个硬皮的**登记簿**，从我这里发出的派人专送的文件都要由收件人**在登记簿上**签收，收据也要贴在里面。

　　给克尔日扎诺夫斯卡娅的信请加盖**印章**并由秘书签字。如有必要，我可用公文纸重抄一遍。请送10—20张公文纸来。

　　敬礼！

列　宁

7月8日

附言：请斯克良斯基给我来一密函

（1）关于军事形势，

（2）总司令同斯大林商定了哪些问题。

载于1945年《列宁文集》俄文版
第35卷

译自《列宁全集》俄文第5版
第53卷第16页

35

致瓦·萨·多夫加列夫斯基

1921年7月8日

邮电人民委员部
多夫加列夫斯基同志

您可以从随信附上的电报抄件中看出,我6月24日给皮达可夫同志的电报直到7月5日才交给他①。由于这种不能容许的延误,我要申斥您,并向您提出警告,今后如再发生类似情况,定将从严惩处。

请把失职人员的姓名和您给他们的处分告诉我。**30**

人民委员会主席
弗·乌里扬诺夫(列宁)

载于1959年《列宁文集》俄文版
第36卷

译自《列宁全集》俄文第5版
第53卷第17页

---

① 见本版全集第50卷第534号文献。——编者注

36

致彼·阿·波格丹诺夫

最高国民经济委员会主席团　波格丹诺夫同志

1921年7月8日

请同对外贸易人民委员部、教育人民委员部和策彼罗维奇同志商量，是否按彼得格勒国民经济委员会的意见，把彼得格勒瓷器厂（原皇家工厂）和琢磨工厂移交给最高国民经济委员会，并指定专门生产出口产品，生产的艺术方面仍受教育人民委员部监督，产品质量仍受对外贸易人民委员部监督。

人民委员会主席

列宁（乌里扬诺夫）

译自《列宁全集》俄文第5版
第54卷第441—442页

37

致俄共(布)中央组织局

(7月8日)

致莫洛托夫同志

请组织局或中央书记处(经政治局电话批准后)准许我按格季耶医生的诊断请假一个月,假期每周来2—3次,每次2—3小时,以便出席政治局、人民委员会和劳动国防委员会会议。休假开始日期(近日内)我将通知莫洛托夫同志。[31]

列　宁

7月8日

载于1959年《列宁文集》俄文版
第36卷

译自《列宁全集》俄文第5版
第53卷第17页

38

致列·纳·克里茨曼[32]

(7月8日和13日之间)

我因病要去休假。但是见面的机会是有的。请写个便条向福季耶娃讲**清楚并要经常过问**。

　　随时可以通电话。

　　请另写封信给组织局。

译自《列宁文集》俄文版第37卷
第303页

39

致格·叶·季诺维也夫[33]

（不早于7月9日）

季诺维也夫同志：

　　我看，应作为**例外情况**予以同意，但一定要讲明这是例外情况。**请立即用电话**表决的方式由政治局通过。

列　宁

译自《列宁全集》俄文第5版
第53卷第18页

40

致格·瓦·契切林

（7月9日或10日）

契切林同志：我接到了柯普用密电专门发给明仁斯基的报告。

请您亲自打电话给明仁斯基核实一下。所谈的那个人反正在等待克拉辛的到来。

关于柯普的计划和克虏伯的建议[34]，我同意。有谣言说，我们这样做会帮助**奥尔格什**[35]（?）获得武器**来屠杀**德国共产党人(!?)。

我建议：写上 20—30 行说明文字来介绍整个计划（为政治局）——不公开地——平心静气地、实事求是地驳斥这一谣言（不提谣言，不提任何人的名字，而是驳斥**可能存在的这类反对意见**）——这样，我们将通过中央予以批准，我想，很快就可批准。

看来，只好撤掉柯普的全权代表职务了。请您考虑一下，由谁来接替，是否能留下他，不是作为全权代表，而**只是**担负一项专门的任务。

致共产主义的敬礼！

列　宁

附言：关于南森的事，我**赞成**。已寄给季诺维也夫。

译自《列宁文集》俄文版第 39 卷第 305 页

41

给秘书的指示[36]

（7月10日）

致值班秘书

（1）请把封好的信分发出去。

把**所有的**信登记下来并**检查签收后**的信件信封退回的情况。

（2）从给"克尔日扎诺夫斯基"的公文袋中把**草案**抽出来并让人**抄写**2—5份，我用铅笔写的修改意见也一并抄上。

原稿退克尔日扎诺夫斯基。

抄件一份装进给斯米尔加的公文袋。

其余的给我送来。

列　宁

7月10日

译自《列宁文集》俄文版第38卷
第373页

42

致尼·巴·布留哈诺夫

7月10日

布留哈诺夫同志:

我接到了洛巴切夫7月9日的信,他说彼得格勒和莫斯科的供应情况急剧恶化。他要求给以指示。

我认为,您应该定出加强工作的措施。我建议:

(1)用特别紧急的、突击的、**革命的**方式,**立即**在莫斯科省加强**税收**工作(黑麦已经收割)。为此,特别要动员莫斯科工人**去支援**粮食机关;

(2)还要普遍地动员干部去做粮食工作,根据政治局**昨天的**决定[37](您把决定的摘录拿去),**尽量**抽调各人民委员部的人员;

(3)再次给乌克兰和西伯利亚粮食人民委员部发出明确的命令;

(4)派遣**特别**考察团(与中央消费合作总社一起)到**波多利斯克**省去,据说那里有大批粮食,粮价每普特苏维埃货币**6 000**卢布。

(一般说来,我的印象是:粮食人民委员部总是**懒得**去做收购工作和商品交换工作,这方面的进展**慢得**要命。没有主动精神。工作不大胆。)

致共产主义的敬礼!

列 宁

请在 7 月 11 日给我回信。

载于 1932 年《列宁文集》俄文版
第 20 卷

译自《列宁全集》俄文第 5 版
第 53 卷第 18—19 页

43

致伊·捷·斯米尔加

(7 月 10 日)

斯米尔加同志:草案阅毕。附上我的修改意见。[38]

我**坚持**向您建议:

(1)不要以**您自己的**名义提出(为什么要无谓地激怒人呢? 既然可能获得**一致通过**,何必还要**制造困难**?)。

(2)仅以最高国民经济委员会**主席团**名义提出。

由最高国民经济委员会主席波格丹诺夫向中央提出。

(3)还有一个建议:关于国家计划委员会的那一条,措辞要同克尔日扎诺夫斯基商量(您的措辞是**不正确的**;我不能接受)。

大体上是很容易取得一致的,那时就可以用两个主席团(最高国民经济委员会主席团+国家计划委员会主席团)的名义提出。

致共产主义的敬礼!

列　宁

请于 7 月 11 日答复。

附言:如能再给粮食人民委员部、工农检查院和对外贸易人民委员部一阅,是否更好?

请考虑并于7月11日答复。

载于1959年《列宁文集》俄文版　　　　　　译自《列宁全集》俄文第5版
第36卷　　　　　　　　　　　　　　　　　第53卷第19页

44

致格·马·克尔日扎诺夫斯基

致克尔日扎诺夫斯基同志

7月10日　　　　　　　　　　　　　　　　　　　　**(秘密)**

格·马·:请速阅。请将此草案同我(用铅笔)所作的修改加以比较。

把您的意见送来。

我删掉了有关国家计划委员会的几节。也许您能改写成一节,说应该朝如此这般的方向加快速度、加强力量、加紧进行。

也许,那样办之后,提纲能由最高国民经济委员会主席团+国家计划委员会主席团双方签署?

请尽快送还并给以答复。

致共产主义的敬礼!

列　宁

载于1932年《列宁文集》俄文版　　　　　　译自《列宁全集》俄文第5版
第20卷　　　　　　　　　　　　　　　　　第53卷第20页

45

致尼·巴·布留哈诺夫、安·马· 列扎瓦和瓦·亚·阿瓦涅索夫

(7月11日)

请暂勿将此草案交任何人看,尽可能快地仔细看完它,然后打电话给我或(如果找不到我接电话)在今天给我写个便条:你们认为是否可行? 你们希望作哪些修改(要十分简短)?

我认为,迅速地并**一致地**通过这一草案是极其重要的。

列 宁

载于1932年《列宁文集》俄文版
第20卷

译自《列宁全集》俄文第5版
第53卷第20页

46

致伊·捷·斯米尔加

(7月11日)

斯米尔加同志:依我看,克尔日扎诺夫斯基起草的稿子完全可以令您满意。我建议务必于今天(最高国民经济委员会主席团不是要在今天开会吗?)将**草案**(经过我修改的、删掉了关于国家计划

委员会那一节的)提交最高国民经济委员会讨论**通过**,**即便是**以克尔日扎诺夫斯基的拟稿**为基础**也行,然后**与该稿一并**送给我。

列　宁

7月11日

载于1959年《列宁文集》俄文版第36卷

译自《列宁全集》俄文第5版第53卷第21页

47

给维·米·莫洛托夫的批复[39]

(7月11日)

两项建议我都赞成。

(1)立即开始向彼得格勒运送煤炭和粮食;立即签字。

(2)同意南森的条件:由他派一个人来。

列　宁

译自《列宁全集》俄文第5版
第53卷第21页

48

致费·阿·罗特施坦

1921年7月11日

罗特施坦同志：

兹介绍来人亚历山大·亚历山德罗维奇·**阿尔曼德**[1]和他的姐姐瓦尔瓦拉·亚历山德罗夫娜。

我认识这两个年轻人，对他们极为关切。如果您能对他们加以关照并尽力予以帮助，我将非常感激。

如有特殊必要，务请给我拍电报(用密码拍给契切林转列宁)。如生病或发生其他情况，也请来电。亚·阿尔曼德精通法语，从旧军队出来后又当过两年红军，是个受过考验的人，一定会大有用处，尤其是在有时能够得到您的指示和指导的条件下。

祝一切都好并祝您在波斯的工作一切顺利。

致共产主义的敬礼！

列　宁

译自《列宁全集》俄文第5版
第53卷第21—22页

---

① 此人可能是安德列·亚历山德罗维奇·阿尔曼德。——编者注

49

致瓦·亚·斯莫尔亚尼诺夫[40]

（7月11日）

1

斯莫尔亚尼诺夫同志：我**非常**担心列扎瓦的乐观态度**没有根据**。应让他们摆出**事实**，并要加以核实。请亲自核实，而且要核实**两遍**。然后通过直达电报同丘茨卡耶夫和伊万·尼基季奇·斯米尔诺夫商谈一下。不做到这些，我就**不相信事情已有保证**。

列　宁

7月11日

载于1932年《列宁文集》俄文版
第20卷

译自《列宁全集》俄文第5版
第53卷第22页

2

斯莫尔亚尼诺夫同志：此事**极为**重要而**紧急**。您负责执行。请全力以赴。克拉辛将于7月13日到此。请于7月13日前提交

劳动国防委员会。

列　宁

7 月 11 日

载于 1959 年《列宁文集》俄文版
第 36 卷

译自《列宁全集》俄文第 5 版
第 53 卷第 22 页

50

致米歇尔·克内勒[41]

（7 月 11 日）

　　亲爱的米歇尔同志：如果您坚持，那我就同意。如您无异议，等我出席的这个委员会的会议一结束（我想再过 30—40 分钟就差不多了），我就跟您和所有其他同志在这里谈谈。

原文是法文

载于 1961 年《苏共历史问题》杂志
第 1 期

译自《列宁全集》俄文第 5 版
第 52 卷第 287 页

51

致阿·伊·李可夫

(7 月 12 日)

李可夫同志:

您是否知道最高国民经济委员会主席团的"决定"草案(提纲)(7 月 11 日通过)?

如何能使此事办得快些? 您的意见如何?

可否这样办:

(1)立即分发给政治局委员,请他们提出意见,简短地写几个字。

(2)立即分发给劳动国防委员会和人民委员会委员,以便于星期五提交劳动国防委员会批准并提请政治局批准。

载于 1959 年《列宁文集》俄文版第 36 卷

译自《列宁全集》俄文第 5 版第 53 卷第 23 页

52

给秘书的指示[42]

(7月12日)

1

致莉·德·格里巴诺娃

(1)什么时候能拿到**劳动国防委员会指令**的小册子？请叫人**立即**给**两个**印刷厂打电话。

(2)7月11日通过的《最高国民经济委员会决定草案》。在哪里？应当有。

2

致莉·亚·福季耶娃

我可能今天就走。请于明日弄到**劳动国防委员会指令**的小册子并给我打电话。

载于1945年《列宁文集》俄文版
第35卷

译自《列宁全集》俄文第5版
第53卷第23页

53

致 P.A.彼得松

1921 年 7 月 12 日

彼得松同志：

　　送到特罗伊茨基大门门岗处的全部给我的文件,都绝对必须立即送交人民委员会秘书处,不得有稍许拖延;否则一定要严加惩处。波格丹诺夫派人于**4 时**给我送来的一袋文件,直到现在还没有交给我。波格丹诺夫同志于**7 时**提及此事后,才发现文件仍在门岗处。

人民委员会主席

弗·乌里扬诺夫(列宁)

　　附言:请将您为此下达的命令抄送一份来,并且确切地说明您所采取的措施。如果今后再发生**5 分钟后**我仍未从门岗处收到文件这种事,我一定要给您处分。[43]

列　宁

载于 1942 年《列宁文集》俄文版　　　　译自《列宁全集》俄文第 5 版
第 34 卷　　　　　　　　　　　　　　　　第 53 卷第 24 页

54

致尼·亚·谢马什柯[44]

(7月12日)

　　我亲爱的谢马什柯:别任性,亲爱的! 我们一定把战栗教徒[45]留给您,只留给您。不要嫉妒库斯柯娃。

　　政治局今天作出指示:严格杜绝库斯柯娃的危害。您是"共产党支部"成员,不能疏忽大意,**一定要严加防范**。

　　我们需要的是库斯柯娃的名字、签字,并且从支持她(以及**像她这类人**)的人那里弄**几车皮**吃的来。**仅此而已**。

　　这确实是不难做到的。

载于1959年《列宁文集》俄文版
第36卷

译自《列宁全集》俄文第5版
第53卷第24—25页

55

致格·马·克尔日扎诺夫斯基

　　　　萨多夫尼基大街30号　　国家计划委员会主席

1921年7月12日

克尔日扎诺夫斯基同志:

　　来人是谢列布罗夫斯基同志介绍给我的,现附上他的信[46]。

亟须同您,同斯米尔加,同克拉辛,也许还要同斯托莫尼亚科夫迅速商妥。希望您在斯托莫尼亚科夫同志的帮助下亲自把此事安排好。

致共产主义的敬礼!

列　宁

载于1934年出版的《列宁在经济战线上》一书

译自《列宁全集》俄文第5版第53卷第25页

56

就尼·巴·布留哈诺夫的来信所作的批示[47]

(7月12日)

我主张暂缓提交政治局。

要求**阿瓦涅索夫**和**库尔斯基**(在取得**联系**和约定时间后)都**必**须在**两小时**内签署。把有关此事的文件交我签字。

可向我申诉。

译自《列宁文集》俄文版第38卷第374页

57

致莉·亚·福季耶娃

（7月12日）

请斯莫尔亚尼诺夫向谢列布罗夫斯基查问一下，科甘工程师是否与克尔日扎诺夫斯基建立了充分的联系，并请斯莫尔亚尼诺夫同斯米尔加谈一下，因为在斯米尔加去巴库之前，科甘还应向他了解情况。[48]

译自《列宁文集》俄文版第 38 卷
第 374 页

58

致亚·德·瞿鲁巴

（7月12日和16日之间）

致瞿鲁巴

根据您的请求，把您的假期延长 3 个月。望您振奋精神，一定要坚持做完整个疗程，您一定能成为一名优秀的工作人员。

列　宁

载于 1945 年《列宁文集》俄文版
第 35 卷

译自《列宁全集》俄文第 5 版
第 53 卷第 25 页

59

致亚·阿·科罗斯捷廖夫

致工农检查院院务委员会委员科罗斯捷廖夫同志

7月13日

科罗斯捷廖夫同志:

我们谈妥的事情,您为什么至今还没有取得进展?[49]列·波·加米涅夫说:您把在莫斯科苏维埃主席团作报告的时间往后挪了。

出了什么岔子?

有什么特殊缘故吗？或者是由于您改变了主意？或者是同谁的意见不一致？

务请尽快回答我这些问题,如需要,还可以打电话给我。事情极为重要,极为紧急。

致共产主义的敬礼!

列　宁

载于1928年《列宁文集》俄文版
第8卷

译自《列宁全集》俄文第5版
第53卷第26页

60

给莉·亚·福季耶娃的指示和
给彼·阿·波格丹诺夫、伊·捷·斯米尔加、
格·马·克尔日扎诺夫斯基、阿·伊·李可夫的信

（7月13日）

福季耶娃(或格利亚谢尔)：

请将下述信件送交波格丹诺夫、斯米尔加(如他尚未动身)、克尔日扎诺夫斯基和李可夫(给斯莫尔亚尼诺夫送一份抄件)，最好随信附上古布金来信的**抄件**。

我在会见古布金时曾告诉他有重要事情时直接找我。

他在7月13日来信请求把燃料总管理局和最高国民经济委员会主席团关于将页岩工业总管理局并入煤炭工业总管理局的决定予以撤销的问题提交**劳动国防委员会**。他请求保持页岩工业总管理局的独立性。

附上他来信的抄件。

请快把你们的意见送来，写几行字就行。

我认为古布金的理由是很充分的。

劳动国防委员会主席　**列宁**

7月13日

载于1932年《列宁文集》俄文版
第20卷

译自《列宁全集》俄文第5版
第53卷第26—27页

61

致莉·亚·福季耶娃[50]

（7月13日）

福季耶娃同志：

　　(1)请**赶快**找到写信人，接见他，要他放心，告诉他我在生病，但他的事一定催促办理。

　　(2)把他的来信交打字员复制数份。

　　　　送莫洛托夫一份

　　　　送中央监察委员会索尔茨一份。

　　(3)在把该信送交莫洛托夫时，请以我的名义增添几句话：建议派出由全俄中央执行委员会1名委员加10名（或20名）斯维尔德洛夫大学学员（把写信人也带上）组成的监察工作组去顿河州并将查明有掠夺行为的人**就地枪决**。

列　宁

7月13日

载于1932年《列宁文集》俄文版
第20卷

译自《列宁全集》俄文第5版
第53卷第27页

62

致米·马·鲍罗廷

(7月13日)

致鲍罗廷同志

亲爱的同志:

您能否为我弄到有关美国第三党,即工农联盟党,又称非帮派党的材料和该党在其控制的北达科他州活动情况的材料。[51]我希望得到有关这个党及其在北达科他州活动情况的少量的,但却是最重要的文献。如果在这些文献之外,您还能就这个问题写一个简短的报告,那就更好了。如果不太麻烦您的话,请尽快写封短信来告知您是否能办到,何时办到。

人民委员会主席

弗·乌里扬诺夫(列宁)

载于1959年《列宁文集》俄文版第36卷

译自《列宁全集》俄文第5版第53卷第28页

63

给亚·格·施利希特尔的电话

列宁同志致施利希特尔同志

1921 年 7 月 13 日

我已收到您关于特别委员会[52]工作已告结束的报告。请您：（1）对工作作一概括的、极简短的总结，作为密件今天给我送来；（2）同克拉辛（他应在今天到达）商量，然后同李维诺夫（这两天他就要从雷瓦尔回来）商量出售的条件，并请将与这两位同志商量的结果写信通知我。你们这个委员会的全部人员是否可以调给国家珍品库，您的意见如何，请告诉我。

载于 1959 年《列宁文集》俄文版
第 36 卷

译自《列宁全集》俄文第 5 版
第 53 卷第 28—29 页

64

给秘书的指示和
给阿·萨·叶努基泽的批示[53]

(7月13日)

抄送:

(1)莫洛托夫

(2)叶努基泽

(3)全俄肃反委员会。

要求尽快订正。

很可能是发生了地震或水灾吧?

列 宁

7月13日

叶努基泽:是否需要委派一名中央执行委员会委员负责救灾事宜?

列 宁

载于1932年《列宁文集》俄文版
第20卷

译自《列宁全集》俄文第5版
第53卷第29页

65

给阿·伊·李可夫和
维·米·莫洛托夫的电话

(7月13日)

致李可夫和莫洛托夫同志

请你们写几行字告诉我,你们是怎样处理渔业和鱼品工业总管理局和波嘉耶夫问题的。[54]我还收到渔业和鱼品工业总管理局一个名叫C.叶利扎罗娃的科学技术处处长的来信,她还向监察委员会提出申诉,竭力为波嘉耶夫辩护,虽然她在好些问题上并不同意他的看法。她还指出,所有有真才实学的专家都站在波嘉耶夫一边。

人民委员会主席
弗·乌里扬诺夫(列宁)

载于1933年《列宁文集》俄文版
第23卷

译自《列宁全集》俄文第5版
第53卷第29—30页

66

致维·米·莫洛托夫并转
俄共(布)中央政治局委员[55]

(7月13日)

致莫洛托夫和政治局委员   **秘密**

建议用书面形式试行表决：

我的意见是：(1)建议将信中第一部分的思想加以发挥后发表；(2)好好考虑一下"外交政策委员会"计划，并**建立**这样一个委员会，以越飞为主席，**但机构从简**；(3)任命为中央执行委员会主席团委员；(4)在索柯里尼柯夫走**前**派往土耳其斯坦。

列 宁

7月13日

译自《列宁全集》俄文第5版
第53卷第30页

67

致波·米·沃林[56]

1921年7月13日

亲爱的同志:

　　我收到了您的来信,现委托劳动国防委员会负责各种经济问题和主管机关全部工作的办公厅副主任斯莫尔亚尼诺夫同志同您较详细地谈谈您参加劳动国防委员会工作的可能性问题。如果您能够长期地在劳动国防委员会工作的话,我自然感到非常愉快。这个问题,还应该和莫洛托夫同志研究一下,大概,他会坚决主张您必须留在这个或那个省的执行委员会里工作。

人民委员会主席

弗·乌里扬诺夫(列宁)

译自《列宁文集》俄文版第37卷
第308页

68

致格·李·什克洛夫斯基

(7月13日和19日之间)

什克洛夫斯基同志:

同斯托莫尼亚科夫和克拉辛两人都谈过了。附上克拉辛的便函。他答应找您。卢托维诺夫向我作了"保证",说他将对您"不抱成见"。我**能做到的**都做了。再把我自己说过的话重申一下:您应当在柏林"从头开始",**以工作为自己赢得**地位。1917年后,有**几个**老党员的情况就是这样的。谨向您和全家人致以衷心的问候!

列　宁

译自《列宁全集》俄文第5版
第53卷第30—31页

69

给莉·亚·福季耶娃的指示和
给瓦·亚·阿瓦涅索夫、阿·萨·
叶努基泽、阿·雅·别连基的电话

(7月13日)

致福季耶娃或格利亚谢尔

请打电话把下述内容分别通知:

　　　　　阿瓦涅索夫

　　　　　叶努基泽

　　　　　别连基(全俄肃反委员会)

今天,7月13日,给我送来的仍然不是成书的,即已拼版并印好的小册子(《劳动国防委员会指令》和全俄中央执行委员会决定),而只是还没有拼版的校样、小样。

　　显然,两个印刷厂,无论是肃反委员会的还是全俄中央执行委员会主席团的,**都在怠工**。这种拖延和耽误太不像话,令人难以容忍。

　　请督促办理并对两厂拖拉**失职**的厂长给予**处分**。

　　请务必告诉我,你们采取了什么措施。

人民委员会主席　　列宁

译自《列宁全集》俄文第5版
第53卷第31页

70

致小人民委员会主席或副主席

（7月14日）

我收到契切林的一封公函,他说,7月11日已对进口和保管英国货物的办法作出了决定,却未听取外交人民委员部代表施泰因同志的意见。尽管下午3—9时施泰因同志一直坐在接待室里,但仍然发生了这种事情。契切林埋怨说,没有让外交人民委员部参加就通过了这个决定,没有他们参与批准的决定已经在《经济生活报》[57]上发表。

请采取措施纠正这种错误。

人民委员会主席

弗·乌里扬诺夫（列宁）

载于1932年《列宁文集》俄文版
第20卷

译自《列宁全集》俄文第5版
第53卷第32页

71

给秘书的指示

（7月14日）

1.我收到了意大利代表马菲和他的同志们的来信。他们在信中要求快些发给他们通行证,因为他们需要火速起程。

关于这件事,请用我的名义打电话同阿克雪里罗得联系一下,如果需要,也和外交人民委员部通话联系。

2.通过阿克雪里罗得告诉马菲同志和他的同志们,我病了,因此不能接见他们。但我向他们致以热烈的问候。

列 宁

电话口授

译自《列宁文集》俄文版第37卷
第309页

72

给秘书的批示[58]

(7月14日)

请回答他说:我非常赞成。他是否最好同凯萨罗夫的委员会[59]联系一下?

7月14日

译自《列宁文集》俄文版第37卷
第309页

73

致亚·阿·科罗斯捷廖夫[60]

（7月15日）

致科罗斯捷廖夫同志

当然，关键是要**给各个企业以支援**。您是对的。我们将**立即**开始把某些企业转为集体供应。这个问题，列·波·加米涅夫和我都赞成。请**您**提出名单，我们同莫斯科主席团协商后要在**劳动国防委员会**上通过（如莫斯科工人固执己见，我们就**顾不得**他们了）。回信请派人送来。

致共产主义的敬礼！

列　宁

载于1932年《列宁文集》俄文版第20卷

译自《列宁全集》俄文第5版第53卷第32页

74

致小人民委员会主席①

(7月15日)

致小人民委员会主席

(7月14日会议主持人)

尊敬的同志:烦请来信简略告知7月14日小人民委员会通过的关于保管英国货物的决定的主要内容。**61** 为什么同**内务人民委员部**商量,而不同**外交人民委员部**商量?

为什么不听取施泰因的意见?

怎样才能**切实地**了结这场纠纷? 您的意见如何?

列　宁

也许,您应当面(或打电话)同**契切林**谈谈? 这样最好。

译自《列宁全集》俄文第5版
第53卷第33页

---

① 见本卷第70号文献。——编者注

75

致费·埃·捷尔任斯基、
约·斯·温什利赫特

（7月15日）

交通人民委员部　　捷尔任斯基
全俄肃反委员会　　温什利赫特

请你们注意我收到的下面这份电报[62]。请采取最有力的斗争措施，并告诉我，你们究竟做了哪些事情和怎样对所采取的措施的效果进行检查。

列　宁

载于1932年《列宁文集》俄文版
第20卷

译自《列宁全集》俄文第5版
第53卷第33页

76

致列·波·克拉辛[63]

（7月15日）

依我看，这是**人民委员会**的事。既然你们两人都同意（还有欣丘克),那就似乎是无可争论的了。请今天就提交**人民委员会**。

能否通过**德国**公司在满洲①购买和运来。

列　宁

译自《列宁全集》俄文第5版
第53卷第34页

77

致格·瓦·契切林

(7月15日)

致契切林同志

抄送:温什利赫特同志

契切林同志:

　　刚同参议员法朗士谈完话。他把他早在1920年向参议院提出的一项**支持**苏维埃俄国的决议案交给了我。他讲了他如何在一些大规模的群众集会上同马尔滕斯同志一起发表**支持**苏维埃俄国的演说。他自称"自由派"。**赞成**美国加俄国加德国的联盟,以便从日英帝国主义的威胁下拯救世界,等等,等等。

　　他说,他是来亲眼看看俄国,以便驳斥有关俄国的谎言。

　　另外,还说有一件小事。有一个哈里逊(女)在我们这里因犯间谍罪而坐牢。他认为,她是有罪的,她确实有间谍活动。他相

---

　　① 指中国东北。——编者注

信,她在我们这里受到了拷问,等等。

然而,他是马里兰州的参议员。他希望再次当选(明年就要选举)。他的所有政敌都在叫喊:"那我们的哈里逊呢?"她也是马里兰州人,而她的姐夫是马里兰州州长。如果她突然死掉了——大家都会说:"我们的哈里逊"在俄国被杀害了。

他没有请求释放她。他请我们考虑一下,能否采取什么办法。

我答应在星期一(他想在星期二离开此地)通过契切林同志给他答复。

请温什利赫特同志在星期日以前提出自己的看法和契切林同志的结论,并请契切林同志于星期日晚用电话告诉我他自己的意见。[64]

列　宁

载于1958年出版的《列宁论社会主义法制(1917—1922年)》一书　　译自《列宁全集》俄文第5版第53卷第34—35页

78

致伊·捷·斯米尔加

(7月15日)

斯米尔加同志:克尔日扎诺夫斯基坚持要您把出差日期推迟到**星期三**。[65]他说燃料的情况十分严重。他要我们**星期二**在一起通过一些极其重要的、**紧急的**实际决定。

请您**立即**交送信人带回您对我的**答复**和您反对的理由。应该过了星期二再走。

列 宁

7 月 15 日上午 11 时 30 分

译自《列宁全集》俄文第 5 版
第 53 卷第 35—36 页

79

对关于法朗士的信件的补充

（不早于 7 月 15 日）

法朗士很想知道有没有最近颁布的一些法令的英译本。

（税收、自由贸易、企业租赁等等）

能否帮他弄到?

列 宁

译自《列宁全集》俄文第 5 版
第 53 卷第 35 页

80

在安·马·列扎瓦来信上的批示[66]

(7月16日)

我赞成这个问题**不**提交中央委员会而由书记处去征求意见。

列　宁

7月16日

译自《列宁文集》俄文版第39卷
第308页

81

致列·波·克拉辛

(7月16日)

克拉辛同志：

戈尔登贝格不愿出国。不愿做文字工作。

他希望在经济工作中发挥作用,心情非常迫切。要求去对外贸易人民委员部。

请同他谈谈。

请在莫斯科为他安排过得去的**物质**条件。此事请**叶努基泽**办理。请尽力办到。

致共产主义的敬礼!

列　宁

载于 1932 年《列宁文集》俄文版
第 20 卷

译自《列宁全集》俄文第 5 版
第 53 卷第 36 页

82

致格·瓦·契切林

(7 月 16 日)

契切林同志:罗特施坦埋怨巴库。您是怎样决定的? 是否需要通过中央,以便使奥尔忠尼启则(中央委员)受到约束。

请将拟好的中央决定**草案**(全文)交莫洛托夫,我们将用电话通过。[67]

致共产主义的敬礼!

列　宁

译自《列宁全集》俄文第 5 版
第 53 卷第 36 页

83

给秘书的指示

（7月17日）

请设法弄到捷克共产党党报《红色权利报》[68]有关1921年捷克斯洛伐克共产党五月代表大会[69]的各号（找阿克雪里罗得或捷克斯洛伐克代表什麦拉尔）。

还有在捷克斯洛伐克赖兴贝格出版的德文报纸《前进报》，也请同样弄来一份（问阿克雪里罗得或捷克斯洛伐克德意志共产党代表克雷比赫）。

电话口授

载于1958年10月《和平和社会主义问题》杂志第2期

译自《列宁全集》俄文第5版第53卷第37页

84

致托·Л.阿克雪里罗得

（7月17日）

阿克雪里罗得同志：

我至今尚未收到您答应两天后就寄给我的第三次代表大会决议。现把捷克文和德文报纸还给您，因为其中恰好没有我要的材料。我再次请求把《红色权利报》载有关于1921年捷克斯洛伐克共产党五月代表大会的报道的那几号借给我,我只要这几号。您正好没送这几号来。请找一位捷克同志认真地办好这件事。

电话口授

85

致彼·阿·波格丹诺夫

(7月17日)

致波格丹诺夫同志

请您让参加租让委员会工作的坦希列维奇写一个简报,说明要向厄克特实行租让的情况[70],即:(1)租让的土地面积多大,共有多少俄亩,(2)这些租让企业所占的生产份额是多少,要附上或准确地注明有关的统计资料汇编。要分别列出铜、金、银、锌、铅的生产份额。请告诉我这些统计数字和材料什么时候能够送到。

电话口授

86

致格·德·瞿鲁巴

(7月17日)

国家建筑工程委员会 格·德·瞿鲁巴

请您趁斯托莫尼亚科夫和克拉辛在莫斯科逗留期间同他们一起最后商定在柏林采购卡希拉工程所短缺的物资和支付货款的问题。请简要地告诉我,这方面是否一切均已安排妥当,订购的货物将于何时运到。

电话口授

载于1932年《列宁文集》俄文版
第20卷

译自《列宁全集》俄文第5版
第53卷第38页

87

致列·波·克拉辛

(7月17日)

致列·波·克拉辛

请您在斯托莫尼亚科夫动身之前就在柏林采购卡希拉工程所

需的物资并立即毫不拖延地运交给他的问题同格·德·瞿鲁巴完全商量好。

请您告诉我，为了加速同白金钻石公司达成您对我说过的那项协议，可以采取哪些措施。我认为从速办理此事是绝对必要的。[71]

电话口授

载于 1932 年《列宁文集》俄文版第 20 卷

译自《列宁全集》俄文第 5 版第 53 卷第 39 页

88

致伊·伊·斯克沃尔佐夫–斯捷潘诺夫

（7 月 17 日）

致伊·伊·斯克沃尔佐夫–斯捷潘诺夫

请您告诉我，我们在最后一次谈话中谈到的您答应要写的那本书[72]写得怎么样了，什么时候能写完。

电话口授

载于 1932 年《列宁文集》俄文版第 20 卷

译自《列宁全集》俄文第 5 版第 53 卷第 39 页

89

致格·康·奥尔忠尼启则

(7月17日)

密码

第一,请告诉我斯大林的健康状况及医生的诊断。第二,我们非常需要向土耳其人承租巴统南面已划归他们的铜矿。是否采取了措施,采取了哪些措施,请告知。第三,克拉辛在莫斯科,应该利用这个机会彻底弄清外高加索对外贸易人民委员部的情况。第四,请告诉我列斯克的健康状况,他的疗养期到什么时候结束。[73]

列　宁

电话口授

载于1932年《列宁文集》俄文版
第20卷

译自《列宁全集》俄文第5版
第53卷第39—40页

90

致罗戈日-西蒙诺沃区苏维埃主席团

致康·乌汉诺夫和尼·波里索夫同志

7月17日

亲爱的同志们：

收到了你们寄来的书[74]和友好的信，非常感激。我很有兴趣地把书读完了。毫无疑问，对于研究苏维埃政权的历史，这本书是有意义的。

现寄上一册刚刚颁发的关于区经济委员会的法令和《指令》。希望你们尽快找一位统计学家，把材料交给他，对他的工作进行检查，亲自加以补充(还可以添几篇罗戈日-西蒙诺沃区当地同志写的特写，如果能找到热心此事的人的话)，到秋天就把关于你们区苏维埃地方经济工作的**内容**和**结果**的报告印出来。希望你们在这里表现出首创精神，希望你们区在地方经济建设的发展方面名列前茅。

谨再次致谢并致共产主义的敬礼！

弗·乌里扬诺夫(列宁)

载于1932年《列宁文集》俄文版
第20卷

译自《列宁全集》俄文第5版
第53卷第40页

В Президиум
Рогожско-Симоновского
Совета.
т.т. К. Уханову и Н. Борисову.

17/VIII Дорогие товарищи!

Очень благодарю Вас за присылку книги и за дружественное письмо. Книгу прочел с интересом. Несомненно, для истории организации сов. власти она будет иметь значение.

Посылаю Вам экземпляр 20/VII-го опубликованного закона о райкомсоветах и наказа. Надеюсь, что дальше привлечете спецчика, дадите ему материал, проинспектируете его работу, дополните ее сами (и очерками еще кое

1921年7月17日列宁《致罗戈日-西蒙诺沃区
苏维埃主席团》一信的手稿第1页

91

致格·马·克尔日扎诺夫斯基

（7 月 17 日）

致克尔日扎诺夫斯基同志

请您告诉我，拉姆津是否能在动身前送给我一份由他签署的关于您所知的数字从 29 降到 16 的准确材料。[75]

劳动国防委员会主席

弗·乌里扬诺夫（列宁）

电话口授　　　　　　　　　　　译自《列宁文集》俄文版第 39 卷
　　　　　　　　　　　　　　　　　第 308 页

92

给辛比尔斯克县
苏维埃代表大会的电报

（7 月 18 日或 19 日）

辛比尔斯克

辛比尔斯克县苏维埃第十二次代表大会

现通知你们，苏维埃政权正采取最紧急、最坚决的措施以救济因歉收而受灾的人。各地都开展了募捐活动。全俄中央执行委员会7月12日向俄国全体人民发出了全力救济饥民的号召。全俄中央执行委员会成立了一个救济饥民的专门委员会。还成立了另一个专门委员会负责从国外获得救济粮。全俄中央执行委员会的特派员日内即将出发前往你处。我们正在采取一切可能采取的措施。

劳动国防委员会主席　　列宁

载于1945年《列宁文集》俄文版　　　　　　　　译自《列宁全集》俄文第5版
第35卷　　　　　　　　　　　　　　　　　　第53卷第43页

93

给秘书的指示和给波隆斯基的电报

(7月19日)

给昨天寄来列斯克同志病情报告的医生拍一份电报。莉迪娅·亚历山德罗夫娜那里有他的姓名和地址。我昨天是从她那里拿到这份报告的。

电文如下:如列斯克同志的健康状况允许,请向他转告我的下述请求:告诉我他的工作队现在何处,何时能完成现在进行的工作,还有全队人员和他们的专业能力,该队骨干力量以及谁能在该队暂时代替列斯克同志等情况。详细情况请函告,简略情况则电告。[76]

人民委员会主席

弗·乌里扬诺夫(列宁)

发往基斯洛沃茨克

载于1932年《列宁文集》俄文版
第20卷

译自《列宁全集》俄文第5版
第53卷第43—44页

94

致米·伊·加里宁和列·波·加米涅夫

(7月19日)

　　加里宁告诉过我,他有一个想法:从收获的每一普特粮食中额外征收一俄磅,用以救济伏尔加河流域饥民。请告诉我,这个问题有无进展,你们准备什么时候拿到全俄中央执行委员会主席团去讨论通过。[77]依我看,有必要:(1)立即通过,(2)最紧急地要求每个县往伏尔加河流域运送几车皮粮食,而且必须委派两三个当地农民护送,让他们看到灾情的严重并把情况转告本地农民,(3)应考虑对热心救济伏尔加河流域饥民的人授予勋章和荣誉十字章一类东西。

人民委员会主席

弗·乌里扬诺夫(列宁)

电话口授

载于1933年《列宁文集》俄文版
第23卷

译自《列宁全集》俄文第5版
第53卷第44页

95

给秘书的指示和给列·格·列文的便条

（7 月 19 日）

转交将负责给库恩·贝拉同志治病的医生（通过外交人民委员部，按季诺维也夫同志的地址寄往他目前所在的疗养院，库恩·贝拉同志也将去该处）：

请简单告诉我库恩·贝拉同志的健康状况，他需要治疗多久，以及你们准备进行何种治疗。

人民委员会主席

弗·乌里扬诺夫（列宁）

电话口授

载于 1932 年《列宁文集》俄文版
第 20 卷

译自《列宁全集》俄文第 5 版
第 53 卷第 44—45 页

96

对萨·加·赛德-加利耶夫来信的批复

(7月20日)

1.俄罗斯苏维埃联邦中的小的自治共和国,特别是鞑靼自治共和国有没有存在的必要?

对第一个问题的答复——**有必要**。

2.如果有必要,那么需要存在多久,换句话说,需要完成哪些任务,达到哪些目的?

(2)还需要存在很久。

3.如果我抱有下面这个看法是否正确,即在正确理解党的第十次代表大会关于民族问题的决议的情况下,在实现这个决议的过程中,在各方面水平都比较高的过去的统治民族中的共产党员,应该对过去被压迫的民族,也就是现在所说的自治共和国(州、公社)中的共产党员和全体劳动人民起教员和媬姆的作用,并且随着后者的成长,前者应该逐渐把自己的位置让给他们?……

(3)不是起"教员和媬姆"的作用,而是起助手的作用。

4.在所有自治共和国中,而在这里是说鞑靼自治共和国,在当地的共产党员(鞑靼人)中存在着截然不同的两个派别(集团):其中一派持阶级斗争的观点,渴望进一步按阶级划分当地居民阶层,而另一派则带有小资产阶级民族主义的色彩,这种民族主义在阶级斗争过程中,特别是在最近四年来的阶级斗争过程中,表现得非常明显。

(4)请准确、扼要、清楚地指出存在"两个派别"的事实。

我认为,前者应该受到俄国共产党

全党及其最高机关的全力支持,而对后者只应当(根据他们的忠诚程度和他们希望做有利于无产阶级革命工作的强烈程度,以及他们做的工作的有益程度)加以利用,同时对他们进行彻底的国际主义的教育,但是决不能认为他们比前者好(近来不单单在鞑靼一地有这种情况),以上看法是否正确?

载于1923年莫斯科出版的《1923年7月9—12日在莫斯科召开的有各民族共和国和各民族州负责工作人员参加的俄共中央第4次会议速记记录》

译自《列宁全集》俄文第5版第53卷第45—46页

97

给波·斯·斯托莫尼亚科夫的电话

（7月20日）

　　卡希拉电站的订货特别重要。中央有决定,务必加速办妥此事,使电站于今年12月底以前能发电12 000千瓦。在您动身之前,请尽可能了解清楚这些订货的情况,在到达柏林之后,请采取一切措施以加速合同的履行并检查是否认真执行。此事交您个人负责。请从柏林打电报告诉我您采取了哪些措施,全部订货究竟何时能够办妥,以及究竟何时能够运抵莫斯科。

人民委员会主席　列宁

载于1932年《列宁文集》俄文版第20卷

译自《列宁全集》俄文第5版第53卷第46页

98

致煤炭工业总管理局

(7月20日)

最高国民经济委员会煤炭工业总管理局

请立即告诉我,在国外为顿巴斯购买割煤机一事进展如何。

斯莫尔亚尼诺夫同志告诉我,他同格里戈里耶夫同志打电话交谈时了解到,煤炭工业总管理局对广泛采用割煤机采煤已论定是适宜的这一点存有某些怀疑,认为至少皮达可夫同志所期望的使用割煤机的生产效果是夸大了的。

我要求绝对准确和肯定地告诉我,煤炭工业总管理局对顿巴斯使用割煤机采煤是否适宜以及在生产中使用这些机器对提高产量将发生什么影响有何看法。

还请告诉我,割煤机在什么地方可以买到,在什么地方买较好——德国还是英国,以及此事何时可以办到。

人民委员会主席

弗·乌里扬诺夫(列宁)

载于1932年《列宁文集》俄文版　　　　　译自《列宁全集》俄文第5版
第20卷　　　　　　　　　　　　　　　第53卷第47页

99

致列·波·克拉辛和
瓦·萨·多夫加列夫斯基

（7月20日）

致克拉辛和多夫加列夫斯基同志

据伦敦方面告知，有些人请求往俄国寄食品包裹。但我们同英国邮政部门没有相应的协定。

此事请抓紧办理，我们当然应对接受这类包裹提供方便并予以鼓励。在这个问题上采取了什么措施，望告。[78]

列　宁

载于1932年《列宁文集》俄文版
第20卷

译自《列宁全集》俄文第5版
第53卷第47—48页

100

致莫·伊·弗鲁姆金

致弗鲁姆金

7月20日

7月20日看了您的来函[79]。

同意您的意见：不能允许合作社**抬高**农产品价格。但您应当在这方面提出完全切实可行的具体建议。关于肉类合同问题也是这样。请注意合作社工作的结果并拿出具体建议来。

列　宁

载于1932年《列宁文集》俄文版
第20卷

译自《列宁全集》俄文第5版
第53卷第48页

101

致哥尔克村全体公民[80]

(7月20日)

尊敬的同志们：我身体不大好。无法出席。请不用等我，即使我不参加，也要照样举行庆祝活动。我想你们是会原谅我的。

致衷心的问候并祝成功！

弗·乌里扬诺夫(列宁)

载于1932年《列宁文集》俄文版
第20卷

译自《列宁全集》俄文第5版
第53卷第48页

102

致理查·弥勒和亨利希·马尔察恩

1921 年 7 月 20 日

致理查·弥勒和亨利希·马尔察恩同志

亲爱的同志们：

我今天才看到你们 7 月 18 日的来信[81]。我同黑克尔特同志就你们提出的问题只谈过一次话，而且时间很短。当他问我对这个问题持何态度时，我回答说：我了解的情况太少，不能对此作出判断；被开除的人自然应当通过某种方式组织起来，**从这个意义上说，我觉得**黑克尔特的建议是正确的。

再没有别的了。

"工会"是怎么回事，某些共产党人做了哪些不妥当的事（他们为社会党叛徒采取开除这一招提供了方便），我并**不知道**。

我从代表大会通过的决议（你们给我送来的）中看出，工会**得不到赞同**（"意义不大"，"暧昧不明"，"引起混乱"）。实际口号是："不要再把一批又一批的工人从集中的自由工会中拉出去。"

对此能提出什么反对意见呢？

况且，你们自己就希望把工会掌握在自己手里。

我将把你们的来信送给洛佐夫斯基和季诺维也夫两同志，以便获悉全部情况。

致共产主义的敬礼！

列 宁

原文是德文

载于1959年《列宁文集》俄文版
第36卷

译自《列宁全集》俄文第5版
第53卷第49页

103

致伊·斯·洛巴切夫、阿·伊·李可夫

（7月20日）

洛巴切夫同志

工人供应委员会　李可夫同志

契切林对外国人领不到国家供应一事很有意见。他坚持说，绝对不能容许发生这种情况。我认为，他的理由是正当的。请讨论，是否可以在国外为来我国的外国人购买一定数量的粮食，然后向他们索取可以完全抵消我方支出的费用。

契切林对减少外交人民委员部人员100份口粮尤为不满。我想，这些口粮确实应留给外交人民委员部。

请把你们的意见告诉我。

列 宁

译自《列宁全集》俄文第5版
第53卷第50页

104

致格·瓦·契切林

(7月20日)

致契切林同志

刚刚看了人民委员会昨天的关于彼得格勒港口问题的决定。从行文中可以看出,决定已经通过,草拟合同的工作已委托给一个吸收外交人民委员部、全俄肃反委员会和彼得格勒苏维埃参加的特别委员会。请在这个委员会上提出您的具体建议并设法使之得到通过。[82]

列　宁

译自《列宁全集》俄文第5版
第53卷第50页

105

致瓦·亚·斯莫尔亚尼诺夫

(7月21日)

致斯莫尔亚尼诺夫同志

请对此事进行检查。向契切林解释清楚,对工人供应委员会有意见,应按一般规定的程序提出。(就事情本身来说,我是支持契切林的。)①

列　宁

7月21日

载于1932年《列宁文集》俄文版
第20卷

译自《列宁全集》俄文第5版
第53卷第51页

106

致尤·米·斯切克洛夫、
玛·伊·乌里扬诺娃、维·阿·
卡尔宾斯基、加·伊·克鲁敏

1921年7月21日

《全俄中央执行委员会消息报》编辑部——斯切克洛夫同志

《真理报》[83]编辑部——乌里扬诺娃同志

《贫苦农民报》[84]编辑部——卡尔宾斯基同志

《经济生活报》编辑部——克鲁敏同志

抄送:斯莫尔亚尼诺夫同志

请你们注意1921年7月1日出版的《政府法令汇编》第44辑中的《关于地方经济会议、关于地方经济会议报告制度和关于贯彻执行人民委员会和劳动国防委员会指令的决定》(全俄中央执行委

---

① 见本卷第103号文献。——编者注

员会决定）。

必须发表几篇文章，指出全俄中央执行委员会这一决定的意义并加以详尽解释，尤应着重指出，决不容许为编写报告而设立任何机构，因法律已规定省和县统计局为唯一这样的机构。

应详细阐述地方经济会议以及为通告周知而公布的报告对于执行新经济政策和正确进行经济建设所具有的原则性意义。

尤应强调商品交换问题，还有发挥地方经济积极性问题，同官僚主义作斗争以及吸收非党人士参加经济建设事业问题。

请俄罗斯通讯社就这个问题发两三则简讯，以便各省城县城立即周知，并要求各地党报和苏维埃报纸加以登载。

请莫斯科各报编辑部把按这个要求登载的文章从报上剪下送给我，也可以送来有关的几号报纸，把写这个问题的文章特别标出来。

委托斯莫尔亚尼诺夫同志监督此项工作的执行并告诉我工作中还可能发生哪些问题。

人民委员会主席

弗·乌里扬诺夫（列宁）

译自《列宁全集》俄文第5版
第53卷第51—52页

107

致中央出版物发行处[85]

(7月21日)

中央出版物发行处

抄送:斯莫尔亚尼诺夫

请告诉我,为了执行全俄中央执行委员会7月1日关于地方机关报告制度的决定的第9节,同时也为了准确而迅速地将该决定分发至各地方机关,你们采取了哪些措施。立即告诉我,何时能把这项决定送到省、县、乡三级机关。

人民委员会主席

弗·乌里扬诺夫(列宁)

电话口授

载于1945年《列宁文集》俄文版
第35卷

译自《列宁全集》俄文第5版
第53卷第52—53页

108

致米·伊·加里宁、阿·萨·
叶努基泽、瓦·亚·斯莫尔亚尼诺夫

(7月21日)

致加里宁、叶努基泽、斯莫尔亚尼诺夫同志

请你们注意克里姆林宫一楼的电话交换台。它的工作完全不能令人满意。除这个单位本身的组织管理存在某些缺点外,很可能还有这样一个原因,就是直接使用这个交换台的机关增加得太多了。

你们是否认为改为这样安排是正确的,即优先使用这个交换台的应限于:(1)中央委员会委员,(2)全俄中央执行委员会主席团委员和(3)各人民委员。所有其他的机关,依我看,均应或者完全不准使用,或者另设分台,以保证中央政府机构的电话绝对畅通。

请把你们对这个问题的意见告诉我。我十分坚持必须无条件地、果断而迅速地作出上述改变。[86]

人民委员会主席

弗·乌里扬诺夫(列宁)

电话口授

载于1945年《列宁文集》俄文版
第35卷

译自《列宁全集》俄文第5版
第53卷第53页

109

致维·米·莫洛托夫

(7月22日以前)

莫洛托夫同志:

　　鉴于普列特涅夫教授被拘留,请您下令(以中央书记处或组织局的名义)派卫生人民委员部部务委员达乌盖和卫生人民委员谢马什柯出国。[87]

列　宁

译自《列宁文集》俄文版第37卷第310页

110

给阿·伊·李可夫的电话稿

(7月22日)

将如下电话稿内容转告**李可夫**

(抄送:斯莫尔亚尼诺夫)

您委托粮食人民委员部设立一个向外国人和来我国的共产

国际人员出售食品(以及其他物品)的专门商店(货栈),这一决定我认为完全正确。建议提请**劳动国防委员会**批准并尽一切努力**从速**办理。[88]这个商店应严格按照商业原则经营,实行个人管理制。只有持特别身份证的来自国外的人凭本人的购货证才能在这个商店里购买物品。我委托斯莫尔亚尼诺夫专门注意这项工作。

列 宁

7月22日

载于1932年《列宁文集》俄文版　　　　　　译自《列宁全集》俄文第5版
第20卷　　　　　　　　　　　　　　　　　第53卷第54页

111

致瓦·米·巴扎诺夫、谢·阿·格佐夫

(7月22日)

最高国民经济委员会　　煤炭总委员会
巴扎诺夫或格佐夫同志

请你们采取一切坚决措施保证尽快在国外购买割煤机。请趁对外贸易人民委员部驻德特派员斯托莫尼亚科夫同志在莫斯科逗留期间促进采购工作并弄清与购货有关的一切问题。

你们所采取的促进机器采购工作的全部措施,请通过斯莫尔亚尼诺夫同志告诉我。

人民委员会主席

弗·乌里扬诺夫（列宁）

载于1957年《社会主义劳动》杂志　　　译自《列宁全集》俄文第5版
第10期　　　　　　　　　　　　　　　第53卷第54页

112

致阿·伊·李可夫和

瓦·亚·阿瓦涅索夫

（7月22日）

今天提交**劳动国防委员会**

李可夫和**阿瓦涅索夫**同志：

　　我非常支持科罗斯捷廖夫的这个要求。[89]

列　宁

7月22日

译自《列宁文集》俄文版第38卷
第377页

113

致莉·亚·福季耶娃

（7月23日）

致福季耶娃

我强烈抗议**全俄肃反委员会**印刷厂在印刷《劳动国防委员会指令》时所造成的延误。

请打电话给**别连基**，告诉他我**发火了**。

请您要求中央出版物发行处**火速**将该指令分发下去，否则我要把他们**关起来**。

列　宁

7月23日

载于1932年《列宁文集》俄文版第20卷　　　　　　　译自《列宁全集》俄文第5版第53卷第55页

114

致米·A.克鲁钦斯基

1921年7月23日

米·克鲁钦斯基同志：收到您的来信[90]和关于育马和养马业

管理总局的全部文件。

　　我感到很遗憾,您在责备别人歇斯底里时自己也正好犯了这种毛病(如果说得轻一点)。请您今后写信时要克制一些,**深思熟虑一些**。

　　致共产主义的敬礼!

列　宁

载于1959年《列宁文集》俄文版
第36卷

译自《列宁全集》俄文第5版
第53卷第55—56页

115

致俄共(布)中央政治局[91]

(7月23日)

　　提请政治局和**劳动国防委员会**批准:

　　(1)由于不执行**劳动国防委员会**命令,给予**巴达耶夫**和他的两名关系最密切的助手**禁闭**一个星期日的处分。

　　(2)警告他们三人:如果再犯,将禁闭**一个月**并且撵走。

载于1959年《列宁文集》俄文版
第36卷

译自《列宁全集》俄文第5版
第53卷第56页

116

致瓦·亚·斯莫尔亚尼诺夫

(7 月 23 日和 25 日之间)

这么长的时间还没发行小册子(《劳动国防委员会指令》),真岂有此理。不是已经准备好了吗!

要狠狠施加点压力。[92]

还要召开劳动国防委员会。

载于 1932 年《列宁文集》俄文版　　　　　译自《列宁全集》俄文第 5 版
第 20 卷　　　　　　　　　　　　　　　　　第 53 卷第 55 页

117

给中央消费合作总社理事会的信和
给莉·亚·福季耶娃的指示

(7 月 24 日)

抄送:莫洛托夫和布留哈诺夫

关于中央消费合作总社代表大会

共产党党团决议问题[93]

所有这些指示都有太一般化的毛病。除 1—2 外,没有一点明确的具体的意见。鉴于这里涉及的问题重要，地方合作社机关在**提交劳动国防委员会的报告**中，必须把问题提得更具体一些。中央消费合作总社理事会应在总结地方经验时在报刊上(特别是在《经济生活报》上)多写些文章并向**劳动国防委员会**和**中央**多提些**具体**建议。

人民委员会主席　**列宁**

7月24日

注意！中央消费合作总社共产党党团指令(决议)

福季耶娃：

发函，文见

　　　　第5页背面

译自《列宁全集》俄文第5版
第53卷第56—57页

118

在因扎市来电上作的标记和
给尼·巴·布留哈诺夫、瓦·亚·
阿瓦涅索夫、维·米·莫洛托夫的批示

(7 月 24 日)

××

……萨马拉和辛比尔斯克两省农民表示非常希望参加产粮省份的收割队工作,并在产粮省份担任征收粮食税的检查员和宣传员。此问题望能速加解决,并通知萨马拉和辛比尔斯克……

致**布留哈诺夫**、阿瓦涅索夫和莫洛托夫

作了标记(××)的问题极其重要,请召集一次小型会议加以讨论,布留哈诺夫＋阿瓦涅索夫＋莫洛托夫参加,并**立即提交劳动国防委员会**批准。

此事极端重要。

必要而且有益。

全俄中央执行委员会

专门委员会主席　**别尔金**

列　宁

7 月 24 日

载于 1959 年《列宁文集》俄文版第 36 卷

译自《列宁全集》俄文第 5 版第 53 卷第 57 页

119

致 A.И.波嘉耶夫和
瓦·亚·阿瓦涅索夫

(7月24日)

致波嘉耶夫同志
(和阿瓦涅索夫同志)

波嘉耶夫同志:此件您想必已看过?**94**我附上的意见阅后请**立即**(就在今天)送交阿瓦涅索夫。

您应于星期一或星期二同阿瓦涅索夫一起简短地商量一下,询问受到指控的人((涅普里亚欣和全俄工会中央理事会中央机关工作人员中的某人)),强迫他们(两个受到指控的人)写出**简短的书面交待**,并于7月27日(星期三)提交**劳动国防委员会**。

(1)由于工作拖拉、领导不力和**违反劳动国防委员会**的命令,给涅普里亚欣和全俄工会中央理事会失职人员以严重警告和(按我的看法)**拘留**处分。

(2)提出一些切实可行的、**明确的**建议以加快鱼产品的外运和争取阿斯特拉罕区**秋季渔汛期的丰收**。

致共产主义的敬礼！

列　宁

7 月 24 日

载于 1932 年《列宁文集》俄文版
第 20 卷

译自《列宁全集》俄文第 5 版
第 53 卷第 58 页

120

致 А.И.波嘉耶夫

（7 月 24 日）

波嘉耶夫同志：

您同粮食人民委员部之间的摩擦是否已完全消除？必须把它消除干净。

此事请来信告诉我。

现转上巴布金的报告，并附上一些意见和建议。

我想，同巴布金的关系没有因这一摩擦而遭到破坏吧？

劳动国防委员会应于星期三批准秋季渔汛期要采取的一系列明确的紧急措施。

如无其他办法，就在国外购买一些。

请于星期二或星期三上午打电话给我——可从我的办公室打。

向国外出售鱼子一事情况如何？

致共产主义的敬礼!

列 宁

7 月 24 日

载于 1932 年《列宁文集》俄文版
第 20 卷

译自《列宁全集》俄文第 5 版
第 53 卷第 58—59 页

121

致尼·巴·布留哈诺夫

(7 月 24 日)

布留哈诺夫同志:

是否已同波嘉耶夫完全恢复了正常关系?**摩擦**是否已消除干净?这是必要的。

对过去发生的摩擦,我并不责怪您,而是责怪粮食人民委员部部务委员会里的人(? 谁呢?)。我不知道谁是主要责任者。依我看,您的错误只不过是软弱:本应找出制造摩擦的人,当众狠狠地抽他几鞭,把给他警告处分的文件交我签字。在粮食人民委员部部务委员会里一定有人制造摩擦!

致共产主义的敬礼!

列 宁

7 月 24 日

载于 1932 年《列宁文集》俄文版
第 20 卷

译自《列宁全集》俄文第 5 版
第 53 卷第 59 页

122

致瓦·亚·斯莫尔亚尼诺夫[95]

(7月24日)

致斯莫尔亚尼诺夫同志

请抓紧提交人民委员会批准,预先让李可夫、阿瓦涅索夫、布留哈诺夫等人看一下草案和报告。

列 宁

7月24日

译自《列宁全集》俄文第5版
第53卷第59页

123

致伊·彼·巴布金

(7月24日)

巴布金同志:

您的文件已收悉。

关于鱼品外运和争取秋季渔汛期丰收的实际建议请**立即**(7月25日)交给阿瓦涅索夫,以便提交劳动国防委员会(当然应首先交**波嘉耶夫**一阅)。

如医生说不能拖到冬天才让您去休养并开出书面证明,我们一定让您去休养。否则就等到冬天。

我劝您**当面**同波嘉耶夫谈谈,打消他以为您在同他"竞争"的怀疑。**如果您愿意,**一切都会圆满解决的。

"地方"工作人员中究竟谁对波嘉耶夫不满? 什么原因? 何时何地有过这种反映?

我不相信。不过是闹摩擦而已;我们一定能解决。

致共产主义的敬礼!

列　宁

7 月 24 日

载于1959年《列宁文集》俄文版　　　　　译自《列宁全集》俄文第5版
第36卷　　　　　　　　　　　　　　　第53卷第60页

124

致阿·伊·李可夫

（7 月 24 日）

秘密

致李可夫同志(阅毕退还)

李可夫同志:依我看,应劝告巴布金并把他留在这个工作岗位上(既然他已同意波嘉耶夫参加最高国民经济委员会,说明一切都只不过是小小的摩擦和流言蜚语而已)。

找一个**好**医生给巴布金开一张诊断书,如有可能,就拖到冬天再休养;如果不能拖,就马上休养,不过要**责成**他认真治疗。

关于他的那些具体建议,我另外给波嘉耶夫和阿瓦涅索夫写信①,以便于7月27日向劳动国防委员会提出。

列 宁

7 月 24 日

载于1932年《列宁文集》俄文版
第20卷

译自《列宁全集》俄文第5版
第53卷第60—61页

125

致维·米·莫洛托夫

（7 月 24 日）

莫洛托夫同志:

无论是我还是娜捷施达·康斯坦丁诺夫娜,**从1917年夏季起**就认识福法诺娃这位十分忠诚的布尔什维克。应该引起严重注意。[96]请给我简单写几句。

列 宁

7 月 24 日

载于1945年《列宁文集》俄文版
第35卷

译自《列宁全集》俄文第5版
第53卷第61页

① 见本卷第119号文献。——编者注

126

致恩·奥新斯基

(7 月 24 日以后)

致奥新斯基同志

(阅毕请转泰奥多罗维奇同志)

来信人福法诺娃同志曾任农业人民委员部部务委员。

我并不想让她再担当这个职务。

这是一位**早在** 1917 年 10 月**以前**就受过严重考验的党内同志。

是农学家。

依我看,安排使用是绝对必要的。请您把她找来,跟她谈谈,周密考虑一下。或者是担任地方工作,或者是担任检查员工作。

党内同志中农学家是如此之少,而这类人(农学家)又是如此地"与我们不一条心",因此有这么一个党内同志,就应该双手抓住她,以便监督这类人,检查他们的工作,**把这类人争取**到我们这边来。

何时能决定,你们怎么办,请简单答复。

列　宁

附言:福法诺娃的信请退还。

载于 1945 年《列宁文集》俄文版
第 35 卷

译自《列宁全集》俄文第 5 版
第 53 卷第 61—62 页

127

致瓦·亚·斯莫尔亚尼诺夫

（7月25日）

斯莫尔亚尼诺夫同志：

　　请您抓紧解决从英国往俄国寄食品包裹的问题。请同邮电人民委员部和克拉辛联系，要他们无论如何就这个问题赶快给伦敦发一封明确的电报。

列　宁

电话口授

载于1932年《列宁文集》俄文版
第20卷

译自《列宁全集》俄文第5版
第53卷第62页

128

致维·米·莫洛托夫

（7月25日）

致莫洛托夫

　　您托人给我送来的文件和莫斯科市委书记的信，还有关于莫斯科和彼得格勒粮食分配问题的文件，均已阅毕。关于第二个问题,我已把我向政治局提出的决定草案⁹⁷交给您。关于第一个问题我们通过电话商谈或于星期三见面时面谈。

列 宁

电话口授

载于1945年《列宁文集》俄文版
第35卷

译自《列宁全集》俄文第5版
第53卷第62—63页

129

致列·波·克拉辛

（7月25日）

致克拉辛同志

1.请您注意柯普于7月19日就商品仓库问题给契切林的电报⁹⁸（已抄送波格丹诺夫）。请速阅并将自己的意见交契切林转来。

2.克雷什科一再打电报询问邮寄食品包裹一事。应抓紧给予答复。

列 宁

电话口授

载于1932年《列宁文集》俄文版
第20卷

译自《列宁全集》俄文第5版
第53卷第63页

130

致尼·列·美舍利亚科夫[99]

(7 月 25 日)

我从契切林的来信中获悉,您就格鲁吉亚问题写了一本小册子或几篇文章[100]。您是否参阅了孟什维克 1919 年代表会议的决议？这个决议承认格鲁吉亚孟什维克同协约国结盟是不能容许的并对此予以谴责。

如果您没有这个决议,我可以给您找到。

列　宁

电话口授

载于 1945 年《列宁文集》俄文版
第 35 卷

译自《列宁全集》俄文第 5 版
第 53 卷第 63 页

131

致格·瓦·契切林

(7 月 25 日)

契切林同志:应提请**组织局**通过(并由政治局批准)**大致**如下的决定:

（1）委托美舍利亚科夫抓紧；

（2）**指定一个负责人**，负责**迅速**印刷；

（3）给报刊指示；

（4）委托舍印曼**抓紧**；

（5）委托**叶努基泽**对**所有**这些问题负责。

致共产主义的敬礼！

列　宁

7 月 25 日

载于 1959 年《列宁文集》俄文版
第 36 卷

译自《列宁全集》俄文第 5 版
第 53 卷第 64 页

132

致莫斯科苏维埃主席团

（7 月 25 日）

致莫斯科苏维埃主席团

抄送：索罗金、省统计局、省国民经济委员会和

省工会理事会

1. 索罗金今天送给我的有关削减 30％的材料，其正确性是十分令人怀疑的。[101]

2. 被削减的并非那些应予削减的类别，就这一点来说，进行削

减的正确性同样是令人怀疑的。应该削减那些不是绝对需要的企业和机关。

3.索罗金提出的理由是:关于哪几类企业和机关不是绝对需要的,现在没有材料。这表明省统计局、省工会委员会和省国民经济委员会的工作极其不能令人满意。

请在明天(21年7月26日)的人民委员会会议开始之前提出准确的材料和明确的解释。

列　宁

电话口授

载于1959年《列宁文集》俄文版第36卷

译自《列宁全集》俄文第5版第53卷第64—65页

133

致格·瓦·契切林[102]

(7月25日)

致契切林同志(或李维诺夫)

契切林同志:请安排人翻译并发出(加上几句自己的看法,您是否知道是怎么回事? 是骗子吗? 不知道吗?)。

交斯莫尔亚尼诺夫(劳动国防委员会办公厅主任),以便向李可夫等人打听并打电话告诉我。

致共产主义的敬礼!

列 宁

7月25日

载于1932年《列宁文集》俄文版
第20卷

译自《列宁全集》俄文第5版
第53卷第65页

134

致维·米·莫洛托夫

(7月25日)

致莫洛托夫

关于越飞在里加草签的有关达什纳克党人的协议草案问题。[103]我完全同意契切林提出的理由,并提议立即坚决拒绝这个协议。提议立即用电话通过下述决定:"对越飞等同志在里加签署的关于达什纳克党人的协议草案立即予以坚决拒绝。"

契切林提出的理由是:这样的协议不仅是错误的,而且对我们是危险的。我看他的理由绝对正确。

列 宁

电话口授

译自《列宁全集》俄文第5版
第53卷第65—66页

135

致列·波·克拉辛

(7月25日)

致克拉辛同志
抄送:契切林同志

克雷什科 21 日打给您的电报说,只有在英国当权的政界人士对苏维埃政府的态度比较友好的情况下,才可能对俄国提供巨大的援助。[104]我很担心克雷什科对这个问题会处理不当,而使自己作出一些不能容许的允诺或声明。我们同英国当权的政界人士没有什么交道要打。应狠狠教训克雷什科一顿,好让他变得聪明些。

列　宁

电话口授

译自《列宁全集》俄文第5版
第53卷第66页

136

致格·瓦·契切林[105]

(7月25日)

契切林同志：

(1)如果卢那察尔斯基＋克拉辛是**赞成**的,那就该把一切都**交给他们**去做。

(2)为什么让人家用这些琐事把**您**缠住？哥尔布诺夫或他的**副手**到哪里去了？这是**他们的事**呀!!

(3)(前几天)通过了一项指令:设立供应外国人的商店(货栈)。哥尔布诺夫(或他的副手)应负责(＋**克拉辛**)处理此事以及**住宅**问题。

致共产主义的敬礼!

列　宁

7月25日

译自《列宁全集》俄文第5版
第53卷第66—67页

137

致亚·阿·科罗斯捷廖夫

(7月26日)

科罗斯捷廖夫同志：

你们委员会[106]的工作非常重要，责任重大而且任务艰巨。

应当尽一切努力减少你们的失败；不要因为失败了就灰心丧气，而要坚韧不拔地、耐心地继续工作下去，再接再厉。莫斯科的工作比地方上难做得多，因为莫斯科的官僚主义比较多，腐化堕落和娇生惯养的"上层"人士比较多，等等。

然而，莫斯科的工作会有巨大的示范作用和**政治**意义。

依我看，你们委员会应当竭力使自己的工作符合《劳动国防委员会指令》。

主要的是不要分散力量，最好是抓住**为数不多的企业**，承担一些不太艰巨的任务，起初提出的目标要小一些，但不达目的誓不罢休。事情一经开始就不要半途而废，务必一干到底。

逐步吸收然而必须吸收每个区里被公认为正直的和受到大家尊敬的**非党工人**参加工作。要去发现他们，了解他们，不能吝惜时间和精力。

要逐渐而慎重地**引导**他们参加工作，尽力为每个人找到**完全恰当的**、适合其能力的工作。

主要的是使工人和居民熟悉委员会，**看到**委员会是在**帮助**他们；主要的是**取得**群众、非党人员、普通工人和一般市民的**信任**。

对您这位委员会的主席、中央要员、**不受欢迎的工农检查院**的委员来说,做到这一点是不容易的。但这正是整个关键之所在。

必须竭力在一切可能的方面表明愿意帮助并且以行动给予**帮助**,尽管帮助不大,却实实在在。只有如此,才能推动工作。

请写信给我,如果您不喜欢写信就打电话,可以到我办公室去打,这样我们可以比较从容地就你们委员会的工作交换意见。

如果您认为适当,请将此信交给委员会其他委员看看。

致共产主义的敬礼!

列　宁

7 月 26 日

附言:委员会的基本任务是:振兴经济,改进工作,力求做到**真正个人**负责。为此还应该搞一些这样的设施:食堂、澡堂、洗衣房和集体宿舍等等。

载于 1924 年《布尔什维克》杂志　　　　　　译自《列宁全集》俄文第 5 版
第 1 期　　　　　　　　　　　　　　　　　　第 53 卷第 67—68 页

138

致米·马·鲍罗廷

(7 月 26 日)

致鲍罗廷同志

鲍罗廷同志:您写的东西很有意思。我看您应当(正如您自己所设想的那样)把它加工成一篇文章供《**共产国际**》杂志[107]发表，或者写成一本小册子。

收集全部材料。去掉同共产党人的论战。写成阐述性的，而不是论战性的，那就十分有用了。①

致共产主义的敬礼！

列　宁

7 月 26 日

载于 1959 年《列宁文集》俄文版
第 36 卷

译自《列宁全集》俄文第 5 版
第 53 卷第 68 — 69 页

139

致列·波·克拉辛

(7 月 26 日)

克拉辛同志：

对奥尔忠尼启则的来电(第 2066 号)[108]，请于**星期三以前**准备好答复，并于星期三上午 11 时前送给我。

在我们没有打电话谈妥之前不要发出回电。

列　宁

译自《列宁全集》俄文第 5 版
第 53 卷第 69 页

---

① 见本卷第 62 号文献。——编者注

140

在弗·德·凯萨罗夫来信上作的标记和
给瓦·亚·斯莫尔亚尼诺夫的批示

(7月26日)

请您<u>下令</u>将有关俄罗斯联邦新的区划的<u>材料交我处使用</u>。中央
执行委员会所属区划事务委员会正在研究这个问题。为了按新的区
划原则绘制俄国详细地图,上述材料是不可少的。

> 注意

委员会主席　**弗·德·凯萨罗夫**

斯莫尔亚尼诺夫同志:(1)请照此写一个命令,交我签署;
(2)请阅<u>报告</u>[109];
(3)请同**佐洛托夫斯基**详尽商妥(报告第9节);
(4)准备好委任书。

列　宁

7月26日

附言:**佐洛托夫斯基**应注意到全部要求,把它们记录下来并<u>监
督</u>执行。

载于1932年《列宁文集》俄文版
第20卷

译自《列宁全集》俄文第5版
第53卷第69—70页

141

致阿·伊·李可夫[110]

(7月27日)

　　我坚决主张在今天最后解决,主要的是必须**给**布留哈诺夫以批评(而且是严厉的批评),暂时一点不要碰波嘉耶夫。

载于1932年《列宁文集》俄文版
第20卷

译自《列宁全集》俄文第5版
第53卷第70页

142

致瓦·亚·斯莫尔亚尼诺夫[111]

(7月27日)

斯莫尔亚尼诺夫同志:

　　应当:(1)抓紧办理此事,

　　　　(2)将造成延误(11个月!!!)的

失职人员交法庭审判。

列　宁

7月27日

译自《列宁全集》俄文第5版
第53卷第70页

143

致约·斯·温什利赫特

1921 年 7 月 27 日

全俄肃反委员会

温什利赫特同志

科尔皮诺的**博亚尔斯基**神父、彼得格勒的化学家**提赫文斯基**和前大臣**谢·谢·马努欣**被捕的原因以及能否释放他们，请急速告知。[112]

人民委员会主席

弗·乌里扬诺夫（列宁）

译自《列宁文集》俄文版第 37 卷
第 311 页

144

同米·康·弗拉基米罗夫和
帕·伊·波波夫的来往直达电报

（7 月 28 日）

（莫斯科—哈尔科夫）

弗拉基米罗夫：波波夫同志认为，根据我们的税率实际上可以收到 8 000

万普特,如果提高收成税率,按波波夫同志的意见,还可以多收2 000万普特。我认为,无论实际收成是否与预计的增产相符,波波夫的计算都是不正确的。我原来已按照各县的政治状况把税率提到最高限度。我深信,有盗匪活动的各县税率如再提高,实际上会导致收入减少。我认为唯一的出路就在于拿到全部磨坊税,这项税收可提供大约1 700万普特……

列宁:波波夫昨天告诉我,他认为正确的数字不是8 000万普特,而是13 300万普特。他答应今天把同您最后商谈的结果告诉我。他还答应把关于如何计算乌克兰可能和必须达到的最高限度的粮食税额的具体建议也送来,可是今天我从波波夫那里还什么也没有收到。请您在今天打电话把您和波波夫两人各自最后拟定的方案报来,分别提出哪几点你们是一致的,哪几点不一致。这些必须今天收到,再拖下去是不能容许的。

弗拉基米罗夫:还没有跟波波夫商量好。他建议提高税率的主要涉及有盗匪活动的各县,那里的党组织十分薄弱,这些县对原定的税率已经提出反对了。我相信得不出好结果。拉柯夫斯基正要把这个问题同其他一系列建议一起提交政治局。我向您预先报告,他想向政治局提出的一个建议是:"责成9个省的农民一周内每户上交两普特,其中一普特作为纳税,另一普特作为支援乌克兰和苏维埃俄罗斯遭受饥荒的人的特别储备。"这样做将有可能迅速增加运出的粮食,实际上可增加税收1 200万普特。请回答。我认为从整个情况来看这是最好的办法。

列宁:为了立即作出决定,我们必须收到波波夫的建议。刚才接到弗拉基米罗夫和拉柯夫斯基的电话,还必须有波波夫回复的建议,我希望他已经知道弗拉基米罗夫和拉柯夫斯基的电话的内容。请波波夫赶快打电话来。

波波夫:我已建议政治局把很大一部分县划入收成较高的类别,这样做是根据莫斯科的方法,用这种方法有可能多收2 000万—2 500万普特的粮食税。莫斯科方法与乌克兰方法所不同的地方是:乌克兰的收成按他们自己的方法计算要比按莫斯科方法计算低30％—45％。政治局考虑到组织上的原因(机构涣散)和政治上的原因(盗匪活动),没有采取这一建议,因为在我到来之前两三天已将税率下达各县。但我个人认为下达各县的税率各乡还不知道,因此我认为改变收成税率是可能的。这样做,再说一遍,至少能多收2 000万普特。我的第二个建议是:把收成等级提高几等,把一些县的收成定为80、90、100普特。实施这类税率的县,按莫斯科的抽查方法计算不少于25个,这些县能多提供粮食税400万—600万普特。政治局已接受建议,但收成却是按自己的办法确定的。这只能在3—4个县,而不是25个县增加税收,总共绝不会超过100万普特。粮食税总额由粮食人民委员部预定为13 300万普特,后来由于多算了纳税人中大土地使用者的数目,又增加了5 000万普特,即60％;而按大土地使用者占大多数的实际情况,税收总额可以增加10％—15％,顶多到20％。另一方面,必须注意到由于纳税人少报耕地数量和多报农户人口而造成的税收减少:土地使用的规模愈大,报的人口愈多。根据我的计算,税收总额会减少20％—30％。粮食人民委员部实际上不可能精确确定每个农户的耕地面积和人口。因此,如果说根据平均税率算出的税收总额由于纳税人多数是大土地使用者而有某些增加,那么另一方面,这点增加却由于耕地减少20％—30％而抵消了。因此,乌克兰按当地税率实际上可能收到的是8 300万普特,而不是他们预计的13 300万普特。我曾建议要算出实际上可以收到的税额,总数按下面的计算可达10 000万普特:按平均数计算可收8 300万普特;其次,将部分县的收成税率提高,可以多收2 000万—2 500万普特;第三,将25个县划为收成为80、90、100普特或更高的类别,这还可以多收400万—600万普特。此外,通过磨坊税可收入1 700万普特。因此,我们可以收到近10 000万—10 700万普特的粮食税和1 700万普特的磨坊税,总共有12 000万普特。其中我们可以拿出6 000万普特给俄罗斯联邦。我不反对政治局通过的各项决定,总能拿到一些粮食,但数量太小,因为税收总额的实际增加只能依靠把一部分县的收成提升到较高的一个等级。此外还应补充一点:弗拉基米罗夫同志给各地发出了推迟24小时公布各县收成等级的电报。政治局通过的决定已使弗拉基米罗夫的电报无效。我等待新的指示。

列宁:我们明天白天作最后答复,在这之前请设法暂不预先作任何决定,以便能在明天同波波夫同志商量好后通过一项执行波波夫同志方案的决定。

载于1932年《列宁文集》俄文版
第23卷

译自《列宁全集》俄文第5版
第53卷第71—73页

145

致俄共(布)中央政治局

(7月28日)

致莫洛托夫、托洛茨基、加米涅夫同志

我个人倾向于采纳波波夫的建议。我提议明天白天交政治局讨论并作出最后决定。[113]

列　宁

载于1933年《列宁文集》俄文版
第23卷

译自《列宁全集》俄文第5版
第53卷第73页

146

致中央统计局

(7月28日)

致中央统计局

请工业统计处处长于最短期间将下列情况告诉我:

(1)工业日常统计处收到哪些材料,各种材料多少时间收到一次;

(2)送交材料的大企业有多少;

(3)按时送到的汇报和简报的百分比(哪怕是近似的百分比);

(4)最近几个月内哪些月份的材料是令人满意的;

(5)在多长时间内我能得到仅涉及几个主要工业部门最近情况的最简短的总结;

(6)关于少数特大企业是否有单独材料,如果有,这样的企业有几个,有关这些企业的材料是什么样的。

劳动国防委员会主席

弗·乌里扬诺夫(列宁)

电话口授

载于1945年《列宁文集》俄文版
第35卷

译自《列宁全集》俄文第5版
第53卷第74页

147

致格·叶·季诺维也夫

1921年7月28日

季诺维也夫同志:

我昨天在蔡特金临行前同她谈了话,由于她的几个声明,我认为这次谈话非常重要,必须把谈话内容告诉您。

她想向莱维提出两项条件:

（1）交回国会议员委托书；

（2）停办自己的机关刊物（《苏维埃》杂志[114]，似乎现在叫《我们的道路》）并发表保证执行共产国际第三次代表大会决议的声明。

此外，她担心莱维的朋友中有人想要发表罗莎·卢森堡反对布尔什维克的手稿（好像是1918年在狱中写的）。如果有谁这样做，她打算在报刊上发表声明，说她确信这是不忠诚的行为。她说她最了解罗莎·卢森堡并相信作者本人也承认这些观点是错误的，在出狱之后承认自己不大了解情况。

除此之外，罗莎·卢森堡的挚友莱奥·约吉希斯于去世前两天同蔡特金详谈时曾对她讲到罗莎·卢森堡的这部手稿，他说罗莎·卢森堡自己承认了手稿的错误。[115]应我的请求，蔡特金要把此事写信告诉您。

如果她写了，请把她的信给我寄来。

令人感到兴趣的还有一件事。据她说，德国有一股**全体**工人（包括社会民主党人和独立社会民主党人在内）联合起来反对降低工资等等的浪潮。蔡特金说共产党人应**支持**这种**为同资本家作斗争**而进行的联合，当然她是**完全正确**的。如果"左派"反对，应该晓之以理。

致共产主义的敬礼！

列　宁

致季诺维也夫

附言：洛佐夫斯基**已出版了**红色工会国际代表大会的各项决议。真能干！

而**您呢??** 请指定**专人**负责校订共产国际第三次代表大会各

项决议并责成**洛佐夫斯基**出版。

载于1959年《列宁文集》俄文版
第36卷

译自《列宁全集》俄文第5版
第53卷第74—75页

148

致列·波·克拉辛[116]

（7月28日）

（秘密）

（阅毕退回）

致克拉辛

我的意见：

成立一个工作小组以研究计划的各项细节。**总的说来应予赞同**。更准确地确定贷款的数目、期限和用**原料**、**木材**进行偿付的条件（第一年用**我们的**黄金：3 000万金卢布；也可连续**两年**，每年付3 000万金卢布）。每年**偿付**10％？是否多了？

> 例如：
> 克拉辛
> 阿尔斯基，
> ＋
> ？阿瓦涅索夫？
> 或
> 托洛茨基？

列 宁

7月28日

载于1959年《列宁文集》俄文版
第36卷

译自《列宁全集》俄文第5版
第53卷第76页

149

在南俄外国移民协会申请书上作的标记和
给瓦·亚·斯莫尔亚尼诺夫的批示

(7月29日)

……我们之中很多人在国外有存款,很多人有亲属友好。考虑到这种情况,我们决定按照合作原则同顿河—库班地区、伏尔加河流域和克里木地区的移民一起组织自助,并吸收国外工商业公司参加这个合作组织,为农村居民供应农业设备以及我国现时短缺的一切东西——商品、种子等等。

为此,特请准许我们:

(1)为组织广泛的自助而同国外公司建立直接联系,以便购买国外商品并以此促进农村经济生活的恢复。

(2)在国外购买商品,获得国外的产品,在法律规定的范围内从事商品交换业务,所有上述活动都直接进行而不受任何政府机构的积极干涉。

斯莫尔亚尼诺夫同志:请抓紧办理**此事**。注意要让申请人得到**迅速**而**明确的**答复,不要绝对否定。

列 宁

7月29日

载于1932年《列宁文集》俄文版
第20卷

译自《列宁全集》俄文第5版
第53卷第76—77页

150

致列·米·欣丘克

7月29日

欣丘克同志：

听说您要出去？去几个月？您动身之前，必须正式指定"**代理人**"，并且非正式地通知我，在中央消费合作总社**十分**有经验的共产党员中间我可以同谁联系(2—3人)。

其次，您在动身之前应该**很简明地**告诉我：合作社机构到底什么时候开始工作？

我的意思是：

(1)多少个**乡**(某某省)有零售店(合作社)，也就是说有你们的商业代办？多少个乡没有？平均每一个乡有几个？

(2)有多少个零售店(代销店)认真地回答总社的一切问题，向总社作汇报？一个星期一次？两个星期一次？

(3)有多少个乡的零售店到了货？都是些什么(哪怕是最简短的答复也好)？盐？煤油？布匹？**等等**。

(4)关于农民手里的余粮和原料(用**某些物品**同他们交换就能拿到的)的数量，有多少个地方给了答复？

粮食？

其他食品？

工业原料？等等。

(5)在汇报期内交换了多少？用什么同什么交换？

我认为,现在还没有这种汇报,**根本没有**。只是些空谈。

盼复。

致共产主义的敬礼!

列　宁

载于 1924 年 5 月《消费者团体》
杂志第 5 期

译自《列宁全集》俄文第 5 版
第 53 卷第 77—78 页

151

致维·米·莫洛托夫并转
俄共(布)中央政治局委员[117]

(7 月 29 日)

莫洛托夫同志:应**火速**征询**托洛茨基**和政治局其他委员的意见。我倾向于同意,但须确定**严格的**条件,而且时间要**往后拖**。

列　宁

7 月 29 日

译自《列宁全集》俄文第 5 版
第 53 卷第 78 页

152

致亚·格·施利希特尔[118]

7月29日

施利希特尔同志:

请您简单告诉我:

(1)同克拉辛商妥了什么?

(2)事情实际进展如何?

现在在做什么? 已经做了些什么?

(3)您的委员会的全体人员是如何使用的?

(4)您有没有新的总结材料,稍为详细些的;是关于哪些方面的?

致共产主义的敬礼!

列　宁

载于1959年《列宁文集》俄文版　　　　译自《列宁全集》俄文第5版
第36卷　　　　　　　　　　　　　　　第53卷第78—79页

153

致维·米·莫洛托夫[119]

(7月29日)

莫洛托夫同志:我看应要求人民委员会多数委员:(1)写一简短的书面解释(先将**此**信分发给他们);(2)由他们指定一名汇报人以备中央召见。

列 宁

7月29日

译自《列宁全集》俄文第5版
第53卷第79页

154

致维·米·莫洛托夫[120]

(7月29日)

莫洛托夫同志:我的意见:不要驱逐,而**予以逮捕**。对凶恶的孟什维克的这类行径不能饶恕,这个洛尔曼显然是这种孟什维克。

现提交政治局表决。

列　宁

7 月 29 日

译自《列宁文集》俄文版第 37 卷
第 311 页

155

给列·波·克拉辛的批示[121]

（7 月 29 日）

致克拉辛

秘密

阅毕退回

第 2 条——关于巴统南面的铜矿的承租问题。请同契切林和李维诺夫商谈一下并简单地告诉我。

列　宁

7 月 29 日

译自《列宁文集》俄文版第 38 卷
第 379 页

156

致阿·奥·阿尔斯基[122]

（7 月 29 日）

致阿尔斯基同志

阿尔斯基同志：关于**中学**同学萨哈罗夫我的确"还有点印象"，那时候我们**带着孩子气**像自由主义者那样交谈。我于 1887 年中学毕业。

从那以后，关于萨哈罗夫的情况**我一无所知，也记不得了**。

有点奇怪的是，他在自己的履历表中对 1892—1917 年这个时期的情况**只字不提!!**

我建议您收集一些补充材料来解决这个问题，**不要**考虑我在中学同萨哈罗夫相识的事。

列　宁

7 月 29 日

译自《列宁文集》俄文版第 38 卷
第 379—380 页

157

致维·米·莫洛托夫

(不早于7月29日)

　　莫洛托夫同志:关于必须**处分**巴达耶夫(不执行**劳动国防委员会**决定;莫斯科人执行了)①一事我给您写过信,您至今未复。

　　这样的事应迅速作出决定。

　　加米涅夫和**季诺维也夫**是同意的。请写一份**政治局**决定记录交全俄中央执行委员会主席团通过:"由于未执行**劳动国防委员会**决定(关于削减口粮30%)——莫斯科人已照办——特给巴达耶夫同志+他的**两名关系最密切的助手**以**拘留**一个星期日的处分。"

　　这样才体现出"监督"!!

列　宁

译自《列宁全集》俄文第5版
第53卷第79页

---

① 见本卷第115号文献。——编者注

158

☆致莫斯科省公社主席

(7月30日)

抄送:莫斯科苏维埃主席团
　　　教育人民委员部

斯莫尔亚尼诺夫同志告诉我,斯塔夫罗波尔省的工农代表团把一车皮粮食运到了莫斯科,赠给挨饿的工人,粮食是送到我的名下的。第一,能否尽快地、毫不拖延地把这一车皮粮食收下;第二,把它分发给莫斯科最缺粮的工人,并且一定要告诉他们这是斯塔夫罗波尔的工人和农民送的礼物;第三,设法照顾好代表团,就是说,要让他们得到妥善安排,并向他们表达莫斯科市苏维埃的谢意,最后,要送给他们一些书籍,并让他们能够在莫斯科参观他们愿意参观的单位。

请把以上几点的执行情况立即明确地告诉我。

列　宁

电话口授

载于1932年《列宁文集》俄文版
第20卷

译自《列宁全集》俄文第5版
第53卷第80页

159

致瓦·亚·斯莫尔亚尼诺夫

致斯莫尔亚尼诺夫同志

1921年7月30日

请您全力协助工农检查院院务委员会委员科罗斯捷廖夫同志,他担负着我委托的特别任务。请同他见见面。如果不能满足他的全部请求,就请通知我,我再另想办法帮助他。

列 宁

载于1928年《列宁文集》俄文版第8卷

译自《列宁全集》俄文第5版第53卷第80—81页

160

给秘书的指示

(7月30日)

请注意:工作队一到莫斯科,就通过科罗斯捷廖夫等人给以关照,并立即通知我,以便商定工作队在莫斯科的工作。

列 宁

7月30日

载于1959年《列宁文集》俄文版第36卷

译自《列宁全集》俄文第5版第53卷第81页

161

致列·波·克拉辛

7 月 30 日

请您注意纳察列努斯 7 月 19 日从特拉布宗打来的电报,他说在那儿能买到一大批煤,他还提到了煤的价格;此外还说能买到一大批粮食。请您立即要一份电报抄件,争取以最快速度办理此事,因为这对巴库的工业可能有极大帮助。

请把采取的办法告诉我。¹²³

列　宁

载于 1932 年《列宁文集》俄文版
第 20 卷

译自《列宁全集》俄文第 5 版
第 53 卷第 81 页

162

致瓦·亚·斯莫尔亚尼诺夫

(7 月 30 日)

斯莫尔亚尼诺夫同志:

请您跟波嘉耶夫和阿瓦涅索夫谈谈。请看下面有关涅普里亚欣的**第一点**①。

为什么不提交**劳动国防委员会**?

---

①　见本卷第 119 号文献。——编者注

趁涅普里亚欣在莫斯科,这件事应该抓紧处理。这样办事不能不予以处分。

这是玩忽职守,而不是领导经济工作。[124]

列　宁

7 月 30 日

载于 1932 年《列宁文集》俄文版
第 20 卷

译自《列宁全集》俄文第 5 版
第 53 卷第 82 页

163

致费·埃·捷尔任斯基

(7 月 30 日)

致捷尔任斯基同志

捷尔任斯基同志:您了解此案吗?[125]

有人对我说,这里大概有人恶意告密——某些被得罪过或蓄意报复的人在造谣中伤。

如果您不知道,那就请托人告诉我,谁(在完全可靠的负责同志中)最了解并亲自研究过此案。

请退还此信并附简短意见。

致共产主义的敬礼!

列　宁

载于 1945 年《列宁文集》俄文版
第 35 卷

译自《列宁全集》俄文第 5 版
第 53 卷第 82 页

164

致列·达·托洛茨基

(7月30日)

致共和国革命军事委员会主席托洛茨基同志

撤销海军总部是必要的。共和国革命军事委员会下设的研究撤销海军总部的专门委员会对这个问题已预先提出了解决办法。主管部门认为必须加速处理这件事。

请发出相应的命令,并请告知,您规定了多长的期限以及由谁来负责完成撤销工作。[126]

人民委员会主席

列宁(乌里扬诺夫)

译自《列宁全集》俄文第5版
第53卷第83页

165

在伊·叶·卡巴诺夫来信上作的批注
和给瓦·亚·斯莫尔亚尼诺夫的指示

（7 月 30 日）

最尊敬的弗拉基米尔·伊里奇：

请您不要为这封信感到惊奇，虽然初看起来好像是一个陌生人——伊万·叶戈罗维奇·**卡巴诺夫**写的。我相信，如果您能想起从前青年时代和那时您到过谢尔普霍夫市的情景的话，那么，您就会想起您的忠实仆人**卡巴诺夫**这个人。 〔从未到过！〕

现在根据您昔日对我的好感，我冒昧请求您允许我同您面谈一件事，它在各方面对当前时刻说来都是有益的。 〔？〕

同时，我想，由于您很关心当前的迫切问题，您会乐于听取一个平民的儿子对这些问题的看法。

请您不要拒绝同一个愿为您效劳的人进行半小时谈话。

伊·卡巴诺夫

斯莫尔亚尼诺夫：我不认识写信人。请您把他找来并且**迅速**解决要谈的问题。**切勿拖延**。[127]

列 宁

7 月 30 日

译自《列宁文集》俄文版第 38 卷
第 380 页

166

致尼·亚·列斯克

7月31日

列斯克同志:

(1)您的病完全好了吗？医生的意见呢？

(2)我在考虑把您和**您的整个工作队**留在莫斯科执行清洗莫斯科地方机关和中央机关的任务。特别是要清洗省国民经济委员会和最高国民经济委员会。

(3)此事等斯大林来到以后再决定,他将于8月7日到达。

在这以前请您尽量了解情况,特别是我指出的那些问题。

——请您采取措施,使您的整个工作队"作好准备"。

——请同科罗斯捷廖夫认识一下,跟他多谈几次。

——写信把您的打算告诉我。

致共产主义的敬礼!

列　宁

载于1942年《列宁文集》俄文版第34卷

译自《列宁全集》俄文第5版第53卷第83页

167

致列·波·加米涅夫

（7月底或8月初）

1

加米涅夫同志：

请给我一份由托洛茨基**拿去**掌管的工厂、国营农场和**所有其他**企业的清单。[128]

我需要一份这样的清单作为参考。

您是否知道他**未通过您**(直接从各人民委员部?)还拿去了(或者**可能拿**去了)什么。

　　　　　　　　　　您的　**列宁**

2

致加米涅夫

请您了解一下,能否办到**凡有追加**承租的情况他都**一定**立即告诉您。

译自《列宁全集》俄文第5版
第53卷第84页

168

给秘书的指示

（7月和8月7日之间）

洛里欧告诉我：法国代表(?)

茹利安

(Jullien?)

给我写过一封关于殖民地的信。

请把这封信找来。[129]

译自《列宁文集》俄文版第 39 卷
第 311 页

169

致尼·尼·瓦什科夫

（8月1日）

最高国民经济委员会电力局　瓦什科夫同志

抄送：克尔日扎诺夫斯基同志

对于您在 7 月 10 日《经济生活报》上发表的《俄国的电气化》一文[130]深表感谢。

《经济生活报》和一般报刊要经常刊登这类材料，这是极为重要的。请把下述补充材料（如果您有的话）给我送来：（1）在您的统计表里，1920年各电站总发电能力为7 670千瓦，这是否包括沙图拉电站的5 000千瓦在内？

（2）您的文章指出，图拉供电网1920年供电3 000千瓦，统计表中是否已经包括进去，还是这类资料不列入统计表？

（3）能否专项列出确有工业价值的较大的电站，如发电能力为1 000千瓦的或称得上规模大、对工业有价值的电站。

（4）您手头有1921年的多少个月份的、可以看出1921年大致情况的统计材料？

（5）有没有什捷罗夫卡、伊万诺沃-沃兹涅先斯克、下诺夫哥罗德和车里雅宾斯克几个电站筹建初期的一些详细材料？

（6）您的文章指出，几个大电站联合起来能够供应莫斯科10 000千瓦的电力。请告诉我，是否实际上已供电，供了多少，什么时候供应的？

（7）能否告诉我梅季希附近的博尔舍沃区电站和为彼得格勒供电的儿童村电站的一些详细情况，以及预计完工的比较准确的时间？

还请告诉我，能否利用将在10月份召开的电气技术人员代表大会[131]来收集关于现有的全部电站的比较详细和准确的资料，了解它们在各县、各省的分布情况，它们的建立时间，以及有多少电站被用来传播电和电气化知识等等情况。

列　宁

电话口授

载于1933年《列宁文集》俄文版
第23卷

译自《列宁全集》俄文第5版
第53卷第84—85页

170

致加·伊·米雅斯尼科夫

8月1日

米雅斯尼科夫同志:

由布哈林转交的大作我今天才看到,匆匆读了一遍。

想跟您谈谈。我希望最近几天能到莫斯科去,并能抽出半小时跟您谈话。

文章开头写得好。有道理。

但结论中有许多明显的不正确之处。

可能还有隔阂:您在文章里好像**没有**把您向尼·伊·布哈林说过的**全说出来**。您想要什么样的"出版自由"?是法律规定的吗?也给工人中的社会革命党人和孟什维克吗?现在就给吗?文章没说清楚。[132]

请给我写封简短的回信。

致共产主义的敬礼!

列 宁

载于1959年《列宁文集》俄文版
第36卷

译自《列宁全集》俄文第5版
第53卷第85—86页

171

致弗·亚·安东诺夫-奥弗申柯

(8月1日)

致安东诺夫-奥弗申柯同志,发往他的所在地

我收到并看了您关于坦波夫省的报告[133]。第一,请您(按照您的建议的精神)把措辞准确的建议草案提交小委员会、劳动国防委员会,或者也同时提交中央委员会。第二,请研究,是否应把坦波夫省哪怕是部分机关的做法推广到萨拉托夫省去。请回答。

列　宁

电话口授

载于1933年《列宁文集》俄文版
第23卷

译自《列宁全集》俄文第5版
第53卷第86页

172

致弗·维·阿多拉茨基①

8月2日

阿多拉茨基同志:

序言[134]我已看过,很难下评语,因为这篇东西尚未完成。看

---

① 列宁在信封上写道:"致阿多拉茨基同志(列宁寄)〔两(小)包手稿随信附上〕"。——俄文版编者注

来应该压缩,表达要十分明确,要多斟酌一下措辞。

应该把书信中**确实**精彩的段落同马克思的**其他**著作、同《**资本论**》结合起来(例如,关于"平等"问题,这是《资本论》中**极其重要的论述**)。譬如谈某个问题,就指出**这个**问题在书信中是如何如何讲的,在马克思的其他著作中是如何如何讲的,在《**资本论**》中又是如何如何讲的。

书信我只能浏览一下。当然,您还得大大压缩,找出彼此的联系,并加以编排整理。反复地考虑两三遍,然后**简要地**加以评述。看来工作比起初想象的多。

至于次序(您的想法大概是对的),按年代排可能更方便一些。

致共产主义的敬礼!

列　宁

附言:我在休假。身体不好。不能同您见面。

《教科书》[135]如果已经完成,就该着手下一步工作。通过米·尼·波克罗夫斯基办可能最快。

载于1932年《列宁全集》俄文
第2、3版第29卷

译自《列宁全集》俄文第5版
第53卷第86—87页

173

致弗·德·邦契–布鲁耶维奇

(8月2日)

亲爱的弗·德·:

请写信告诉我:

(1)听说您在国营农场[136]里收容了**反仪式派**[137]并对他们很满意,真有此事吗?

(2)反仪式派(a)从加拿大,(b)从高加索迁居俄罗斯的情况如何(**如果您知道这个情况**的话);

(3)您跟我谈过的那个国营农场＋一些砖厂等等所在地区的经济委员会是否要给劳动国防委员会写工作报告并加以发表。

谁**正式**主管这个国营农场?

谁参加了区经济会议?

致共产主义的敬礼!

列　宁

附言:所有这些问题都是我**个人**提的。因此请不要向**任何人**引用我这封信里的话。

载于1959年《列宁文集》俄文版
第36卷

译自《列宁全集》俄文第5版
第53卷第87—88页

174

致路·卡·马尔滕斯

(8月2日)

致马尔滕斯

我接到来自里加的电报说,据纽约《俄国呼声报》[138]报道,7月初在纽约举行了美国和加拿大技术援助苏俄协会的代表大会。[139]

电报说,代表大会向马尔滕斯和人民委员们拍来了致敬电,宣布代表大会决定立即着手组织派往苏维埃俄国的技术队伍。

我想,我应该给他们拍这样一封电报:

"从纽约《俄国呼声报》获悉你们召开代表大会并向苏维埃俄国发出致敬电的消息,我代表人民委员会向你们表示衷心的感谢。

我个人还要补充一点:我们非常需要美国和加拿大的技术援助。但如果事先没有商量好选择什么地点、工厂等等即派来技术工作队,那就必须为工作队准备两年的粮食及衣物等等。必须让每个队都作好从事农业和工业两方面工作的准备。最好先派代表到我们这里来就地察看居住地区、森林、矿山、工厂等等,以便承租。"

人民委员会主席　列宁

需要由马尔滕斯和劳动人民委员部签署,最好波格丹诺夫和契切林也签署。

载于1933年《列宁文集》俄文版
第23卷

译自《列宁全集》俄文第5版
第53卷第88—89页

175

给莫·李·鲁希莫维奇的电报

(8月2日)

哈尔科夫　顿涅茨克省执行委员会主席

我于6月24日曾把我给皮达可夫的电报[140]照发一份(第688号)给您。我也需要您的单独答复。简况请来电,详情则来信告知。你们省经济委员会什么时候开始工作?

列　宁

载于1933年《列宁文集》俄文版
第23卷

译自《列宁全集》俄文第5版
第53卷第89页

176

☆致中央统计局副局长

(8月2日)

您7月29日的报告(第7772号)收到了。请把中央统计局现有的1920年的(如果有的话,也请把部分1921年的)最简明的资料寄给我,即(1)资料包括多少个省、多长时间;(2)产量总计;(3)燃料消耗总计。

只要这三笔数字,并且只统计最主要的工业部门(如纺织、冶金、造纸、电力、食盐、橡胶)。

如有总计数,也要。来自各总管理局的和直接来自各工厂的资料要分开。

列　宁

电话口授

载于1933年《列宁文集》俄文版
第23卷

译自《列宁全集》俄文第5版
第53卷第89—90页

177

致托·Л.阿克雪里罗得

(8月2日)

致阿克雪里罗得同志

抄送:季诺维也夫和拉狄克同志

我已收到第三次代表大会各项决议的德文本。在第71页第2条里,我发现在草案初稿里出现过的错误和十分荒谬的地方仍然存在。我在代表大会上就已指出这个错误,当时就交给秘书处一本德文小册子,正确的引文应以此书为据,尽管如此,错误和荒谬之处却依然如故。我坚决抗议这样出版代表大会的决议，这把我们置于可耻又可笑的境地。我曾多次要求，在共产国际秘书处内即使有少数最知名的工作人员实行个人负责制也好。请告诉我，谁负责这类出版编辑工作。

如果其他决议也是这样出版的，那么整个集子只好付之一炬了。

列　宁

电话口授

载于1959年《列宁文集》俄文版
第36卷

译自《列宁全集》俄文第5版
第53卷第90页

178

致瓦·亚·斯莫尔亚尼诺夫[141]

（8月2日）

致斯莫尔亚尼诺夫同志

请提交小人民委员会。一定要让莫斯科苏维埃主席团派一个代表来。

列　宁

8月2日

载于1959年《列宁文集》俄文版
第36卷

译自《列宁全集》俄文第5版
第53卷第91页

179

致格·瓦·契切林

1921年8月3日

契切林同志：

这个约诺夫是什么人？

他怎么能够建议吸收孟什维克和社会革命党人参加呢？[142]

这里暴露出了一种或者说暴露出了一点极其糟糕的情况。

您看呢？

致共产主义的敬礼！

列　宁

译自《列宁全集》俄文第5版
第53卷第91页

180

致阿·瓦·卢那察尔斯基

1921年8月3日

致卢那察尔斯基同志

抄送:利特肯斯同志

莫洛托夫同志

基谢廖夫同志

您把您7月26日给基谢廖夫同志的信的抄件寄给了我。[143]我认为您这封信的语气和内容都是不正确的。

依我看,完全是您的过错,或许也有教育人民委员部行政部门负责人利特肯斯同志的过错,——错就错在没有遵循小人民委员会的决定(6月22日第1项决定!!!),也没有及时请求人民委员会重新审查小人民委员会的决定。

我个人看不出小人民委员会的决定有任何不正确的地方,因为基谢廖夫同志曾向我证实,格林贝格同志出席过小人民委员会会议。

人民委员会主席

乌里扬诺夫(列宁)

载于1959年《列宁文集》俄文版
第36卷

译自《列宁全集》俄文第5版
第53卷第91—92页

181

致莫·伊·弗鲁姆金

8月4日

弗鲁姆金同志：

看来，现在全部问题就在于迅速征收粮食税了。

除已经做的事情而外，是否还应该采取下述这类补充措施：

(1)增调部队（在莫斯科省要动员一半**军校学员**）①，即把他们派去参加粮食工作？

(2)莫斯科省及其邻近各省更要这样做？

(3)由**当地农民供养这些部队**（以及征粮队，现在好像有另外的名称，叫"协助征收粮食税的民警"什么的？）**每人每天两俄磅口粮？或每天三俄磅口粮？**

农民同志们，你们不愿意吗？那就赶快交**粮食税**。只要一交到50％—75％，我们就**开始**撤走部队！

(4)要作出决定（或者不作"决定"而在莫斯科省**进行**试点，以便树立**典型**）；

立即在每个乡严惩10个**延误**（哪怕稍有延误）交粮食税或对交粮食税态度**消极**的**最富裕**的农民，以儆效尤。

同样——每县惩罚1个对交粮食税态度**消极**的乡，或每省惩罚2—3个乡，**以儆效尤**？

---

① 括号里的话是列宁写在页边的。——俄文版编者注

(5)对2—3周内收足百分之百的(粮食)税者给予**奖励**。奖什么？**金银**物品。到**国家珍品库**去领取。

(6)是否在**莫斯科**省再动员200—300个担任要职的党员去抓粮食税的征收工作，哪怕一周**突击**(检查、督促)两天也好？

致共产主义的敬礼！

列　宁

附言：给您而没给布留哈诺夫写信，是因为估计他已休假去了。如果他没去休假，当然也请念给他听。

载于1933年《列宁文集》俄文版　　　　　译自《列宁全集》俄文第5版
第23卷　　　　　　　　　　　　　　　　第53卷第92—93页

182

致瓦·亚·斯莫尔亚尼诺夫

(8月4日)

致斯莫尔亚尼诺夫

鉴于契切林同志郑重其事地、正式地反对发出附上的这封电报[144]，请另行召开一次会议，由马尔滕斯同志、劳动人民委员部的一位熟悉这一问题的代表和外交人民委员部的一位同样也熟悉这一问题的代表参加。连同您共四人。

请在会上讨论契切林的反对意见，对电报中要求随带两年用的粮食一事予以特别注意。

我想,如果再添上一句,讲明要和俄国的艰难困苦作斗争,不需要那种经受不住这种艰难困苦的人,这样的电报只会有好处。请在明天晚上以前把最简短的书面决定送给我。

列　宁

电话口授

载于1959年《列宁文集》俄文版第36卷

译自《列宁全集》俄文第5版第53卷第94页

183

致维·米·莫洛托夫并转俄共(布)中央政治局委员

(8月4日)

莫洛托夫同志:

我从契切林那里收到了已征得土耳其斯坦委员会和我们驻布哈拉代表同意的有关对布哈拉的政策的提纲草案[145]。我主张:用电话征求全体政治局委员的意见后,立即批准这个提纲。

列　宁

电话口授

译自《列宁全集》俄文第5版第53卷第94页

184

给维·米·莫洛托夫并转
俄共(布)中央政治局的电话稿和
给秘书的指示[146]

(8月4日)

1

致莫洛托夫同志

我收到了小人民委员会专门委员会所作决定的一份记录,是关于增补三名小人民委员会工作人员即小人民委员会委员问题的。我提议征求一下政治局委员们的意见,如果没有异议,就立即送大人民委员会批准。[147]

列　宁

2

致莫洛托夫同志

契切林催促赶快对戈尔登贝格的事作出最后决定。兹附上我的要求——立即任命并通过征求全体政治局委员意见的办法确认这项任命。[148]

列　宁

3

致布拉科娃同志

请同莫洛托夫商定！

译自《列宁文集》俄文版第 37 卷
第 312—313 页

185

给各省、县经济会议的电报

(不早于 8 月 4 日)

致各省、县经济会议

中央出版物发行处正把载有《劳动国防委员会指令》的法令汇编第 44 期发往各地。这个《指令》首先是发给省、县、区、乡经济会议的。我坚决要求你们对此事加以特别的和严密的注意，务使各乡、区经济会议(未设这种经济会议的地方则使各乡执行委员会)都能收到《劳动国防委员会指令》。责成各省、县经济会议主席和秘书亲自负责把《指令》发至各乡执行委员会。现特向你们指出，绝对必须把《劳动国防委员会指令》发到各乡、各村去，使广大农民群众能够了解全俄中央执行委员会的最新决定。省经济会议应采取措施把电报发至县经济会议及中央出版物发行处在各省、县的分处。

劳动国防委员会主席　列宁

载于1933年《列宁文集》俄文版
第23卷

译自《列宁全集》俄文第5版
第53卷第95页

186

给秘书的指示

（8月5日）

问利特肯斯，工作"情况"（或者说进展）如何？[149]
把利特肯斯的答复给我送来。

列　宁

8月5日

载于1933年《列宁文集》俄文版
第23卷

译自《列宁全集》俄文第5版
第53卷第95页

187

致列·波·克拉辛

（8月5日）

致克拉辛同志

您写给捷尔任斯基的关于建造轮船的信的抄件收到了。我同意您的意见,我们现在还不应该建造海轮。我想,从军事上考虑也应如此。毫无疑问,必须加紧为石油船队建造油船,特别是在里海和伏尔加河行驶的油船。请您:

(1)就这一问题征询国家计划委员会的正式意见;

(2)由对外贸易人民委员部和交通人民委员部召开正式会议,作出明确决定,如果还牵涉到别的单位,那么,它也参加。

列　宁

电话口授

载于 1933 年《列宁文集》俄文版
第 23 卷

译自《列宁全集》俄文第 5 版
第 53 卷第 96 页

188

致 А.И.波嘉耶夫

(8月5日)

致波嘉耶夫同志

您老是诉苦,又不切实解决问题,为此我要痛骂您一顿。迈斯纳的问题,您本来应该正式地用书面形式征求布留哈诺夫的意见,如果他不同意(送一份他的答复的抄件来),就提交劳动国防委员会。

不必拖延了:由于拖延,流言蜚语多起来了,您要陷进去的。应该行使自己的权力,不要老是诉苦。明天就把您对解决迈斯纳问题的意见正式打电话告诉我。

关于党内的申诉,请正式提交组织局,而且要快。我管不了这事。可以向政治局控告。《计划》尚未看到。把尼·米·克尼波维奇和迈斯纳的意见分歧用两页纸写出来给我。[150]

致共产主义的敬礼!

列 宁

1921 年 8 月 5 日

载于 1933 年《列宁文集》俄文版
第 23 卷

译自《列宁全集》俄文第 5 版
第 53 卷第 96 页

189

致尼·米·克尼波维奇

(8 月 5 日)

秘密

致尼古拉·米哈伊洛维奇·**克尼波维奇**
(大科济欣斯基胡同 8 号)

遗憾得很,您来找娜捷施达·康斯坦丁诺夫娜的时候,我因病未能和您谈谈。我想请您简短地写封信告诉我:(1)您认为迈斯纳(a)是否认真负责,(b)政治立场如何,(c)业务知识如何,(d)行政管理才能如何,以及(2)您同渔业和鱼品工业总管理局的分歧。(3)您提出的渔业分散管理及在摩尔曼发展渔业的建议，如果有这样的建议的话。

敬礼！

列　宁

电话口授

载于1933年《列宁文集》俄文版
第23卷

译自《列宁全集》俄文第5版
第53卷第97页

190

致列·波·加米涅夫并转
俄共（布）中央政治局委员

（8月5日）

致加米涅夫同志

契切林送来了胡佛的复文。契切林建议立即释放在押的美国人。我同意。建议用电话征求政治局委员们的意见。关于基利，我建议先询问一下叶努基泽，他前几天曾告诉我，全俄中央执行委员会主席团已作出决定：释放基利。我认为把基利单独处理可能是恰当的，因为他经法庭判过刑。请您同契切林商议一下。在其他人之前而且根据另外的理由释放基利，可能更合适些。

我认为，不应该公布我们在里加同布朗董事谈判的内容，至少在谈判的第一阶段结束之前。**151**

列 宁

1921 年 8 月 5 日

译自《列宁全集》俄文第 5 版
第 53 卷第 97—98 页

191

致尼·彼·哥尔布诺夫

（8 月 5 日）

这件事您办得糟透了，不按规定办，疲疲沓沓，缺乏战斗的姿态。**152**

以后我得对您**更严格些**。

译自《列宁全集》俄文第 5 版
第 53 卷第 98 页

192

致瓦·亚·斯莫尔亚尼诺夫**153**

（8 月 5 日）

斯莫尔亚尼诺夫同志:应该注意这件事(特别是:(1)谁负责?(2)企业的**自主精神**是否得到了正常的发挥?)

如果需要,请同科罗斯捷廖夫商量一下。

请记住这件事并**多加注意**。

列　宁

8月5日

载于1956年《历史文献》杂志
第4期

译自《列宁全集》俄文第5版
第53卷第98页

193

致费·埃·捷尔任斯基

(8月5日)

秘密

致捷尔任斯基同志

您介绍两个方案的便条收到了。[154]完全同意您的看法,必须坚持交通人民委员部的方案,保留主任的职位及其独立性。我听说,鲁祖塔克将于8月15日前到达。应该让他早点来。请写信告诉我,您对现任交通总指挥[155]是否满意,您认为万一必要时还有哪些人能担任这一职务。

列　宁

电话口授

载于1933年《列宁文集》俄文版
第23卷

译自《列宁全集》俄文第5版
第53卷第98—99页

194

致格·马·克尔日扎诺夫斯基

(8月5日)

致克尔日扎诺夫斯基同志

请您写封短信告诉我,您看了抄送给您的我给瓦什科夫的信后有什么想法。[156]

列　宁

电话口授

载于1933年《列宁文集》俄文版
第23卷

译自《列宁全集》俄文第5版
第53卷第99页

195

致瓦·亚·斯莫尔亚尼诺夫并转
劳动国防委员会各委员[157]

(8月5日)

急

致**斯莫尔亚尼诺夫**同志

请看一看我写在背面的信。请交**劳动国防委员会**在2—4日内以**最快**速度通过(连同国家计划委员会的意见)。

列　宁

8月5日

注意：

为了迅速通过,应这样办：

(1)打2—3份副本。立即送一份给克尔日扎诺夫斯基,请他在**星期二以前**提出意见；

(2)立即分送给**劳动国防委员会**各委员,要他们迅速传阅并随即把意见写在上面；

(3)用电话征求**劳动国防委员会**各委员的意见,问他们是否同意把拟定草案的工作交给一个专门委员会：克拉辛＋阿瓦涅索夫＋波格丹诺夫(或他的特派全权代表)。

列　宁

我认为方案是正确的,应**立即**予以批准。也许最好是增加一些说明和补充,例如：

(1)提供用**黄金**支付的流动资金,但只能从我们1921年**出口收入**中提取；**责成**该小组加速完成本年度出口任务；

(2)**更明确地**给该小组划定"租借"的地区,应主要是或完全是北方最遥远的地区(这对我们较合适,免得我们往那儿运送粮食；从政治上说这也是合适的,因为对工人的优惠条件——达50**金戈比**!! ——将较少引起别的工人的妒嫉和冲突)；

(3)**更明确地**规定小组的**任务**：完成的指标不得低于某个计划(1922年,特别是1923年的生产计划和**出口**计划)；

(4)责成"小组"尽力满足电气化的需要(为电站多购买一些进口设备,利用锯末等)——俄国燃料供应的需要(燃料运输支线;更多地向莫斯科运送燃料——木柴,**等等**);

(5)按小组的要求给予财务和物资方面的自主权。

列　宁

1921 年 8 月 5 日

载于1959年《列宁文集》俄文版
第36卷

译自《列宁全集》俄文第5版
第53卷第99—100页

196

致路·卡·马尔滕斯[158]

(8月5日)

马尔滕斯同志:请寄来(1)您的意见,**三言两语**即可;(2)在美国对这个协会进行监督的方法;(3)支持**您的**看法的人的名单。

列　宁

1921 年 8 月 5 日

译自《列宁文集》俄文版第38卷
第382页

197

致瓦·萨·多夫加列夫斯基①

(8月6日)

致邮电人民委员

多夫加列夫斯基同志:

我再一次请您密切注意哥尔克村我的电话线的糟糕情况。

今天,8月6日,星期六,人们告诉我,哈尔科夫—莫斯科的电话听得**很清晰**。我这儿却是:我打出去的电话对方听不清楚(我听得清莫斯科打来的电话),并且还**断线**几十次。

你派来的那些人自作聪明,安装了一些毫无用处的特殊仪器。这些人不是十足的傻瓜就是非常聪明的怠工者。

显然,这些**工作人员**都不中用,或者是**您不善于**安排检查人员,**或者是您不善于**使这些工作人员摆脱过于繁重的工作并把他们组织得能把**我**这里的服务工作做得像个样子。

我们这里的30—40俄里长的电话线,什么时候才能搞得像彼得格勒和哈尔科夫的600—750俄里长的电话线那样呢?

人民委员会主席   列 宁

载于1933年《列宁文集》俄文版   译自《列宁全集》俄文第5版
第23卷   第53卷第101页

---

① 信上有列宁的批示:"照打一份;立即发出。"——俄文版编者注

198

同米·康·弗拉基米罗夫的
来往直达电报

（8月6日）

（莫斯科—哈尔科夫）

弗拉基米罗夫:我们在乌克兰第聂伯河右岸地区规定了高税率。这冒了很大的风险。我们正采取下列措施:吸收乡经济会议参与讨论有关农村的一系列问题,但同时摆在我们面前的还有盐的问题,我们注意到现在对盐的需要。问题是;我们要不要无论纳税与否都一律卖给盐(正式这样说),而在实际上则优先供应那些纳税进展顺利的乡,同时我认为现在卖盐收现钞是对的。请您作出决定。

列宁:第一,我建议卖盐时一律收粮,在任何情况下都不要收纸币。

第二,盐只卖给已经完税$\frac{1}{2}$或$\frac{1}{4}$以上的乡、村或个人。

第三,我想,为了使收税工作能够顺利进行,要派军队协助收税,而这些军队要由当地农民负责提供加倍的给养,直到把税交完为止。

第四,请您告诉我,顿巴斯的粮食状况如何,能供应到什么程度、什么时候。

弗拉基米罗夫:对前两个问题,我还是坚持原来的立场。
关于军队问题,请您跟伏龙芝谈谈,他到莫斯科去了。
至于顿巴斯,我们已经为他们准备了4列车。我们正设法搞到机车。我估计最迟12日就能开始定期运送。

列宁：只坚持原来的立场是不够的。必须有中央委员会的正式决定。如果您不能从你们那里的中央委员会得到决定，就应该提交这里的中央委员会通过。使用军队的办法也是如此。

关于顿巴斯，每周请给我送两次最简明的、准确的材料，说明该地现有的粮食数量。

弗拉基米罗夫：我认为，最好同拉柯夫斯基和伏龙芝一起决定这个问题，他们都到莫斯科去了。我的意见大家都知道。

载于 1933 年《列宁文集》俄文版
第 23 卷

译自《列宁全集》俄文第 5 版
第 53 卷第 101—102 页

199

给秘书的指示[159]

（8 月 6 日）

高尔基寄来的吗？

转利特肯斯，请他看后仍还给我，并告诉我问题在哪里，正在**采取什么措施**。

列　宁

1921 年 8 月 6 日

载于 1959 年《列宁文集》俄文版
第 36 卷

译自《列宁全集》俄文第 5 版
第 53 卷第 103 页

200

致康·马·施韦奇科夫[160]

(8月6日)

致施韦奇科夫同志

您要见我,但我安排不了。请您给我写封短信,说明:第一,您终于弄到了一笔什么款项能用于1921年从国外购货;第二,您现在有什么具体建议。

列　宁

1921年8月6日

载于1933年《列宁文集》俄文版　　　　　译自《列宁全集》俄文第5版
第23卷　　　　　　　　　　　　　　第53卷第103页

201

给瓦·亚·斯莫尔亚尼诺夫的电话

(8月6日)

致斯莫尔亚尼诺夫同志

我这里有一份欣丘克同志的报告,其中谈到有一个由最高国民经济委员会租让委员会草拟、经中央消费合作总社修改过的无产者合作社租让方案已交来要我审阅批准。请找到此件并用电话告诉我,如果可能,就给我送来。

列　宁

1921 年 8 月 6 日

译自《列宁全集》俄文第 5 版
第 53 卷第 103 页

202

致维·米·莫洛托夫

(8 月 6 日)

致莫洛托夫同志

契切林同志继续写来令人极为不安的信件,说外交人民委员部的工作人员因得不到口粮而纷纷逃离。我认为应当采取紧急措施。哪怕作为例外,也要暂时把原有口粮留给他们。[161]

列　宁

1921 年 8 月 6 日

电话口授

译自《列宁文集》俄文版
第 37 卷第 313 页

203

致农业人民委员部和国家出版社①

致泰奥多罗维奇同志(农业人民委员部)和

国家出版社

8 月 7 日

在国家出版社出版的新书中我收到了一本

谢苗·马斯洛夫:《农民经济》1921 年第 **5** 版!（或者是第 **4** 版。）

从随便翻阅中看出,这是一本用资产阶级骗人的"学术"谎言来蒙蔽农民的、浸透资产阶级意识的坑人的坏书。

全书近 400 页,但丝毫没有谈到苏维埃制度和它的政策,没有谈到我们的法律和向社会主义过渡的措施等等。

只有蠢货或者恶意的怠工分子才会让这本书出版。

请调查清楚负责审阅和出版这本书的**全体**人员,并把他们的名单开给我。

人民委员会主席

弗·乌里扬诺夫(列宁)

载于 1924 年 7 月《生活》杂志第 1 期

译自《列宁全集》俄文第 5 版第 53 卷第 104 页

---

① 在这封信上有列宁的批语:"用公文纸抄写,交我签字。"——俄文版编者注

204

致米·巴·托姆斯基[162]

8月7日

托姆斯基同志:

非常感谢您给我的来信,写得很清楚。

您说我们(莫斯科)**需要**"900万头绵羊",这当然是对的。[163]无论如何要弄到手!**立即把取得这些绵羊的进度计划送到我们劳动国防委员会**来。

粮食问题也一样。

我们派越飞同志前往,是试图调解您和萨法罗夫同志的分歧。

我想,你们双方的意图**能够**而且**应该**统一起来:

(1)**首先**要给莫斯科供应粮食和肉类;

(2)(为此)可给予"商人们"一系列让步和奖励;

(3)当然要实行**新经济政策**(第十次代表大会,1921年5月代表会议等);

(4)一定要成立穆斯林**贫苦农民**委员会和

(5)仔细地、慎重地对待**穆斯林贫苦农民**,向他们作一系列让步。

能够而且应该把符合我们在**整个东方**的"世界政策"利益的、明智的、慎重的路线统一起来并**固定下来**。

致共产主义的敬礼!

列 宁

附言:中央委员会大概会同意您的半年的要求的。我们将同鲁祖塔克谈谈。

发往塔什干

载于1959年《列宁文集》俄文版
第36卷

译自《列宁全集》俄文第5版
第53卷第104—105页

205

致格·伊·萨法罗夫

8月7日

萨法罗夫同志:

非常感谢您寄来的小册子**164**和其他材料。

我们派越飞同志前往,是试图把您的路线同托姆斯基的路线**统一起来**。

这一点**必须**做到。

首先必须给莫斯科供应粮食和肉类。

为此,不仅为此,需要实行"新经济政策",也需要给予商人们**一系列**让步和奖励。

同时,要经常地尽量多关心穆斯林贫苦农民,把他们组织起来,对他们进行教育。

能够而且应该制定出这样的政策并(通过一系列**非常确切的**指示)使之**固定下来**。

这种政策应当成为**整个**东方的楷模。

致崇高的敬礼！

您的　列宁

附言：路线制定之后，大概就会允许您去休假。

发往塔什干

载于《列宁全集》俄文第 4 版
第 35 卷(非全文)

译自《列宁全集》俄文第 5 版
第 53 卷第 105—106 页

206

给 H.Ф.普列奥布拉任斯基的电话

(8 月 7 日)

H.Ф.普列奥布拉任斯基同志：

遗憾得很，8 月 9 日以前我无论如何不可能会见您。

您的信将转给中央书记处莫洛托夫同志。[165]

请您同他和克尔日扎诺夫斯基两人谈谈。

如有必要，请把您的具体建议打一份给我。

致共产主义的敬礼！

列　宁

载于 1959 年《列宁文集》俄文版
第 36 卷

译自《列宁全集》俄文第 5 版
第 53 卷第 106 页

207

给秘书的批示[166]

（8月8日）

送**劳动国防委员会**。复制并分送：农业人民委员部、粮食人民委员部、最高国民经济委员会等部门。

列　宁

8月8日

载于1959年《列宁文集》俄文版
第36卷

译自《列宁全集》俄文第5版
第53卷第106页

208

致约·斯·温什利赫特[167]

1921年8月8日

全俄肃反委员会

温什利赫特同志

请把逮捕公民雅柯夫·萨韦利耶维奇·**舍列赫斯**的原因告诉我，是否能在审判前，由党内同志保释或者从全俄肃反委员会监禁的地方转移到布特尔监狱。**168**

人民委员会主席

弗·乌里扬诺夫（列宁）

译自《列宁文集》俄文版第 38 卷
第 383—384 页

209

致小人民委员会**169**

1

（8 月 8 日和 11 日之间）

我们的房屋肮脏**不堪**。法令根本不管用。应该极其**明确地**、**一个不漏地**指出**应负责任的人**（并非一人，而是多人，依次列出），并**毫不留情地**把他们关进牢房。

2

（8 月 11 日）

不补充以下几条不能同意：

（1）除主任外，"副主任"也要负责。

应该有副主任；

（2）此外，由住户组成的**监督委员会**也要负责。应该有这种委员会。不少于三人,他们,或者**他们的代理人**必须**每次都到场**。

(3)所有这些人都要负法律和**行政**两方面的责任。

列 宁

8月11日

3

(8月19日)

这不够。

还要补充:

(1)住户对不选举主任和"副主任"要负责任;

(2)同样,对不选举监督委员会也要负责任;

(3)主任、副主任、监督委员会有责任密切注意,看是否**每天都**有负责的值勤人员(或主任本人,或副主任,或监督委员会委员)**除专门雇用的人员**(如清扫工等)**之外**,**如果有这种人的话**;

(4)不到10套房间的房屋由住户负责。

怎样规定住户的责任?应该考虑一下,想出个办法。

列 宁

8月19日

载于1945年《列宁文集》俄文版第35卷

译自《列宁全集》俄文第5版第53卷第106—108页

210

致格·马·克尔日扎诺夫斯基

1921 年 8 月 9 日

克尔日扎诺夫斯基同志：

你们写的有关马霍宁的函件[170]收到了。

是否应该由国家计划委员会正式通过这样一个决定。

或者暂无必要，还是以非正式地交换意见为宜。

致共产主义的敬礼！

列　宁

载于 1933 年《列宁文集》俄文版
第 23 卷

译自《列宁全集》俄文第 5 版
第 53 卷第 108 页

211

致格·伊·博基

1921 年 8 月 9 日

博基同志：

您在谈到**舍列赫斯**(雅柯夫·萨韦利耶维奇)的信里说：**连列**宁也"设法为他开脱"，并请求允许您"对为国家珍品库案件所作的任何求情和施加的任何压力都不予理睬"。

我不能允许您这样。

我提出询问,既不是"开脱",也不是施加"压力",更不是"求情"。

既然有人向我指出,情况是否属实值得怀疑,我就有责任询问。

您有责任就实质问题回答我:"根据和罪证是什么什么,非常确凿,我反对释放,反对从宽处理",如此等等。

您就应该这样就实质问题回答我。

"求情"和"开脱"您可以拒绝;施加"压力"是非法的行为。但我再说一遍,您把人民委员会主席的询问同求情、开脱或施加压力混为一谈是错误的。

人民委员会主席

弗·乌里扬诺夫(列宁)

载于1945年《列宁文集》俄文版
第35卷

译自《列宁全集》俄文第5版
第53卷第108—109页

212

致阿·马·高尔基

1921年8月9日

阿列克谢·马克西莫维奇:

您的来信已转给了列·波·加米涅夫。[171]

我累得什么也干不了。

您在咯血,可您还不走! 这实在太过分,太不合理了。

您到欧洲一个**好的**疗养院去,既可以治病,又可以**多做两倍**

的事。

的确如此。

在我们这儿,既不能治疗,又干不了事——整天**忙碌**,无谓的**忙碌**。

去吧,把病治好。别固执了,我求求您。

您的　**列宁**

载于1924年《俄国同时代人》杂志
第1期

译自《列宁全集》俄文第5版
第53卷第109页

213

给莉·亚·福季耶娃的指示

(8月10日)

请写信告诉她,来信我已看过,我因病离开了并委托您答复:塔甘采夫被指控犯了严重罪行,罪证确凿,现在不可能释放;我查问他的情况已不止一次了。[172]

列　宁

8月10日

译自《列宁文集》俄文版第37卷
第314页

ВХ 2965 9 АВГУСТА 1921 года.

ИЗ ШАБОЛОВСКОЙ РАДИОСТАНЦИИ HP 123 МОСКВУ ЗАВЦЕНТ-
РАДИО. ДЛЯ НАРКОМИНОДЕЛА 8/9 1921 Берлин Hp 104

в 76 ЧИЧЕРИН ДЛЯ ЛЕНИНА

МОСКВА КОПИЯ Красину.

Важнейшая часть материала для Каширской станции
именно изоляторы заказаны и будут отправлены конце
августа за исключением небольшой части которая пой-
дет первой половиней сентября тчк Сроки доставки
всех остальных материалов от трех до четырех меся-
цев так как ни один завод не может изготовить рань-
ше тчк На электровозы сроки около шести месяцев тчк
Делаем все возможное для сокращения всех сроков
точка Все дело ведется ударным порядком Старковым
и мною 5 августа 2250 СТОМОНЯКОВ ЛПП.

Послать т. Дм. Цюрупе,
чтобы тотчас мне вернули с
отзывом. Что это значит?

Какой срок пуска стан-
ции блока вытекает?

11/VIII. Ленин

1921 年 8 月 11 日列宁在

波·斯·斯托莫尼亚科夫来电上写的批语和给秘书的指示

（按原稿缩小）

214

在波·斯·斯托莫尼亚科夫
来电上写的批语和给秘书的指示

（8月11日）

什么材料？

很重要的吗？

卡希拉电站所需要的极其重要的一部分材料(绝缘子)已订购,除一小部分要在9月上半月发货外,均能在8月底发货。其余材料交货期限为3—4个月,因为没有一家工厂能够更早生产出来。电力机车交货期限约为6个月。我们将尽一切可能缩短期限。整个工作由斯塔尔科夫和我突击进行。斯托莫尼亚科夫。8月5日

是否给

卡希拉的？

8月8日＋4个月＝12月8日!! 而运到呢? 安装呢?

送格·德·瞿鲁巴一阅,叫他立即退还并提出意见。这意味着什么?

这么一来,电站什么时候才能开始送电?

列　宁

8月11日

载于1933年《列宁文集》俄文版
第23卷

译自《列宁全集》俄文第5版
第53卷第109—110页

215

致维·米·莫洛托夫并转
俄共(布)中央政治局

8月11日

莫洛托夫同志:

绝对需要由政治局任命一个特别工作组:

加米涅夫

托洛茨基

莫洛托夫(容许契切林替换他),来**处理**与美国及国际联盟赈济饥民的活动有关的日常问题。[173]

这是一场极其复杂的斗争。美国、胡佛和国际联盟理事会卑鄙已极。

要惩罚胡佛,**当众给他几记耳光**,让**全世界**都看到。对国际联盟理事会也要照此行事。

这**很难**做到,但**必须**做到。

我不能工作。托洛茨基的帮助是绝对必要的,他有这方面的才干(既有外交经验,又有军事、政治嗅觉)。

请政治局**立即**用电话进行表决。

把我这封便函给**全体**委员看并请他们表示是否赞成。

列 宁

必须以德国政府和挪威政府为榜样。

对于与此不同的态度,要以大家都清楚的理由加以拒绝,并向全世界**大声**宣布。

对隐蔽的干涉者,必须**抓住把柄**(叫温什利赫特协助)。

要加强赈济委员会①(如果没有人力,可从**部队借**,借两个月)。

最近一个时期,集体领导工作特别重要,因为这件**极其困难的**工作政治责任**很大**。

列　宁

附言:必须采取巧妙的策略和一系列特别严格的措施。胡佛和布朗是无耻之徒,是骗子。

要提出**最严格的**条件:只要一干涉内部事务,就予以驱逐或逮捕。

译自《列宁全集》俄文第5版
第53卷第110—111页

216

给格·瓦·契切林的电话稿

(8月11日)

致契切林

抄送:加米涅夫

从李维诺夫那里一获悉他同布朗谈判的较详尽的情况,就请

---

① 指全俄中央执行委员会中央赈济饥民委员会。——编者注

您用电话把最主要的结果告诉我。

列 宁

载于 1960 年《苏联对外政策文件
汇编》第 4 卷

译自《列宁全集》俄文第 5 版
第 53 卷第 111 页

217

致格·叶·季诺维也夫

（8 月 11 日）

致季诺维也夫

抄送:拉狄克

　　关于法国党内最近围绕党如何对待革命工团主义者的问题所发生的事件,能否精选一批最重要的文件和文章给我送来。

　　同样还有今年 7 月罗马各党派工人团结在共产党周围举行反法西斯游行示威事件的材料。

列 宁

8 月 11 日

载于 1959 年《列宁文集》俄文版
第 36 卷

译自《列宁全集》俄文第 5 版
第 53 卷第 112 页

218

致彼·阿·波格丹诺夫

(8月11日)

致波格丹诺夫

抄送:斯莫尔亚尼诺夫

　　我认为,根据《劳动国防委员会指令》和关于报告制度的一般规定,报告制度法令必须无一例外地适用于每个租赁者(私人、合作组织、苏维埃机关等)。请检查一下,对这件事是否作过明确指示,如果没有,就立即提请劳动国防委员会作出指示。

列　宁

载于1933年《列宁文集》俄文版
第23卷

译自《列宁全集》俄文第5版
第53卷第112页

219

致彼·阿·波格丹诺夫

(8月11日)

致波格丹诺夫

抄送:库尔斯基的副手

　　对瑞典滚珠轴承公司我非常怀疑。法律方面的问题是否充分讲清楚了,也就是说,我们的利益是否得到了维护。

这种利益要求我们丝毫不得削弱我们是一切国有化企业和仓库的产权人这条原则。只有正式向我们购买,这些企业和仓库才能转归过去的产权人。我们有时也可作出让步,低价转让这些企业和仓库,但是,我们在任何时候都不能放弃自己的产权。

请按上述观点十分仔细地对此事加以审核。尤其要经司法人民委员部审核,因为库尔斯基本人了解并经手过这件事。必须找库尔斯基,或者找司法人民委员部内一个与库尔斯基同样熟悉情况的人。

列　宁

电话口授

载于1945年《列宁文集》俄文版
第35卷

译自《列宁全集》俄文第5版
第53卷第113页

220

致莉·亚·福季耶娃

(8月11日)

致福季耶娃

请向对外贸易人民委员部、最高国民经济委员会、阿瓦涅索夫询问**阿扎尔赫**承租森林的问题。[174]

请他们简要地提出自己的意见并把**合同**寄给我。

列 宁

8月11日

载于1933年《列宁文集》俄文版
第23卷

译自《列宁全集》俄文第5版
第53卷第113页

221

致维·米·莫洛托夫[175]

（8月11日）

致莫洛托夫同志

我**反对**。

这样经常搞检查，把检查当儿戏是不行的；光是检查就会使卢托维诺夫忙不过来。施略普尼柯夫不合适。

列 宁

8月11日

译自《列宁全集》俄文第5版
第53卷第114页

222

致伊·阿·泰奥多罗维奇

致泰奥多罗维奇同志

1921年8月12日

伊万·阿道福维奇:

您还没有复信把反仪式派的情况告诉我。请把我的信①和您的结论送来。

关于谢苗·马斯洛夫的书,国家出版社的斯克沃尔佐夫写信给我说,是**奥新斯基**同意出版的。如果真是如此,这是个错误。请您不要忘记在奥新斯基到达后立即把我谈到马斯洛夫这部书的那封信②转交给他。

您的 列宁

载于1933年《列宁文集》俄文版   译自《列宁全集》俄文第5版
第23卷   第53卷第114页

---

① 这封信尚未找到。——俄文版编者注
② 见本卷第203号文献。——编者注

223

给列·波·克拉辛的电话

(8月12日)

致克拉辛同志

请您按时结束关于国家珍品库问题的会议,以便在您离开前我能得到由您、阿尔斯基和博基同志签署的会议总结定稿和决定。

列 宁

译自《列宁全集》俄文第5版
第53卷第114—115页

224

给俄共(布)彼尔姆省委的电报

(8月12日)

彼尔姆 俄共省委

请在省委会议上宣读米雅斯尼科夫的两篇文章和我给他的复信。[176]莫托维利哈区委也照此办理。请米雅斯尼柯夫把我的复信打两份,一份给我,一份给省委。

列 宁

载于1959年《列宁文集》俄文版
第36卷

译自《列宁全集》俄文第5版
第53卷第115页

225

致格·瓦·契切林和列·波·加米涅夫

(8月13日)

鉴于卑鄙的美国生意人妄想制造我们善于骗人的假象,

建议以政府的名义,由加米涅夫和契切林(如果有必要,再加上我和加里宁)签署,立即发电报向他们正式提出下列建议:

我们将在纽约银行寄存黄金,数额等于他们一个月中为救济百万饥饿儿童和病人所提供的款额的120%。不过,那时我们的条件是:由于有这样充分的物质保证,美国人不仅在政治上而且在行政上都不准进行丝毫干涉,不得提出任何要求。也就是说,那时条约中给了他们哪怕是一点点只干涉行政事务的权利的条文都要全部作废。检查由双方(我国政府一方,他们一方)权利对等的委员会就地进行。[177]

我们提出这个建议就能在这帮生意人面前占上风并最后使他们在全世界面前丢脸。

不应忘记,我们在农村地区根本没有,也从来没有搞过任何口粮分配。为了在这方面不致出错,我劝你们邀请粮食人民委员部的人参加有关这一问题的会议。

列　宁

1921 年 8 月 13 日

载于 1959 年《列宁文集》俄文版
第 36 卷

译自《列宁全集》俄文第 5 版
第 53 卷第 115—116 页

226

给格·叶·季诺维也夫的信和
给秘书的指示

（8 月 13—16 日）

打 6 份
分送
{
(1)拉狄克
(2)我
(3)托洛茨基
(4)加米涅夫
(5)斯大林
(6)留存备用
}

致季诺维也夫同志

1921 年 8 月 13 日

　　显然，在俄国不可能正规地建立一个对国际工人运动资料定期进行综合和辑选的情报所。我们既没有这方面的人才，也没有必需的图书等等。

我建议在德国建立这样的情报所,聘一名领导人(从不能工作的共产党员中选,从**非党人士**中选更好),外加两名助手(加打字员2—3人)。

每月为此拨出一定数量的经费。尽量在某种招牌下**合法**成立,比如说,挂通讯社一类的牌子,为报纸编辑部提供文章和资料。

找三个德国人(懂英、法、意和捷克文,最初这样就够了),当然是可以办到的。记得拉狄克甚至已经物色过几个人了。

如果我们能找到干练的工作人员,并且用合同保障他们的生活待遇(知识分子工作人员在德国生活是清苦的,所以我们能聘请到优秀的人才),那么,这个所就会为我们进行系统地、科学地**收集**文献著作和专门的报纸资料的工作,并按两个根本的和主要的问题对资料进行**整理**:

(A)**国际帝国主义**;
(B)**国际工人运动**。

或许,我们能找到(同拉狄克一起并在拉狄克的帮助下)大约20—30名在世界各国做新闻工作的共产党员担任这个所的撰稿人(和顾问作家)。

这个所首先应该用德文(现在在欧洲大陆这无疑是最通用的国际语言)工作,但一有可能就把该所出版的东西再译成法文和英文出版。译成俄文是轻而易举的,我们只需通过政府将此事委托给2—3名资产阶级教授就可以了,不必为单纯技术性的工作分散共产党员的力量。

这个所应按上述两个问题(**A**和**B**)系统地查阅世界各国全部

书刊,特别是报纸,并按问题编纂**重要书籍和报纸文章的目录**。

这里最重要的莫过于对这些问题正确地加以细分和归类;编出**合理的**和根据形势要求及时加以补充的问题**目录**和分类。

其次,关于图书和少量的但却特别重要的报纸文章(1:100,或1:500),要写出不超过3—10行的评语,让人一看就知道从这些书或文章中可以找到什么或者其中讲了什么。

如果设在德国的这个中心组织这件事并向顾问作家们支付报酬,那么顾问作家们写这些评语(更确切地说:不是评语,而是内容提要)是很容易的。

再次,这个所应当负责

报纸主要消息的综述和剪报选辑(最初哪怕只搞3—4份也好:一份留原地,一份送莫斯科,一份备用)。

最好我们再编辑一些专题目录(在**顾问们**和领导他们的拉狄克的协助下),例如:

——共产主义运动内部的不同派别和争论问题;

——共产主义运动**外围**(Ⅱ½①和无政府主义者)的不同派别和争论问题;

——工会运动内部的不同派别和争论问题;

——选举以及表明工人运动内部各派力量对比的选举统计材料(或选举结果);

——著名的罢工和"事件"(游行示威、"战斗"及其他行动)的经过,等等。

我想,这个所办得好会有相当的收入,因为它出的通报会被当

---

① 第二半国际。——俄文版编者注

做重要的情报资料而为著名的报馆和图书馆购买。

　　当然,在最好的情况下,这笔收入也只能抵消支出的一小部分。我们能够而且应当把这笔开支承担起来。对我们来说,全部资料均将直接为国民教育事业和开展宣传鼓动工作服务。

　　这样的情报所能够建立,而且应当建立。它能带来很大的好处。没有它,我们参加国际运动就等于失去了耳目,失去了双手——而我们现在做这项工作就带有偶然性,**完全靠**(在获得情报方面)谁有直接接触,谁手头有,谁偶然看到、偶然碰上、偶然讲过,等等。

　　建议政治局讨论这项计划[178],并且为**草拟**计划任命一个小组,比方说:

　　　　拉狄克

　　　　托洛茨基

　　　　+?

也许最初最好只要两人。他们应**吸收**斯切克洛夫、库恩·贝拉(以及其他许多人)来参加工作,把预定担任**情报所所长**的人**召到**莫斯科来,那时再确定**预算**并把**草拟好的**整个计划提交政治局。

列　宁

8月16日

译自《列宁全集》俄文第5版
第53卷第116—119页

227

致费·阿·罗特施坦

8月13日

尊敬的罗特施坦同志：

昨天才收到您7月17日的来信。

您对波斯采取的谨慎政策，我好像完全赞同。没有听到"另一方面"的意见，但我想，您的基本想法是驳不倒的。**[179]**

您不能写些有关波斯的著作，让我们大家都能在这个如此有趣而对我们又如此陌生的题材上学到一点东西吗？

制定一条东方工作的**路线**是非常重要的。

我不往下写了，因为新闻您是会从报上知道的，而我又正在休养：疲劳过度，正在治疗。

我想，别利戈夫已经到您那里了。

我同他一起给您写过信，谈到亚历山大·亚历山德罗维奇[①]和瓦尔瓦拉·亚历山德罗夫娜·阿尔曼德的事。他们是同他一起去的，我对这两个人十分挂念。但愿他们在波斯对工作能有所裨益，并望您对他们稍加关怀。

紧紧握手并致崇高的敬礼！

列　宁

译自《列宁全集》俄文第5版
第53卷第119页

[①]　此人可能是安德列·亚历山德罗维奇·阿尔曼德。——编者注

228

致阿·谢·基谢廖夫[180]

(8月13日)

致小人民委员会主席

惩罚是否有所减轻?

应当提交**大**人民委员会审查。

惩罚只能**加重**。

列 宁

8月13日

载于1959年《列宁文集》俄文版
第36卷

译自《列宁全集》俄文第5版
第53卷第120页

229

致阿·谢·基谢廖夫[181]

(8月13日)

致小人民委员会主席

关于**第23条**:(抄送斯莫尔亚尼诺夫)

应当检查一下，我们对这件事已经批准过多少个"计划"了??
实际上有什么结果?

列 宁

8 月 13 日

载于 1959 年《列宁文集》俄文版
第 36 卷

译自《列宁全集》俄文第 5 版
第 53 卷第 120 页

230

致叶·阿·普列奥布拉任斯基

（8 月 13 日）

送交普列奥布拉任斯基同志

普列奥布拉任斯基同志：我认为应予发表。[182] 如同意，请交
《真理报》。如不同意，请送还并附上几句意见。

致共产主义的敬礼!

列 宁

8 月 13 日

载于 1933 年《列宁文集》俄文版
第 23 卷

译自《列宁全集》俄文第 5 版
第 53 卷第 120 页

231

致安·马·列扎瓦

(8月14日)

致列扎瓦

为什么用挪威鱼交换俄国产品的换货活动停滞不前?[183]

列 宁

8月14日

载于1933年《列宁文集》俄文版
第23卷

译自《列宁全集》俄文第5版
第53卷第121页

232

致莉·亚·福季耶娃

(8月15日)

致福季耶娃

请回信告诉他[184],我不在莫斯科,我病了。

他的来信我看过了,我将请卢那察尔斯基同他会面。

列　宁

8月15日

载于1933年《列宁文集》俄文版
第23卷

译自《列宁全集》俄文第5版
第53卷第121页

233

致格·马·克尔日扎诺夫斯基

8月16日

格·马·:请您退还所有这些材料,同时附上几句意见。

我认为瓦什科夫的答复[185]是不能令人满意的。

我们是否要用**劳动国防委员会**的名义发一份电报:

给各**省执行委员会**转电力局等等。

一定要立即指定两三名负责人员向将于1921年10月召开的电气技术人员代表大会提出各电站的全面统计资料,其中包括建成日期、发电千瓦数、燃料、使用情况、组织报告或讲座的情况等等。

劳动国防委员会主席　**列宁**

我想,电报应该发吧?①

您的　**列宁**

载于1933年《列宁文集》俄文版
第23卷

译自《列宁全集》俄文第5版
第53卷第124页

---

① 见本卷第242号文献。——编者注

234

致卡·伯·拉狄克

（8 月 16 日）

致拉狄克同志

现在还没有收到您寄来的文件。[186]请您向季诺维也夫同志索取我给代表大会的信的副本。我想，他应当给您看一看这封信[187]。

列　宁

1921 年 8 月 16 日

电话口授

译自《列宁文集》俄文版
第 37 卷第 315 页

235

致《消息报》、《真理报》编辑部和
弗·尼·伊帕季耶夫

（8 月 17 日）

致《消息报》、《真理报》编辑部和

伊帕季耶夫同志

最近,《消息报》和《真理报》刊登了有关卡拉布加兹湾尚未开

发的矿藏的报道。[188] 如有可能，我想请你们转告作者或通过报纸通知他，我很需要详细地知道作者在这个问题上受过多少技术训练，他在当地研究这个问题已有多长时间。

列　宁

电话口授

载于1933年《列宁文集》俄文版
第23卷

译自《列宁全集》俄文版第5版
第53卷第125页

236

致莫·伊·弗鲁姆金、
瓦·亚·阿瓦涅索夫和约·维·斯大林

（8月17日）

致弗鲁姆金、阿瓦涅索夫和斯大林同志

看了你们的食盐法令草案。条款之多，使我惊讶，而且据我看，都是现行法令中已有的，是不必要的重复，而且不属于劳动国防委员会的职权范围。如果我没有弄错的话，唯一新的和实际有用的一条是禁止用食盐作奖品。我认为草案需要按司法人民委员部现行法律进行准确核对并加以修改。禁止用食盐作奖品一事我提议由劳动国防委员会立即另外专门通过一项决定。[189] 但是，我认为草案中没有的最主要的东西是，为了将食盐更严格地控制在国家手中并最大限度地减少配给工人、职员、市民和其他居民的食盐而应立即采取的一些实际措施。这种减少食盐供应的办法至少应在今年秋季和冬初雷厉风行地贯彻执行,否则我们就会拿不出食盐去同农民换粮食。

列　宁

载于1933年《列宁文集》俄文版
第23卷

译自《列宁全集》俄文第5版
第53卷第125—126页

237

致伊·斯·洛巴切夫

(8月17日)

洛巴切夫同志:

请就下述问题给我一个最简单扼要的答复:

(1)为8月1日的集体供应储备了多少粮食;

(2)这批储备粮已售出多少;

(3)售给企业多少;

(4)为8月15日(即8月下半月)的集体供应储备了多少粮食;

(5)这批储备粮已售出多少;

(6)售给企业多少。

请给我最简单的总计数字,不要任何详情和细目。[190]

列　宁

电话口授

载于1933年《列宁文集》俄文版
第23卷

译自《列宁全集》俄文第5版
第53卷第126页

238

给帕·路·拉品斯基的电报

（8 月 17 日）

柏林　　拉品斯基

　　您承担的出版地图集的工作以及为地图集而进行的对帝国主义的研究工作情况如何,盼告。请准确告知,您什么时候能将工作计划和工作完成日期告诉我。

列　宁

载于1933年《列宁文集》俄文版　　　　译自《列宁全集》俄文第5版
第23卷　　　　　　　　　　　　　　第53卷第126—127页

239

致　秘　书

（8 月 17 日）

　　能否查明,是否能够找到什麦拉尔在捷克斯洛伐克共产党1921年春季代表大会上作的报告的德译本全文。在代表大会开会期间我把这样的一个译本给了阿克雪里罗得同志。后来才知道缺了报告的前一部分,即精神危机那一节之前的部分。这个译本是克雷比赫同志给我的。请您查明,能否找到译本缺少的那一部分。[191]

　　我那本关于粮食税的小册子在国内外是否已译成某种外文出版? 如果有的话,请给我每种语言送来一本。

列　宁

电话口授

载于1958年《和平和社会主义问题》
杂志第2期

译自《列宁全集》俄文第5版
第53卷第127页

240

给米·康·弗拉基米罗夫的电报

(8月17日)

乌克兰粮食人民委员部　弗拉基米罗夫
抄送:辛菲罗波尔　乌克兰疗养院中央管理局、
粮食特别委员会

　　据辛菲罗波尔消息,克里木疗养院疗养人员的食品供应情况非常困难,特别是粮食。只有乌克兰能给予帮助。请设法以最快速度给辛菲罗波尔乌克兰疗养院中央管理局发去10车皮粮食(其中部分为面粉),2车皮饲料。请将你们采取的措施通

知布留哈诺夫和我。

人民委员会主席

发往哈尔科夫

载于1960年《苏共历史问题》杂志
第2期

译自《列宁全集》俄文第5版
第53卷第127—128页

241

致尼·巴·布留哈诺夫

(8月17日)

致布留哈诺夫(附于给弗拉基米罗夫的电报抄件之后)

必须依照能否确保粮食供应这一情况限制在克里木疗养的人数。看来,医务领导部门是不会考虑这一点的,但粮食人民委员部却应当无条件地狠狠压缩人数。

列　宁

电话口授

载于1933年《列宁文集》俄文版
第23卷

译自《列宁全集》俄文第5版
第53卷第128页

242

致各省执行委员会并转电力局

(8月18日)

致各省执行委员会并转电力局

　　我提议责成参加即将于10月份召开的电气技术人员代表大会的代表向大会提出下列问题的统计材料：电站建成的时间，预定发电千瓦数，年送电度数，燃料消耗，各电站成立的短训班工作中断的原因，电站人员宣讲电气化的次数。此项任务应立即责成每一名代表或省执行委员会专门指定的人员按期完成，要全面地收集每一电站(无一例外)的材料。

劳动国防委员会主席　列宁

电话口授

载于1924年《电气化》杂志
第4期

译自《列宁全集》俄文第5版
第53卷第128—129页

243

致瓦·亚·斯莫尔亚尼诺夫

(8月18日)

致斯莫尔亚尼诺夫同志

抄送:克尔日扎诺夫斯基

　　请你们协助斯大林同志了解国防委员会和国家计划委员会的全部经济材料,特别是采金工业、巴库石油工业等材料。

列　宁

电话口授

载于1942年《列宁文集》俄文版
第34卷

译自《列宁全集》俄文第5版
第53卷第129页

244

致约·维·斯大林

(8月19日)

斯大林同志:

　　如果您愿意,我就请人打一个电话,叫作者(我不认识他)[192]

到您那里去。

请来封短信告知您要怎么办。

列　宁

8 月 19 日

载于 1942 年《列宁文集》俄文版
第 34 卷
译自《列宁全集》俄文第 5 版
第 53 卷第 129 页

245

致莉·亚·福季耶娃

8 月 19 日

莉·亚·:

这不是我要的那件。[193]我请您找的是**原来的**另一份意见。

找到后请将此件连同原来的意见(是波克罗夫斯基写的? 不记得这个意见是谁写的了)一并送来。

列　宁

载于 1933 年《列宁文集》俄文版
第 23 卷
译自《列宁全集》俄文第 5 版
第 53 卷第 130 页

246

致约·斯·温什利赫特¹⁹⁴

（8月19日）

致温什利赫特同志

秘密

温什利赫特同志：

　　请叫人给我写一份材料，说明每个人**还要**监禁多长时间，请送还此件并附上补充说明。

　　此案提交法院吗？还是不提交，如果不提交，为什么？（准确的**判决**书呢？）

列　宁

8月19日

译自《列宁全集》俄文第5版
第53卷第130页

247

致约·斯·温什利赫特[195]

急·
秘密

8月19日

温什利赫特同志：

请您委托有关人员向我提供：

(1)准确的材料,有**哪些**罪证,以及

(2)**纳兹万诺夫**(彼得格勒)和**舍列赫斯**(莫斯科)案件的**某次审讯**或各次审讯记录抄件。

关于此事我已写过信。应该**警告**有关人员,今后不得再有延误。

致共产主义的敬礼！

列　宁

载于1958年《列宁论社会主义法制(1917—1922年)》一书

译自《列宁全集》俄文第5版第53卷第130—131页

248

致列·波·加米涅夫

(8月19日)

致加米涅夫同志

我看,并不重要。如果您认为有益处,请送克拉辛等人征求意见。[196]

列　宁

8月19日

译自《列宁文集》俄文版第37卷
第315页

249

致帕·伊·波波夫

(8月20日)

波波夫同志:

我不能接受您的辞呈。

您当然很清楚,对我的意见,您是可以申诉的。但是,申诉并不能消除执行的必要性。请您寄一份简略的表来,列出您根据我的意见采取的各项措施并指明日期(当然是大致从什么时候起到什么时候止)。

人民委员会主席

弗·乌里扬诺夫(列宁)

附言:有病当然可以请假,而且应该请假治病。不过那您就应另外写信给我,如果您想快点办,也可以写信给福季耶娃,她会用电话念给我听(关于请假和"代理人")。应该正式指定**临时**"代理人"。

我还要补充一点,您的来信争辩的语气是很浓的。我不反对辩论,但应另外进行。您所反驳的,我并没讲过也没想过。您那样辩解,似乎我否定所做的事情是有益的等等。但我并没有这样讲过,也没有这样想。

关于您所采取的措施,请按我 6 月 4 日①和 8 月 16 日②信中列出的几点写给我(如:"每月工业简报将从**某某时候**起送来",每月粮食**分配**简报**某某时候**送来,等等)。又及。

载于 1933 年《列宁文集》俄文版
第 23 卷　　　　　　　　　　　译自《列宁全集》俄文第 5 版
　　　　　　　　　　　　　　　　第 53 卷第 131—132 页

---

① 参看《列宁文稿》人民出版社版第 17 卷第 87 页。——编者注
② 见本版全集第 42 卷第 132—135 页。——编者注

250

同列·波·克拉辛的来往便条

（8 月 22 日以前）

我同波格丹诺夫谈过厄克特承租的问题，我们取得了完全一致的意见。我已要厄克特拿出他的合同草案，现又提出允许他和他的工程师入境的问题。您能否在星期一之前将留下的有关此事的材料还给我？

应该从**国家计划委员会**再找**两三个**干练懂行的人来审查同厄克特订的合同草案。

载于 1933 年《列宁文集》俄文版
第 23 卷

译自《列宁全集》俄文第 5 版
第 53 卷第 132 页

251

给格·马·克尔日扎诺夫斯基的电话

（8 月 22 日）

致克尔日扎诺夫斯基同志

请您对莱斯利·厄克特承租（克什特姆工厂以及其他许多铜矿）的问题予以特殊注意。

研究这次租让的条件和草拟合同的工作应当由克拉辛、波格丹诺夫和您一同负责。对于我们来说,极为重要的一点是要使这位想获得几乎全部俄国铜矿的承租人做到,首先,保证我们应得的提成并在短期内交给我们,其次,使我们能从承租人那里得到发展我们自己的矿业所必需的装备。当你们研究完毕时,请您告诉我,依你们看,这两个条件在多大程度上可以得到保证,以及从扩大俄国的供应来源,尤其是电气化方面的供应来源来看,拟议中的租让总的说来有什么意义。

列　宁

载于1959年《列宁文集》俄文版
第36卷

译自《列宁全集》俄文第5版
第53卷第132—133页

252

致格·马·克尔日扎诺夫斯基

(8月22日)

格·马·:此信[197]阅后请退还。

我的过分严厉引起了他歇斯底里大发作,这在某种程度上可能是我的过错。

但实质上我是对的,而且我仍将坚持。我**没有**接受辞呈。

您看,这些措施是否应全部**由国家计划委员会**讨论通过并交**劳动国防委员会**专门予以批准?

(请您看一看我1921年6月4日给波波夫的信,其中列举了8个问题。)

特别是:对粮食分配的分析;燃料及节约燃料等问题。

中央统计局和国家计划委员会的精确的工作计划。

您的意见如何?

列 宁

8月22日

附言:请您阅后打电话给我。此事我们应**明确**商定。周详而
又明确。

列 宁

波波夫的信不要给任何人看。又及。

载于1933年《列宁文集》俄文版
第23卷

译自《列宁全集》俄文第5版
第53卷第133页

253

致格·叶·季诺维也夫

(8月22日)

致季诺维也夫同志

1.能否找到我为我那本论帝国主义的小册子①德文版写的序

---

① 见本版全集第27卷《帝国主义是资本主义的最高阶段》。——编者注

并把它寄给我？这篇序我在一年前就寄到彼得格勒去了。看来是在什么地方丢了。

2.我很担心，国外一般工人报刊，特别是共产党报刊，是否已充分醒目、突出地刊登了我们的口号：救济俄国的捐款全部直接寄给我们，不要通过各国政府。

星期六，我们在里加同美国商业部长胡佛签订了协定（暂勿见报），而哈定号召美国人民把他们的捐款全都通过胡佛转交。

共产国际暂时不要采取反对美国政府的态度，但要提出明确的口号，号召工人们一定要把自己的捐款全部直接交给苏维埃俄国驻外代表。这么做是极为重要的。

因为，如果通过资产阶级政府转来各种捐款，它们肯定会直接或间接地、程度不等地用各种条件来约束我们，而工人们毫无疑问是赞成不带任何条件地把捐款交给我们的。这一区别对我们说来是万分重要的。

能否查一下，共产国际和同情我们的工会报刊是否都认识到必须不带任何条件地把捐款交给苏维埃政府，必须广泛宣传全体工人都为救济俄国饥饿的灾民捐献一天的工资。

列 宁

电话口授

译自《列宁全集》俄文第5版
第53卷第134页

254

给伊·捷·斯米尔加的信和
给秘书的指示

特急

1921年8月22日

斯米尔加同志：

我觉得，在顿巴斯，即在为恢复顿巴斯而进行的全部工作中，有一个重大的失误，就是当地工作——工业、农业和商业工作——缺乏应有的协调一致。

看来，一方面在皮达可夫和鲁希莫维奇之间，另一方面在皮达可夫和地方工会之间，产生过一些摩擦。

我认为有一点极为重要，即您的工作不要只限于煤炭工业方面的问题，您还必须注意消除上述摩擦。

无论如何必须使顿涅茨克省经济会议能非常紧张而又十分齐心地进行工作。

必须采取专门措施，使皮达可夫和他的全体工作人员把全部精力用在提高当地农业生产上面，用在与农民以及通过塔甘罗格与国外进行商品交换上面。例如，要重视利用顿涅茨河水闸引水灌溉以提高当地农业生产的措施。在国家计划委员会里已提出了这样一个看来是切实可行的计划。

煤炭工业管理局**认为自己**和顿涅茨克省的农业**没有关系**，这种看法是极端不正确的。

我确信，如果驻顿涅茨克省的劳动军的力量以及当地矿工和煤炭工业管理局的全部力量都能跟顿涅茨克省的工作人员同心协力，那就不仅能以最快速度完成粮食税的征收，而且无疑能通过组织得当的商品交换，用盐和煤换到大量的粮食。

我等待您：一是发来一份电报，简短地告知这封信您已收到并按照指定的方向尽一切可能争取办到，二是对您到达后成立顿涅茨克省经济会议及其工作情况寄一个详细的报告来。

关于皮达可夫来信谈过的割煤机，我这里有专家们提出的明确而又详尽的意见，他们认为：在顿巴斯，由于一系列原因，现有的割煤机甚至都不能使用；买新的割煤机是完全不合理的，因为这些机器也注定会闲置起来。

请您在通晓业务的真正专家的协助下认真研究一下这一问题。

人民委员会主席

弗·乌里扬诺夫（列宁）

此信发至巴赫姆特的省执行委员会，转交劳动国防委员会特派员斯米尔加，他从1921年8月27日至9月5日应在巴赫姆特。通过军事部门特派紧急通信员送出。要本人签收。如斯米尔加尚未到达巴赫姆特，则通过省执行委员会转交。

给斯大林打电话，问他是否要给鲁希莫维奇发信。把此信抄件给斯大林一阅。如他要给鲁希莫维奇写信，就一起发走，**最晚不得超过明天**。

载于1933年《列宁文集》俄文版　　　　　译自《列宁全集》俄文第5版
第23卷　　　　　　　　　　　　　　　　第53卷第135—136页

255

致瓦·亚·斯莫尔亚尼诺夫[198]

(8月23日)

致斯莫尔亚尼诺夫同志

请**督促抓紧办理**(**通过劳动国防委员会**等)。

列　宁

8月23日

译自《列宁全集》俄文第5版
第53卷第137页

256

给格·马·克尔日扎诺夫斯基的电话和
给秘书的指示

(8月23日)

特急

国家计划委员会主席团

克尔日扎诺夫斯基同志

我必须在克拉辛动身前拿到一份国家计划委员会为振兴遭受

饥荒省份的农业而进行的全部工作的简介。

请您叫人给我写这样一份简介,要在两三天内写好。

请注意,只要对每项预定要进行的工作及其大致规模和费用简短地写几行字就行。

请告诉我,这份材料什么时候能送来。

人民委员会主席

弗·乌里扬诺夫(列宁)

立即发出,然后打电话查明克尔日扎诺夫斯基何时收到。

电话口授

载于1945年《列宁文集》俄文版
第35卷

译自《列宁全集》俄文第5版
第53卷第137—138页

257

致维·米·莫洛托夫并转
俄共(布)中央政治局

(8月23日)

致莫洛托夫同志

我完全支持托洛茨基同志提出的建议:派他指定的人到边界去视察。[199]我认为一系列情况确实要求我们在这方面采取最有力的措施,如果不进行这种视察,这些措施是制定不出来的。

请算我的"赞成"票。

列　宁

译自《列宁全集》俄文第5版
第53卷第138页

258

致瓦·亚·斯莫尔亚尼诺夫[200]

(8月23日)

致斯莫尔亚尼诺夫同志

请您采取一切措施尽快满足策彼罗维奇的请求。请在明天把问题提交劳动国防委员会，还要打电话同格拉夫季奥谈报告问题，同策彼罗维奇谈劳动国防委员会的决定。

列　宁

电话口授

载于1961年《历史文献》杂志
第5期

译自《列宁全集》俄文第5版
第53卷第138页

259

给俄共(布)中央政治局委员的电话

1921 年 8 月 23 日

> 致托洛茨基
>
> 加米涅夫
>
> 斯大林
>
> 莫洛托夫
>
> 季诺维也夫

关于季诺维也夫的建议——斯切克洛夫的《论左倾》一文内容欠妥,应对他提出警告——我想,现在不宜这样做。

索尔茨就此问题在《真理报》上发表了一篇短评,我看这已经够了。[201]斯切克洛夫无疑会从这篇短评的出现得出正确结论的。因此中央政治局现在就去干预为时过早。

人民委员会主席

弗·乌里扬诺夫(列宁)

译自《列宁全集》俄文第 5 版

第 53 卷第 139 页

260

在尼·尼·雅柯夫列夫来信上写的批语和
给约·斯·温什利赫特的批示[202]

（8月23日）

地质学院教授。娜捷施达·康斯坦丁诺夫娜在19世纪90年代就认识他,知道他是一个正直的倾向革命的人。他的儿子是共产党员。

温什利赫特同志：

请您叫人查一下。似乎应该释放这些科学家。

腐泥煤对我们的经济是很重要的东西。

列　宁

8月23日

译自《列宁全集》俄文第5版
第53卷第139页

261

给莉·亚·福季耶娃的便条和
给拉科西·马蒂亚斯、卡·伯·
拉狄克、约·斯·温什利赫特、
波·И.雷恩施坦的信[203]

（8月23日）

福季耶娃：请打电话给**拉科西**（共产国际书记）了解一下，共产国际执行委员会是否有书面决定？请亲自了解此事，如有必要，请将下函的抄件分送**拉科西**、**拉狄克**、**温什利赫特**、**雷恩施坦**及其他有关同志。

列　宁

8月23日

我收到**阿道夫·S.卡姆**（"德累斯顿"饭店37号房间）的一封英文信，他痛苦地申诉说，海伍德出于派别仇恨诬陷他，告发他是奸细，他还说，委员会（共产国际的）已宣告他无罪，但是，他虽已释放出狱，却不能离开俄国，他的信件等等仍被没收。

他说，无论是波里斯·雷恩施坦，还是瑞典人基尔布姆，还有芬兰共产党员阿兰·瓦伦尼乌斯和其他许多人都了解他。

他说他是美国社会主义工人党代表。

列　宁

载于1958年《列宁论社会主义
法制(1917—1922年)》一书
(非全文)

译自《列宁全集》俄文第5版
第53卷第140页

262

给秘书的指示和
给西伯利亚革命委员会的电报[204]

(8月25日或26日)

莫洛托夫如同意,则作如下回答:

西伯利亚革命委员会:如果你们不反对,请把卡尤罗夫派到莫斯科来。如果反对,请解释为什么。

劳动国防委员会主席　　列宁

译自《列宁文集》俄文版第38卷
第387页

263

致约·维·斯大林和
俄共(布)中央政治局全体委员

(8月26日)

斯大林同志:南森提出的厚颜无耻的建议(任命赈济委员会里的一个立宪民主党人)、这些"库基什分子"的行为以及附上的电报[205],最清楚不过地表明我们错了。或者说,即使以前没有错,现在如再熟视无睹,那就要犯严重错误。

您知道,李可夫在动身前不久到我这里来过,谈到有个叫鲁诺夫的自己人曾同他谈起一次集会,会上普罗柯波维奇发表了反政府的言论。这次集会是普罗柯波维奇组织的,他用赈济饥民委员会作掩护。

现在还有什么可等的? 能容忍他们明目张胆地**作准备**吗?
绝对不能。

我建议,就在今天,星期五,8月26日,全俄中央执行委员会下令解散"库基什"——理由:他们拒绝工作,他们的决议。要**任命一名全俄肃反委员会的人员**接管经费和负责清理工作。

今天就逮捕普罗柯波维奇,罪名是发表反政府言论(在鲁诺夫参加的那个集会上),拘留他三个来月,在此期间对这次集会作**详细调查**。

至于其他的"库基什"成员,应立即,就在今天,驱逐出莫斯科,尽可能放到不通铁路的县城里,一县一人,**进行监管**。

说真的,再等下去就要犯大错误。趁南森还没走,就把事情办完;这将是对南森下的一个明确的"最后通牒"。表演(**玩火**)该终场了。

明天用四五行文字发表一个简短而又干巴的"政府公告":因不愿工作而被解散。[206]

我们要给各报社下个指示:明天就开始对"库基什分子"进行百般嘲讽。这些贵族少爷,即白卫分子,想逃往国外,不愿到地方上去。加里宁去了,立宪民主党人却认为去是"不合适"的。要竭尽全力去讥笑和痛斥他们,两个月内每周至少一次。

坏牙将一下子拔掉,这在各方面都会大有好处。

不要犹豫了。建议今天就在政治局把这事了结。[207]

外国人就要开始来了,必须把莫斯科的"库基什分子""清除干净",**制止**他们的表演(玩火)。此件请政治局委员传阅。

列　宁

8月26日

译自《列宁全集》俄文第5版

第53卷第140—142页

264

致阿·瓦·卢那察尔斯基[208]

（8 月 26 日）

致卢那察尔斯基同志

我根本不能接见，因为我病了。

我建议把所有的剧院都送进坟墓。

教育人民委员应当管的不是剧院，而是教人识字。

列　宁

电话口授

载于1945年《列宁文集》俄文版
第 35 卷

译自《列宁全集》俄文第 5 版
第 53 卷第 142 页

265

致米·尼·波克罗夫斯基

（8 月 26 日）

致米·尼·波克罗夫斯基同志

卢那察尔斯基同志来了。

终于来了！

您千万要竭力拴住他，让他抓职业教育，抓统一劳动学校[209]等工作。

别让他去管剧院！！

列 宁

载于1945年《列宁文集》俄文版　　　　　　译自《列宁全集》俄文第5版
第35卷　　　　　　　　　　　　　　　　　第53卷第92页

266

致布彭德拉纳特·达塔[210]

（8月26日）

亲爱的达塔同志，我看了您的提纲。关于社会各阶级问题，我们不会有争论。我想，我们应该坚持我在殖民地问题提纲中提出的观点，如果印度有农民联合会，请收集有关这种组织的统计材料。

您的……

弗·乌里扬诺夫（列宁）

原文是英文　　　　　　　　　　　　　　译自《列宁全集》俄文第5版
　　　　　　　　　　　　　　　　　　　　第53卷第142页
载于1952年在加尔各答出版的
布彭德拉纳特·达塔《印度农业
经济的辩证法》一书

267

致小人民委员会

1921年8月27日

随信附上莫斯科苏维埃主席团决议,请小人民委员会主席和全体委员、**尤其是**法学家**哥伊赫巴尔格**同志特别注意,法令条文的**起草工作必须更谨慎、细致**和**周到**。

没完没了的修改是不能容忍的。

我也有这样的印象:小人民委员会最近的一系列法令是匆忙发布的。

为了不致引起居民的严重抗议和向中央委员会**告**小人民委员会的**状**,必须采取最有力的措施杜绝这种不正常现象。

人民委员会主席

弗·乌里扬诺夫(列宁)

载于1933年《列宁文集》俄文版
第23卷

译自《列宁全集》俄文第5版
第53卷第143页

268

致俄共(布)中央组织局

1921年8月29日

请责成国家计划委员会主席**克尔日扎诺夫斯基**同志

和克拉辛一起到**里加**去,在那里的疗养院或私人住宅住**一个月**,进行治疗和休息。

务请今天就作出决定,因为我从担任劳动国防委员会主席一职中确信,国家计划委员会主席**几乎累垮了**。对**他必须**进行而且必须**刻不容缓地**进行**检修**。

没有组织局的决定根本做不到。**211**

劳动国防委员会主席
弗·乌里扬诺夫(列宁)

载于1959年《列宁文集》俄文版
第36卷

译自《列宁全集》俄文第5版
第53卷第143页

269

给瓦·尼·卡尤罗夫的电报**212**

(8月30日)

关于清党问题,我将把您的想法转告中央清党委员会。我的意见是,从清党中得出的初步的重要经验,能给我们一系列具体的启示,使我们在以后制定入党条件时有所借鉴。当您收集到足够的材料时，请您写信把您的想法寄来。关于经济工作的情况，您所谈到的一切，我将联系这里现有的全部材料来考虑。关于把您从西伯利亚召回的问题，显然要推迟到清党工作结束以后解决。

列　宁

发往新尼古拉耶夫斯克

载于 1924 年《无产阶级革命》杂志
第 3 期

译自《列宁全集》俄文第 5 版
第 53 卷第 144 页

270

致瓦·亚·斯莫尔亚尼诺夫

（8 月 30 日）

致斯莫尔亚尼诺夫同志

李维诺夫来电说，他同克拉辛对于出售 2 000 万英镑珍品的建议有不同意见。这份电报已送克拉辛和阿尔斯基。请到阿尔斯基那里把电文取来，阅后请查明，克拉辛是否按李维诺夫的建议处理了问题。如果没有，应当赶快把问题提交劳动国防委员会或中央委员会[213]，而且，要是这样的话，请您立即给我打电话。无论如何要在明天把关于这个问题的情况告诉我。

人民委员会主席

弗·乌里扬诺夫（列宁）

电话口授

译自《列宁全集》俄文第 5 版
第 53 卷第 144 页

271

致瓦·亚·斯莫尔亚尼诺夫[214]

(8月30日)

急

特急

斯莫尔亚尼诺夫：我完全**同意**。我的观点：立即批准并给予极热情的答复。请征询政治局(通过**莫洛托夫**)和人民委员会委员的意见,然后给我**打电话**。

列　宁

8月30日

载于1945年《列宁文集》俄文版
第35卷

译自《列宁全集》俄文第5版
第53卷第145页

272

致瓦·亚·斯莫尔亚尼诺夫

1921年8月30日

致斯莫尔亚尼诺夫同志

请您打电话和中央委员会书记联系一下,把组织局作出的让克尔日扎诺夫斯基去休假的决定的抄件取来(如果还没有作出决定,请和莫洛托夫商量一下并打电话告诉我)。请把下面经我签署的电话通知(附后)连同组织局的决定一并送克尔日扎诺夫斯基。**215**

人民委员会主席

弗·乌里扬诺夫(列宁)

明天请打电话告诉我结果。

弗·乌·列·

译自《列宁文集》俄文版第 38 卷
第 388 页

273

给瓦·亚·斯莫尔亚尼诺夫的指示²¹⁶

(8 月 30 日)

斯莫尔亚尼诺夫:请您要求**克拉辛**和**契切林**大造声势,提出抗议,如此等等。

请检查一下他们采取的措施。

列 宁

8 月 30 日

译自《列宁文集》俄文版第 39 卷
第 313 页

274

致维·米·莫洛托夫并转
俄共(布)中央政治局委员

(8月30日)

致莫洛托夫同志

我同意布留哈诺夫的意见。[217]

建议进行表决：暂时停止委员会的工作。这是拿委员会当儿戏。

列　宁

8月30日

译自《列宁全集》俄文第5版
第53卷第145页

275

在罗·爱·克拉松来信上作的批注和
给秘书的指示

1921年8月31日

尊敬的弗拉基米尔·伊里奇：

我冒昧地就泥炭水力开采管理局的事情占用您几分钟时间。

重要

交斯莫尔亚尼诺夫

存档

?? 井有点不可信	我可以满怀喜悦的心情向您报告,由<u>工厂</u>进行泥炭<u>脱水</u>的问题不久前我们已<u>毫无争议</u>地解决了,井而且用的是<u>最简单的方法</u>①,现在必须从实验室转入工业上的运用,也就是要修建工厂。同时我们还成功地解决了<u>夏季</u>泥炭干燥问题,同样也是采用对
??	水力开采的泥炭进行化学处理的方法,结果<u>干燥的时间</u>比以前缩短近<u>一半</u>,而且泥炭<u>再也不怕雨淋</u>了。所有这一切都是<u>很有价值的</u>成就。这些成就可以使泥炭开采立于坚实的基础之上,使泥炭取得它应有的地位,成为俄国最重要的燃料之一。为了实际应用所有这些成就,我们需要<u>粮食和经费</u>。粮食很难弄到,所以我不提出要求,但是如果您能给我们一些经费———方面给一些纸币,用以在国内购买粮食和支付工人工资,另一方面给一定数量的<u>外汇</u>,用以在国外购买我们不能制造的机器,那么我保证在明年开采季节之前在"输电"发电站建成<u>第一座泥炭脱水试验工厂</u>,在开采季节进行<u>试验</u>,这样从明年秋季起我们就可以在<u>任何规模上</u>(根据投资大小)为<u>1923年开采泥炭</u>。

<table>
<tr><td>注意
系数究竟有多高?</td><td>　　最重要的是,我们从工厂获得的将不是泥炭砖,而会直接得到<u>泥炭粉</u>,这种泥炭粉在锅炉中燃烧时像石油一样,火力旺,<u>热效率系数特别高</u>。</td></tr>
<tr><td>谁取消的? 什么时
候取消的?</td><td>　　我之所以冒昧直接写信给您,是因为当初由您和人民委员会授予我们的一切权利都已<u>取消了</u>,而且由于没有钱,无法<u>购买粮食</u>,最急迫的工作也陷于停顿了。只要有钱,<u>随便多少粮食我们都可以</u>买到,完全不必麻烦粮食人民委员部,而且我们能完成一切必要的工作。</td></tr>
</table>

　　　　致崇高的敬意!

　　　　　　　　　　　　　　　　　　　罗·克拉松

---

① 我们只需要:(1)石膏,(2)废旧铁屑。　　　　　　‖　　?

抄送:(1)斯莫尔亚尼诺夫

(2)伊万·伊万诺维奇·拉德琴柯

(3)国家计划委员会

(4)克拉辛

载于1933年《列宁文集》俄文版
第23卷

译自《列宁全集》俄文第5版
第53卷第145—147页

276

致罗·爱·克拉松

（8月31日）

泥炭水力开采管理局　萨多夫尼基大街11号

罗伯特·爱德华多维奇·克拉松工程师

抄送:斯莫尔亚尼诺夫、伊·伊·拉德琴柯、

国家计划委员会主席团、克拉辛

您8月31日的报告已收悉。您谈到你们已毫无争议地解决了工厂进行泥炭脱水的问题。如果这个消息完全属实,那么它的意义是极其重大的。必须立即审核并进行技术鉴定,然后解决您所请求的拨给粮食和外汇的问题。您应讲明,你们究竟要求多少粮食和外汇。

您在报告中说人民委员会授予你们的权力早已取消了。这使

我很惊讶,因为任何人都不能取消这些权力。

请安排一次由拉德琴柯同志、国家计划委员会的代表、斯莫尔亚尼诺夫和克拉辛参加的会议。[218] 克拉辛 9 月 7 日要走,所以最好在他动身前结束。会议的任务是:采取措施来审核您的报告,确定拨给粮食和外汇的数量以及拨给的条件。

弗·乌里扬诺夫(列宁)

载于 1933 年《列宁文集》俄文版
第 23 卷

译自《列宁全集》俄文第 5 版
第 53 卷第 147—148 页

277

致瓦·亚·斯莫尔亚尼诺夫[219]

（8 月 31 日）

急·
重要·

斯莫尔亚尼诺夫同志:

对这份电报应好好研究。什么叫**"强制性的商品交换"**?**实际的比值如何**?请询问**亚·彼·斯米尔诺夫**。请给波诺马连科发电报,注意回电。

列　宁

8 月 31 日

载于 1933 年《列宁文集》俄文版
第 23 卷

译自《列宁全集》俄文第 5 版
第 53 卷第 148 页

278

致瓦·亚·斯莫尔亚尼诺夫

(8月31日)

致斯莫尔亚尼诺夫

抄送:布留哈诺夫

有一份8月12日从安哥拉①打来的电报,说国会作出决定,把萨姆松地区全部国有粮食交给我用来救济俄国遭受饥荒的兄弟。**220**请同外交人民委员部和对外贸易人民委员部联系,查明实际情况并采取紧急措施。

列　宁

1921年8月31日

载于1933年《列宁文集》俄文版
第23卷

译自《列宁全集》俄文第5版
第53卷第149页

---

① 现称安卡拉。——编者注

279

致弗·维·阿多拉茨基

(8月31日)

阿多拉茨基同志：

拉甫连季耶娃的申请书[221]我已交给斯莫尔亚尼诺夫(代哥尔布诺夫任人民委员会办公厅主任职务)**转有关部门。**

我无论如何也不能干预这类事；而且您能给请求者的帮助，也应仅限于"**法律上的**"帮助，也就是**教会**他们(并帮助他们)按照俄罗斯联邦合法的**维护权利的斗争**的各项规则**为自己的权利而斗争。**

致共产主义的敬礼！

列　宁

载于1959年《列宁文集》俄文版第36卷

译自《列宁全集》俄文第5版第53卷第149页

280

致维·米·莫洛托夫并转
俄共(布)中央政治局委员[222]

(8月31日)

我认为基辛和布留哈诺夫的理由是对的。我赞成他们的意见。在提交人民委员会之前不要提交中央委员会。

列 宁

8 月 31 日

译自《列宁全集》俄文第5版
第 53 卷第 150 页

281

给 T.M.波诺马连科的电报

(8 月 31 日)

电 报

巴甫洛夫斯克

劳动国防委员会特派员

吉尔吉斯副粮食人民委员波诺马连科

现答复您的 576 号来文：请您详尽地但主要要确切地告知，什么叫强制性的商品交换，实际的比值如何。要简短地但要准确、明了地发一份电报来，详细情况写信来。[223]

劳动国防委员会主席　**列宁**

1921 年 8 月 31 日

于莫斯科克里姆林宫

译自《列宁全集》俄文版第 37 卷
第 316 页

282

致格·瓦·契切林

(8月)

致契切林　　　　　　　　　　　　秘密

契切林同志：

应尽快(从(柯普)的有关"**他们的**"建议的电报[224]来看)叫人动身(好像是派彼得斯去[225])。因为德国人的建议(彼得格勒＋库班的生产粮食的租让项目)对我们极其重要。请尽快派人去。望简复。

致共产主义的敬礼！

列　宁

译自《列宁文集》俄文版第39卷第314页

283

给瓦·亚·斯莫尔亚尼诺夫的便条和
给彼·阿·波格丹诺夫的电话稿

(9月1日)

斯莫尔亚尼诺夫同志：

请给在哈尔科夫的彼·波格丹诺夫(最高国民经济委员会主席)打一个电话：

哈尔科夫

最高国民经济委员会主席波格丹诺夫

抄送：丘巴尔

卡克滕在《经济生活报》上描述了克里沃罗格矿区发生的骇人听闻的侵吞公物现象和令人愤慨的管理混乱现象。请注意此事，准确查明应负个人责任的人员。

劳动国防委员会主席　**列宁**

9月1日

载于1933年《列宁文集》俄文版第23卷

译自《列宁全集》俄文第5版第53卷第153页

284

致维·米·莫洛托夫[226]

(9月1日)

莫洛托夫同志:

这些问题(此文件袋中的全部问题)应当由**政治局迅速**全部解决。今天就通知有关方面,明天(9月2日)**召他们来**政治局。我想,你们三人(莫洛托夫+加米涅夫+斯大林)就够了,就可以解决了!

列　宁

9月1日

译自《列宁全集》俄文第5版
第53卷第153页

285

致瓦·亚·斯莫尔亚尼诺夫[227]

(9月1日)

斯莫尔亚尼诺夫同志:应就这个问题作好准备,以便提交**劳动国防委员会**(谁**代理**波格丹诺夫? 萨普龙诺夫? 应当同他商量)。

不清楚列出的工厂是否**都是**最好的工厂? 工厂的**数目**是否已认真压缩?

或者是指望由**一大堆**半死不活、毫无希望的工厂来满足"需要"？这个问题以及其他一些问题应当**弄得更清楚一些**。

列　宁

9 月 1 日

载于1933年《列宁文集》俄文版
第23卷

译自《列宁全集》俄文第5版
第53卷第154页

286

致瓦·亚·斯莫尔亚尼诺夫[228]

(9 月 1 日)

斯莫尔亚尼诺夫同志：

应当：(1)查明格鲁吉亚的同志们是否遵守了未经我们同意不得签订租让合同这一规定(有这样的规定吧？党内的？)。

(2)研究一下该合同所订条款在实质上是否有利(尤其是谁是最后仲裁者？)。为此，由中央委员会指定1—3名专家，委托他们提出书面意见。

对(1)、(2)两项均请办理(通过中央委员会)。

列　宁

9 月 1 日

载于1945年《列宁文集》俄文版
第35卷

译自《列宁全集》俄文第5版
第53卷第154页

287

给阿·萨·叶努基泽的批示和
给波斯手艺人的信[229]

（9月1日）

叶努基泽同志：送上所要求的证明。可能您知道应该转交给谁和如何转交。

列　宁

9月1日

亲爱的同志们：我已收到波斯手艺人送来的礼物，特此证明。向他们致以衷心的谢意和崇高的敬礼。

列　宁

1921年9月1日

载于1933年《列宁文集》俄文版
第23卷

译自《列宁全集》俄文第5版
第53卷第155页

288

致瓦·亚·斯莫尔亚尼诺夫

(9月1日)

致斯莫尔亚尼诺夫

应当弄清真相,同哥尔布诺夫商量一下,然后将案件依法处理。[230]

列 宁

9月1日

载于1933年《列宁文集》俄文版 译自《列宁全集》俄文第5版
第23卷 第53卷第155页

289

致格·瓦·契切林[231]

(9月1日)

应当使这个斯柯别列夫"安分一点"。任命努兰斯是一种无耻行为。

列　宁

9月1日

载于1959年《列宁文集》俄文版
第36卷

译自《列宁全集》俄文第5版
第53卷第155页

290

致瓦·亚·斯莫尔亚尼诺夫[232]

（9月1日）

斯莫尔亚尼诺夫同志：

此事应向**库尔斯基问清楚**。他有过不同意见。请通过他**更严格地**加以审核。

列　宁

载于1959年《列宁文集》俄文版
第36卷

译自《列宁全集》俄文第5版
第53卷第156页

291

致叶·萨·瓦尔加[233]

(9月1日)

亲爱的瓦尔加同志:

我认为问题的提法(是向**共产国际执行委员会还是**向工人报刊提供情报,**抑或**向两者都提供?)不正确。

我们需要的是**完整的**和**真实的**情报。而真实性不应取决于情报该为谁服务。

只能作如下划分:**秘密的**(仅供**共产国际执行委员会**用的)和**公开的**(供大家用的)情报。

第一种已经存在;应当**单独**存在下去;应当改进。

第二种要想搞好,就需要做好**筛选事实**的工作,但不声明"我们"是共产党人。

如果**事实筛选**得完整、准确、妥当,那么就连黄色的工人报刊(尤其是地方的和工会的报纸)也必定会**购买**我们的材料,付给报酬。如果这一点做不到,那就证明我们的合法工作搞得**不好**。

致共产主义的敬礼!

列 宁

1921年9月1日

原文是德文

译自《列宁全集》俄文第5版
第53卷第446页

292

在亨·奥·格拉夫季奥来信上作的批注和
给尼·彼·哥尔布诺夫的批示

(9月2日)

　　……如果您能抽出时间,您就能够从中(从意见书中。——俄文版编者注)看出,三年前您交给斯米多维奇同志负责动工兴建的沃尔霍夫水电站工程,现在是在多么令人难以置信的条件下进行:到处<u>是</u>

注意‖<u>官僚主义的、不负责任的混乱现象,有时似乎还是故意捣蛋。</u>

　　……对于占用您的宝贵时间我感到万分不安,然而我决心这样做,只是由于我深信,<u>沃尔霍夫工程无论如何都应该在最短期间内</u>

注意‖<u>完成。</u>

急

　　哥尔布诺夫同志:此事请您负责处理(或同斯莫尔亚尼诺夫商量后交给他办)。

　　沃尔霍夫工程总工程师格拉夫季奥同志的意见书和报告(8月25日)揭露了最高国民经济委员会,或彼得格勒苏维埃,或**劳动国防委员会**的**罪行**(拖拉)和一系列错误,可能所有这些机关都有份。

　　因此,命令您:

　　(1)立即以我的名义委托司法人民委员部调查拖拉情况并将**失职人员交法庭审判**。一周内提交**劳动国防委员会**。

　　(2)召集会议(最高国民经济委员会＋彼得格勒苏维埃＋国家

计划委员会,并邀请其他有关单位参加),以便在一周内为**劳动国防委员会**拟出一项决定草案,规定一些加快工程进度和正确安排工程的措施[234](可否按亚麻托拉斯的做法扩大格拉夫季奥的权力?)。

人民委员会主席

弗·乌里扬诺夫(列宁)

请报告执行情况。

列　宁

9 月 2 日

载于1933年《列宁文集》俄文版
第23卷

译自《列宁全集》俄文第5版
第53卷第156—157页

293

在尼·尼·克列斯廷斯基的报告上作的
批注和给尼·彼·哥尔布诺夫的指示

(9 月 2 日)

致人民委员会主席

　　……最近中央和地方财政机关在完成自己的任务时经常碰到一些十分不利于工作的障碍,主要是<u>一些苏维埃政权的执行机关完全忘记了宪法关于编制预算</u>以及<u>各项支出</u>必须符合预算的规定。这给总的收支状况带来极有害的影响,使货币流通体系发生剧烈动荡。

‖ 注意

为了证实这点,只消提出下面几种情况就够了:(1)一些地区工人的工资不是按工资表,而是按自由市场的价格付给,而且有时一人一天竟高达70万卢布(伏尔加河沿岸区,西部与东部各省);(2)苏维埃剧院演员和工作人员的报酬不是按工资表的规定,附加报酬超过工资许多倍(而且,按教育人民委员部的预算,剧院的经费支出达290亿卢布,可是高等学校的经费仅为170亿卢布);(3)苏维埃机关和企业单位是在自由市场上购买他们所需要的物品,当然是按自由市场的价格,这种现象习以为常,似乎已成惯例……

不成体统!!

对各现金出纳部门没有明细的要求,这种现象的直接证明就是各苏维埃机关,甚至在莫斯科,流行着一种做法,按照这种做法,莫斯科苏维埃各部门要求莫斯科财政局每天拥有供他们支配的现金30亿卢布,即每月750亿卢布;而根据财政人民委员部预算局和总出纳处的材料,为莫斯科财政局开立的拨款账至今只有1 880亿卢布,即平均每月不超过270亿—300亿卢布……

怎么不通过财政人民委员部就"流行"了?

哥尔布诺夫同志:请以我的名义把下面这件公文发给**财政人民委员部**+**工农检查人民委员部**+**小人民委员会**主席。

委托财政人民委员和工农检查人民委员(或他们的副手)立即召集有**小人民委员会**主席和人民委员会办公厅主任哥尔布诺夫参加的会议,以草拟同报告中所指出的违法现象作斗争的决定并于一周内提交**人民委员会**。请工农检查院注意自己的疏忽大意。

来文所指出的这些不成体统的事,特别是教育人民委员部在剧院上开支过大的事,怎么能够容忍到今天?

人民委员会主席　**列宁**

9月2日

哥尔布诺夫同志:注意是否按期认真完成。如您愿意,可让斯莫尔亚尼诺夫代替您或由其他三人开会。

列 宁

9 月 2 日

载于1928年《列宁文集》俄文版
第8卷(非全文)

译自《列宁全集》俄文第5版
第53卷第157—158页

294

给伊·尼·波里索夫的电话

（9 月 2 日）

交通人民委员部　　波里索夫同志

要求你们采取措施将积压在莫斯科—喀山铁路莫斯科站及莫斯科枢纽其他各站上的卡希拉工程建设物资立即装车并紧急发往卡希拉。

发车工作应快速进行。

请报告执行情况。

人民委员会主席　　列宁

载于1933年《列宁文集》俄文版
第23卷

译自《列宁全集》俄文第5版
第53卷第159页

295

致亚·伊·多加多夫和
瓦·弗·古比雪夫[235]

(9月2日)

全俄工会中央理事会　多加多夫同志和
古比雪夫同志

　　请对整个这份报告的基本内容，特别是第4页上画了着重线的问题，提出简短的看法。

列　宁

1921年9月2日

载于1933年《列宁文集》俄文版
第23卷

译自《列宁全集》俄文第5版
第53卷第159页

296

给瓦·萨·多夫加列夫斯基的信和
给秘书的指示[236]

(9月2日)

致邮电人民委员

打字分送：{ (1)收信人　(2)我　(3)尼·彼·哥尔布诺夫 }

多夫加列夫斯基同志：

请您告诉我,我们的无线电话情况如何。

(1)莫斯科中央电台是否在工作? 如果在工作,每天几小时? 能通话多少俄里?

如果没有工作,缺少什么?

(2)是否在制造(制造多少?)能收听莫斯科讲话的收音机和装置?

(3)能使整个大厅(或广场)听到莫斯科声音的扩音器和装置搞得怎么样了?

等等。

我很担心此事又"睡大觉了"(俄罗斯的奥勃洛摩夫[237]们有一个可恶的习惯,他们总是把一切的一切都**弄得昏昏欲睡**)。

"答应"了许多次,而期限早已过去了!

此事对我们来说(特别是对于东部的宣传工作)是**非常**重要的。在这件事情上拖延或怠惰就是犯罪。

所有这些设备国外都已经有了;可以而且必须去购置所缺少的器材。很可能有的地方存在着犯罪性的怠惰现象。

人民委员会主席

弗·乌里扬诺夫(列宁)

1921年9月2日

载于1933年《列宁文集》俄文版
第23卷

译自《列宁全集》俄文第5版
第53卷第160—161页

297

致俄共(布)中央政治局委员

(9月2日)

致斯大林同志和全体**政治局**委员

萨法罗夫的信[238]和土耳其斯坦共产党第六次代表大会的决议,请务必一阅。

我认为,萨法罗夫**完全正确**。

列　宁

9月2日

译自《列宁全集》俄文第5版
第53卷第161页

298

致格·瓦·契切林

（9月2日）

契切林同志：

我想，应当：(1)交报刊发表以造声势；

(2)发无线电讯；

(3)载入协约国的罪行"录"。

列　宁

9月2日

译自《列宁全集》俄文第5版
第53卷第161页

299

给尼·彼·哥尔布诺夫的批示[239]

（9月2日）

秘密

哥尔布诺夫同志：关于国家珍品库事宜，应由**阿尔斯基＋博基＋克拉辛**共同商议。请了解情况并进行检查，要求在克拉辛

离开（9月12日）之前办完此事，作出明确、**正式的决定**。望及
时检查！[240]

列　宁

9月2日

译自《列宁文集》俄文版第38卷
第388页

300

致《真理报》编辑部

（9月2日）

格·萨法罗夫同志1921年8月21日写信给我说，《真理报》
编辑部拒绝刊登他的关于土耳其斯坦的文章，哪怕是供讨论用也
不行。[241]

请把该义寄给我。

列　宁

9月2日

译自《列宁文集》俄文版第38卷
第389页

301
致尼·彼·哥尔布诺夫

9月3日

哥尔布诺夫同志:

我刚刚给劳动国防委员会出口事务特别委员会的主席和委员们(雷库诺夫、皮亚季戈尔斯基、瓦拉耶夫和弗拉基米尔·斯皮里多诺维奇·叶尔马柯夫)签署了委任状。委托您了解一下该委员会成员及委员会条例,以后要经常了解它的工作进程,阅读它的**工作汇报**,并把情况告诉我。

趁此机会向您提一下,您和斯莫尔亚尼诺夫(以及波里斯·沃林,如果能吸收他参加的话)之间必须正确地分工,合理地安排人民委员会办公厅和劳动国防委员会办公厅的全部工作。

您和斯莫尔亚尼诺夫之间应当分清职权范围,每人都应该对一定的**工作**(电犁;水力开采泥炭;集体供应;工资标准等等)"**进行监督**"。

对待每一项工作,不论是"旧的"还是新的,都应当有系统地把所有的文件和材料收集在一起,以便随时都能马上找到所需要的东西。

你们除了分头负责目前最重要的战线——"经济战线"的工作以外,还要分头负责(或者由您自己完全负责)非经济系统各人民委员部,根据省、县经济会议的工作汇报和采用别的方法"监督"它们的工作。

对每一项"工作"都要经常**检查**(根据工作的性质和重要性，有的每周一次，有的每月或每两月一次，此外还要**突击检查**)实际完成情况。这是最重要最必需的。每次检查的结果都要登记下来。

我想，你们要是有三个人(您＋斯莫尔亚尼诺夫＋波·沃林，如果沃林来不了，就另换一个人)，那就足以(再加上少数办事员作助手)进行全部工作了，当然，一方面要有条不紊，另一方面要把所有可以而且应当交出去的工作交给《**经济生活报**》、**国家计划委员会**和其他有关的机关。审阅各县工作汇报的时候，还得吸收一些人参加，如吸收著作家、一些最老的党员和"专家"，审阅者必须在每份汇报的附页上签字。当送来的汇报增多时，您要拟一张"帮助审阅汇报的人"的名单，并且要规定**严格的**阅后送还制度。

请照这封信打一份副本，并把这份副本连同您就人民委员会办公厅和劳动国防委员会办公厅如何分工和如何安排全部工作的计划所作的答复一起寄给我。

在这些工作中，应当**特别**细心地**注意**水力开采泥炭的事，既要注意已在国外为1922年的生产季节订购的泥炭泵的情况，也要注意不久前罗·爱·克拉松关于他解决了脱水问题的报告[242]的处理情况。

其次，委托您调查一下瑞典"尼特维斯和霍尔姆"工厂的停产事件(《**经济生活报**》第194号第4版)[243]。水力涡轮机的订货手续"**办得太慢**"!! 在这方面我们有严重缺点!! 这太不像话，太丢脸! 您一定要**找到**罪魁祸首，好让我们在监狱里好好收拾这些坏蛋。

请对这个工厂的生产和对它的订货建立**明确的个人**负责制。

总的说来,建立明确的个人负责制是人民委员会办公厅和劳动国防委员会办公厅最重要的工作。我将最严格地要求这一点。如果需要,可立即吸收司法人民委员部和工农检查院或者它们的"专家"参加这项工作。

还有一件事。最高国民经济委员会科学技术局看来是在睡大觉。要么把它唤醒;要么真的把这些有学问的游手好闲之徒撵走。必须明确规定由谁负责向我们清楚地、及时地、切合实际而不是例行公事式地介绍欧美的技术。特别是,**在最新式的机器中一切**最重要的机器,莫斯科都应当有一件,以便学习和教授。(有两位工程师对我说,在美国用机器修路,只靠机器碾压就把乡间土道变成公路;这对于我们这个交通不便的半荒漠的国家是多么重要!)

再不要让最高国民经济委员会科学技术局和它在国外的大量懒汉们游手好闲了,否则**我们就用别的人代替他们**。

人民委员会主席

弗·乌里扬诺夫(列宁)

载于1928年《列宁文集》俄文版第8卷

译自《列宁全集》俄文第5版第53卷第162—164页

302

给德·伊·库尔斯基的信和
给秘书的指示

司法人民委员部　库尔斯基同志和
他的副手及全体部务委员

用公文纸打字送(1)收信人

抄送：$\left\{\begin{array}{l}(2)我 \\ (3)阿瓦涅索夫 \\ (4)哥尔布诺夫和 \\ \quad 斯莫尔亚尼诺夫\end{array}\right.$

9月3日

我已经通过人民委员会办公厅主任把格拉夫季奥教授的一份意见书及有关拖拉作风的一些惊人的材料给您送去。

这种拖拉作风在莫斯科各机关和中央各机关尤其屡见不鲜。因此,应当更加注意同这种现象作斗争。

我的印象是,司法人民委员部对这个问题采取的态度完全是形式主义的,也就是说是根本不正确的。

应当:

(1)把这件事提交法庭处理[244];

(2)对失职人员既要在报刊上申斥,又要严加惩办;

(3)通过中央委员会督促法官严惩拖拉作风;

（4）举行莫斯科人民审判员、法庭陪审员等等的会议，以制定反对拖拉作风的**有效措施**；

（5）在1921年秋季和跨1921—1922年的冬季，务必将莫斯科有关拖拉问题的4—6起案件提交莫斯科法院审理。要选择"比较引人注目的"事件，使每次审判成为**有政治影响的**事件；

（6）从共产党员中间物色一些处理拖拉问题有经验的精明的"专家"，两三个也行，但必须是比较严厉、办事比较果断的人（吸收索斯诺夫斯基参加），以便学会**整治拖拉作风**；

（7）发表一封关于反对拖拉作风的**写得好**、道理讲得透彻、非官样文章的**信**（作为司法人民委员部的通告）。

责成司法人民委员和副人民委员**亲自**负责完成这项极重要的任务，请将执行情况**定期**向我报告。

　　　　　　　人民委员会主席　**列宁**

载于1927年2月6日《真理报》　　　　译自《列宁全集》俄文第5版
第30号　　　　　　　　　　　　　第53卷第164—165页

303

给尼·巴·布留哈诺夫的批示和
给 Х.Г.佩斯通的电报[245]

（9月3日）

布留哈诺夫同志：我今天将给佩斯通发一份电报；请向格利亚谢尔索取电报副本。如尚需中央发一指示，就请把指示**草案**全文送来。

此件阅后请退还人民委员会办公厅主任。

列 宁

9月3日

戈梅利　省执行委员会主席佩斯通

请严格执行斯维杰尔斯基和列斯克的指示。我获悉，您曾多次违反中央当局有关粮食人民委员部工作的规定。现提出警告，如果今后查明哪怕再有一次违反中央部门的决定和规定的事，如果您不能同列斯克正常地、和谐地共事，我就要追究您个人应负的责任。请答复，先发一份简短的电报，再写封详尽的信。

劳动国防委员会主席　**列宁**

载于1933年《列宁文集》俄文版
第23卷

译自《列宁全集》俄文第5版
第53卷第165—166页

304

给瓦·亚·斯莫尔亚尼诺夫的便条和
给尼·米·克尼波维奇的信

（9月3日）

致瓦·亚·斯莫尔亚尼诺夫

斯莫尔亚尼诺夫同志：

　　请看此信[246]，并请**严守秘密**，不要向任何人泄露。

尼·米·克尼波维奇不仅是第一流的科学家,而且是绝对诚实的人。

应当经常检查渔业和鱼品工业总管理局的工作情况。

请您通过尼·米·克尼波维奇的儿子波里斯·尼·克尼波维奇(他就住在莫斯科这里,在**农业人民委员部**),把我下面这封信(用打字机打在公文纸上)送交尼·米·克尼波维奇:

致尼·米·克尼波维奇

尊敬的尼古拉·米哈伊洛维奇:非常感谢您8月6日写来的长信。您当然是在关注着渔业和鱼品工业总管理局的工作。十分希望您经常给我寄些总管理局工作进行情况的消息来,如果局里的工作因为某种原因而受到"妨碍",也希望您经常向我提出一些具体建议。

致真诚的敬意!

列　宁

1921年9月3日

载于1933年《列宁文集》俄文版
第23卷

译自《列宁全集》俄文第5版
第53卷第166—167页

305

致瓦·亚·斯莫尔亚尼诺夫

（9月3日）

致斯莫尔亚尼诺夫

从柏林来的拉品斯基现在这里（通过拉狄克可找到），他承担了我委托给他的绘制教学地图集（特别是为了研究当代帝国主义之用）的任务。请您和他谈谈，弄清他的工作进展情况（完成日期等等），把这项工作与在彼得格勒由凯萨罗夫任主席的那个委员会所进行的工作协调起来，而且要核对一下，看看是否与书记处所存文件相符。

列　宁

1921年9月3日

载于1959年《列宁文集》俄文版　　　　译自《列宁全集》俄文第5版
第36卷　　　　　　　　　　　　　　第53卷第167页

306

给秘书的批示

（9月3日）

§21。

我不签字。

出版汇编为时尚早。[247]

先在报上登一个**简短的**通报，指明：到哪里去找？什么是重要的？等等。

要在9月3—30日这**一个月内**对汇编进行**三次校阅，然后才能**批准出版。

列　宁

9月3日

载于1933年《列宁文集》俄文版
第23卷

译自《列宁全集》俄文第5版
第53卷第167—168页

307

致格·德·瞿鲁巴

（9月3日）

卡希拉工程　格·德·瞿鲁巴

有人告诉我说，您安排克尔日扎诺夫斯基同志到您那里去休养了。我要求您负责：在这一个月休假期内您无论如何也不能让他到莫斯科来。顺便问一下，您是否收到了斯托莫尼亚科夫的回信，卡希拉工程在多大程度上是按时进行的，或者说拖延了多少时间。

列　宁

电话口授

载于1933年《列宁文集》俄文版
第23卷

译自《列宁全集》俄文第5版
第53卷第168页

308

给尼·彼·哥尔布诺夫和
瓦·亚·斯莫尔亚尼诺夫的批示[248]

（9月3日）

致哥尔布诺夫和斯莫尔亚尼诺夫

对以下各项要特别注意：

（1）要求白俄罗斯对外贸易人民委员部提出**确切的**工作汇报；

（2）在俄罗斯联邦**中央消费合作总社**全部机构中采用他们的经验；

（3）在白俄罗斯之外的其他地区也要采取措施缓解商品短缺的状况。

请与基辛商量一下，采取措施，然后告诉我。

列　宁

9月3日

载于1959年《列宁文集》俄文版
第36卷

译自《列宁全集》俄文第5版
第53卷第168—169页

309

给尼·彼·哥尔布诺夫的批示[249]

(9月3日)

哥尔布诺夫同志：

　　请向**全俄肃反委员会**查询。

　　提赫文斯基的被捕**并非**"偶然"，因为化学与反革命并不互相排斥。

列　宁

9月3日

载于1945年《列宁文集》俄文版
第35卷

译自《列宁全集》俄文第5版
第53卷第169页

310

致维·米·莫洛托夫并转
俄共(布)中央政治局

(9月4日)

莫洛托夫同志：

　　还须：

　　(1)给梅利尼昌斯基和莫斯科省工会理事会**最严厉的**警告(对

斯克沃尔佐夫-斯捷潘诺夫和利特肯斯进行审讯),使他们有所收敛。厚颜无耻到了极点!! 我要求以**政治局**的名义提出警告并予以公布[250];

(2)撤销**全俄中央执行委员会主席团**给剧院拨款 **10 亿**卢布的决定。**不通过教育人民委员部**!! 这是非法的。太不像话了。我要求由**政治局**批准撤销。[251]

列 宁

9 月 4 日

译自《列宁全集》俄文第 5 版
第 53 卷第 170 页

311

致瓦·亚·斯莫尔亚尼诺夫[252]

(9 月 4 日)

斯莫尔亚尼诺夫同志:

商品交换问题是一个**极其重要**的问题。委托您**首先**注意这个问题。

尤其是:

(1)找到《粮食报》第 97 号[253],附在此件之后;

(2)要**中央消费合作总社**补充欣丘克的**这些**材料并**付印**;

(3)抓紧付印,印好后给我一份;

(4)给《经济生活报》写一短评,尽量鼓励**搜集**和发表有关商品交换的**实际**材料（交换了**多少**，或用了**多少**商品?）。

列　宁

9月4日

载于1933年《列宁文集》俄文版
第23卷

译自《列宁全集》俄文第5版
第53卷第171页

312

致瓦·亚·斯莫尔亚尼诺夫[254]

（9月4日）

斯莫尔亚尼诺夫同志：

请您把写信人找来，和他谈一谈，让他把下列材料送来：

（1）小组所有五名成员的名单及他们的详细**资历**；

（2）预定担任"侦察"的人员的名单；

（3）这个小组（或联合会）同莫斯科国民经济委员会或最高国民经济委员会签订的合同草案，其中要具体写明项目和条件。

列　宁

9月4日

载于1933年《列宁文集》俄文版
第23卷

译自《列宁全集》俄文第5版
第53卷第171页

313

给米·康·弗拉基米罗夫的电报

（9月4日）

乌克兰   粮食人民委员弗拉基米罗夫

鉴于向波斯换取已订购的大米一事至关重要，请立即按2月28日开出的第12801号发货单把1万普特精制方糖送至彼得罗夫斯克港。

请详细具体地电告执行情况。

劳动国防委员会主席   **列宁**

9月4日

载于1933年《列宁文集》俄文版第23卷

译自《列宁全集》俄文第5版第53卷第172页

314

☆致尼·彼·哥尔布诺夫[255]

（9月4日）

§§1和2。**请交劳动国防委员会**（或人民委员会?）**通过。**

我同意。

§3。不必提交**劳动国防委员会**。请以我个人名义写个文件，我将打电话表示签署。

§4。应与**谢列达**协商后起草**答复**。由谢列达和**我**签署。

列　宁

9月4日

译自《**列宁全集**》俄文第5版
第53卷第172页

315

给维·米·莫洛托夫的批示和
给秘书的指示²⁵⁶

(9月4日)

急
·

莫洛托夫同志:鉴于这个问题**极端**重要又无争议(但愿如此)，建议送全体**政治局**委员一阅，并通过电话加以批准(我的修改如中央委员、起草委员会委员**均无异议**，就可以认为被通过了，如有异议，则望**不加**这些修改通过，只要**不拖延**就好)。此外还必须交**全俄工会中央理事会**通过，然后以**人民委员会**的名义公布，并且**务必**写明:经**全俄工会中央理事会**和**俄共中央委员会**同意。

我将于9月5日星期一把这份提纲寄给彼得格勒的**奥博林**，

请他打电话提出意见。听取彼得格勒工会干部的意见(但愿他们也能赞同)是很重要的。

莫洛托夫同志:应要求提出这**30人**的**名单**,附上这次会议的**日期**后存入**中央委员会**的档案。

列　宁

9月4日

勒柏辛斯卡娅记下修改处后速送莫洛托夫。

列　宁

9月4日

载于1933年《列宁文集》俄文版
第23卷

译自《列宁全集》俄文第5版
第53卷第172—173页

316

致维·米·莫洛托夫[257]

(9月4日)

秘密

致莫洛托夫同志

莫洛托夫同志:

我的意见,拘留他半年(因行为卑鄙判处半年徒刑),然后**永远**

驱逐出俄国。

应当**好好教训**一下坏蛋们，让他们不敢再犯。

瓦尔斯基的意见**不对**。

列　宁

9月4日

译自《列宁全集》俄文版第37卷
第317页

317

致维·米·莫洛托夫[258]

(9月4日)

莫洛托夫同志：应该仔细考虑一下（请给斯大林看），可否对"敲诈者"惩罚得厉害一点：逮捕或用别的什么办法？要**想个办法**。

列　宁

9月4日

译自《列宁文集》俄文版第38卷
第389页

318

致维·米·莫洛托夫[259]

(9月4日)

秘密

致莫洛托夫同志

我意应减少金额,另外还要每月送一次报表和每三个月由政治局审议一次。

列　宁

9月4日

译自《列宁文集》俄文版第38卷
第390页

319

致瓦·巴·奥博林

1921年9月4日

奥博林同志:

对您1921年5月18日来信复信过迟(因忙于共产国际工作和生病),请原谅。

但愿您对新经济政策的担心(和误解)现在已经消除。如果还没有,请来封信。

我希望今天就能把基谢廖夫等同志关于工资问题的提纲给您送到。请打电话把您的意见告诉人民委员会秘书转列宁。

迅速得到彼得格勒全体工会干部对提纲的充分支持(最好是一致支持)是极其重要的。[260]

致共产主义的敬礼!

列　宁

载于1933年《列宁文集》俄文版
第23卷

译自《列宁全集》俄文第5版
第53卷第173—174页

320

致叶·伊·莫伊谢耶夫

(9月4日)

莫伊谢耶夫同志:

收到您的来信很高兴。回信过迟(因忙于共产国际的工作和生病),请原谅。然而您却看见我们的政策还在沿着那条路线前进。

您现在是否还有具体的建议,哪些建议,请写封信来。

您关于电力工业的建议非常正确。[1] 请将它们提交最高国民经济委员会(给我一份抄件)和将在1921年10月召开的全俄电气技术人员代表大会。

---

① 　见本版全集第60卷第398—401页。——编者注

致敬礼!

列 宁

我争取今天就把基谢廖夫等同志的提纲寄给您。请打电话把您的意见告诉人民委员会秘书转列宁。

发往彼得格勒

载于1933年《列宁文集》俄文版
第23卷

译自《列宁全集》俄文第5版
第53卷第174页

321

给格·弗·策彼罗维奇和
伊·伊·列普谢的电话

(9月5日)

彼得格勒   策彼罗维奇和工会理事会书记列普谢

工资政策提纲草案我已于9月5日派交通人民委员部信使送往彼得格勒,装在第801号文件袋内,收件人是奥博林同志。请策彼罗维奇和列普谢二同志在把这袋文件转交奥博林之前先看一遍这个提纲,并打电话把自己的意见告诉人民委员会秘书处转我。

列 宁

载于1933年《列宁文集》俄文版
第23卷

译自《列宁全集》俄文第5版
第53卷第175页

322

☆致中央委员会统计局局长
Н.И.索洛维约夫[261]

9月5日

索洛维约夫同志：可否专门整理一份共产党员担任**苏维埃**职务情况的较为详尽的分类材料（红军除外）：

人民委员部，

局，

处，

等等，

并详细说明工作的性质和种类。

即使只统计莫斯科（如可能办到的话，最主要的是应当把莫斯科与县分开；莫斯科是主要中心）和彼得格勒的也好。

我觉得，对俄共党员的统计涉及了过多的细节，这些细节在各种统计工作中是"常见"的，但却是无关紧要的。而对我们来说，重要的是党员担任**苏维埃**职务的详细分类情况。

致共产主义的敬礼！

列　宁

载于1945年《列宁文集》俄文版
第35卷

译自《列宁全集》俄文第5版
第53卷第175页

323

致阿·奥·阿尔斯基

9月5日　　　　　　　　　　　　　　　　　　　　**秘密**

阿尔斯基同志：

对黄金储备的支出情况要严加注意。

能否这样办：

请人制作一份统计表，

其中

现存　　已定支出　　净存

（＝已决定＃

拨出）

黄金储备

1917年11月7日以前

1918年11月7日

1919年11月7日

20年11月7日

21年1月1日

21年7月1日

或21年9月1日(9月7日)

总之，统计表应十分清楚地表明支出总额和**现金库存量**(到某日为止)。

制表要设横栏，按月延伸(**日常统计**)。这份变动的、按期填写的统计表就由你们财政人民委员部填写。

请把1921年9月1日以前的统计抄送给我,以后要把每周补充的数字(日常支出)送来。

总计一项应**无任何**例外地包括**所有的**黄金。

请告知什么时候能送来。²⁶²

人民委员会主席

弗·乌里扬诺夫(列宁)

＃可能,这里还须增加2—3个纵栏:已从俄国发出的,即已付的。可能还须增加拒付或减付等栏。

译自《列宁全集》俄文第5版
第53卷第176页

324

致雅·伊·维什尼亚克²⁶³

(9月5日)

"小巴黎"饭店5号房间

尊敬的同志:

十分感谢您把拉拉扬茨的消息告诉我。他竟脱离了俄共,这使我感到非常遗憾。

如有可能,请您来信更详细地谈谈他为何置身党外,什么时候脱党的,在高尔察克统治西伯利亚时是怎么生活的,等等。

既然您认为吸收他参加苏维埃工作是有益的,那就请您最好再来信谈谈,您是否认为,应当在伊尔库茨克给他找个工作,或者换一个地方,比如在莫斯科给他找个工作是可能的和适宜的。

致共产主义的敬礼!

列　宁

电话口授

载于1945年《列宁文集》俄文版第35卷

译自《列宁全集》俄文第5版第53卷第177页

325

致格·瓦·契切林

9月5日

契切林同志:

别尔津对英国工人运动衰落的看法[264]我认为不值得重视。别尔津知道的很少,而且总是持"悲观"态度。

他的行李被搜查,这使我深为不安。我想,我们对英国代表应当**毫不客气地**采取"以牙还牙"的原则。也要百般挑剔:同样**厉害地**对待他们,甚至比他们更厉害一点。这样做了吗?

此外,对于"胡佛分子"[265]要(由**外交人民委员部**通过报刊,可能还通过某些"关系")严加注意;对他们当中最坏的家伙(有个叫劳里的?)要"抓住把柄",加以揭露,让他们丢丑。

这就需要进行激烈的、**顽强的**战斗。

所有我们驻国外的代表是否都知道应当全力支持工人把救济饥民的捐款**直接寄给我们**? 对此事应发电报(通告性的),要他们在每份来电中都用密码汇报:"两周内英国(法国、瑞典等等)工人募集的捐款有多少。"

一定要把捐款直接汇到我们这里。

我们必须迅速、准确、按时获悉这方面的情况。

"拥护南森"和"反对南森"的运动[266]清楚地表明(您寄来的《每日纪事报》[267]摘录非常有意思),对努兰斯,我们的回答应该是严加拒绝,一开始就拒绝。那样,也只有那样,我们才能赢得胜利,才能把"亲南森"分子争取到自己方面来,使反南森派的表演**收场**。

致共产主义的敬礼!

列　宁

译自《列宁全集》俄文第5版
第53卷第177—178页

326

给亚·米·伊格纳季耶夫的电话[268]

(9月5日)

给亚历山大·米哈伊洛维奇·伊格纳季耶夫的电话
(由克拉辛转告)

我无条件地坚持由您来担任国家珍品库的工作,这是克拉辛和克列斯廷斯基推荐的。您无论如何必须立即上任。至关重要的利益要求这样做。一切不同意的想法都应退居次要地位。您何时赴任,请用电话通知人民委员会秘书处。

列 宁

1921年9月5日

于莫斯科克里姆林宫

译自《列宁文集》俄文版第37卷
第318页

327

同伊·伊·库图佐夫的来往便条

（9月5日以后）

根据您的委托,中央书记处要我在伊尔库茨克找到拉拉扬茨。前几天我找到了他,他已启程赴莫斯科。在他到达后,把他安排在哪里?

库图佐夫

我原来打算和建议的只是"找到"他,**而不是把他调来**。把他安排在哪里,应当赶快同中央委员会书记莫洛托夫商量。如有必要,＋叶努基泽(中央执行委员会秘书)＋哥尔布诺夫(人民委员会办公厅主任)。

您是否把商量的事情担当起来?[269]

列 宁

译自《列宁文集》俄文版第38卷
第390页

328

致阿·奥·阿尔斯基

(9月7日)

阿尔斯基同志:

我向您要的只是8月份以后的材料。[①] 请您今后:

(1)对黄金储备的支付严格按时间先后单独立账(当然,还有按人民委员部分类或按用途分类的账,如果需要这样分的话);

(2)务必把总决定规定的总额中(例如,为购买粮食而拨出的一亿卢布中)的各项支出与未经总决定规定的追加支出区别开来。

如不照这两条办,您就写不好报告,而结果将是乱七八糟,连您自己也弄不清楚。您应该明天给我回信,待您答复后再提进一步的意见。

列 宁

载于1945年《列宁文集》俄文版
第34卷

译自《列宁全集》俄文第5版
第53卷第178—179页

---

① 见本卷第323号文献。——编者注

329

致阿·马·尼古拉耶夫

（9月7日）

绝密

邮电人民委员部　尼古拉耶夫同志

建议您赶快成立一个由三名无线电专家组成的委员会，以便对您已知道的博戈罗茨克村实验室的研究成果进行最后的试验。[270]

最好该委员会成员中有一名党员负责干部。

人民委员会主席

弗·乌里扬诺夫（列宁）

译自《列宁全集》俄文第5版
第53卷第179页

330

致维·米·莫洛托夫并转
俄共(布)中央政治局委员

(9月7日)

致莫洛托夫同志

从给我送来的卢那察尔斯基的声明来看,我认为他是绝对错误的。没有利特肯斯,他干不了行政管理工作和组织工作(当然也包括处理口粮问题),而且也不能认为卢那察尔斯基的命令是利特肯斯所必须执行的。如果中央委员们对这点意见不一致,那么我请求在下周提交有我出席的政治局会议讨论。[271]请回信或打电话给我。

列 宁

电话口授

载于1933年《列宁文集》俄文版第23卷

译自《列宁全集》俄文第5版第53卷第179—180页

331

致格·叶·季诺维也夫

（9月8日）

季诺维也夫同志：

您寄来的教育人民委员部的8份方案[272]均已收到。您说此事不宜操之过急并且说这些方案有某些错误，这是我无论如何也不能同意的。恐怕您没有认真看。方案中并没有提出对学校采取商业原则。只是提出要让本地居民、特别是农民负担学校的部分费用。我认为这是完全正确的，绝对急需的。当然，某些细节可能需要修改，可以在讨论草案时提出来，但是，我再说一遍，这些方案的基本点是完全正确的。只是在第8份方案中可以看到某种类似商业原则的东西，即为保证教育人民委员部下属机构的供应，有权开办和租赁企业。但即使是这个您并没有着重指出的方案，我认为也是完全正确的，因为不采取这类措施，就不可能改善学校的经济状况并减轻教师挨饿的程度。我完全不明白，您从哪儿看出是削弱了由我们掌握学校这条原则。无论是在您着重指出的几点里，还是在整个第8份方案中，我都看不出有这类情况。必须向农民要更多更多的东西来维持当地的学校。

列　宁

电话口授

载于1933年《列宁文集》俄文版
第23卷

译自《列宁全集》俄文第5版
第53卷第180页

332

致瓦·亚·斯莫尔亚尼诺夫[273]

（9月8日）

致斯莫尔亚尼诺夫

再说一遍：对此件要特别注意，我到达后要提醒我。

列　宁

9月8日

载于1933年《列宁文集》俄文版
第23卷

译自《列宁全集》俄文第5版
第53卷第181页

333

给最高国民经济委员会主席团的电话

（9月8日）

特急

最高国民经济委员会主席团

抄送：财政人民委员部、工农检查人民委员部和

格拉夫季奥工程师（住宅电话：1—72—49，

波瓦尔大街22号3号住宅）

据格拉夫季奥报告，沃尔霍夫工程9—12月份的粮食供应已

有保障,但是由于缺少现款,工程陷于停顿。国家建筑工程总委员会9月份只给沃尔霍夫工程拨款12 500万卢布,可是据格拉夫季奥说,需要10亿卢布以上。

　　建议立即拨给沃尔霍夫工程必需数量的现款,以保证工程加速进行,现款数量须与根据全俄中央执行委员会5月30日和11月5日决定发放的口粮份数相符。

　　请于9月10日前把执行情况告诉我。

人民委员会主席　（列宁）

1921年9月8日

载于1933年《列宁文集》俄文版　　　　译自《列宁全集》俄文第5版
第23卷　　　　　　　　　　　　　　第53卷第181页

334

给波·斯·斯托莫尼亚科夫的信

9月8日

斯托莫尼亚科夫同志:

　　您就柯普谈判一事①写来的便函已收悉。不管那里情况如何,同这批德国人签订合同对我们来说是极其重要的,所以我们要**大力**支持对抗协约国的意图(如果有这种意图的话,——应当发现它并加以支持)。

　　请您大力支持并加以敦促,跟他们说:既然你们愿意,那就**尽**

---

① 见本卷第282号文献。——编者注

快去莫斯科。切勿拖延。———

———您和列扎瓦都来信说,你们"被工作压垮了"。

不能这样。这是一个错误。这个错误可能成为致命的错误。**如果不会把**一切次要的工作**交给别人去做**,那就不能办大事。[274]您要多用什克洛夫斯基。在**非共产党员专家**中**斯塔尔科夫**是一个诚实的人,他是不会去偷的。您应当合理安排工作,做到**只**进行指导和检查。否则就会失败。

———关于卡希拉,请您亲自检查一下,并加紧敦促。为什么只字不提卡希拉? 务必来信谈谈。[275]

致共产主义的敬礼!

列 宁

译自《列宁文集》俄文版第 39 卷
第 315—316 页

335

致维·米·莫洛托夫和格·瓦·契切林[276]

(9月8日)

致莫洛托夫同志和契切林并转
全体政治局委员

要**特别**核实一下机密**复件**。极其重要。复件证明,柯普要**落空**。我认为原因就在于,柯普**又**受了大投机商和小掮客的骗,在某种程度上也可能受了"狂热的军人"的骗。**商人们在拖延此事。**

列 宁

9月8日

译自《列宁文集》俄文版第39卷
第317页

336

致格·叶·季诺维也夫

(9月8日)

致季诺维也夫同志

我不反对派卢那察尔斯基去意大利。[277] 不过他大概不会获准。如果获准,我建议给他作出详细的指示。

列 宁

9月8日

译自《列宁文集》俄文版第37卷
第319页

337

致尼·彼·哥尔布诺夫[278]

(9月9日)

尼·彼·哥尔布诺夫同志:

请答复他:

(1)具有法律效力的复文我们很快就能送去(措辞须经库尔斯基、契切林、哥伊赫巴尔格**审查**同意,**要十分仔细地审查**,也许还要吸收弗拉基米尔斯基参加);

(2)**地图集**要包括所有这些共和国:用接壤的、友好的等**统一**的提法(对地图集、对统计、对地理均适用)。

列　宁

9月9日

载于1933年《列宁文集》俄文版
第23卷

译自《列宁全集》俄文第5版
第53卷第182页

338

致列·波·克拉辛

(9月9日)

致克拉辛

抄送:斯莫尔亚尼诺夫同志

请注意罗特施坦8月18日给契切林的电报,他对于对外贸易人民委员部在波斯的工作十分混乱的情况颇有怨言,他要求提醒劳动国防委员会注意。请看过这份电报后把您的意见送交斯莫尔亚尼诺夫。

列　宁

电话口授

译自《列宁文集》俄文版第37卷
第319页

339

给秘书的指示

(9月10日)

打电话

(1)询问一下温什利赫特:能否释放因库基什案件被捕的**舍普**

金(农学教授)。[279]

（2）告诉克拉辛和斯米尔加：可以在 **7 时**以前来。

（3）单独告诉奥新斯基一家。

（4）告诉契切林或李维诺夫：爱尔兰人麦克·**尼尔**星期一要走，他是共产党员。他要求会见。请会见他。[280]

列　宁

9 月 10 日

译自《列宁文集》俄文版第 38 卷
第 391 页

340

致尼·彼·哥尔布诺夫[281]

（9 月 11 日）

要善于**抓住**并惩办**并非**存心拖拉的事例，因为"存心"拖拉的事例是永远抓不住的。

列　宁

9 月 11 日

载于1945年《列宁文集》俄文版
第 35 卷

译自《列宁全集》俄文第 5 版
第 53 卷第 182 页

341

☆致尼·彼·哥尔布诺夫[282]

（9月11日）

重要

（1）请给**最高国民经济委员会**写一个文件；交我签署；

（2）请制定一个检查执行情况的**计划**（时间表）；

（3）向德国订货一事也照此办理。

列　宁

9月11日

载于1959年《列宁文集》俄文版
第36卷

译自《列宁全集》俄文第5版
第53卷第182页

342

致尼·彼·哥尔布诺夫

（9月11日）

致哥尔布诺夫同志

关于沃尔霍夫工程的情况请再给我讲一遍。

列　宁

9月11日

载于1961年《历史文献》杂志
第5期

译自《列宁全集》俄文第5版
第53卷第183页

343

致尼·彼·哥尔布诺夫

(9月11日)

哥尔布诺夫同志:

鉴于布留哈诺夫同托姆斯基意见分歧[283],应让布留哈诺夫**立即**草拟一封内容**明确**的给托姆斯基的电报(副本送我)。

是否**迅速**照办,望检查。

列　宁

9月11日

译自《列宁文集》俄文版第38卷第391页

344

致尼·彼·哥尔布诺夫

(9月11日)

哥尔布诺夫同志:这是关于博京的事(见格·马·克尔日扎诺夫斯基的信)[284]。请您写封信或者打个电话同格·马·克尔日扎诺夫斯基联系一下,办理这三个人的任命事宜(如果克尔日扎诺夫斯基不再增加和换人的话)。此事应当办好手续。[285]

列　宁

9月11日

译自《列宁文集》俄文版第 37 卷
第 320 页

345

给秘书的指示[286]

（9月11日）

多姆年科同志是里杰尔矿务局局长。关于会见他的事。他在莫斯科能逗留**多长**(?)时间?

了解一下(通过最高国民经济委员会)并告诉我。

列　宁

9月11日

载于 1933 年《列宁文集》俄文版
第 23 卷

译自《列宁全集》俄文第 5 版
第 53 卷第 183 页

346

给尼·彼·哥尔布诺夫的指示和
给阿·谢·基谢廖夫的信

(9月11日)

尼·彼·哥尔布诺夫同志：

请您把我这封信转给**基谢廖夫**同志的那个委员会[287]并对其中所谈的事加以注意。

致**基谢廖夫**同志的委员会

关于亚·彼·斯米尔诺夫的来信。我坚决反对把马铃薯用于酿制酒精的**任何**主张。酒精可以(这已得到证明)而且应当用**泥炭**来生产。应该发展这种用泥炭生产酒精的行业。

列 宁

9月11日

载于1933年《列宁文集》俄文版
第23卷

译自《列宁全集》俄文第5版
第53卷第183—184页

347

☆致尼·彼·哥尔布诺夫[288]

（9月11日）

此事极为重要。请您**注意**执行情况，每月向我报告两次。

列　宁

9月11日

载于1933年《列宁文集》俄文版
第23卷

译自《列宁全集》俄文第5版
第53卷第184页

348

☆致尼·彼·哥尔布诺夫

（9月11日）

应当看看这个材料[289]并且征求：

(1)**克拉辛**或他的"副手"的意见；

(2)**施韦佐夫**的意见；

(3)然后写信或打电报要普里加林把他的明确的、具体的建议送来。

列　宁

9 月 11 日

载于1933年《列宁文集》俄文版
第23卷

译自《列宁全集》俄文第5版
第53卷第184页

349

致格·马·克尔日扎诺夫斯基[290]

（9 月 11 日）

格·马·：建议稍加修改，**保留批驳格罗曼的那一部分**，补充一两页关于西欧经济恢复的实际速度的事实材料，然后登在**《真理报》**上。

列　宁

9 月 11 日

载于1933年《列宁文集》俄文版
第23卷

译自《列宁全集》俄文第5版
第53卷第185页

350

在莫斯科苏维埃关于改由国家供应的 企业和机关的材料上作的批注和 给尼·彼·哥尔布诺夫的指示

(9月11日)

"……拟继续由国家供应者：

(1)	1	工业企业工人 ……………………………	100 000	100		
(2)	2	铁路工人(2月1日以前由莫斯科铁路交通管理局供应的)…………	68 000	228	453	
(3)	3	苏维埃机关工人(安装工、运输工、建筑工、通讯员等等)……	60 000	128		
(4)	4	苏维埃机关职员 ……………	100 000	100		
	5	职工家属 ………………………	125 000	125		

……………………………………

(1)按单位

(2)按工种：技术工作？办公室工作？运输部门？等等。

(3)按人民委员部

(4)也按人民委员部

(5)卫戍部队。**人数**？

尼·彼·哥尔布诺夫：请去函询问我加了着重标记的那几处

的**详细情况**,然后把答复给我看。**291**
····

列　宁

9月11日

载于1933年《列宁文集》俄文版
第23卷

译自《列宁全集》俄文第5版
第53卷第185—186页

351

给各区域和各省经济会议的电报

(9月12日)

致最高国民经济委员会主席转

各工业局和部门

抄送:中央统计局

　　缩减由国家供应的机关企业的数目是当前经济建设最重要的任务之一,同时无疑也是当前最迫切的任务。只有最少量的规模最大、设备最好的企业和厂矿才应当继续由国家供应,但要对它们的现有储备进行严格检查。我命令立即再进行一次这样的检查并再一次缩减由国家供应的企业的数目;立即开列一份继续由国家供应的企业的清单并于今年10月1日以前送交**劳动国防委员会**。

　　此项任务由经济委员会尤其是省统计局全体成员亲自负责完

成。对缩减企业数目不够认真的人，我将交给法庭审判。

劳动国防委员会主席　　列宁

1921年9月12日

载于1933年《列宁文集》俄文版
第23卷

译自《列宁全集》俄文第5版
第53卷第186—187页

352

☆致最高国民经济委员会电力局

（9月12日）

抄送：最高国民经济委员会主席团

兹命令你们尽最大努力按卡希拉工程规定的期限准确完成供应该工程所需电工器材的任务。

我坚决要求，此事不得有任何耽误以免影响工程按期完工。

关于供应情况的材料报送劳动国防委员会斯莫尔亚尼诺夫同志。

劳动国防委员会主席　　列宁

载于1945年《列宁文集》俄文版
第35卷

译自《列宁全集》俄文第5版
第53卷第187页

353

致斯·斯·丹尼洛夫[292]

9月12日

丹尼洛夫同志：

不论在"阶级内部"，还是对**其他**阶级的**劳动者**，发扬"互助"等等的精神都是绝对**必需的**。

致共产主义的敬礼！

列　宁

译自《列宁全集》俄文第5版
第53卷第187页

354

致阿·瓦·卢那察尔斯基

致卢那察尔斯基
抄送：利特肯斯

1921年9月12日

9月9日通过的关于改善学校供应的措施的法令第10条，责成教育人民委员部颁布实施细则。

对第6条(末尾,交换权)要特别慎重对待。一定要按期全面汇报;制定详细条例;否则就会出现因盗窃而坐牢的事。

应与司法人民委员部协商,签署前要给我看。

第8条——图书馆和俱乐部收费问题,也要这样。[293]

要非常慎重;不能难为愿来者。**在签署前**要给我看一看。

人民委员会主席
弗·乌里扬诺夫(列宁)

载于1933年《列宁文集》俄文版
第23卷

译自《列宁全集》俄文第5版
第53卷第188页

355

致小人民委员会

(9月12日和15日之间)

致小人民委员会

鉴于政治局委员加米涅夫同志对这个决定提出异议,建议在列·波·加米涅夫的参加下对这项法令再作一次审议。[294]

人民委员会主席
弗·乌里扬诺夫(列宁)

载于1933年《列宁文集》俄文版
第23卷

译自《列宁全集》俄文第5版
第53卷第188页

356

致阿·阿·越飞

1921年9月13日

越飞同志：

政治局今天的决定，正如您现在看到的那样(我把它随信附上)，在很大程度上满足了您9月9日电报[295]中提出的要求。

务请送一份较为详尽的书面报告来。

此外，**为了把问题搞清楚些**，我个人还请求您(在您的报告中或在另附的报告补充中)对保护当地人的利益、反对"俄罗斯人"(大俄罗斯人或殖民者)夸大其词的问题给予特别注意。

当地人对萨法罗夫的态度如何？**要事实**，事实，事实。

当地人(拥护萨法罗夫者)本身是些什么人？名字？资历？威信？(要事实，事实……)

他们能否捍卫住自己？有把握吗？能对付得了托姆斯基那样机警、强硬、固执的人吗？

有多少这样的人？

"贫苦农民协会"(萨法罗夫创建的?)——它的组成情况？意义？力量？作用？据说当地人被"**强制**"分为不同阶层，是否属实？

棉花怎样？据说萨法罗夫使棉花遭了殃，果真如此吗？要**事实**，事实。

费尔干纳战线情况如何？巴斯马赤叛乱[296]怎么样了？他们对托姆斯基和萨法罗夫的"路线"态度如何？事实和土耳其斯坦中

央执行委员会关于巴斯马赤叛乱的决定究竟如何？托姆斯基和萨法罗夫或他们的拥护者**在此问题上**有何分歧,何时发生了分歧? 要事实。(摘录有关决定,以便能看清楚到底在什么时候和哪一点上正式发生了分歧。)

中央委员会内部对这个问题有一些分歧意见。

更准确地了解情况是非常重要的。

我个人**非常**怀疑,"托姆斯基路线"(也许,说得确切些,是彼得斯路线? 或普拉夫金路线? **诸如此类**)很可能是大俄罗斯沙文主义路线,或者确切些说,有这种**倾向**。

取得当地人的信任;取得三倍、四倍的信任;**证明**我们**不是**帝国主义者,我们**不能**容忍这种**倾向**存在——这对我们的整个世界政策是极其重要的。

这是一个世界性问题,是毫不夸张的世界性问题。

应该极其严肃地对待。

这个问题将影响印度,影响东方,这可开不得玩笑,要千倍地慎重。

致共产主义的敬礼!

列 宁

载于1959年《列宁文集》俄文版
第36卷

译自《列宁全集》俄文第5版
第53卷第189—190页

357

☆给租让委员会的信和
给尼·彼·哥尔布诺夫的指示[297]

1921年9月13日

致最高国民经济委员会租让委员会

抄送:最高国民经济委员会主席团秘书

请就在今天尽快地告诉我:

(1)租让委员会主席(或委员)是什么时候第一次向中央委员会报告莱斯利·厄克特承租(克什特姆、里杰尔、埃基巴斯图兹的工厂,等等)一事的?

(2)报告人是谁?

(3)从当地索取并收到了哪些有关此事的材料?(介绍工厂概况的材料?这些工厂最近的汇报等等?)

(4)用两三行文字简短地介绍一下每份文件(日期?文件签署人?内容?——已经提出的问题;得到的答复;从档案中取出的某个汇报;某某专家的意见,等等)。

(5)把租让委员会全体人员的名单送来。

最高国民经济委员会主席团秘书和尼·彼·哥尔布诺夫应亲自用电话检查是否已迅速执行。

　　　　　劳动国防委员会主席　　**列宁**

载于1945年《列宁文集》俄文版　　　　译自《列宁全集》俄文第5版
第35卷　　　　　　　　　　　　　　　　第53卷第190—191页

358

致伊·色·色诺芬托夫

1921年9月13日

色诺芬托夫同志:请马上检查一下

给罗蒙诺索夫的电报发了没有?[298]

是怎样写的?(请把副本送我)

究竟是何时发的?

请对方**火速**回答,是否收到,何时收到(电复)。

致共产主义的敬礼!

列 宁

译自《列宁文集》俄文版第38卷
第392页

359

给尤·弗·罗蒙诺索夫的电报

(9月13日)

伦敦   罗蒙诺索夫

请来电准确告知,凭对外贸易人民委员部的期票可以向"尼特维斯和霍尔姆"工厂赊购涡轮机一事是在什么时候弄清楚的,您在什么时候、向谁讲过此事,为了立即订购涡轮机,采取了哪些措施,涡轮机车间停工谁应负责。

人民委员会主席　**列宁**

1921 年 9 月 13 日

载于1933年《列宁文集》俄文版
第 23 卷

译自《列宁全集》俄文第 5 版
第 53 卷第 191 页

360

致埃·马·斯克良斯基

1921 年 9 月 13 日

斯克良斯基同志:

请您向我介绍一下,在我 5 月 30 日的信[299]和共和国革命军事委员会的回信之后,在提出了一周之内要看到材料的要求之后,共和国革命军事委员会做了哪些工作。

人民委员会主席

弗·乌里扬诺夫(列宁)

载于1942年《列宁文集》俄文版
第 34 卷

译自《列宁全集》俄文第 5 版
第 53 卷第 191—192 页

361

致尼·彼·哥尔布诺夫或
瓦·亚·斯莫尔亚尼诺夫

（9月13日）

致尼·彼·哥尔布诺夫（或斯莫尔亚尼诺夫）

这是拉狄克关于**地图集**一事的来函。我已经写过信（给斯莫尔亚尼诺夫），好像讲过必须与凯萨罗夫**协调起来**。[①]　这件工作要**坚持**到底。

列　宁

1921年9月13日

载于1933年《列宁文集》俄文版
第23卷

译自《列宁全集》俄文第5版
第53卷第192页

---

① 见本卷第305号文献。——编者注

362

致尼·亚·谢马什柯[300]

1921年9月13日

谢马什柯同志：

我收到愈来愈多的意见,反映我们克里木和高加索的疗养地情况极为糟糕:受贿,优待资本家,对工人的态度却令人气愤,主要是医疗工作一塌糊涂,而最主要的是粮食毫无保障。

请速向我提供你手边现有的具体的材料。

然后再较为详细地讲讲检查办法:有多少个疗养地(占总数的多少?)作了准确的汇报(粮食用量,病人用多少,职工用多少? 等等),浴盆(泥疗)数目是多少,等等。

人民委员会主席

弗·乌里扬诺夫(列宁)

载于1933年《列宁文集》俄文版
第23卷

译自《列宁全集》俄文第5版
第53卷第192—193页

363

☆致人民委员会办公厅

抄送:尼·彼·哥尔布诺夫

1921年9月13日

昨天我发现,我交福季耶娃转列·波·加米涅夫的急件原来是按"通常的"办法,也就是说用笨办法送去的,因此耽误了好多小时,我要是不再一次过问,可能要耽误好多天。

这样做办公室工作是不行的,如果再发现一次这种典型的拖拉作风和贻误工作的现象,我将给予严厉的处分并撤换工作人员。现命令:

(1)我交出发送的每份或每袋文件,均须由值班秘书**亲自**检查(如她不在,应有人代理,她必须同昼夜值班的电话员讲好代理问题);

(2)检查是否写上了**所有**要注明的事项(亲启;急件;收件人须在信封上签字,等等);

(3)检查是否立即交给了通讯员;

(4)**务必用电话**向收件人**核实**;

(5)把收件人签字退回的信封给我**看**;

(6)当秘书不在而委托交换台电话员代理时,电话员也要切实执行以上规定。

人民委员会主席

弗·乌里扬诺夫(列宁)

载于1933年《列宁文集》俄文版　　　　　译自《列宁全集》俄文第5版
第23卷　　　　　　　　　　　　　　　　第53卷第193页

364

致尼·彼·哥尔布诺夫

(9月13日)

哥尔布诺夫同志:

请您处分失职人员:如果是初犯,要批评;如果是重犯或情节严重,要提出警告:今后如果还不认真,要解除职务。

请建立检查制度:**100次抽查1次或15天抽查1天**,等等。

列　宁

载于1933年《列宁文集》俄文版　　　　　译自《列宁全集》俄文第5版
第23卷　　　　　　　　　　　　　　　　第53卷第194页

365

致恩·奥新斯基

(9月14日)

农业人民委员部　奥新斯基同志

请速报告各遭受饥荒省份的种子分配工作的进行情况,说明:

(1)在居民中分配种子的原则(是所有的人都给,还是只给土地已耕好等待下种的人,是否检查了已翻耕土地的面积,如何检查的)。

(2)农业人民委员部各机关实际参加种子验收、保管、从火车站转运各地以及种子分等的情况,如果有种子从接收总站分送至各地的工作进度的材料,也请报来。

(3)发放的种子是否进行登记,如何登记的(是否造表登记,种子发给了谁,是个人还是集体,数量多少)。

(4)为了使种子真正用于播种而不是用做口粮,是否采取了监督措施,是怎样监督的。

种子的合理分配问题具有特殊的重要性。

然而,根据《全俄中央执行委员会消息报》第202号上登载的康·米雅斯科夫的简讯《春秋两季的播种工作》和一些其他材料来看,在这件事上并非一切都令人满意。

人民委员会主席

载于1933年《列宁文集》俄文版　　　译自《列宁全集》俄文第5版
第23卷　　　　　　　　　　　　　　第194—195页

366

致列·波·克拉辛

（9月14日）

致克拉辛同志

您必须从实质上"深入研究"托姆斯基的建议（拨给他一定数量的黄金储备用于贸易业务?），研究按什么条件拨给以及同对外贸易人民委员部关系如何。**301**

列　宁

9月14日

载于1933年《列宁文集》俄文版
第23卷

译自《列宁全集》俄文第5版
第53卷第195页

367

致伊·伊·拉德琴柯**302**

（9月15日）

致副对外贸易人民委员拉德琴柯同志

请速把下述材料交送件人带来：

（1）对外贸易人民委员部有多少山道年?

(2)存放在什么地方、哪些单位的仓库里？

(3)出售了多少，按什么价格，在哪里出售的？

(4)用什么办法，经谁手出售的？

人民委员会主席

1921 年 9 月 15 日

载于 1933 年《列宁文集》俄文版
第 23 卷

译自《列宁全集》俄文第 5 版
第 53 卷第 195—196 页

368

致马·马·李维诺夫[303]

（9 月 15 日）

李维诺夫同志：

　　请来信告知此事是否能办。我很想帮助他，使他在那里学习。他妻子的情况我一无所知。

　　致共产主义的敬礼！

列　宁

9 月 15 日

载于 1942 年《列宁文集》俄文版
第 34 卷

译自《列宁全集》俄文第 5 版
第 53 卷第 196 页

369

致阿·谢·基谢廖夫

(9月15日)

致小人民委员会主席基谢廖夫同志
抄送:波格丹诺夫、温什利赫特、
阿瓦涅索夫和库尔斯基同志

请您注意9月13日《消息报》第203号上登载的米歇尔斯的短评。

作者写道,从1918年起,在仓库里放着250万普特极贵重的金属货物,几乎是在沼泽中,没有人过问,没有人保管,任凭盗窃和损坏。

请您赶快检查一下,这篇短评所说的是否符合事实。

如果符合事实,请立即采取一切必要措施来清点、保管……这些财产,并严办失职人员。

请给我一份详细的书面报告,注明如此不负责任的失职人员的姓名和职务[304],并向劳动国防委员会报告。

请您火速执行这一切。

人民委员会主席

弗·乌里扬诺夫(列宁)

载于1928年《列宁文集》俄文版
第8卷

译自《列宁全集》俄文第5版
第53卷第196—197页

370

☆致尼·彼·哥尔布诺夫[305]

（9 月 16 日）

请阅此信并作出标记，2—3 周后与有关专家谈一谈。

列　宁

9 月 16 日

载于 1933 年《列宁文集》俄文版
第 23 卷
译自《列宁全集》俄文第 5 版
第 53 卷第 197 页

371

致维·米·莫洛托夫

（9 月 16 日）

莫洛托夫同志：

　　马克西姆·彼什科夫是共产党员。1917 年 10 月他两次被白卫分子拉出去准备枪毙。应该帮助他。您的意见如何？

列　宁

9 月 16 日

载于 1942 年《列宁文集》俄文版
第 34 卷
译自《列宁全集》俄文第 5 版
第 53 卷第 197 页

372

致维·米·莫洛托夫

(9月16日)

莫洛托夫同志：

应提交中央委员会并把拉德琴柯叫来。

我意先用**密码**问一下托姆斯基(有关详情)及越飞(征求意见)。[306]

致共产主义的敬礼！

列 宁

9月16日

译自《列宁文集》俄文版第38卷
第392页

373

致格·瓦·契切林[307]

(9月16日和27日之间)

契切林同志：

我看，要设法使他们不敢再玩弄这种花招。能否这样办：给予正式的书面的答复,要引用"来照"中的话。那时他们就会明白,由于发来未经签署的照会,我们会(很快)**公开地**嘲弄他们,打他们耳光。

您的　**列宁**

载于 1959 年《列宁文集》俄文版
第 36 卷

译自《列宁全集》俄文第 5 版
第 53 卷第 198 页

374

致瓦·亚·斯莫尔亚尼诺夫

(不晚于 9 月 17 日)

斯莫尔亚尼诺夫同志:

责成您,如您要离开,则责成尼·彼·哥尔布诺夫,**根据**人民委员会和劳动国防委员会的**文件**在最短期内写一份材料,列出就挖掘机问题作出和制定的

措施、

命令、

决议。**308**

劳动国防委员会主席　**列宁**

载于 1959 年《列宁文集》俄文版
第 36 卷

译自《列宁全集》俄文第 5 版
第 53 卷第 199 页

375

致阿·伊·李可夫

9月17日

李可夫同志：

依我看，应当

（1）**明天**召集中央委员会原先成立的工作组

斯大林
托洛茨基（今天到达）
您

（2）确认**原先**那个合同[309]；

（3）取消对此合同所作的**一切**变更和"修改"；

（4）**还要**以中央委员会工作组的名义给扎克斯以**最严厉的**批评。

不然的话，高尔基一退出，那就要大大出丑了，而且我们也理屈，因为中央委员会工作组已经一度解决了这个问题。

不能重新解决。

列　宁

译自《列宁全集》俄文第5版
第53卷第198页

376

致尼·彼·哥尔布诺夫

1921 年 9 月 17 日

哥尔布诺夫同志：

　　库尔斯基和切尔柳恩恰克维奇走的时候原来并**没有正式交代**自己的工作，即没有在小人民委员会的记录上签字。这是极严重的违法行为。应立即恢复制度：(1)对此事经过作一记录，(2)打电话要求库尔斯基和切尔柳恩恰克维奇答复，(3)对库尔斯基和切尔柳恩恰克维奇玩忽职守一事**立案**并开始进行审查。

人民委员会主席
弗·乌里扬诺夫（列宁）

载于 1933 年《列宁文集》俄文版
第 23 卷

译自《列宁全集》俄文第 5 版
第 53 卷第 199 页

377

致尼·彼·哥尔布诺夫[310]

（9 月 17 日）

尼·彼·哥尔布诺夫：**火速**与布留哈诺夫和拉德琴柯商量好

回电并由劳动国防委员会通过。

列　宁

9月17日

译自《列宁文集》俄文版第38卷
第393页

378

致尼·彼·哥尔布诺夫

(9月19日)

哥尔布诺夫同志：

应当使这个草案得到通过。[311]

请以我的名义给雷库诺夫写封信(抄送伊万·伊万诺维奇·拉德琴柯)，说**我已阅并认为**：

目前雷库诺夫最重要的工作是建立汇报制度(汇报不要"过多"，不要"冗长"，而要**实在**)和**研究经验**。

任务艰巨。应该考虑以下几方面的实际经验：

(1)中央消费合作总社的，

(2)省消费合作总社的，

(3)代销人、商人的。

列　宁

9月19日

载于1933年《列宁文集》俄文版
第23卷

译自《列宁全集》俄文第5版
第53卷第200页

379

致基尔萨诺夫县经济会议[312]

(9月19日)

抄送:坦波夫省执行委员会

尊敬的同志们:

　　你们最先送来了工作汇报,对此我深表感谢,希望你们今后继续成为遵守汇报制度的模范。

列　宁

9月19日

载于1933年《列宁文集》俄文版　　　　　译自《列宁全集》俄文第5版
第23卷　　　　　　　　　　　　　　　第53卷第200页

380

致克拉斯诺亚尔斯克县经济会议

(9月19日)

抄送:阿斯特拉罕省执行委员会

尊敬的同志们:感谢你们最先送来了工作汇报。务请今后也准时写好。

列 宁

9 月 19 日

载于 1933 年《列宁文集》俄文版
第 23 卷

译自《列宁全集》俄文第 5 版
第 53 卷第 201 页

381

致尼·巴·布留哈诺夫

如布留哈诺夫不在,则交弗鲁姆金

(抄送:尼·彼·哥尔布诺夫)

1921 年 9 月 19 日

布留哈诺夫同志:

今天,我签署了给莫斯科提供 120 万普特干草的电报。

我认为,把**所有**这样的电报都送给我签署是不对的。应该改变——也许要逐渐改变,但终究应该改变——这种做法,**最终做到**:教会人们(其中包括各省执行委员会)没有我的签署也能服从,作为正常情况必须服从,而不是仅仅作为特殊情况才服从。

应像下战斗命令那样发出两三份电报。注意观察。如不执行,则严加惩处,并且要检查处分情况。

请把敦促地方机关按**正常**纪律办事的具体计划(和**时间**表)

告诉我。

人民委员会主席

弗·乌里扬诺夫(列宁)

载于1933年《列宁文集》俄文版第23卷

译自《列宁全集》俄文第5版第53卷第201页

382

致尼·彼·哥尔布诺夫

急

1921年9月19日

哥尔布诺夫同志:

清单开列的数目显然太大了。[313] 例如,市内印刷厂就有 22 个,7 598 人。

保留的无论如何也不能超过 **7** 个(而且是已实行集体供应的)。

显然是过多了!

请您马上与斯米尔加(波格丹诺夫的副手)和阿瓦涅索夫两人商妥,在今天就成立一个**工作组**(不超过 3 人:莫斯科 1 人,最高国民经济委员会 1 人,工农检查院 1 人),负责在星期三以前**压缩**清单,留下的印刷厂**不得**超过 7 个(已经实行集体供应的)。

整个清单都应再压缩一次。

我决不会放过这种明显的夸大。

劳动国防委员会主席　**列宁**

载于1933年《列宁文集》俄文版　　　　　　译自《列宁全集》俄文第5版
第23卷　　　　　　　　　　　　　　　　　第53卷第202页

383

致尼·彼·哥尔布诺夫[314]

1921年9月19日

哥尔布诺夫同志：

（1）要他写一份报告，提出**实际**建议（要简短些，简短些和**明确些**）。

（2）收集他的全部著作给我送来。

（3）书面征询罗森霍尔茨、基尔萨诺夫、韦·米·斯维尔德洛夫、安采洛维奇等人对他的意见。

（4）要写信人写一份自传和1917—1921年的履历。

（5）赶快叫人把这封信里**谈到实际问题**的地方全部摘录出来；我要发出去征求意见。

列　宁

载于1933年《列宁文集》俄文版　　　　　　译自《列宁全集》俄文第5版
第23卷　　　　　　　　　　　　　　　　　第53卷第202—203页

384

致叶·扎·沃尔柯夫

1921年9月19日

沃尔柯夫同志：

您的来信已阅。[315]您错了。我们的政策不会破坏同法国的往来(贸易往来)，反而会加速这种往来。

我们**挫败**了法国的干涉计划，赢得了胜利，我们还将赢得更大的胜利。

同法国进行贸易谈判的途径我们是有的。

致共产主义的敬礼！

列　宁

载于1959年《列宁文集》俄文版
第36卷

译自《列宁全集》俄文第5版
第53卷第203页

385

致瓦·弗·古比雪夫

1921年9月19日

古比雪夫同志：

刚才，

鲁特格尔斯、

卡尔弗特、

海伍德

到我这里来过,他们是想承办纳杰日金斯基工厂和库兹涅茨克煤田**一批**企业的美国工人移民团的代表。**316**

他们要求让他们的一名代表(带一名翻译)于星期五亲自到**劳动国防委员会**来。我想,应当答应这一要求。

其次,请您注意下述各项并通知委员会和分组委员会**全体**成员:

(1)按他们的意见,纳杰日金斯基工厂无论在经济上还是在技术上,都与库兹巴斯的一批企业**有关系**,因为它将为这批企业所属农场提供拖拉机,为农民提供拖拉机及其他各种农具,为他们自己在库兹巴斯的企业修理机器,提供通往西伯利亚的水路交通设备,等等。

(2)他们在库兹巴斯承租12 000 **俄亩**土地和**一批**企业,打算建成一个**完整的**大型的经济整体。

(3)他们申请的资金**一共**是30万美元。其他说法都不属实。

(4)此外,还要粮食和衣服,以便**立即**加快必要的建筑工程。他们说,**今年冬天就应开工**,以便在1922年春天以前完成。

(5)他们强调,他们这个工人团体要建立一个坚强的**行政管理机构**;而整个团体(3 000—6 000 工人)都是从**优秀的**工人中选拔出来的,大部分是青年和未婚者,**实际掌握了有关的生产技术**,在与俄国类似的气候条件下(加拿大或美国北部)生活过。

(6)他们希望直属**劳动国防委员会**,成为一种类似由工人联合组成的自治的国营托拉斯企业。

顺便说一件事。他们说,在这里的"侨民会馆"里住着200名美国林业工人。他们大部分没有工作。都想找工作。说请立即从他们中派30人到纳杰日金斯基工厂,15人到库兹巴斯,给他们配备足够的用品、食物,这样他们马上就能开始建造木屋。(然后200人全去。)他们恳请赶紧派这些人去。

据说,乌拉尔工业局的格尔贝克(? 我听不准他们的英语发音)口头上表示同意他们的计划,而西伯利亚方面(西伯利亚工业局)也书面表示过同意。

他们将录用10%—15%讲俄语的工人。也可能更多一些。

以上这些请予考虑。

劳动国防委员会主席
弗·乌里扬诺夫(列宁)

载于1933年《列宁文集》俄文版　　　　　译自《列宁全集》俄文第5版
第23卷　　　　　　　　　　　　　　　第53卷第203—205页

386

致伊·伊·米罗什尼科夫

(9月19日)

致米罗什尼科夫同志
抄送:哥尔布诺夫同志

有人告诉我,9月20、21、22日三天电梯停开。

这太不像话了。有一些人患心脏病,步行上楼对他们是有害的和危险的。我叮嘱过一千遍了,要求指定专人管好电梯。

现在对您提出严重警告。责成您查明没有及时防止事故的失职人员;请您再次将负责人员的名单告诉我,并告诉我处分他们的办法。

人民委员会主席

弗·乌里扬诺夫(列宁)

载于1933年《列宁文集》俄文版　　　　译自《列宁全集》俄文第5版
第23卷　　　　　　　　　　　　　　第53卷第205页

387

给各省执行委员会的电报

(9月19日和21日之间)

致各省执行委员会

抄送:铁路各区局和路局局长

铁路面临运输大量粮食的任务,但却缺乏能用的车皮。由于缺乏材料和因粮食困难而造成的生产率下降,车辆检修工作很不顺利。

劳动国防委员会为检修车辆已拨出66 000普特粮食用做每月的实物奖励,这定将有利于生产率的提高,但是材料、熟练工人及其他生产资料的短缺又给抓紧车辆检修工作造成了困难。

因此,各地方机关要用一切可行的办法给铁路以最有力的支援。在有可能的地方,这种支援应采取以下形式:地方出资金来组织车辆检修工作;供给铁路以材料,主要是铁皮、外壳板、钉子、螺栓、垫衬材料等;凡中央拨给的粮食尚未运到的地方,应加快运到;妥善解决住房问题;为拆卸车辆提供劳动力——总之,按照铁路管理机关提出的请求给予一切支援。命令各省执行委员会派代表到各铁路局同铁路管理机关议定支援检修车辆的具体措施。

铁路管理机关在同地方当局协商后要把协商结果和地方当局准备给予何种形式的支援电告交通总管理局。

货运车皮情况非常严重,只有齐心协力进行工作才能提高车辆的完好率,从而减轻国家严重的粮食困难。

责成各省执行委员会主席亲自负责认真地、坚决地完成任务并报告完成情况。

劳动国防委员会主席　　列宁①

载于1933年《列宁文集》俄文版第23卷

译自《列宁全集》俄文第5版第53卷第207—208页

---

① 签署该电的还有副粮食人民委员尼·巴·布留哈诺夫和交通人民委员费·埃·捷尔任斯基。——俄文版编者注

388

致尼·彼·哥尔布诺夫

1921 年 9 月 20 日

哥尔布诺夫同志:

请您派人收集下列书籍:

(1)**除**《电气化计划》一书**以外**的**全部**有关电气化的俄文书籍。

克尔日扎诺夫斯基和拉姆津在彼得格勒的报告。——库什涅尔的小册子。——其他一些关于电气化的小册子,如**弗拉基米尔**省执行委员会出版的关于电气化的小册子**和各地出版的其他**有关电气化的小册子。

(2)关于各国电气化状况和电气化的任务等等的德文新书(1915—1921 年)(通过克尔日扎诺夫斯基等人)。

请在一两周内替我弄到所有这些书,供伊·伊·斯克沃尔佐夫(斯捷潘诺夫)使用两个月。[317]

致共产主义的敬礼!

列　宁

载于1933 年《列宁文集》俄文版
第 23 卷

译自《列宁全集》俄文第 5 版
第 53 卷第 205—206 页

389

致弗·维·阿多拉茨基

(9月20日)

阿多拉茨基同志：

您能否帮我找到下面两件材料：

(1)恩格斯的一篇文章(也可能是小册子中的一段？或者是一封信？)，在文中他以1648年和1789年的经验为依据谈到，看来存在着一条规律，它要求革命**比它能够达到的目标走得更远些**，以便巩固并不那样大的变革。

我记得，这篇文章刊登在1908—1912年时期我们在国外的布尔什维克报纸上(《无产者报》?)，但记不清了**318**。

(2)恩格斯1853年4月12日给魏德迈的信。① 如蒙指点，非常感谢。

您的　列宁

载于1933年《列宁文集》俄文版
第23卷

译自《列宁全集》俄文第5版
第53卷第206页

---

① 见《马克思恩格斯文集》第10卷第109—111页。——编者注

390

致俄共(布)中央政治局委员

(9月20日)

今天,季诺维也夫来电话说,在彼得格勒发生了严重的党内冲突,后果之一就是在季诺维也夫和科马罗夫这两位中央委员之间形成了隔阂。

季诺维也夫请求今天就把两名中央委员(季诺维也夫和科马罗夫)和两名候补委员(乌格拉诺夫和米柳亭)召回莫斯科,以便进行同志式的商谈。

政治局委员表决:

列宁:

同意。[319]

译自《列宁全集》俄文第5版
第53卷第206—207页

391

致瓦·瓦·佛敏、尼·巴·布留哈诺夫和
费利克斯·柯恩

(9月22日)

致佛敏、布留哈诺夫和费利克斯·柯恩同志

根据今年9月21日政治局决定[320],请在费利克斯·柯恩同志参加下召开一次交通人民委员部和粮食人民委员部代表的会议,研究给乌克兰增加车皮数量和有无可能增加存放粮食的库房的问题。

将会议结果向我作书面报告并抄报中央书记处。

劳动国防委员会主席

载于1933年《列宁文集》俄文版
第23卷

译自《列宁全集》俄文第5版
第53卷第207页

392

致俄共(布)中央组织局

(9月22日)

致中央组织局

我本人很早就认识沙波瓦洛夫同志,那还是在 19 世纪末流放时期和 20 世纪初侨居国外时期。我证明,他是党的优秀的老战士中的十分忠诚正直的一员。因此,对他提出的允许他到国外治疗并为对外贸易人民委员部工作的要求,我认为应该予以支持。

弗·乌里扬诺夫(列宁)

9 月 22 日

载于 1960 年《苏共历史问题》杂志
第 2 期

译自《列宁全集》俄文第 5 版
第 53 卷第 209 页

393

致维·鲁·明仁斯基

1921 年 9 月 22 日

明仁斯基同志:

阿列克谢·马克西莫维奇请求让格尔热宾的家属出国。据格尔热宾说他**本人**有权现在出国。

这究竟是怎么回事?

既然本人能出国,为什么家属不能出国呢?这是怎么回事?

恳请您亲自彻底查清此事,看看是否有差错,并望尽快答复我。[321]

致共产主义的敬礼!

列　宁

译自《列宁文集》俄文版第 38 卷
第 393 页

394

致瓦·亚·阿瓦涅索夫

(9 月 23 日)

工农检查院　阿瓦涅索夫同志

关于卡希拉工程供应工作中的拖拉现象

随信转上卡希拉工程局的三件公函。劳动国防委员会几乎每天都收到该工程局上告粮食供应拖拉和中断的信件。卡希拉工程建设者们的很大一部分精力没有用到本职工作上,而是用到为获得粮食进行的斗争上。这种情况必须结束。由于卡希拉工程所处的特殊地位,这是完全可以办到的,即使在我们现在的粮食状况下也可以办到。

命令您指派一名负责工作人员,委托他迅速查明卡希拉工程的供应情况和供应方式、造成拖拉现象的责任者,查办失职人员,如有必要,则拟订一项劳动国防委员会关于调整卡希拉工程供应办法的决定草案。[322]

　　　　　　　　　　　　　　劳动国防委员会主席

载于1933年《列宁文集》俄文版　　　　译自《列宁全集》俄文第5版
第23卷　　　　　　　　　　　　　　　第53卷第209—210页

395

☆致尼·彼·哥尔布诺夫[323]

(9月23日)

　　紧急,重要。请与斯米尔加和**奥尔忠尼启则**(趁他在这儿)协商,并注意督促迅速**作出决定**。

　　　　　　　　　　　　　　　　　列　宁

　　　　　　　　　　　　　　　　　9月23日

载于1933年《列宁文集》俄文版　　　　译自《列宁全集》俄文第5版
第23卷　　　　　　　　　　　　　　　第53卷第210页

396

致尼·彼·哥尔布诺夫

1921年9月23日

哥尔布诺夫同志：

请阅此件并转交克拉西科夫。收到答复后请告诉我(要快)。[324]

列　宁

载于1933年《列宁文集》俄文版
第23卷

译自《列宁全集》俄文第5版
第53卷第210页

397

致格·康·奥尔忠尼启则

(9月23日)

急(通过斯大林)

致奥尔忠尼启则同志

请注意此事。要在您离开之前正式结束，在**委员会通过**后由**劳动国防委员会**作出决定。请速办。[325]

列　宁

9月23日

载于1959年《列宁文集》俄文版
第36卷

译自《列宁全集》俄文第5版
第53卷第211页

398

致达·波·梁赞诺夫

(9月23日)

梁赞诺夫同志:我**非常**支持阿多拉茨基同志的请求。他已做了不少有益的工作。[326]把马克思和恩格斯的**全部**书信都收集起来是件重要的事情,您做这件事能比别人做得更好。

致共产主义的敬礼!

列　宁

发往柏林

载于1959年《列宁文集》俄文版
第36卷

译自《列宁全集》俄文第5版
第53卷第211页

399

致维·米·莫洛托夫

9月23日

莫洛托夫同志:

现将此件[327]送交政治局委员们**一阅**。

请送还。

应赶快表决一件事:是否允许托姆斯基前来莫斯科。

我赞成。(否则"羊"和他的其他问题都会纠缠在一起。)(趁越飞在那里,托姆斯基可来一趟,再回去。)

中央委员会如果反对,那我只好成立一个"关于羊"的委员会了。

致共产主义的敬礼!

列　宁

译自《列宁文集》俄文版第38卷
第394页

400

致泥炭水力开采管理局国外订货
柏林临时委员会委员[328]

(9月24日)

请你们在执行任务时要特别认真,务必在1922年2月1日以前在柏林把事情全部办妥,并且**一定**要在1922年3月1日以前把货物全部运抵莫斯科。工作汇报要简短,但要按时,要每月都进行。技术检查由委员会负责。如有必要,我们将发给奖金。**不要疏忽大意**,在这件事上疏忽大意已经不止一次了。

列　宁

载于1933年《列宁文集》俄文版
第23卷

译自《列宁全集》俄文第5版
第53卷第211—212页

401

致格·叶·季诺维也夫

致季诺维也夫同志

抄送：拉狄克

拉科西

《真理报》秘书

1921年9月24日

《真理报》开始刊登国外工人募捐赈济俄国饥民的综合报道。[329]

我们需要的**不是**这种报道。因为这是编**故事**。而我们既没有纸张印、也没有时间读这类"故事"。这样的东西毫无用处。

需要的倒是每月刊登两次下面这样的简表：

德　国——1 000万马克＝约（　　）金卢布

奥地利——1 000万克朗＝约（　　）金卢布

　总 计　—　—　—　约（　　）金卢布

用20—30行，每月这样登两次。

不要多。

这样，并且只有这样，才是我们所需要的。**总计要用金卢布计**

算。此事务请您办到并给我回信。

致共产主义的敬礼！

弗·乌里扬诺夫（列宁）

载于1933年《列宁文集》俄文版
第23卷

译自《列宁全集》俄文第5版
第53卷第212页

402

给伊·尼·斯米尔诺夫的电报

（9月24日）

新尼古拉耶夫斯克　　西伯利亚革命委员会

斯米尔诺夫

　　尽管承认勒拿采金工业公司是重点，尽管各中央部门已尽了一切努力在勒拿河短短的通航期间保证供应该地区生产所需的一切物品，但由您负责的各机关在这件事上并未表现出应有的干劲和提供应有的支持。经常收到一些报告，反映遇到了各式各样的障碍和困难。现在又有报告说，伊尔库茨克省执行委员会已命令从船上丢下勒拿采金工业公司的货物，其中有防寒工作服和生产器材，而让开往雅库茨克的波隆金的部队上船。丢下的货物有在途中冻结的危险。命令你们迅速采取措施运送上述货物并追究失职人员的责任。请报告执行情况。

劳动国防委员会主席　**列宁**①

载于1933年出版的瓦·瓦·佛敏　　　　　译自《列宁全集》俄文第5版
《列宁与运输》一书　　　　　　　　　　第53卷第213页

403

致格·康·奥尔忠尼启则

致谢尔戈（奥尔忠尼启则）同志

抄送：拉德琴柯

弗鲁姆金

阿瓦涅索夫

1921年9月26日

国营阿塞拜疆石油工业联合公司因粮食和其他物品的供应没有保障而提出绝对必须保留在一定条件下独立进行对外贸易的权利，有鉴于此，

请您召集下列同志举行紧急会议：

伊·伊·拉德琴柯

斯米尔加

弗鲁姆金

阿瓦涅索夫（或他全权委托的人）。

---

① 签署该电的还有最高国民经济委员会副主席伊·捷·斯米尔加。——俄文版编者注

把会议的结果写成具体的建议于 9 月 30 日(星期五)上报**劳动国防委员会**。[330]

劳动国防委员会主席
弗·乌里扬诺夫(列宁)

载于 1933 年《列宁文集》俄文版
第 23 卷

译自《列宁全集》俄文第 5 版
第 53 卷第 213—214 页

404

给纳·纳·纳里曼诺夫的电报

密码

1921 年 9 月 26 日

巴 库
纳里曼诺夫

未经区域对外贸易人民委员部同意和俄共中央批准,无论如何不得与德国人或其他任何人签订对外贸易合同。收到此电后请复电并告执行情况,然后函告全部详情。

列 宁[①]

载于 1945 年《列宁文集》俄文版
第 35 卷

译自《列宁全集》俄文第 5 版
第 53 卷第 214 页

---

① 签署该电的还有约·维·斯大林(由列宁代笔)。——俄文版编者注

405

致瓦·萨·多夫加列夫斯基

（9月26日）

多夫加列夫斯基同志：

通往哈尔科夫的电话线路又出了毛病，而不久以前还是通畅的。我感到奇怪，必须由我不断过问，才能使已经调好的电话保持正常工作，光有邮电人民委员还不行。

我要求每天有专人负责检查通往哈尔科夫的电话线路，请把他的姓名用正式公文通知我，并且要预先提醒他，每出一次故障我都要严加惩处。

人民委员会主席

弗·乌里扬诺夫（列宁）

载于1933年《列宁文集》俄文版第23卷　　　　译自《列宁全集》俄文第5版第53卷第215页

406

致尼·彼·哥尔布诺夫

1921年9月26日

哥尔布诺夫同志：

报上登出了有关**工业企业农场总管理局**展览会[331]和该局工

作汇报的文章,为此,请您**赶快**收集**正式的**补充材料。

我需要知道,**现在**有哪些东西(工作汇报、材料等等),在什么地方。

(a)在工业企业农场总管理局

有工作汇报(1921年上半年的)吗?

(据9月22日《经济生活报》)

还有什么呢?月份汇报?

季度汇报?

(b)在最高国民经济委员会是否也有同样的汇报?

(c)在中央统计局呢?

(d)在工农检查院呢?

(e)还有,在莫斯科苏维埃呢?

在彼得格勒苏维埃呢?

请用电话,用书面记录通知(以便**有据可查**)向这些地方(或许还有其他机关)查询,让他们**今天就**答复,**他们那里有什么材料**。

请将结果于3点45分告诉我。

劳动国防委员会主席

弗·乌里扬诺夫(列宁)

载于1933年《列宁文集》俄文版
第23卷

译自《列宁全集》俄文第5版
第53卷第215—216页

407

致卡·伯·拉狄克

(9月26日)

拉狄克同志:

非常感谢您送来的材料。现奉还。我还谈不出自己的看法,因为我对情况不明。要作出判断,您标出的和我读到的材料是远远不够的。

顺便谈一件事。如果见到杰纳利,请向他表示感谢,感谢他1921年9月18日写的那封"给共产国际执行委员会委员同志们"的信。

清楚,准确,而且**极**有说服力。

塞拉蒂这个人兼有市侩的懦弱和政客的奸诈。如果杰纳利和其他同志——当然,您和季诺维也夫在内——认为我在报刊上重申这一看法有好处,**我愿意这样做**,那么就让杰纳利把《前进报》上塞拉蒂那篇文章的**原文**寄给我,我要用给他写信的方式写20行字发表。不过,这样做未必值得。

您的　**列宁**

载于1959年《列宁文集》俄文版
第36卷

译自《列宁全集》俄文第5版
第53卷第216页

408

在达·波·梁赞诺夫来信上写的批语

(9月26日)

致列宁同志

布哈林同志①

决定增拨
75 000。³³²

　　我已从维也纳电告,我能够买下绿山城图书馆和毛特内尔图书馆。前者是社会主义史文献的最丰富的收藏地。除杂志外,还藏有几乎全部石印文献、许多珍本书和极好的全套空想主义作品。

列　宁

9月26日

　　关于后一图书馆,我没有什么要告诉您的。您对它很熟悉。这是世界上唯一的孤本书收藏地。它对研究马克思主义来说是无可替代的。除各种书籍外,还藏有大批版画和肖像、各革命时期的钱币和大量手稿。

　　……

　　如果我们买下这两个图书馆,那我们在莫斯科就会拥有世界上最好的社会主义文献图书馆了……

梁赞诺夫

译自《列宁文集》俄文版第37卷
第324页

---

① 着重线是列宁画的。——俄文版编者注

409

致伊·卡·叶若夫

1921年9月27日

致最高国民经济委员会
中央供给管理局局长**叶若夫**同志

叶若夫同志：关于仓库问题的文件已收悉。

关于移交给最高国民经济委员会的问题现在已经决定。[333]

望**简要**而明确地告知：在仓库管理方面是否**真正**得到了某些改进，该仓库以及其他仓库是如何同盗窃行为进行斗争的。

在拖拉问题上我也不能不怪您。您说"我们叫喊了三年"，"我差不多有十次把事情**好像**都做到底了"。可是问题正好在于您**每一次**都是"好像"把事情做**到底**了。

俄罗斯联邦宪法和俄共党章您是知道的。做到底就是向全俄中央执行委员会例会报告(如果不是在苏维埃代表大会期间)。在党内是向中央全会报告。

您一次也没有把事情做到底。

(1)给中央委员会委员或全俄中央执行委员会主席团委员写简短的、"电报式的"、但明确具体的报告；

(2)给报刊写文章；

(3)发挥当地的或邻近的俄国共产党支部的主动性，征求它们的意见，由它们向莫斯科苏维埃提出质询，

——这就是同拖拉作风进行斗争所必须采取的**三项**措施。

不用说,这种斗争是困难的。

但是困难并不等于不可能。

您泄了气,没有进行斗争,没有用尽一切斗争手段。

仓库工作要求同拖拉作风进行极坚决的斗争,要求"从下面"、"由下面"来进行检查,要求在报纸上公布,要求反复不断地检查,等等。

希望您这次得到严重的、惨痛的、却是有益的教训之后,能够切实去同拖拉作风作斗争,真正把事情做"到底"。

应该时常了解这一斗争的结果。

致共产主义的敬礼!

列　宁

附言:除关于斗争(反拖拉作风的斗争)进程的**短**而又短的报告以外,您是否可以设法送来关于您的机关人员的**简短**报告(工作人员的数目,其中共产党员有多少,各种干部,如负责干部、单纯办事人员、文牍处理人员等等,各有多少)和您的**简单的**工作计划。

请写得简短些,采用电报文体,必要的话可以另加附件。写长了我根本不看,一定不看。

如果有**具体**建议,可以写在另一张纸上,要**像电报**那样极其简短,并附一份副本给秘书。

列　宁

载于1927年2月6日《真理报》第30号

译自《列宁全集》俄文第5版第53卷第217—218页

410

给路·卡·马尔滕斯的电报

(9月27日)

叶卡捷琳堡

　　请发电报转告在下塔吉尔的马尔滕斯说:鲁特格尔斯再三要求对把库兹巴斯的一部分和纳杰日金斯基工厂移交美国工人团体一事迅速作出决定,所以如此急迫,是因为该团体代表卡尔弗特必须立即返美。由于您曾请求等您到来之后再作决定,我感到很为难,因为我不愿撇开您而作出决定。请告知:第一,您何时能到莫斯科;第二,您估计鲁特格尔斯这么着急主要是什么原因,您认为真的需要立即作出决定而绝对不能推迟吗?还是说您主张坚持鲁特格尔斯等您到来?鲁特格尔斯声称您是同意他的,这同您在电报中说的相反。

劳动国防委员会主席　列宁

载于1933年《列宁文集》俄文版第23卷　　　　　　译自《列宁全集》俄文第5版第53卷第218页

411

关于组织运送木柴三周突击运动的
电报草稿和给秘书的指示[334]

(9 月 27 日)

各边疆区、省及县经济委员会，

各州、省及县党委，

各省、县执行委员会，各省及各铁路木柴

采委会及各铁路局长

从森林外运木柴的季节快要结束了。两三周后就要进入秋季泥泞时期，届时道路难于通行，已采购的燃料将无法再运出森林，直至能够通行雪橇时为止。然而，各铁路沿线现存木柴的数量和林业总委员会预计在剩下的短暂的运输期间能运出的木柴数量，完全不能保证运输部门正常工作的需要。最重要的铁路线有完全停运的危险。

为了防止运输业可能发生的灾难，劳动国防委员会命令从 10 月 1 日起开展运送燃料三周突击运动，在此期间动员一切人力物力把燃料运至各铁路沿线，把这项工作置于与征收粮食税同等重要的地位。

立即召开有铁路代表参加的经济会议，以便采取一切措施做到最大限度地超额运出木柴，力争运出量比原定任务增加一倍，饲料粮要严格按照同时发出的运货单拨给,决不容许与运货单不符。采取了哪些措施要速报劳动国防委员会。

　　处境最为困难的铁路线有:喀山、西北、西南、基辅—沃罗涅日、尼古拉耶夫铁路和西伯利亚各铁路。因此,这些主要铁路线经过的各省要全力以赴,调动一切人力物力争取最好的成绩。

　　兹宣布:省执行委员会主席、省木柴采委会主席和省肃反委员会主席作为党和苏维埃的工作人员都要对是否大力完成这项任务负个人责任。

劳动国防委员会主席

弗·乌里扬诺夫(列宁)①

　　建议立即通过电话进行磋商,以便明天(9月28日)就能由政治局和全俄中央执行委员会主席团用电话表决的方式通过。

列　宁

9月27日

载于1933年《列宁文集》俄文版
第23卷

译自《列宁全集》俄文第5版
第53卷第219—220页

---

① 签署该电的还有全俄中央执行委员会主席米·伊·加里宁和俄共(布)中央委员会书记维·米·莫洛托夫。——俄文版编者注

412

致尼·彼·哥尔布诺夫[335]

(9月27日)

哥尔布诺夫同志:

(1)写信人**到此后**,请打电话和他联系(他在彼得格勒;通过加里宁打听地址或通知他来)。

(2)问他能否给《**真理报**》写篇短评。

(3)如果他不能写,就应当利用这封信,搞个摘录(关于电犁的)交给《**真理报**》。

(4)给他找到他要的材料(以**正式手续**向奥新斯基、工业企业农场总管理局和**其他**机关索取)。

(5)顺便提一下:请见见**斯琼克尔**,检查一下(认真些,仔细些)电犁的事进行得怎样了。

列　宁

载于1933年《列宁文集》俄文版
第23卷

译自《列宁全集》俄文第5版
第53卷第220页

413

致莫·伊·弗鲁姆金

1921年9月27日

弗鲁姆金同志:

请于**明天**下午1时以前答复我:

(1)部务委员会是否讨论了9月6日批准的法令?什么时候讨论的?请把记录摘要送给我;

(2)是谁把法令提交人民委员会的?

(3)为什么没有提交政治局?**336**

人民委员会主席

弗·乌里扬诺夫(列宁)

载于1933年《列宁文集》俄文版
第23卷

译自《列宁全集》俄文第5版
第53卷第221页

414

致约·维·斯大林**337**

(9月27日)

斯大林同志:

送上"军务文件"一份。

应在9月29日提交政治局。或者赶紧通过电话加以否决?

列　宁

附言:**给您**送去《关于工农检查院问题》一信。待您阅后我们再谈。

载于1945年《列宁文集》俄文版第35卷

译自《列宁全集》俄文第5版第53卷第221页

415

致伊·捷·斯米尔加[338]

(9月27日)

斯米尔加同志:

您的意见怎样?我们谈过的事您完成了吗?

究竟完成了什么?怎样完成的?

列　宁

9月27日

译自《列宁全集》俄文第5版第53卷第222页

416

致格·康·奥尔忠尼启则

1921年9月28日

奥尔忠尼启则同志：

请您同劳动国防委员会机关报《经济生活报》编辑克鲁敏同志**商定**如何在高加索组织人写通讯的问题：

(1)定期的，

(2)不定期的，**特别是**工农写的。

劳动国防委员会主席

弗·乌里扬诺夫（列宁）

载于1959年《列宁文集》俄文版 第36卷

译自《列宁全集》俄文第5版 第53卷第222页

417

致尼·彼·哥尔布诺夫

1921年9月28日

哥尔布诺夫同志：

克鲁敏同志不得不**暂时**停止他的剪报组的工作。

然而，《经济生活报》的剪报（一份存《经济生活报》，一份给劳

动国防委员会)却正好是必不可少的。

请您和克鲁敏同志商定,这项工作或是在您对我讲过的那个单位**进行**,或是在别处进行。

劳动国防委员会主席

弗·乌里扬诺夫(列宁)

载于1959年《列宁文集》俄文版
第36卷

译自《列宁全集》俄文第5版
第53卷第222—223页

418

就答复格·叶·季诺维也夫的来电一事
给俄共(布)中央的建议

(9月29日)

建议用电话答复:"不同意您的意见。信今天发出。"**339**

列　宁①

译自《列宁全集》俄文第5版
第53卷第223页

---

① 签署该文献的还有约·维·斯大林(由列宁代笔)和维·米·莫洛托夫。——俄文版编者注

419

致格·叶·季诺维也夫

(9月29日)

季诺维也夫同志：我们三人(莫洛托夫、斯大林和我)，作为中央委员会选出的专门委员会，讨论了您的来信。

我们仍然不能同意您的意见。

莫斯科出现过重大的原则分歧，出现过"工人反对派"，党的代表大会曾谴责它是一种"倾向"，这种倾向不仅是莫斯科的，而且是全俄罗斯的，由来已久的。

彼得格勒并没有任何原则分歧，甚至连对那种倾向的倾向都没有。科马罗夫没有，乌格拉诺夫也没有，他们在俄共第十次代表大会上和五金工人代表大会上都是最可靠的同志。这些同志不会突然地陷入某种倾向。我们没有看到任何一点点事实能证明有这样的事。

有的是多数人想成为多数并取代另一批人的合理愿望(而您正是通过这一批人来"管理"另一批人)。人们成熟了，就这一点而言，他们的愿望也是合理的。

不应当借口"原则分歧"说他们有倾向。应当谨慎地进行**思想领导**，**真正**使新的多数成为多数并进行**管理**。我们相信，只要有这种愿望，您完全能达到这种目的，至于"那批老人"，您可以帮助他们转到另一个城市去,重新振奋精神。

列　宁①

发往彼得格勒

译自《列宁全集》俄文第5版
第53卷第223—224页

420

致尼·彼·哥尔布诺夫

1921年9月29日

哥尔布诺夫同志:

　　附上的文件中所说的事无疑是重要的。

　　工业企业农场总管理局下属的一些国营农场的工作堪称典范,我认为这已由我们的报刊充分说明并证实了——《消息报》发表了别利亚科夫的文章,《真理报》发表了索斯诺夫斯基的文章,还有其他一些文章和报道。穆拉洛夫同志是内行,他也报道了鲁诺夫同志所主持的出色的工作。为建设真正无产阶级的农业所取得的这种成就,原则意义是极大的。

　　它的实践意义,如果不是**更大**,也不会更小。

　　因此,请您以最快的速度抓紧此事,今天为小人民委员会作准备(现款),明天为**劳动国防委员会**作准备(列入日程,打电话进行

---

①　签署该文献的还有约·维·斯大林和维·米·莫洛托夫。——俄文版编者注

必要的查询等等)。**340**

人民委员会主席

弗·乌里扬诺夫(列宁)

附言：如果没有别的办法，就应当借给他们所申请的款子(**按最大的数目**)，**借期一年**。这些人是配受一千倍信任的。

列　宁

载于1933年《列宁文集》俄文版　　　　　　译自《列宁全集》俄文第5版
第23卷　　　　　　　　　　　　　　　　第53卷第224—225页

421

致阿·萨·叶努基泽

1921年9月29日

叶努基泽同志：

　　格·德·瞿鲁巴同志要我提醒您，您答应过他通过全俄中央执行委员会主席团把关押在图拉省肃反委员会的尼古拉·列昂尼多维奇·**卡列耶夫**调往卡希拉工程担任农学专家的工作。**341**

您的　**列宁**

载于1933年《列宁文集》俄文版　　　　　　译自《列宁全集》俄文第5版
第23卷　　　　　　　　　　　　　　　　第53卷第225页

422

致尼·彼·哥尔布诺夫

1921年9月29日

哥尔布诺夫同志:

应当把卡拉布加兹湾的情况搞清楚。如果太忙,可以拖几天,但不能拖得太久。

拉齐斯在9月29日《真理报》上又谈到了"金窖"。[342]请向人民委员会秘书处索取我不久前同伊帕季耶夫教授(最高国民经济委员会会务委员)的通信[①],他是我们化学工业的专家和首脑。

他回答我说:现在不能开采。

是盐业总管理局错了,还是谁错了?

是否把盐业总管理局的资料拿来,看看可靠性如何,或者有什么别的办法?

弄清后请告诉我。

列　宁

载于1933年《列宁文集》俄文版
第23卷

译自《列宁全集》俄文第5版
第53卷第225—226页

---

① 见本卷第235号文献。——编者注

423

致尼·彼·哥尔布诺夫

1921年9月30日

哥尔布诺夫同志：

我(好像是经斯莫尔亚尼诺夫)给各省电力局发过电报①，要求他们在派出全俄电气技术人员代表大会代表的同时必须送来俄国**所有**电站的**统计材料**。

您一定要找到一份副本，**趁电气技术人员代表大会召开之际**一丝不苟地、有凭有据地检查一下执行情况。

要**力争**完成这项工作，因为这个问题既有重大的经济意义，又有重大的政治意义。

如有必要，可以向大会代表发**调查表**，不填好**不让回去**。

要力争完成这项工作，调查清楚；要认真检查，决不轻信！[343]

列　宁

载于1933年《列宁文集》俄文版第23卷

译自《列宁全集》俄文第5版第53卷第226页

---

① 见本卷第242号文献。——编者注

424

给尼·彼·哥尔布诺夫的指示和
给卡·克·达尼舍夫斯基、维·米·
莫洛托夫及阿·谢·基谢廖夫的信

1921年9月30日

哥尔布诺夫同志：

请把此信抄送：

(1)达尼舍夫斯基同志(林业总委员会)和

(2)中央委员会书记莫洛托夫同志

(3)小人民委员会主席基谢廖夫同志。

中央委员会决定派出**15名**负责工作人员参加运送燃料(确切地说：木柴)三周突击运动的工作。①

我恳请承担这项极为重要的工作的同志特别注意下述各点：

(1)检查各地的**汇报工作**(关于木柴采购、运出和运至各铁路车站的情况)做得如何。

情况不好。**劳动国防委员会**看到了这一点，可是不知道该怎样帮助。**从下面**就地观察问题的同志如果在当地仔细**研究**了情况，那么对事情可能会大有帮助。

(2)盗窃的手段。

盗窃木柴之风盛行(这在一个经济崩溃、气候寒冷的农民国家

---

① 见本卷第411号文献。——编者注

里是可以理解的)。官僚主义者和承包人常常掩盖盗窃行为并"巧妙地"进行监守自盗。

从下面更细致地研究欺骗**手法**(记账、开单据等等方面的)是极其重要的。**劳动国防委员会**非常需要这种材料。

务请前去的 15 名同志都阅读此信,然后给我写封简短的回信;如有必要,**不妨**在地方上多留一周,以便详细地研究情况。[344]

致共产主义的敬礼!

劳动国防委员会主席　**列宁**

载于 1933 年《列宁文集》俄文版
第 23 卷

译自《列宁全集》俄文第 5 版
第 53 卷第 227 页

425

致最高国民经济委员会主席团

(9 月 30 日)

请你们报一个材料来,说明每个总管理局有多少个联营企业、托拉斯和联合公司,有多少个自治企业。

列出每个联合公司、联营企业的名称,注明每个联营企业包括的企业数目以及在下列单位各有多少工程师和技术员:

(1)总管理局、联营企业、托拉斯和联合公司(分别写);

(2)各企业(总计)。

材料要在今年 10 月 2 日以前送来。

如果联营企业、托拉斯和联合公司还没有最后划定,就把设想的单子送来。

人民委员会主席

弗·乌里扬诺夫(列宁)

载于1933年《列宁文集》俄文版
第23卷

译自《列宁全集》俄文第5版
第53卷第228页

426

致外文图书委员会[345]

(9月30日)

外文图书委员会

从外文图书委员会的报告可以看出,它目前实际上还什么工作也没有做。

外文图书委员会应给自己确定的主要任务是:尽力使1914—1921年间国外出版的最新的科学技术(化学、物理学、电工学、医学、统计学、经济学等等)杂志和书籍在莫斯科、彼得格勒和共和国各大城市的专业图书馆里都备有一份,并做到按时收到一切期刊。在评价外文图书委员会全部工作的时候,我首先要看是否真正完成了这项任务。

此外:

(1)报告谈到,外文图书委员会曾作出决定:由各主管部门将此项经费全部转拨给外文图书委员会。这个决定执行了吗？从每个主管部门得到了多少经费？

（2）报告第3页上说："在科学技术书籍箱子里发现了很多绝非重要或出色的东西——如小说和精美昂贵的艺术出版物，不知是为谁（为哪些人）买来供个人使用的。"

这真是前所未闻的胡作非为和犯罪。外文图书委员会为惩办失职人员做了哪些工作？请立即把失职人员的姓名以及他们受到了什么处分告诉我。

人民委员会主席
弗·乌里扬诺夫（列宁）

载于1933年《列宁文集》俄文版第23卷

译自《列宁全集》俄文第5版第53卷第228—229页

427

给伊·捷·斯米尔加的电话稿

（9月30日）

燃料总委员会　斯米尔加同志

抄送：最高国民经济委员会金属局切尔诺夫同志

命令你们火速向科洛姆纳厂供应焦炭，以便完成卡希拉工程的紧急订货。

　　请电告执行情况。

人民委员会主席　**列宁**

载于1933年《列宁文集》俄文版
第23卷

译自《列宁全集》俄文第5版
第53卷第229页

428

致彼·阿·克拉西科夫

（9月30日）

致副司法人民委员克拉西科夫同志

　　我于9月3日给库尔斯基同志、他的副手和全体部务委员发去第809号信件①，要求他们务必于今年的秋季和1921—1922年间的冬季在莫斯科审理4—6起莫斯科的拖拉案件，要选择"比较引人注目的"事件，使每次审判成为有政治影响的事件。

　　现将中央消费合作总社赈济饥民特别委员会主席欣丘克同志的报告寄给您。他在报告中指出，中央消费合作总社采购种子的任务正是由于一些中央机关的拖拉而没有完成。这件事是相当"引人注目的"。建议派人调查。把调查结果每周写一份书面报告交哥尔布诺夫同志转我。

人民委员会主席
弗·乌里扬诺夫（列宁）

---

　　① 见本卷第302号文献。——编者注

附言:关于被指派的(确切些说,您准备指派的)调查组成员(或其中个别人),请事先同哥尔布诺夫同志商定。

列　宁

载于1933年《列宁文集》俄文版
第23卷

译自《列宁全集》俄文第5版
第53卷第230页

429

给乌拉尔经济委员会的电报

(9月30日)

叶卡捷琳堡　乌拉尔经济委员会　茹柯夫

由于有关马尔滕斯回莫斯科的几条消息相互矛盾,建议立即给他发直达电报,要他证实一下他将在10月15日前到达莫斯科的消息。复电由马尔滕斯和您共同署名,最晚在明天必须发出。

劳动国防委员会主席　列宁

1921年9月30日

于莫斯科克里姆林宫

载于1933年《列宁文集》俄文版
第23卷

译自《列宁全集》俄文第5版
第53卷第230—231页

430

给乌拉尔工业局的电报

（9 月 30 日）

急

叶卡捷琳堡
乌拉尔工业局

劳动国防委员会 9 月 30 日会议决定："立即召马尔滕斯回莫斯科"，撤销以前的决定和电报通知。

特此命令马尔滕斯立即动身并电告动身时间。[346]

劳动国防委员会主席　**列宁**

载于 1933 年《列宁文集》俄文版 第 23 卷

译自《列宁全集》俄文第 5 版 第 53 卷第 231 页

431

致列·达·托洛茨基

1921 年 9 月 30 日

托洛茨基同志：

附上马尔滕斯的电报，务请一阅，阅后连同我的信一并交莫洛托夫同志转全体政治局委员。

我们刚才(晚7时30分)在**劳动国防委员会**决定,不是在10月15日前,而是**立即**(以**劳动国防委员会**名义)召回马尔滕斯。鲁特格尔斯同志在**劳动国防委员会**作了一次"威胁性的"(说轻点)发言,说他们不想等,也不再等了,说我们向怠工的人屈服,"我们不是为了钱"才工作,等等。

鲁特格尔斯的愤懑迫使我们让了步(我们本想等到10月15日——原定马尔滕斯到达的日子)。重要的是请托洛茨基同志**亲自**劝劝鲁特格尔斯:不要走!别着急!等马尔滕斯回来!(我担心鲁特格尔斯周围有些人害怕马尔滕斯的批评,而且这种害怕是有理由的。)

(马尔滕斯认为卡尔弗特不踏实。海伍德不过是个鼓动家、半无政府主义者。鲁特格尔斯是位好同志,宣传家,但未必是一个行政管理人才。整个三人领导班子就是这样。)

列　宁

译自《列宁全集》俄文第5版
第53卷第231—232页

432

给尼·彼·哥尔布诺夫的指示和
给瓦·弗·古比雪夫的信

1921年9月30日

哥尔布诺夫同志:

务请将下面这封信送给**古比雪夫**同志(最高国民经济委员会

主席团委员),和他商量好,把我们的女速记员提供给他,以便他能用电话向她口授。

古比雪夫同志:

您昨天[347]在**劳动国防委员会**看到了鲁特格尔斯对我们、特别是对您是如何指责的。这件事很重要。无疑会在**国际上声张**出去。所以要较详细地**记下**事情经过,**免得**以后**出现**谣言和歪曲。

务请您记下或向我们的女速记员口授(这样可以少耽误您的工作)整个事情的经过,特别是您在电话上对我说的鲁特格尔斯那种不可思议的行为:他很快就改变了条件,等等。

当然,这个材料我们暂时不给任何人看。但为了防备万一,必须立即把它准备好。

这件事也已提交中央委员会。我们必须准确地和全面地把情况报告给中央委员会,也报告给红色工会国际。话务员等事由哥尔布诺夫同志给您安排。

致共产主义的敬礼!

列　宁

译自《列宁全集》俄文第5版
第53卷第232—233页

433

同维·米·莫洛托夫互递的便条

(9月30日以后)

弗·伊·：

　　1.您是否知道托姆斯基同志已抵莫斯科(9月30日)?

　　2.萨法罗夫该乘下一班火车(在托姆斯基之后)启程。

维·莫洛托夫

　　不,我还不知道。

　　应当就全会的所有问题("羊"及其他问题)准备好**双方**的材料**348**。

译自《列宁文集》俄文版第38卷
第395页

434

致格·马·克尔日扎诺夫斯基

(9月底)

致克尔日扎诺夫斯基

请别忘记:

(1)在电气技术人员代表大会上对《电气化计划》(直接地或通

过**权威性的**专门委员会)进行修改和补充,以便**最后**批准。

　　(2)国家计划委员会**制定**本年度**计划**(首先是**主要计划**)的时间表。

　　(有人**攻击**国家计划委员会,说它实际上不想也不会制定计划。)

列　宁

载于 1933 年《列宁文集》俄文版
第 23 卷

译自《列宁全集》俄文第 5 版
第 53 卷第 233 页

435

致莫·伊·弗鲁姆金

(9 月)

致弗鲁姆金

　　(1)以前是多少(多少马铃薯折合 1 普特)?**349**

　　(2)居然**加了税**?

　　(3)加 50％

　　(4)您怎么能擅自**加税**? 也不通过政治局?

载于 1933 年《列宁文集》俄文版
第 23 卷

译自《列宁全集》俄文第 5 版
第 53 卷第 233—234 页

436

致列·达·托洛茨基

（9 月）

现在到处都在、普遍都在叫嚷没有钱。我们可能崩溃。地方上到处都在疯狂地（据说如此）出卖一切东西，把一切能卖或不能卖的东西都拿出去卖。不论是谁、不论是哪里都在叫苦连天。我不知道该怎么办，还要做什么。也许，您可以亲自去一趟普列奥布拉任斯基委员会[350]，或是跟他谈谈？

举个小例子：10 月份鲁希莫维奇能从顿巴斯的一些小租赁者那里弄到 **500 万普特**煤。怎么付款？钱在哪儿？

我们还在耽误时间。做买卖的浪潮比我们有力。**财政委员会**和我们所有的人都在耽误时间。您关于期票的信件刚转给普列奥布拉任斯基同志。

译自《列宁全集》俄文第 5 版
第 53 卷第 234 页

437

致亚·德·瞿鲁巴

（10月1日或2日）

请叫人于明日提出有关马铃薯征购运动的**全部数字和日期**：

莫斯科和彼得格勒等地

剩余数量——征购数量（＋上次征购运动的期限）

交政治局。[351]

载于1945年《列宁文集》俄文版　　　　　　译自《列宁全集》俄文第5版
第35卷　　　　　　　　　　　　　　　　　第53卷第234页

438

致维·米·莫洛托夫

（10月2日）

莫洛托夫同志：

明天应向政治局提出撤销人民委员会9月6日关于提高马铃薯税额的决定（要弗鲁姆金参加）。[352]

列　宁

彼得格勒的事①是怎样同**斯大林**商定的?

译自《列宁全集》俄文第5版
第53卷第235页

439

致尼·彼·哥尔布诺夫

(10月3日)

哥尔布诺夫同志:

俄译文在哪里?**353**请送**劳动国防委员会**和**政治局全体**委员,让每个人都看,看完写上:"**已阅。某某**",然后退还给您。

列 宁

10月3日

载于1933年《列宁文集》俄文版
第23卷

译自《列宁全集》俄文第5版
第53卷第235页

---

① 见本卷第419号文献。——编者注

440

致尼·彼·哥尔布诺夫

1921年10月3日

哥尔布诺夫同志：

请您告诉拉德琴柯同志，我很担心这件事办得不对，我怎么能签署**技术**结论呢？应当送往各主管部门征求同意并**催促**小人民委员会或**劳动国防委员会**通过。我可尽力帮助催促。[354]

列　宁

载于1933年《列宁文集》俄文版第23卷

译自《列宁全集》俄文第5版第53卷第235页

441

致尼·彼·哥尔布诺夫

（10月3日）

哥尔布诺夫同志：

我已询问**波诺马连科**，并正在等待**他的**回答而不是亚·斯米尔诺夫的回答。①

列 宁

10 月 3 日

载于 1933 年《列宁文集》俄文版
第 23 卷

译自《列宁全集》俄文第 5 版
第 53 卷第 236 页

442

致尼·彼·哥尔布诺夫

1921 年 10 月 3 日

哥尔布诺夫同志:

　　东南边疆区经济委员会主席别洛博罗多夫同志带来消息说,情况非常不妙。

　　说**劳动国防委员会**对请示的问题不予回答。

　　对外贸易人民委员部特派员没有权力,其独立性过分受到限制,如此等等。

　　必须把事情弄清楚并向**劳动国防委员会**和**中央委员会**提出一系列解决办法。

　　建议成立一个委员会:

　　斯大林(如果他不能参加,可由中央委员奥尔忠尼启则同志代替),

　　拉德琴柯(副对外贸易人民委员)和**别洛博罗多夫**(通过克里

---

　　① 见本卷第 277 号文献。——编者注

姆林宫**扎卢茨基**找到他),大概这几个人就够了。

请您打电话同斯大林和劳动国防委员会委员们联系,明天(10月4日)把结果告诉我,我好**在明天就**最后签署成立该委员会的命令并规定它的任务。**355**

劳动国防委员会主席　**列宁**

载于1933年《列宁文集》俄文版　　　　　　　译自《列宁全集》俄文第5版
第23卷　　　　　　　　　　　　　　　　第53卷第236页

443

致尼·彼·哥尔布诺夫

1921年10月3日

哥尔布诺夫同志:

请您查明,沙特兰是否已来出席电气技术人员代表大会,另外,

是否正在进行各种努力,

以便迅速、**及时**地成立

一个专门委员会并研究

厄克特承租问题。

因为此事**极为重要**,所以请您**首先**对此事**格外注意**,务必在电气技术人员代表大会结束前**办完**。**356**

列　宁

载于1959年《列宁文集》俄文版　　　　　　　译自《列宁全集》俄文第5版
第36卷　　　　　　　　　　　　　　　　第53卷第237页

444

☆致尼·彼·哥尔布诺夫[357]

(10月3日)

对9月29日收到的来电,为什么您**直到现在**还没把答复、询问或指示送给我签署?

列　宁

10月3日

载于1933年《列宁文集》俄文版
第23卷

译自《列宁全集》俄文第5版
第53卷第237页

445

致伊·尼·斯米尔诺夫

(10月4日)

斯米尔诺夫同志:

(1)为什么您不**更早一些**,即当您刚刚收到有关里杰尔矿情况的质询时(您是什么时候收到的?),把您现在报告的内容写信告诉我?

(2)同样,为什么布雷科夫(或丘茨卡耶夫)也没有这样做?

(3)您想让谁替换多姆年科?

（4）多姆年科是谁委派的？[358]

致共产主义的敬礼！

列　宁

10月4日

译自《列宁全集》俄文第5版
第53卷第237—238页

446

致伊·米·古布金

1921年10月4日

古布金同志：

您9月22日来信我已送给斯米尔加。[①] 斯米尔加需要普列德捷琴斯基。巴库更重要。您只好找个副手了。关于页岩本身获得成功的材料（9月22日信中所述）是否已交报刊发表？请交一般报纸发表并告诉我是在哪几号刊登的。

致共产主义的敬礼！

列　宁

载于1933年《列宁文集》俄文版
第23卷

译自《列宁全集》俄文第5版
第53卷第238页

---

① 见本卷第395号文献。——编者注

447

致阿·谢·基谢廖夫

(10月4日)

致小人民委员会主席基谢廖夫同志

劳动国防委员会9月30日责成小人民委员会经办的事(见劳动国防委员会记录第254号第9项)至今没有完成。[359]甚至尚未听取关于这个问题的报告,也未把这个问题列入议程。

建议立即召开小人民委员会紧急会议,坚决把有关部门找来参加并使问题获得解决。要处分那些没有提出自己意见的部门并把处分情况在报刊上公布。

人民委员会主席

弗·乌里扬诺夫(列宁)

载于1924年2月14日《真理报》
第36号

译自《列宁全集》俄文第5版
第53卷第238—239页

448

查询播种运动进展情况的电报

(10月4日)

电　报　　　　　　　　　　　　　　通令

辛比尔斯克、阿斯特拉罕、察里津、萨拉托夫、

萨马拉、乌法、乌拉尔斯克、维亚特卡

各省播种委员会：马克思施塔特、切博克萨雷、

克拉斯诺科克沙伊斯克、阿斯特拉罕、伊热夫斯克

各州播种委员会：喀山、奥伦堡、斯捷尔利塔马克

农业人民委员部

一个月来，你们没有提供关于播种运动进展情况以及同饥荒作斗争情况的任何消息。农业人民委员部当前主要致力于消除歉收的后果，因而比前几个月更需要你们定期地、尽可能充分地报告你们的工作情况和省内的农业实际情况。因此，我坚决重申历次指示中有关上报情况的期限，命令你们把负责报告的机构提高到应有的水平，并在收到本电后48小时内用电报将以下材料报来，将这作为一项战斗命令来执行：(1)已定的全部秋播面积；(2)秋播地中已播种数量；(3)供春播的耕地中已进行秋翻的数量（俄亩）；(4)凭调拨单从中部地区调进的和通过商品交换得到的种子数量；(5)实际已分配的种子数量；(6)分配办法；(7)为抢救畜牧业采取

了哪些措施,成效如何;(8)为抢修农具采取的措施,收到的效果;(9)已规划的各项公共工程及其实施情况;(10)居民迁移情况;(11)农委状况,它们参加共同工作的情况。请于回电后立即派专人送来全面报告。凡未如期作出答复的省份,其负责的领导人员将受到纪律处分。

对第6—11个问题请打电报给予最简要的答复或告知发出书面答复的准确日期。

国防委员会主席　**列宁**①

载于1933年《列宁文集》俄文版
第23卷

译自《列宁全集》俄文第5版
第53卷第239—240页

449

致叶·阿·普列奥布拉任斯基

（10月4日）

普列奥布拉任斯基同志:

您在全会上也要报告这个问题(10月6日或7日)。能否**明天把提纲、或者最好**是把您的具体建议发给大家?[360]

列　宁

载于1933年《列宁文集》俄文版
第23卷

译自《列宁全集》俄文第5版
第53卷第240页

---

① 签署该电的还有副农业人民委员恩·奥新斯基。——俄文版编者注

450

给亚·格·别洛博罗多夫的电话稿

(10月4日)

致别洛博罗多夫同志

抄送:谢尔戈(奥尔忠尼启则)同志、拉德琴柯同志、

斯米尔加同志和安德列耶夫同志(全俄工会中央理事会)

东南边疆区经济委员会提出报告说,东南边疆区对外贸易人民委员部特派员没有足够的权力,其独立性过分受到限制,等等,因此请您立即召开会议,由谢尔戈(奥尔忠尼启则)、伊·伊·拉德琴柯(对外贸易人民委员部)、斯米尔加(最高国民经济委员会)和安德列耶夫(全俄工会中央理事会)等人参加,会议结果要用具体建议的形式于星期五即10月7日,报送劳动国防委员会和中央委员会。[361]

劳动国防委员会主席

弗·乌里扬诺夫(列宁)

1921年10月4日

于莫斯科克里姆林宫

载于1933年《列宁文集》俄文版
第23卷

译自《列宁全集》俄文第5版
第53卷第241页

451

致帕·伊·波波夫

(10月4日)

中央统计局

波波夫同志：

为了进行广泛宣传，能否在您的简报里(或单独印4页)把俄罗斯联邦人口普查的初步结果(同战前俄国的人口情况作比较)公布出来？

(就是您送给我的那份打了字的材料。)

这种材料对于人们查找资料总是必需的，特别是如能把各省、县的面积和人口数字补充进去，那就更好了。[①]

致共产主义的敬礼！

列　宁

载于1933年《列宁文集》俄文版
第23卷

译自《列宁全集》俄文第5版
第53卷第241页

---

① 见本卷第504号文献。——编者注

452

致阿·谢·基谢廖夫

（10月5日）

致小人民委员会主席基谢廖夫同志

我曾就亚·彼·斯米尔诺夫的来信写信向您说过[①]，我坚决反对把马铃薯用于酿制酒精的任何主张，我曾指出：酒精可以而且应当用泥炭来生产。

现已弄清，用泥炭造酒精的问题还没有彻底解决。由工厂进行生产的方法并没有经过检验，是否合算还不清楚（没有严格审核过成本，也没有可供准确核算成本的数据）。因此，还谈不上用泥炭批量生产酒精。

请采取一切措施使用泥炭生产酒精的试验工厂——原莫斯科吉瓦尔托夫斯基的酵母工厂——尽快投入生产。

至于斯米尔诺夫提出的用酒精向农民换马铃薯的建议，我是坚决反对的。如果斯米尔诺夫坚持，就让他把问题提交中央委员会。

人民委员会主席

弗·乌里扬诺夫（列宁）

载于1933年《列宁文集》俄文版
第23卷

译自《列宁全集》俄文第5版
第53卷第242页

---

① 见本卷第346号文献。——编者注

453

致克·格·拉柯夫斯基[362]

（10月5日）

致拉柯夫斯基同志

请您召集一次会议，由您主持，研究给乌克兰解决空车皮和运输计划问题，要交通人民委员部、粮食人民委员部参加，也要丘巴尔同志、燃料总管理局和波格丹诺夫参加。

鉴于问题极其重要而紧迫，务请各人民委员或副人民委员亲自出席，不要派次要的工作人员参加。

人民委员会主席

乌里扬诺夫（列宁）

载于1933年《列宁文集》俄文版第23卷

译自《列宁全集》俄文第5版第53卷第242—243页

454

在业务指导中心科学机关
管理局来信上的批示[363]

（10月5日）

发给考察队8人用的全套服装。

劳动国防委员会主席

弗·乌里扬诺夫(列宁)

1921年10月5日

载于1959年《列宁文集》俄文版
第36卷

译自《列宁全集》俄文第5版
第53卷第243页

455

给吉尔吉斯共和国中央执行委员会、
吉尔吉斯工业局、西伯利亚革命委员会、
西伯利亚工业局和里杰尔、埃基巴斯图兹、
济良诺夫斯克各矿务局的电报

（10月6日）

现撤销以前的几次电报，决定：

第一，里杰尔、济良诺夫斯克、埃基巴斯图兹以及所有分布在

这些地区的各小矿连同其全部设备仍归吉尔吉斯工业局管理。

第二，吉尔吉斯工业局长应负责使各矿及其设备和档案完好无损。在全部移交前，西伯利亚工业局长也负有同样责任。

第三，解除多姆年科的现任职务并调往西伯利亚工业局另行任用。

第四，任命德雷曼同志为里杰尔矿务局局长，他必须立即接管全部工作，并前往里杰尔。

第五，委托德雷曼任命一位里杰尔矿技术领导人。

第六，吉尔吉斯工业局特派员伊万诺夫在德雷曼到职后回吉尔吉斯工业局另行任用。

第七，修复矿区专用线，修复里杰尔矿传动槽，建造里杰尔电解试验工厂以及整顿里杰尔选矿厂等工作必须以突击方式进行。命令西伯利亚革命委员会和西伯利亚工业局给予全面协助。

第八，上述各项措施经西伯利亚工业局和吉尔吉斯工业局协商后应立即执行。执行情况电告最高国民经济委员会主席团。

劳动国防委员会主席　**列宁**①

1921年10月6日

于莫斯科克里姆林宫

译自《列宁全集》俄文第5版
第53卷第243—244页

---

① 签署该电(用打字机签署)的还有：最高国民经济委员会主席彼·阿·波格丹诺夫、民族事务人民委员约·维·斯大林和西伯利亚革命委员会主席伊·尼·斯米尔诺夫。——俄文版编者注

456

致加·伊·克鲁敏[364]

（不晚于 10 月 7 日）

请讨论如下草稿，然后我们再最后定稿：

确认绝对必须格外注意**情况**的收集（既通过特派记者——但不要使**他们单纯为了这个目的而工作**，也通过**劳动国防委员会**和各人民委员部所有的特派员；最后，也是最主要的，从地方向有关机关**送交的定期**汇报中收集），格外注意直接来自地方上的工作单位（工厂、矿井、某些采林区、某些森林采伐场等等）的情况的收集。不仅要收集和**分析**来自各总管理局的情况，特别要收集和**分析**来自这些直接从事地方工作的单位的情况，这应是《**经济生活报**》的最重要的任务之一。

弗·乌里扬诺夫（列宁）

载于 1924 年 1 月 26 日《经济生活报》第 96 号

译自《列宁全集》俄文第 5 版第 53 卷第 248—249 页

457

给交通人民委员部的电话

（10月7日）

交通人民委员部

我命令在两天内解决卡希拉—莫斯科输电线路通过奥卡河大桥的问题。[365]

人民委员会主席　**列宁**

载于1933年《列宁文集》俄文版　　　　　译自《列宁全集》俄文第5版
第23卷　　　　　　　　　　　　　　　第53卷第245页

458

致莫·伊·弗鲁姆金

（10月7日）

致弗鲁姆金同志

（抄送：欣丘克同志）

给消费合作社的代销报酬（由于替国家进行分配）迟迟没有确定。请尽全力抓紧解决。

巴达耶夫非常坚持;情况很糟。

请抓紧并给我一简短答复。

人民委员会主席

弗·乌里扬诺夫(列宁)

载于1933年《列宁文集》俄文版　　　　译自《列宁全集》俄文第5版
第23卷　　　　　　　　　　　　　　　　第53卷第245页

459

☆致外交人民委员部登记管理局、

全俄肃反委员会、陆军人民委员部、

共产国际、俄共(布)中央委员会

(10月7日)

抄送:教育人民委员部　　波克罗夫斯基同志

据教育人民委员部报告,人民委员会1920年1月17日的决定,第341号记录第3项(附后),不是完全没有执行,就是只执行了一部分。到1921年9月1日这段期间,寄来的东西(从各个部门)只有36件。有些机关一直都把白卫军的印刷品和文字材料当作自己的私产,因而把它们变成本单位藏书的不可剥夺的一部分,可是在他们那里这些材料远未得到充分利用。

请查一下人民委员会的这项决定为什么执行得这样差,并向你们主管的各机关下达相应的命令、通告和指示。

关于你们所采取的措施,请送一份书面报告来,交人民委员会办公厅哥尔布诺夫同志转我。

人民委员会主席

弗·乌里扬诺夫(列宁)

载于1933年《列宁文集》俄文版
第23卷　　　　　　　　　　　　　译自《列宁全集》俄文第5版
　　　　　　　　　　　　　　　　第53卷第245—246页

460

☆致咸海北部沿岸布贡区
渔民和工人苏维埃

(10月7日)

致咸海工人和渔民同志们

亲爱的同志们:

你们当然已获悉,整个伏尔加河流域和乌拉尔部分地区遭到了空前的饥荒这一严重的灾害。从阿斯特拉罕省起,直到鞑靼共和国和彼尔姆省,无论庄稼或牧草,都由于干旱几乎完全枯死了。千百万人——劳动农民和工人,千百万头牲畜,都在奄奄待毙,而且已有死亡。

俄罗斯人和穆斯林,定居者和游牧民——所有的人都同样等待着凶恶的死神的召唤,如果他们自己的同志,即情况较好地区的工人和劳动农民、牧民和渔民不来帮助他们的话。当然,苏维埃政权本身正采取紧急措施救济饥民,已给他们紧急调拨了1 200多万普特供播种越冬作物用的种子,目前正在运送粮食,开办食堂,等等。然而,这一切都还不够。由于灾害太严重,由于苏维埃共和国被沙皇的战争和白卫军破坏得太厉害,如果只依靠国家的措施,新粮下来之前只能勉强养活四分之一的灾民。

我们也不能指望从资本家财主们那里获得什么救济。现在统治着英美法这些世界上最强大的国家的资本家们,固然向我们说过,他们也想救济我们挨饿的农民,然而提出的条件等于要求把我们的工农共和国交给他们任意主宰。事情是明摆着的。什么时候见过压榨劳动者的吸血鬼即资本家和高利贷者无私地救济劳动者呢。资本家阶级总是利用劳动者的饥饿来奴役他们的身体和心灵。他们现在也打算利用我们的饥荒来消灭我们用鲜血争得的自由,彻底从工人和农民手中夺去政权,并且让沙皇、地主、老板、警察局长和官吏们重新骑到他们头上作威作福。

喀山、乌法、萨马拉和阿斯特拉罕等地的饥民把全部希望都寄托在同他们自己一样的人即双手长满老茧、靠自己的劳动养活自己、不吸任何人的血的劳动群众身上,寄托在他们的伟大的无产阶级团结(一致)上。你们咸海的捕鱼量是不错的,因此你们的生活不太困难。请你们拿出一部分捕获的鱼救济那些因饥饿而浮肿的老人和800万精疲力竭的劳动者,要知道,他们必须几乎整整一年饿着肚子去完成种地的繁重劳动;最后,这样做也是为了救济那些可能最先死亡的700万儿童。

亲爱的同志们,咸海的渔民和工人同志们,请你们慷慨地捐助吧! 你们做的将不只是无愧于人的良心的事业,而且也是巩固工人革命的事业。你们将向全世界，首先是向全体劳动人民表明，无产者虽然远隔千山万水，但仍广泛地相互支援，建立在这一基础上的工人苏维埃国家的威力是坚不可摧的。

愿全体工人阶级团结得像一个人，挺身起来医治伏尔加河流域的严重创伤，以后，物产丰富的伏尔加河流域将会用自己的粮食报答我们的。只有通过这种办法，我们才能维护住苏维埃政权，才能战胜全世界资本家各种恶毒的阴谋而捍卫住我们已争得的自由。

人民委员会主席

弗·乌里扬诺夫（列宁）

载于1942年《列宁文集》俄文版
第34卷

译自《列宁全集》俄文第5版
第53卷第246—248页

461

致彼·阿·克拉西科夫

10月8日

克拉西科夫同志：

组织局昨天已中止（莫斯科纪律审判会）对案件的审理并将该案转交司法人民委员部。

现在需要您在星期一白天把您的意见告诉我。

我建议：

（1）在报上登一篇短评（能找到人写吗?），从马雅可夫斯基控告斯克沃尔佐夫的案件①谈起；

(2)必须通过立法手续把法律订得更加明确或**加以修改**。有关的材料星期一送来。

可否与全俄工会中央理事会共同办理？

盼复②。

列　宁

译自《列宁全集》俄文第5版
第53卷第249页

462

致格·马·克尔日扎诺夫斯基[366]

(10月8日)

格·马·：

如您赞成，就请还给我，我叫人誊清后再发出(给谁？给您？)。我拿不定主意，值得这么做吗？这种"排场"**不多余**吗？有**实效**吗？

列　宁

载于1933年《列宁文集》俄文版　　　　　译自《列宁全集》俄文第5版
第23卷　　　　　　　　　　　　　　　　第53卷第249页

---

① 见本卷第310号文献。——编者注

② 见本卷第473号文献。——编者注

463

同列·波·加米涅夫的来往便条[367]

(10月8日)

您是否和我一样认为，

(1)反对合作社的垄断

　　弗鲁姆金和普列奥布拉任斯基是正确的

(2)而反对固定价格

　　欣丘克和普列奥布拉任斯基则是正确的

差不多。

我算一个。

我建议您在某个重要的反对者(奥新斯基?)发言后投入战斗。

请不要忘记批驳

　　垄断

　　所有总管理局**除外**

（自发地）　所有工作失误**除外**

　　所有农民**除外**。

要这样：

(1)**以**欣丘克的提纲**为基础**

(2)本着以"优先照顾"代替垄断的精神对垄断加以**限制和制约**。

(3)作补充一事交**委员会**。

看来，不得不

在完成对垄断的侦察后

巩固下一条防线

　　优先照顾**很大**吗?

或许还为时过早?

译自《列宁文集》俄文版第39卷
第318—319页

464

给 А.И.波嘉耶夫的电报和给秘书的指示

(10月9日)

(向渔业和鱼品工业总管理局迈斯纳核对地址)

阿斯特拉罕

致渔业和鱼品工业总管理局局长**波嘉耶夫**

1921年10月9日

您9月21日来信收悉。[368]请您把新方法的介绍交阿斯特拉罕和莫斯科两地的报刊发表。关于木桶制造业的建议,请电告劳动国防委员会。

劳动国防委员会主席　　**列宁**

9. X 192_._

№ _____

*(проверить
адрес у Мейстера
в шифрот)*

Астрахань

предгубкома
Потяеву

Получил ваше письмо от 21/9
описание новых приемов
дайте в печать и в Астрахани
и в Москве предложения касчет
бондарного дела телеграфируйте в
СТО

Предсто Ленин

1921 年 10 月 9 日列宁给 А.И.波嘉耶夫的电报

10月9日已复电。

核查波嘉耶夫的答复并提交**劳动国防委员会**。

列　宁

10月9日

载于1933年《列宁文集》俄文版
第23卷

译自《列宁全集》俄文第5版
第53卷第250页

465

致莉·亚·福季耶娃

(10月9日)

致福季耶娃

一个月已过去了。请索取**简报**,看后告诉我。[369]

列　宁

10月9日

载于1933年《列宁文集》俄文版
第23卷

译自《列宁全集》俄文第5版
第53卷第250页

466

给各省执行委员会、省党委、
省工会理事会、省劳动委员会的电报

1921年10月10日

在今年5—7月份顿巴斯粮食状况恶化的影响下,数万名工人离开矿井而流散了,部分人已流至矿区以外。采煤工走的特别多,16 000名采煤工到8月份已降至10 000人,熟练的锅炉工情况也是这样。目前,顿巴斯的粮食状况已经稳定,已弄到3个月的储备粮,而且储备量还将增加。望你们广泛进行宣传,号召离开顿巴斯的井下工人,如采煤工、推车工、支架工、打眼工、掘进工、搬运工以及锅炉工和司机等返回矿井。上述工种以外的其他工人则不必回来。在宣传时要讲明:(1)完全保证粮食供应;(2)实行按生产率用粮食和现金支付劳动报酬的新规定,废除平均支付粮食和现金的办法;(3)乌克兰的征粮运动因缺乏运粮需用的燃料而受阻,因此运动的成绩在很大程度上将取决于工人能否返回矿井。

劳动国防委员会主席　列宁[①]

载于1933年《列宁文集》俄文版
第23卷

译自《列宁全集》俄文第5版
第53卷第253页

---

① 签署该电的还有俄共(布)中央委员会书记维·米·莫洛托夫。——俄文版编者注

467

给白俄罗斯苏维埃社会主义共和国
人民委员会主席的电报

(10月10日)

白俄罗斯　人民委员会主席

抄送:经济会议

捷乌明给对外贸易人民委员部的报告[370]没有回答劳动国防委员会提出的问题,因为没有提供数字材料。对人民委员会办公厅主任发去的9月8日第01090号、9月14日第01134号、9月19日第01161号、10月1日第01204号、10月5日第01220号各次电报,白俄罗斯经济会议寄来的,不是一些官样文章就是不能令人满意的答复。请立即向经济会议索取上述各次电报,调查此事,把犯有拖拉和怠工错误的人员提交法庭审判。所要的汇报由经济会议主席签署后立即发出。收到此电后请来电并报告执行情况。

人民委员会主席　**列宁**

10月10日

载于1959年《列宁文集》俄文版
第36卷

译自《列宁全集》俄文第5版
第53卷第254页

468

致维·米·莫洛托夫并转
俄共（布）中央政治局委员

政治局会议结束后收到。
请速送全体政治局委员
传阅并进行书面表决。

10 月 10 日

莫洛托夫同志：

我已和温什利赫特同志商妥，暂缓执行对纳兹万诺夫的判决，现把问题转交政治局。

关于纳兹万诺夫，我在 1921 年夏季收到过克拉辛的一封信（还在纳兹万诺夫被捕前）。克拉辛要求吸收此人参加工作，说他是一个很宝贵的工程师。

克尔日扎诺夫斯基对我说过，他了解纳兹万诺夫，在 1917 年 10 月 25 日以后曾不止一次地同他进行过激烈的争论，而且由于他的反苏维埃观点差一点把他从家里撵出去。但他说，1921 年春天或夏天，他发现纳兹万诺夫有了转变，于是把他安排到**国家计划委员会**工作。

后来，制糖工业工人的中央委员会有两位同志到我这里来，就我提出的问题对纳兹万诺夫作了肯定的评价，还把这种评价写成书面证明。根据上述情况，现把问题提交政治局。

我建议:如果需要,可找出克拉辛的信件和两位工人的书面评语。如果政治局决定要,我就找出这两份材料。

我个人建议:撤销彼得格勒省肃反委员会的判决,采纳阿格拉诺夫提出的判决(本卷宗中有此建议),即两年徒刑,准予**假释**。[371]

致共产主义的敬礼!

列　宁

译自《列宁全集》俄文第5版
第53卷第254—255页

469

致维·米·莫洛托夫

(10月10日)

莫洛托夫同志:这个请求与组织局有关。请您简单写几句话告诉我,您是否要把这个问题提出来,何时提出;如果在今天提出来了,那么是如何决定的,关于迈斯特拉赫[372]中央委员会有什么材料。

致共产主义的敬礼!

列　宁

10月10日

译自《列宁文集》俄文版第38卷
第396页

470

致俄共(布)中央政治局[373]

(10月11日)

我认为此事极为重要而紧急,因为,同**并不要求我们承认旧债**的意大利签订贷款协定,可能意味着打破金融封锁。

建议政治局**立即**成立一个**短期**(2—4天)的秘密委员会。拟由以下几人组成:李维诺夫、舍印曼、拉德琴柯、克列斯廷斯基(可以让财政人民委员部其他部务委员替换)和波格丹诺夫(可以按同样方式找人替换)。

可作保证的是:森林(租让北方的);乌赫塔的石油;恩巴的石油;铜矿,等等。

列　宁

10月11日

(委员会的任务(2—4天)

专门研究

意大利的建议,然后研究

提供保证的**基本**原则。)

译自《列宁全集》俄文第5版
第53卷第255—256页

471

致莫·李·鲁希莫维奇

10月11日

鲁希莫维奇同志：

您的报告已看过，我要把您痛骂一顿。

报告写得太草率了。您为什么不肯在这里，在莫斯科(如果您在顿巴斯没有时间的话)，用上两三个小时把报告**写好**呢？

写得不完整，不清楚。

缺少必要的表格，而塞满了一大堆数字。

需要有一个简表：按面粉或金卢布等计算的价格

矿区或车站等地净重1 000普特的煤的价格

在战前是……———

现在中央煤炭工业管理局定的价格是—————

(大矿)。

在他们那里，在您所指出的条件下(整个集体供应计划都已完满实现？)价格是————

小矿租赁者的价格是————

所有实质性的东西都列在这样的表格中！

可是您却未能提供这样的表格。

您所有的表格都应该作为这个主要的和基本的表格的详细说明和确凿证据，专门开列。

其次，没有点明是哪些权威(姓名、资历、职衔？)**认为**小矿有害。

哪些人(姓名等等)反对这种看法。

这些都很重要,然而却写得模糊不清。

第三,结论呢? 应当抓住那些有争论的问题。

出租小矿吗?

这一点**现在**已经没有争论了。

究竟哪些是**现在**仍有争论的问题,您写得模糊不清。

看来,

有这些问题:

(1)是否需要立即**维修**一系列大矿(**哪些**? **名称**)并为此停止生产,把它们的生产任务转给小矿?

(2)**中等**矿**也**出租吗?

(3)是**通过**顿涅茨克经济会议出租吗?

没有说清楚。无论是我,还是任何一个看您报告的人,都不得不**替**您把报告**想完整**。

这样,甚至一件正当的事情也会被弄糟的!

为了清楚起见,需要**您这样的计划**:哪些要停产维修。两年(还是几年?)内由小矿提供9亿普特,等等。

致共产主义的敬礼!

列 宁

载于1933年《列宁文集》俄文版   译自《列宁全集》俄文第5版
第23卷   第53卷第256—257页

472

致莫·李·鲁希莫维奇

10月12日

鲁希莫维奇同志：

斯大林告诉我，我的信①使您感到很委屈。

这完全不必要。我根本无意伤害您。

我骂您，因为我是**认真**对待您的想法的。我昨天还为此事亲自打电话给**拉姆津**(他是一位第一流的、十分认真的学者)和**斯米尔加**。斯米尔加**答应**我召开一次专门委员会会议，参加者:巴扎诺夫＋拉姆津＋您。

应当善于**斗争**，而不要像您这样过分谦虚。

我给您的信没给**任何人**看过。

认真作好参加专门委员会会议的准备吧，如果您的意见通不过，就请您给我写一份明确的"不同意见"。³⁷⁴

致共产主义的敬礼！

列　宁

译自《列宁全集》俄文第5版
第53卷第257—258页

---

① 见上一号文献。——编者注

473

在彼·阿·克拉西科夫来信上写的批语[375]

（10 月 12 日）

弗拉基米尔·伊里奇:

关于利特肯斯和林格尼克案件,目前可以肯定下列几点:

(1)根据条例第 8 条,非法解雇职工的案件不应由同志纪律审判会审理。

(2)受追究的人中有两人(利特肯斯和林格尼克)属于人民委员会任命人员,因此涉及他们职务的案件不能由纪律审判会审理。

(3)两人的案件就其实质应按一般程序或 1921 年 1 月 27 日法令规定的程序加以审理。

(4)我们的侦查处已受理这一案件,但还需要就起诉的实质问题收集材料,因为此案处理混乱,违反办案手续,此外,林格尼克和利特肯斯方面又提出了一些以前没有提出的新材料。因此,实质性结论在两三天内才能作出。

(5)鉴于纪律审判会条例中有的条款规定不明确,前后不够一致,再加上整个条例与一般法律的规定不一致,人民委员会应通过一个修订纪律审判会条例的决定(组织局的一个专门委员会也得出这样的结论)。

这就是说,应**立即**向小人民委员会提出决定草案:"认为必须修订,委托司法人民委员部(同全俄工会中央理事会协商?)在三天内完成。"

(6)关于在报刊上发表的问题,文章将由克雷连柯或哥伊赫巴尔格执笔。

请告诉我何时何处发表。

(7)我们将<u>设法</u>同全俄工会中央理事会商定提纲,把同志道德和纪律方

什么时候呢?

面的问题让给他们处理,但不包括职务上和公务上的犯罪和过失。

彼·克拉西科夫

克拉西科夫同志:我很担心此事又会撂下。请您把此件**退给我**,同时附上几句话:**什么时候**? 逐项说明**什么时候**?

千万别把此事撂下,否则还会混乱下去,而且会更为严重。

您的 **列宁**

10 月 12 日

载于1933年《列宁文集》俄文版
第 23 卷

译自《列宁全集》俄文第 5 版
第 53 卷第 258—259 页

474

致维·米·莫洛托夫并转
俄共(布)中央政治局委员

10 月 12 日

莫洛托夫同志:请阅此件并**秘密传阅**。**只传给政治局委员**。

我**同意**解除托姆斯基在土耳其斯坦的职务,因为**连托姆斯基**的朋友鲁祖塔克昨天都对我说:

(1)如果说我是¾的"殖民主义者",那么托姆斯基就是⁵⁄₄的"殖民主义者"。

(2)我很吃惊,托姆斯基怎么那么快就学会了打"官"腔。

(3)我(鲁祖塔克)本想让托姆斯基跟拉希姆巴耶夫和好。**托**

姆斯基拒绝了。

我不知道,他们两人将如何共事。

托姆斯基朋友的这三条意见很能说明问题。[376]

列 宁

译自《列宁全集》俄文第5版
第53卷第259页

475

致玛·伊·格利亚谢尔[377]

(10 月 12 日)

如果"一致通过",我准备立刻签字,那就完事了。让**全体**委员(分委员会的和委员会的)都签字吧,然后我签字。

如果不是这样,而委员会由于某种原因要与我面谈,那现在就定一个时间:或是今天 **9 时,**

或是明天 **12 时,**

或是星期五 **12 时。**

请给库尔斯基打电话。

载于1945年《列宁文集》俄文版
第35卷

译自《列宁全集》俄文第5版
第53卷第260页

476

致瓦·弗·古比雪夫[378]

1921年10月12日

古比雪夫同志：

请您对鲁特格尔斯问题的材料再作些补充说明：

(1)大家都说我们的支出是30万美元。

但第4节**第1条**却说：

"苏维埃政府为**每名移居工人拨款100美元**"，

而根据第5节第1条和第2条，移居的人数是2 800＋3 000＝5 800。

那我们的支出不就是60万**美元**了吗？

或者清楚地补充说明：只给纳杰日金斯基工厂**3 000**人每人拨款100美元？

(2)为什么没有鲁特格尔斯、海伍德、卡尔弗特三人表示他们要在附于文件之后的《保证书》上**签字**的**书面**声明。

请您今天就叫人把声明要来，一定要**英文**本。

(3)第8节的末尾(关于我们偿还费用的义务)应当单写一节，明确地讲："苏维埃政府只有在如此这般的情况下和只有根据如此这般的原则才能承担偿还费用的义务。"

(4)鲁特格尔斯等人对最高国民经济委员会主席团通过的文本所作的修改是否具有最后通牒的性质？

请把您的复信（＋英文字据）寄给我，并于**明天，星期四，10月 13日**，把此信退给中央委员会书记**莫洛托夫**。

致共产主义的敬礼！

列　宁

载于1959年《列宁文集》俄文版 第36卷

译自《列宁全集》俄文第5版 第53卷第260—261页

477

给各经济会议的电报

（10月12日）

各省经济会议主席

各区域经济会议主席

顿河畔罗斯托夫　边疆区经济委员会

新尼古拉耶夫斯克　西伯利亚经济委员会

哈尔科夫　乌克兰经济委员会

知照各自治共和国人民委员会

抄送：粮食人民委员部、最高国民经济委员会、

工农检查人民委员部、中央消费合作总社

国防委员会10月7日会议决定，禁止国家机关和企业出售除法令明确规定提成的产品之外的任何产品。为了保存国家商品储备，以便通过粮食人民委员部和中央消费合作总社所属机构有计

划地进行商品交换,同时也为了杜绝生产单位出售用于供应红军的产品,现命令你们亲自负责对是否切实执行劳动国防委员会的上述决定进行监督,不准生产单位出售有关实物提成的历次决议和法令许可范围之外的任何商品和产品。

劳动国防委员会主席　**列宁**

载于1959年《列宁文集》俄文版　　　译自《列宁全集》俄文第5版
第36卷　　　　　　　　　　　　　　第53卷第261页

478

致维·米·莫洛托夫

(10月12日)

莫洛托夫同志:

非常重要! 应当支持。[379]

列　宁

10月12日

译自《列宁文集》俄文版第39卷
第321页

479

致列·达·托洛茨基并转政治局委员[380]

（10 月 13 日）

托洛茨基同志：送上此件请转**全体**政治局委员，您先看，因莫洛托夫傍晚前要埋头写工作报告。

阅毕作出纪要后请转送**斯大林**同志。

我提请您注意**劳动国防委员会的两项决定**（随信附上）：9 月 30 日决定和 10 月 12 日决定。[381]

有人（而且是有威望的人士）答应在美国为我们筹集资金。

在这种情况下，依我看，应当**暂缓接受**鲁特格尔斯的方案，直到其领导小组成员有所改变（并在办事扎实方面有所改进）为止。[382]

列　宁

10 月 13 日

译自《列宁文集》俄文版第 38 卷
第 397 页

480

致尼·彼·哥尔布诺夫

1921年10月13日

哥尔布诺夫同志：

请您在同小人民委员会主席进行适当商议（并向秘书们了解情况）之后，把通知汇报人出席会议（无论是大人民委员会还是小人民委员会的会议）的办法修改一下。

现在汇报人一下子都被召来开会，一等就是几小时。

这太不像话，毫无道理。

应该让汇报人在**确定的时间**前来。

只要打电话**好好**核实一下，是否需要汇报人，需要什么样的汇报人；只要**合理地**安排某次会议的事项（需要汇报人的事项和不需要汇报人的事项），就能够而且应该做到，使汇报人**等候的时间不超过15分钟**。

请您周密考虑一下，立即把这样的办法定出来，并把小人民委员会对这个问题作出的决定通知我。

人民委员会主席

弗·乌里扬诺夫（列宁）

载于1925年1月21日《真理报》
第17号

译自《列宁全集》俄文第5版
第53卷第262页

481

致列·波·加米涅夫[383]

(10月13日)

加米涅夫同志:我们派诺根到土耳其斯坦去。为了这一目的,应当派出**更多**的外国人。现正在国外采购粮食。

请您同弗鲁姆金谈一谈,或者给他写封短信。

列 宁

10月13日

译自《列宁全集》俄文第5版
第53卷第262页

482

致悉尼·希尔曼

1921年10月13日

希尔曼同志:

衷心感谢您的帮助。由于您的帮助,迅速达成了关于组织美国工人援助苏维埃俄国的协议[384]。特别重要的是,组织这种援助的工作现在在那些**并非**共产主义者的工人中间也开展起来了。在全世界,特别是在一些最先进的资本主义国家里,现在还有千百万工人不赞成共产主义者的观点，可是他们愿意援助苏维埃俄国，救济饥民，哪怕只是一部分饥民，为他们提供食物，并且帮助俄罗斯社会主义联邦苏维埃共和国恢复国民经济。这些工人坚定不移地，反复重申阿姆斯特丹工会国际（这个国际无疑是敌视共产主义的）领袖们说过的一句话：国际资产阶级对苏维埃俄国的任何胜利都意味着全世界反动势力对全体工人阶级的最大胜利。更重要的是，这些工人不仅这样说，而且付诸实际行动。

苏维埃俄国正尽一切力量来克服饥荒和经济破坏。在这方面，除了道义上政治上的援助之外，全世界工人的财政上的援助对我们是无比重要的。许多国家的工人能够帮助我们，现在已在帮助我们，而且我深信，将来还会以大得多的规模来帮助我们。美国自然是站在这些国家的前头的。

一些工业国家的工人都愿把自己的技术知识贡献给苏维埃俄国，下决心忍受各种困难帮助工农共和国恢复经济，忠于事业的、积极的、先进的美国工人一定会走在他们的前头。在反对国际金融资本压迫、反对国际反动势力的和平斗争手段中，其他任何手段都不能像帮助苏维埃俄国恢复国民经济那样迅速和那样可靠地保证获得胜利。

向给予苏维埃俄国各种援助的全体工人致以崇高的敬礼！

尼·列宁

载于1930年《列宁全集》俄文版
第2、3版第27卷

译自《列宁全集》俄文第5版
第53卷第263—264页

483

给各木柴采委会和
省肃反委员会的电报

(10月13日)

致各省木柴采委会、区木柴采委会、

州木柴采委会和

铁路木柴采委会、各省肃反委员会

（抄送：全俄肃反委员会和工农检查院阿瓦涅索夫同志）

各木柴采委会不顾中央森林工业管理局的经常提醒，仍继续迟迟不汇报自己的工作进度，或只送来一些格式不对或不完整的汇报。现在该明白了，由于缺少木柴和物资储备补充情况的确切材料，中央机关的计划分配工作遇到了很大的困难，严重地影响到国民经济所有部门，因为木柴燃料是全部国家工业和铁路得以运营的基础，而且木材除满足国内急需外，还是对外商品交换的实际基础，如不进行对外商品交换，共和国的经济复兴是不可能的。现坚决命令各木柴采委会立即整顿关于木柴、木炭和木材的采办、运输、上交等项工作的汇报制度；各省肃反委员会应进行监督，使中央森林工业管理局确定的汇报日期和格式得到切实遵守。我要求各木柴采委会主席亲自负责迅速作出明确答复，并上报所有负责汇报的人员的名单。

人民委员会主席　　**列宁**①

载于1933年《列宁文集》俄文版
第23卷

译自《列宁全集》俄文第5版
第53卷第264—265页

484

致尼·彼·哥尔布诺夫

1921年10月13日

哥尔布诺夫同志:

(1)应该把小册子退还给作者(记下书名和作者工作地点)。**385**

(2)设法查出在哪些图书馆有这本书。

(3)给尼·谢·韦钦金工程师写封信,问他能否就这个问题写篇文章给《**经济生活报**》或《**消息报**》。

写一本篇幅不大的小册子,根据新的(1914—1921年)国外文献补充一些结论。

(4)建议最高国民经济委员会主席团:

(a)同军事部门协商,清点我们现有的筑路机械;

(b)确定清点和利用筑路机械的负责人(大概,**最高国民经济委员会的国家建筑工程委员会**会有这样的负责人吧?);

---

① 签署该电的还有燃料总管理局副局长瓦·安·特里丰诺夫和中央森林工业管理局局长卡·克·达尼舍夫斯基。——俄文版编者注

(c)讨论一下,是否应该调拨拖拉机(即使是少量的)去参加这种工程,使工程能持续进行。

人民委员会主席

弗·乌里扬诺夫(列宁)

载于1933年《列宁文集》俄文版第23卷　　　　　　　　译自《列宁全集》俄文第5版第53卷第265页

485

致亚·米·伊格纳季耶夫

1921年10月13日

伊格纳季耶夫同志:

有人告诉我,您在国家珍品库还没有着手进行工作,而是在给我写报告。

我坚决反对。

我不看报告。

我要求您把报告丢开,**明天就**着手进行工作。

请退还此信,附上回条,写明业已照办。

敬礼!

您的　**列宁**

载于1933年《列宁文集》俄文版第23卷　　　　　　　　译自《列宁全集》俄文第5版第53卷第266页

486

致维·米·莫洛托夫并转
俄共(布)中央政治局全体委员

（不晚于 10 月 14 日）

致莫洛托夫并转**政治局**全体委员

我赞成派诺根到土耳其斯坦去。库恩·贝拉要求把诺根留在红色工会国际里,但是我认为应当委任**外国人**担任这类职务。[386]

列　宁

译自《列宁全集》俄文第 5 版
第 53 卷第 268 页

487

致路·卡·马尔滕斯

秘密

抄送:中央监察委员会主席索尔茨同志

1921 年 10 月 14 日

马尔滕斯同志:

收到您给李维诺夫的信后,我感到莫大的遗憾和愤慨。作为负责人员,我**至少要给您严重警告**并记入您的**劳动手册**。

李维诺夫用了一个**论战性的愤恨的**说法:"马尔滕斯的朋友们"。他这样做是不好的。

这样做不好。但是这里还没有进行侮辱。

然而您却用**空前的侮辱性词句**回敬:"故意歪曲真相"云云。

我把我这封信同您的信的抄件一并转送中央监察委员会。

致共产主义的敬礼!

列　宁

附言:您本应不用侮辱性词句心平气和地给李维诺夫复信。

载于1959年《列宁文集》俄文版
第36卷

译自《列宁全集》俄文第5版
第53卷第266—267页

488

致俄共(布)中央委员

(10月14日)

供全体中央委员参考

雷恩施坦昨天告诉我,美国的俄裔百万富翁**哈默**(现在狱中,加给他的罪名是给人非法堕胎;据说实际上是对共产主义进行报复),以非常优惠的条件(5%)给乌拉尔工人提供**100万普特粮食**,并愿接受一批**乌拉尔珠宝**在美国代售。

　　这位哈默的儿子(及其一行)现在俄国,他是位医生,曾给谢马什柯带来价值 6 万美元的外科手术器械作为礼品。他这个儿子同马尔滕斯到过乌拉尔并决定帮助恢复乌拉尔的工业。

　　马尔滕斯很快就会写出正式报告。

列　宁

10 月 14 日

载于 1959 年《列宁文集》俄文版
第 36 卷

译自《列宁全集》俄文第 5 版
第 53 卷第 267 页

489

致格·瓦·契切林[387]

(不早于 10 月 14 日)

　　契切林同志:我不信别的人民委员部会容忍这种做法。依我看,这是办公厅主任帕·彼·哥尔布诺夫的过错。他应当制定一个明确的条例,划清莫斯科党委的职权范围并规定未经您的同意莫斯科党委无权抽调人员(从广义说的"抽调"),然后把这个条例送政治局通过。

　　致共产主义的敬礼!

列　宁

载于 1959 年《列宁文集》俄文版
第 36 卷

译自《列宁全集》俄文第 5 版
第 53 卷第 268 页

490

给秘书的指示[388]

（10月14日和24日之间）

问**雷恩施坦**,哈默一行人**是否**已在合同上**签字**,什么时候我能得到这个合同＋劳动国防委员会补充决定草案。

问**库尔斯基**——**瑞典滚珠轴承公司**问题什么时候能办妥?

问**克拉西科夫**:(1)什么时候能把关于纪律审判会的草案送来;(2)是他还是库尔斯基当调查福勒式犁事件的鉴定人?

载于1933年《列宁文集》俄文版第23卷

译自《列宁全集》俄文第5版第53卷第268—269页

491

致瓦·亚·阿瓦涅索夫

10月15日

阿瓦涅索夫同志:是否要把**一部分**重点运输器材制造厂从最高国民经济委员会划出来归交通人民委员部管辖?（鉴于昨天的讨论[389]）。

应该同用户利益结合起来。

请考虑。

致共产主义的敬礼!

列　宁

关于仓库工作。可否这样决定:

仓库的职员如能把库存的货物直接分发给(送到)国家生产企业(工厂、国营农场等)而腾出$\frac{1}{8}$、$\frac{1}{4}$、$\frac{1}{2}$的库房,即可得到**奖励**。

从仓库中把货物送到工厂等等单位的人,可以同样得到奖励。

不同个人利益结合,什么也办不成。要**善于**同利益结合起来。

但是,特罗雅诺夫斯基不聪明。**您**要对这样的"主席"负责,由您个人负责。请不要忘记。

这方面需要有一个聪明人。

列　宁

载于1928年《列宁文集》俄文版
第8卷

译自《列宁全集》俄文第5版
第53卷第269页

492

致尼·尼·克列斯廷斯基[390]

10月15日

克列斯廷斯基同志:

由于您的来信,我就不给伊格纳季耶夫写信了,我认为他的事已经了结。

就是说,不用伊格纳季耶夫参加,由您同巴沙和博基等人把工作安排好。

致共产主义的敬礼！

列 宁

载于 1933 年《列宁文集》俄文版
第 23 卷

译自《列宁全集》俄文第 5 版
第 53 卷第 270 页

493

致米·费·弗拉基米尔斯基

10 月 15 日

弗拉基米尔斯基同志：

寄上政治局关于莫斯科住房问题两项决定的摘录。请告诉我：

（1）在您生病和外出等期间，由谁代理您在"弗拉基米尔斯基委员会"[391] 中的工作；

（2）有无必要对政治局的决定加以具体化（或进行补充）；

（3）是否已向"弗拉基米尔斯基委员会"的全体委员传达这两项决定。

致共产主义的敬礼！

列 宁

载于 1933 年《列宁文集》俄文版
第 23 卷

译自《列宁全集》俄文第 5 版
第 53 卷第 270 页

494
致扬·安·别尔津

10月15日

别尔津同志：

您9月29日来函收到。谢谢。

要认真治病。一定要治。而且要治好。

顺便说一件事。我在《真理报》上看到雅·巴甫洛夫的一篇文章。可能,雅·巴甫洛夫要到您那儿去两天。请告诉他:在报上发表时不署名、不注明日期、不写住址,是否更好? 否则恐怕不合适。[392]

您的意见呢?

请您**坚持**治病,偶尔写写信。

您的　**列宁**

译自《列宁全集》俄文第5版
第53卷第270—271页

495

致列·波·克拉辛

(10 月 15 日)

克拉辛同志:

应当给别尔津同志治病,而且要治好。这是一位宝贵的工作人员。

他用脑过度。

要给他规定一个生活制度,把他安排到城外去住。与伦敦用电话联系,或者不打电话每天去两小时。

要听从有经验的医生的嘱咐。

对此事请写封短信给我。

活塞能发来吗?

敬礼!

列 宁

译自《列宁全集》俄文第 5 版
第 53 卷第 271 页

496

致路·卡·马尔滕斯

10月15日

马尔滕斯同志：

能否说服**哈默**(雷恩施坦对我讲过这人①)，

由**他**负责为鲁特格尔斯小组提供资金来拯救乌拉尔，并让他**增强**这个小组的人员，比如补充4名**办事认真**的美国人？

请尽快答复我。

第二，能否使哈默对乌拉尔的电气化计划发生兴趣？让哈默不仅提供粮食，而且提供电气设备(当然以借债方式)。

要把鲁特格尔斯的计划**修改**一下(设法通过哈默来办此事)，而不是简单地把它扔在一边。**393**

致共产主义的敬礼！

列　宁

载于1959年《列宁文集》俄文版
第36卷　　　　　　　　　　　　　　　　译自《列宁全集》俄文第5版
　　　　　　　　　　　　　　　　　　　　第53卷第271—272页

---

① 见本卷第488号文献。——编者注

497

致尼·亚·乌格拉诺夫

10月15日

乌格拉诺夫同志:现把此件**秘密地**寄给您和科马罗夫。

请您注意,此件是在加米涅夫+奥尔忠尼启则+扎卢茨基三人小组到达**之前**提出的,与该小组**无关**。彼得格勒省肃反委员会不中用,不称职,不机智。应当找到更好的人选。[394]

致共产主义的敬礼!

列 宁

译自《列宁全集》俄文第5版
第53卷第272页

498

致叶·亚·利特肯斯[395]

(10月15日以后)

致利特肯斯同志

您被痛骂一顿(毫不冤枉)是由于提得太晚和领导不力:

(1)涅夫斯基和约尔丹斯基的问题未能**早些**提交政治局;

(2)代表会议提案未按**我的**意见加上明确的前言。

列　宁

译自《列宁全集》俄文第 5 版
第 53 卷第 272—273 页

499

致米·费·弗拉基米尔斯基[396]

(10 月 16 日)

弗拉基米尔斯基同志:我的意见是由**地方**征税来保证他们的供应,对这个问题应仔细考虑,然后通过相应的法律。

列　宁

10 月 16 日

载于 1933 年《列宁文集》俄文版
第 23 卷

译自《列宁全集》俄文第 5 版
第 53 卷第 273 页

500

致格·瓦·契切林

10 月 16 日

契切林同志:

我不同意您对情况的估计和您所提出的措施。[397]让我和托洛茨基退出共产国际执行委员会,这是根本谈不到的。

债务问题向克拉辛说明即可。

厄克特在百分比问题上**现在**与我们有分歧。他提出给总产量的5％,我们的委员会要求给10％。

英国人和法国人想掠夺我们。我们决不答应。他们对此"不满",我们将不予理睬。

租让项目已有一个:高加索的森林。同德国人正在进行贸易上的接触。同意大利也已经开始——它表示愿意提供贷款。**这件**事应尽全力加速办理。

同阿姆斯特朗公司订了一个锅炉合同。同挪威也有一个合同。

只有英法两国态度"骤变"。我认为我们不应作**任何**让步,不应采取**任何**别的步骤。**胡佛**是一个现实的有利因素。[398]

致共产主义的敬礼!

列　宁

载于1959年《列宁文集》俄文版第36卷

译自《列宁全集》俄文第5版第53卷第273—274页

501

致格·瓦·契切林[399]

(10月16日以后)

契切林同志:我想,在这种情况下,我们能在**外交上**(或至少在

报刊上)战胜协约国。

给俄国报刊(以及**我方的**或者说同情我方的英国报刊)发个指示:

(1)要狠狠嘲弄莱斯利·厄克特,嘲笑他为了5%而**支持**苏维埃政权,而如果是10%,他就**反对**。不要正式公布事实,要私下透露出去(厄克特先生是否因总开采量的**5%**而签署了租让合同?是否向他要求过**10%**?是还是否?)。

(2)要更厉害地嘲笑他把这一切同苏维埃政权"**垮台**"相提并论,说什么这就是症结所在。

(3)至于霍恩**400**,也要**嘲笑**他一番,因为他们不敢**撕毁**贸易协定。

在《每日先驱报》**401**上发表一系列文章和简讯,基调是:当德国在进行贸易、挪威在进行贸易、意大利在俄国不承认旧债的情况下提供贷款的时候,我们的英国蠢人却要撕毁贸易协定。

霍恩和厄克特所掀起的整个运动是个拙劣的骗局,是为了迫使我们签订5%的租让合同,是要我们承认债务。

其实根本无须理睬它,只要在报刊上或在**克尔任采夫**的讲话中用嘲笑加嘲笑的办法予以回敬就行了。

致共产主义的敬礼!

列　宁

502

致格·马·克尔日扎诺夫斯基

抄送：奥新斯基同志

阿瓦涅索夫同志

并转劳动国防委员会全体委员"传阅"，阅后签字

1921 年 10 月 17 日

克尔日扎诺夫斯基同志：

请注意《真理报》第 231 号(1921 年 10 月 14 日)上刊登的拉柯夫斯基同志的《饥荒和玉米》一文。

根据这篇文章，我认为国家计划委员会农业小组关于玉米问题的**结论**(1921 年 9 月 13 日发；由谢列达同志签署)毫无疑义是不充分的。

看来，玉米(和菜豆)的优点在许多方面**已被证实**。既然如此，就应当采取更快更有力的措施。种子只需要通常用的 $\frac{1}{10}$ — $\frac{1}{15}$，这具有特殊的意义。

这似乎应该是**决定性**的理由。

应该立即作出决定，把**整个**伏尔加河流域**全部春播**面积所需要的**全部**玉米种子及时收购上来供 1922 年春播用。

为此目的必须同时做到：

(1)制定一系列切合实际、考虑周密的措施，宣传玉米并**教会**农民在**目前缺乏资金**的情况下种植玉米；

(2)尽快讨论一下,看看能否找到切实可行的方式、方法,以便在**现有的**农民经济、**生活**和**习惯**的条件下**让人们食用玉米**(参看国家计划委员会报告第35页)。

请立即在农业小组和主席团里讨论这些问题,讨论时务必使对玉米问题的**各种**意见都充分发表出来。

1921年10月21日即星期五上报**劳动国防委员会**。[402]

劳动国防委员会主席

弗·乌里扬诺夫(列宁)

载于1930年4月15日《真理报》第104号

译自《列宁全集》俄文第5版第53卷第274—275页

503

致尼·尼·克列斯廷斯基

抄送:普列奥布拉任斯基同志

1921年10月17日

克列斯廷斯基同志:

我想了解一下您的意见,现在是否可作如下两种打算:

第一,制定一个恢复我国货币币值的计划(非常粗略的,大致的)。比如说:在哪些条件下,在多少年内,经过连续不断地采取措施——哪些措施,可以达到何种目的。

您(还有财政问题委员会)认为这个打算行得通还是认为连近

似的打算**目前**也为时尚早而根本行不通？

第二,可否把我们的**支出**预算折算成黄金并和**战前**的数字对比(**按主要**项目——或是按部门,或是按区域、省、首都等等,能做到什么程度就做到什么程度)。

我们应该着手而且应该尽快着手通过这样的或类似的打算,来开始改革我们那种完全放任的、同各方面都不适应的、自发而混乱地膨胀起来的预算。

请把您对这个问题的意见告诉我,如您没有什么反对意见,则请把这个问题提交财政委员会。

致共产主义的敬礼!

列　宁

载于1924年出版的《伟大的领袖》一书

译自《列宁全集》俄文第5版第53卷第275—276页

504

致帕·伊·波波夫

(10月17日)

波波夫同志:

按俄罗斯联邦的行政区划编制的人口统计表已收到。

(1)在报刊上发表时要讲得明确(比如,表中就没有说明所根据的是1920年8月28日的人口普查)。

(2)要把自治州和自治共和国(卡累利阿、巴什基尔、鞑靼等劳动公社)从各省统计表中分出来单列,并应同(遇到疑难问题时)内务人民委员部和司法人民委员部取得一致意见。

(3)最后要把各大地区总计在一起,重复一次

大致如此
- 俄国欧洲部分,俄罗斯联邦本身;
- 各自治共和国
- 乌克兰苏维埃社会主义共和国,
- 土耳其斯坦共和国,
- 高加索共和国,
- 远东共和国,等等。

(4)要再检查一遍,是否列入了**这些**地区1914年和1897年的统计资料,例如巴什基尔共和国

| 1920年 | 1 268 132 |
| 1914年 | 357 700(?? 明显的错误) |

(5)补充一个各省和州变动情况(哪些县、乡有变动)的简短说明(根据内务人民委员部的小册子)。

劳动国防委员会主席

弗·乌里扬诺夫(列宁)

附言:最好再补充一点:隶属于前俄罗斯帝国而现在已脱离了俄罗斯联邦的**国家**,其面积,1897年和1914年的人口(如果有资料),**如果这样做不困难的话。**

劳动国防委员会主席

弗·乌里扬诺夫(列宁)

可否同时补充县、乡、市、村的数字(类似1914—1915年年

鉴）。又及。

劳动国防委员会主席

弗·乌里扬诺夫（列宁）

载于 1933 年《列宁文集》俄文版　　　　　　译自《列宁全集》俄文第 5 版
第 23 卷　　　　　　　　　　　　　　　　　第 53 卷第 276—277 页

505

致格·马·克尔日扎诺夫斯基

10 月 17 日

格·马·：

此信秘密转给您。

阅毕请于今日，最迟明早退还。

写信人说的有一部分是对的[403]：**最后**我将改变国家计划委员会的任务（农业人民委员部的任务）。

请考虑一个协调和**明确**国家计划委员会任务的方法，并请把您的计划（关于划分国家计划委员会和各人民委员部计划委员会权限的决定草案）**写好**给我。

致共产主义的敬礼！

列　宁

载于 1933 年《列宁文集》俄文版　　　　　　译自《列宁全集》俄文第 5 版
第 23 卷　　　　　　　　　　　　　　　　　第 53 卷第 277 页

506

致列·纳·克里茨曼

（10月18日）

致克里茨曼同志

命令你们在24小时内切实研究土耳其斯坦渔业管理局为咸海6个船舶修理厂申请2台"帕尔先斯"型和4台"阿尔图尔·科佩尔"型挖掘机以及车床、铣床的报告。

请您注意，土耳其斯坦渔业管理局顺利开展工作具有极端重要的意义。务必邀请土耳其斯坦渔业管理局的代表萨福诺夫同志参加资源利用委员会会议。

劳动国防委员会主席

载于1933年《列宁文集》俄文版
第23卷

译自《列宁全集》俄文第5版
第53卷第278页

507

致格·瓦·契切林

10月18日

契切林同志：

可否用哥伊赫巴尔格（**应该把他派到国外去**①）替换沃伊柯

———————

① 如果他任职后能住在国外的话。

夫,而把沃伊柯夫派到加拿大去。

克拉辛认为应当尽快派人到加拿大去,他这个意见是对的。

如果您不愿意派沃伊柯夫,应当赶快物色一个人选。

致共产主义的敬礼!

列　宁

译自《列宁全集》俄文第 5 版
第 53 卷第 278 页

508

在格·瓦·契切林来信上写的批语和
给瓦·米·米哈伊洛夫的便条[404]

（10 月 18 日）

致政治局委员

我个人建议同意契切林的意见。

列　宁

10 月 18 日

10 月 18 日

米哈伊洛夫同志:

请将附件送给全体政治局委员传阅,要求每个人阅后写明意见并传给下一个人(或是您)。

如果谁也不要求在政治局**讨论**,则应把大多数人的决定立即写入记录。

致共产主义的敬礼!

列　宁

译自《列宁全集》俄文第5版
第53卷第279页

509

致俄共(布)中央政治局委员[405]

(10月18日)

致全体政治局委员

我反对画了着重线的这个建议。这样的措施只会给人造成我们软弱的印象,而在这类情况下,敌人一向都会得寸进尺的。我认为有克拉辛的答记者问和报刊上的论战已足够了。请米哈伊洛夫同志从契切林同志那里把我上次写给他的关于这个问题的信要回来,分送给政治局委员们也看一看。①

列　宁

10月18日

载于1959年《列宁文集》俄文版
第36卷　　　　　　　　　　　译自《列宁全集》俄文第5版
　　　　　　　　　　　　　　第53卷第279—280页

---

① 见本卷第500号文献。——编者注

510

给约·维·斯大林的批示[406]

(10月18日)

斯大林同志:我认为,这是错误的。

您是否能安排一下

(1)在下一期《公报》上刊登**"类似澄清"**的东西(为了外交需要)。

(2)下令今后不许这么干?

列 宁

10月18日

译自《列宁文集》俄文版第39卷
第323页

511

致最高国民经济委员会主席团

(10月19日)

请速把关于伊万诺沃-沃兹涅先斯克区电站工程(在鲁布湖上)的情况和资料给我送来。[407]

(1)关于国营伊万诺沃-沃兹涅先斯克区电站的情况或该电站的建设情况。

(2)该电站的建筑设计,设计的主要指标如发电能力、类型等等,是否已经制定并获批准。

(3)工程管理局是如何组织的;有几个办事处;各办事处设在

何地;它们的相互关系以及和中央部门的关系;在这里即在中央部门由谁直接管辖工程;工程各机关和伊万诺沃-沃兹涅先斯克省苏维埃机关关系如何;工程主要负责人的姓名、职务和资历;在这里即在中央部门由谁直接全面负责。

(4)到5月1日和10月1日工程管理局和工地的职工人数,其中包括中央部门和地方的所有工程办事处的人员(莫斯科、伊万诺沃-沃兹涅先斯克、捷伊科沃、鲁布湖);分别计算各有多少:

建筑工人和其他工人:

(a)熟练工人,

(b)非熟练工人;

办事人员;

技术管理人员:

(a)工程师,

(b)其他技术人员。

(5)向工程管理局提出了哪些任务,1921—1922年的工程计划;工程进度表和这两年执行情况。

(6)到1921年10月1日为止,建筑工程处于何种状况;工程开始以来已实际完成的工作。

(7)1921年和1922年工程供应情况:

粮食,

建筑材料、技术器材和劳动力,等等。

人民委员会主席

弗·乌里扬诺夫(列宁)

载于1933年《列宁文集》俄文版第23卷

译自《列宁全集》俄文第5版第53卷第280—281页

512

给阿尔汉格尔斯克
省执行委员会的电报

（10月19日）

阿尔汉格尔斯克　省执行委员会
抄送：区域经济会议

据悉，白海北部地区森林工业特别管理局在安排工作以实现自己的业务方针时遭到了一些公职人员和党内人员的某种抵制，而这些方针是劳动国防委员会8月17日通过的条例规定的。我要求省执行委员会由其主席亲自负责下达一项坚决的命令，命令一切机关和个人在同白海北部地区森林工业特别管理局的关系上严格遵守全俄中央执行委员会和劳动国防委员会发布的各项指示。收到此电后请告知并报告执行情况。[408]

人民委员会主席　**列宁**

1921年10月19日
于莫斯科克里姆林宫

载于1933年《列宁文集》俄文版
第23卷

译自《列宁全集》俄文第5版
第53卷第281—282页

513

致瓦·萨·多夫加列夫斯基

1921年10月19日

多夫加列夫斯基同志:

请您向博京问题委员会主席诺沃勃兰诺夫同志建议(此事尼古拉耶夫同志了解),让委员会快些提出自己的意见,并就此事同克尔日扎诺夫斯基联系一下。① 提出意见的期限和今后的进展情况请告诉我。**409**

劳动国防委员会主席

弗·乌里扬诺夫(列宁)

译自《列宁文集》俄文版第37卷
第327页

514

致亚·德·瞿鲁巴

(10月19日)

柏林　瞿鲁巴

急

务必严格遵守克劳斯教授的嘱咐。要做完全部疗程,回来时

---

① 见本卷第344号文献。——编者注

给我带来这位教授写的书面意见和对病愈者的嘱咐。

人民委员会主席　**列宁**

1921 年 10 月 19 日

载于 1933 年《列宁文集》俄文版　　　　　译自《列宁全集》俄文第 5 版
第 23 卷　　　　　　　　　　　　　　　第 53 卷第 282 页

515

致路·卡·马尔滕斯

（10 月 19 日）

马尔滕斯同志：

如果哈默为乌拉尔提供 100 万普特的计划是当真的(从您的来信我得出这样的印象,即您对雷恩施坦的话所作的书面肯定,不能不使人认为这个计划是当真的,而不只是空话),那您就应该尽力使这一切具有合同或**租让合同**这种确切的法律形式。[1]

即使是虚假的,但仍然是**承租**(乌拉尔的石棉或别的贵重物资或其他任何东西)。对我们来说,重要的是让人们看到并在报上发表(不是现在,而是**开始履行**以后)消息,说美国人**已经同意承租**了。这在政治上是重要的。请回信。

致共产主义的敬礼!

列　宁

载于 1959 年《列宁文集》俄文版　　　　　译自《列宁全集》俄文第 5 版
第 36 卷　　　　　　　　　　　　　　　第 53 卷第 282—283 页

---

[1]　见本卷第 568 号和第 580 号文献。——编者注

516

致路·卡·马尔滕斯

(10 月 19 日)

马尔滕斯同志：

鲁特格尔斯的这个答复我看能使**问题得到**解决。

中央今天或是明天就作出决定。

请您考虑人选**名单**并于今天 8 时 30 分把您对他们的评语送来(还有您的相应的建议)。**410**

致共产主义的敬礼!

列　宁

载于 1959 年《列宁文集》俄文版
第 36 卷

译自《列宁全集》俄文第 5 版
第 53 卷第 283 页

517

致伊·伊·拉德琴柯和弗·威·林格尼克

1921 年 10 月 19 日

拉德琴柯同志：

向您推荐来人尼古拉·亚历山德罗维奇·**叶梅利亚诺夫**。请派他到**国外**出差**半年**,使他脱离彼得格勒过分劳累的生活,得到一点休息,并变换一下工作。

我个人对尼古拉·亚历山德罗维奇非常了解。这个同志是极为正直、忠诚的共产党员,具有丰富的生活经验以及工厂工作和党的工作的经验,我相信,可以而且应当利用他来清扫对外贸易人民委员部驻国外官员们的盗窃行为和怠工行为这个奥吉亚斯的牛圈[411]。请您今天给我打电话。

致共产主义的敬礼!

列　宁

林格尼克同志:

请阅此信,并给我打个电话(此信随后要给伊·伊·拉德琴柯看)。务请速为叶梅利亚诺夫找一适当机会出差。

致共产主义的敬礼!

列　宁

译自《列宁全集》俄文第 5 版
第 53 卷第 283—284 页

518

致恩·奥新斯基

致奥新斯基同志

抄送：克尔日扎诺夫斯基同志

1921 年 10 月 20 日

　　现在对我 10 月 17 日谈玉米问题的那封信①作一修改，请奥新斯基同志于 10 月 28 日（星期五）向劳动国防委员会提交一份关于歉收省份种植计划等问题的报告并附上国家计划委员会的结论性意见。**412**

劳动国防委员会主席

弗·乌里扬诺夫（列宁）

载于 1933 年《列宁文集》俄文版第 23 卷　　　　　　　译自《列宁全集》俄文第 5 版第 53 卷第 284 页

---

① 见本卷第 502 号文献。——编者注

519

给秘书的指示[413]

（10 月 20 日）

秘密

请哥尔布诺夫或斯莫尔亚尼诺夫(看谁对电话技术了解得多)一阅并告诉我对此事的看法(包括是否有彼得格勒省肃反委员会那位专家个人情况的材料)。

列　宁

10 月 20 日

载于 1933 年《列宁文集》俄文版
第 23 卷

译自《列宁全集》俄文第 5 版
第 53 卷第 285 页

520

☆致莫斯科卫生局建设处

（10 月 20 日）

命令你们：

(1)作出解释,为什么在这段修建期间始终没有对"希姆基"疗养院进行任何修缮,为什么至今没给这所疗养院安装电灯。

(2)立即着手修缮并每周报告一次进度。

人民委员会主席

弗·乌里扬诺夫(列宁)

载于1933年《列宁文集》俄文版 第23卷

译自《列宁全集》俄文第5版 第53卷第285页

521

☆致莫斯科革命法庭

(10月20日)

根据莫斯科肃反委员会会务委员会的决定,粮食人民委员部办事拖拉一案(雅柯夫·斯捷潘诺维奇·阿尔丘霍夫案件)已转交你庭审理。[414]

请在最短期间将这一重要案件审理完毕并将判决告诉我。

人民委员会主席

弗·乌里扬诺夫(列宁)

附言:无论从党的角度还是从政治角度看,特别是为了贯彻苏维埃第八次代表大会的决定[415],对拖拉案件的审理应该非常庄严、非常**有教育意义**,使判决给人以强烈的震动。这一点极为重要。

列 宁

载于1933年《列宁文集》俄文版 第23卷

译自《列宁全集》俄文第5版 第53卷第285—286页

522

致约·维·斯大林⁴¹⁶

(10月20日)

斯大林同志：请阅，如可能，请在老党员中找几个人，最好是亚美尼亚人问问。**我从19世纪90年代起就认识拉拉扬茨**，知道他是一个马克思主义者，以后又是布尔什维克。他无疑是一位忠诚的革命者。**这个人尽管有不同的政治见解，还是应该加以任用。**

列 宁

10月20日

载于1945年《列宁文集》俄文版
第35卷

译自《列宁全集》俄文第5版
第53卷第286页

523

致瓦·亚·阿瓦涅索夫

10月20日

阿瓦涅索夫同志：

您应该请**国家计划委员会**派代表参加这个关于运输总委员会和**最高国民经济委员会**问题的专门委员会⁴¹⁷，要求派一个熟悉情况的代表来。

请简复。

致共产主义的敬礼!

列　宁

524

致尼·彼·哥尔布诺夫[418]

(10月20日)

请为我收集下列所有文件:

(α)合同草案,

(β)我们的修改意见,

(γ)他们(哥德堡瑞典滚珠轴承公司)的修改意见,

(δ)库尔斯基的意见,

(ε)国家计划委员会有关的专门委员会1921年9月2日提出的意见,

(ζ)对外贸易委员会1921年8月6日的意见或决定,

(η)关于仓库的条款(或库尔斯基所说的"单独拟订的协议"),

(ζ)黄金结算。

525

致彼·阿·波格丹诺夫

10月20日

波格丹诺夫同志:请您把有关**哥德堡瑞典滚珠轴承公司**的**全部材料送给我**(我在人民委员会已把目录交给您)并请**扼要**综述您的看法。

重要的不是合同细节,而是(1)工厂的现状与将来履行租让合同后的状况作对比;

(2)工厂的价值和单独计算的仓库的价值;

(3)仓库的详细情况。它现在的和租让以后的法律地位①。

列　宁

载于1959年《列宁文集》俄文版第36卷

译自《列宁全集》俄文第5版第53卷第287页

---

① 见本卷第564号文献。——编者注

526

致亚·格·哥伊赫巴尔格

(10月20日)

1

哥伊赫巴尔格同志:

请您**扼要**综述您的看法,给我送来。

重要的不是合同细节,而是

(1)工厂的现状与将来履行租让合同后的状况作对比,

(2)工厂的价值和仓库(单独计算)的价值,

(3)仓库的详细情况,它现在的和租让以后的法律地位。

列 宁

2

哥伊赫巴尔格同志:

为了把您的意见提交政治局,还要请您:

(1)附上我提出的几个问题;

(2)加上**您的**最后结论,(或许)还有您对我所没有提出的那些问题的结论,因为政治局要求双方都把意见全部拿出来。

致共产主义的敬礼!

列　宁

载于1959年《列宁文集》俄文版
第36卷

译自《列宁全集》俄文第5版
第53卷第288页

527

致季·伊·谢杰尔尼科夫[419]

10月20日

谢杰尔尼科夫同志:

在中央组织局内我只能同斯大林谈(代替莫洛托夫的米哈伊洛夫不认识您)。斯大林根本不知道您所怀疑的什么"失宠"之事。斯大林对您没有任何恶感。

因此,在中央,您并**没有**"失宠"。

部务委员职务一事,您应当找奥新斯基谈。我的印象是,农业人民委员部全体部务委员看来都不想现在就解决这个问题,而是想先**在工作中熟悉一下您**。

望考虑这种情况并同奥新斯基**较坦率地**谈谈。

致共产主义的敬礼!

列　宁

译自《列宁全集》俄文第5版
第53卷第288—289页

528

致瓦·亚·斯莫尔亚尼诺夫

(10月21日)

斯莫尔亚尼诺夫同志：

对高加索、阿塞拜疆(穆甘草原)和亚美尼亚的**棉花**问题应抓紧督促解决。

请告诉李可夫并敦促国家银行发放**更多的**和更优惠的贷款。[420]

致共产主义的敬礼！

列　宁

载于1933年《列宁文集》俄文版
第23卷

译自《列宁全集》俄文第5版
第53卷第289页

529

给秘书的指示

(10月21日)

克里茨曼看起来又像是个快死的人了。

显然，我前次要求为他办的事并没有办到。

请找出上次那个文件，**进行检查**后告诉我。

列 宁

10 月 21 日

载于 1933 年《列宁文集》俄文版
第 23 卷

译自《列宁全集》俄文第 5 版
第 53 卷第 289 页

530

致彼·阿·克拉西科夫

10 月 21 日

克拉西科夫同志：

请您告诉我您已任命谁去处理"福勒式犁"案件。[421]

致共产主义的敬礼！

列 宁

载于 1933 年《列宁文集》俄文版
第 23 卷

译自《列宁全集》俄文第 5 版
第 53 卷第 290 页

531

致弗·雅·丘巴尔和克·格·拉柯夫斯基

(10月21日)

致丘巴尔和拉柯夫斯基

劳动国防委员会今天就乌克兰粮食外运问题的报告作出如下决定:由于你们已着手自力装运给中部地区的粮食,而装运量才勉强达到原定指标的$\frac{1}{4}$,如果3天之内不能根本改变这种状况,我们将不得不委派自己的特派员前往乌克兰。劳动国防委员会要求立即对此电给以答复。[①]

劳动国防委员会主席　**列宁**

1921年10月21日

发往哈尔科夫

译自《列宁全集》俄文第5版
第53卷第290页

载于1933年《列宁文集》俄文版
第23卷

[①] 原件右上角有莉·亚·福季耶娃写的附记:"哈特曼同志:要立即发出并注意接收复电。"——俄文版编者注

532

致阿·奥·阿尔斯基

秘密

10月21日

阿尔斯基同志：

请把有关应急**备用**现钞的材料送给我：[422]

(1)如果储备不少于10 000亿,每月送一次,

(2)如果储备不少于5 000亿,每月送两次,

(3)如果储备不少于2 500亿,每周送一次,

(4)如果更少,就每天送一次。

同样,还要把应急备用现钞的**支用制度**告诉我(谁有权支用?通过哪些手续? 等等)。

请考虑,并通过绝密方式向我报告,装在线缝的密封的信封里,写上:列宁**亲收**,阿尔斯基寄。

列　宁

载于1933年《列宁文集》俄文版
第23卷

译自《列宁全集》俄文第5版
第53卷第291页

533

致俄共(布)中央组织局[423]

(10月21日)

中央组织局　米哈伊洛夫同志

鉴于伊·伊·斯克沃尔佐夫(斯捷潘诺夫)提出要求,我请你们撤销派他出差的决定,并且把他**发配到莫斯科城郊**的一个国营农场去喝牛奶,使他在一个月或一个半月之内不致被其他事情牵扯,完成他已着手的写作。(通过莫斯科有关机关找一个国营农场。)

列　宁

载于1929年《无产阶级革命》杂志
第10期

译自《列宁全集》俄文第5版
第53卷第291页

534

致小人民委员会[424]

(10月21日)

请注意此事,尽早研究并把**小人民委员会**的决定用电话告诉我。

列　宁

10 月 21 日

载于 1959 年《列宁文集》俄文版
第 36 卷

译自《列宁全集》俄文第 5 版
第 53 卷第 292 页

535

给西伯利亚工业局的电报

（10 月 21 日）

致西伯利亚工业局

抄送：西伯利亚革命委员会

　　同鲁特格尔斯已达成协议。根据合同规定，我们必须在开春以前为库兹巴斯各项工程准备 5 万根原木。请采取必要措施切实完成。[425]请电告采取的措施。

人民委员会主席　**列宁**[①]

载于 1933 年《列宁文集》俄文版
第 23 卷

译自《列宁全集》俄文第 5 版
第 53 卷第 292 页

---

① 　签署该电的还有最高国民经济委员会主席彼·阿·波格丹诺夫。——俄文版编者注

536

致瓦·米·米哈伊洛夫[426]

(10月21日)

米哈伊洛夫同志：

请迅速解决这个问题，就在今天，如有必要，就把托洛茨基找来**或去问他**，——今天务必解决。[427]

列　宁

译自《列宁文集》俄文版第38卷
第399页

537

致尼·彼·哥尔布诺夫[428]

(10月21日)

哥尔布诺夫同志：此事请加速办理；请把委员会的**书面**报告拿来，并同克尔日扎诺夫斯基联系一下。

列　宁

10月21日

译自《列宁文集》俄文版第37卷
第327页

538

致亚·阿·诺维茨基

(10月22日以前)

诺维茨基同志:

这样或许更清楚些:

（十）

第**3**栏:实存

和**支出**（一），

那么**下面**的数字是:

余存

十

旁边

第**6**栏和**补**第**6**栏填上拨给谁,往哪儿拨,

什么时候拨,按谁的决定拨的。

其次

拨款 4＋8＋9

第4栏顺数第10项

再次

现存**减去拨款**，

即**第5栏**。

这样的表格(同您给我送来的一样)应该是绝密的。[1]

---

[1] 见本卷第532号文献。——编者注

为此,我认为只写两份(您一份＋我和政治局一份),不用打字。

还应增加一栏:**中央委员会预定拨款**,可用这样的栏目:

根据莫洛托夫同志通知,

预定拨款:

　　什么时候决定的,

　　拨款多少,

　　用途。

致共产主义的敬礼!

列　宁

附言:请将此信及附件退我,附上您的意见。

译自《列宁全集》俄文第5版
第53卷第292—293页

539

致亚·阿·诺维茨基

(10月22日)

秘密

诺维茨基同志:

　　请在您的黄金储备报表中补充一栏:政治局预定拨款,但尚未经苏维埃系统通过,尚未拨出;至于您如何得到这方面的情况,请与中央委员会书记米哈伊洛夫同志商定,并请您亲自将这些情况填入报表。

　　绝对保密。

列　宁

10 月 22 日

译自《列宁全集》俄文第 5 版

第 53 卷第 293—294 页

540

致列·谢·索斯诺夫斯基[429]

10 月 22 日

索斯诺夫斯基同志:

　　您关于叶若夫的信已收阅。

　　我很怀疑我们能为 1 000—1 500 名职工

　　每月提供 125—150 万卢布(苏维埃卢布)。

　　很难办到。

　　我想:应制定**奖励**办法,奖励在生产企业里(国营工厂、国营农场等)迅速减少库存物资积压。

　　您的其他设想应当由叶若夫提出来(抄一份送我)。

　　写一份准确而简短的方案。

　　致共产主义的敬礼!

列　宁

载于1928年《列宁文集》俄文版
第 8 卷

译自《列宁全集》俄文第 5 版
第 53 卷第 294 页

541

致彼·阿·波格丹诺夫

1921年10月22日

波格丹诺夫同志：

请您告诉我，您是否认为有必要在电站开始送电前任命一个专门的验收委员会或技术鉴定小组。[430]

如有必要，由谁来任命？您有什么样的人选？

还请您征求一下国家计划委员会对这个问题的意见。

劳动国防委员会主席

弗·乌里扬诺夫(列宁)

载于1933年《列宁文集》俄文版第23卷

译自《列宁全集》俄文第5版第53卷第294—295页

542

给波·斯·斯托莫尼亚科夫的电报和 给伊·伊·拉德琴柯的便条

（10 月 22 日）

1

急

柏林   斯托莫尼亚科夫

卡希拉电站原定今年 12 月 5 日开始送电,从政治上考虑,该电站务必如期开始送电,为了确有可能,一定要将下列材料按下面指定的日期运达莫斯科交货:材料一览表 1 第 1—6 栏和 8—13 栏在 11 月 10 日前交货;一览表 3 第 32 栏在 11 月 10 日前交货;一览表 1 第 16 栏和第 17 栏的绝缘器 $\frac{1}{3}$ 在 11 月 1 日前交货,$\frac{1}{3}$ 在 11 月 10 日前交货,$\frac{1}{3}$ 在 11 月 15 日前交货,一览表 2 第 42 栏在 12 月 1 日前交货,一览表 2 第 108—114 栏在 11 月 1 日前交货,一览表 2 第 45 栏在 12 月 1 日前交货。望你们弄准这些日期并保证按期完成,要立即着手启运上述全部材料,而且每启运一批都要电告卡希拉工程局,说明启运的日期、方法并准确列出所发材料。如不能在指定日期发货,则请告知能保证于何时发出。请速复。

人民委员会主席   **列宁**

2

10 月 22 日

拉德琴柯同志：(如他患病，则交代理他的人。)

请发急电(是否用密码，由您决定)并告诉我发出电报的日期和时间。[431]

致共产主义的敬礼!

列　宁

载于 1933 年《列宁文集》俄文版
第 23 卷　　　　　　　　　　　　　译自《列宁全集》俄文第 5 版
第 53 卷第 295—296 页

543

给各区域和各省经济会议的电报

(10 月 22 日)

各区域和各省经济会议

哈尔科夫　特别委员会

鉴于一些区域和省的经济部门擅自改变燃料总管理局根据中央燃料委员会的决定制定的分配计划和发出的某些命令，从根本上破坏了燃料供应工作的计划性，命令你们今后决不许再擅自作这种改变。如需改变，要事先同燃料总管理局商量或把问题提交劳动国防委员会。上述要求由经济会议主席亲自负责执行。收电后盼告并汇报执行情况。

劳动国防委员会主席   **列宁**

载于1933年《列宁文集》俄文版
第23卷

译自《列宁全集》俄文第5版
第53卷第296页

544

致德·伊·库尔斯基

10月22日

库尔斯基同志:

送上向**哥德堡瑞典滚珠轴承公司**实行租让一事的材料(合同及其他材料在波格丹诺夫处)。

此事您是知道的。

请附上您的意见退我。

您记得,您曾**因仓库问题**而持反对态度。

可否这样做:想办法采取签订**两项**合同的形式(合适的、方便的形式):一项是瑞典滚珠轴承公司向我们**购买**整个仓库(承认所有权**属于我们**,这是问题的实质)。

另一项是我们用合同规定的款额买他们的产品。

结果**我们**还是向他们支付这笔款子。①

还能**用其他办法**来保证我们的利益吗?我怀疑。

_____

① 见本卷第564号文献。——编者注

致共产主义的敬礼!

列　宁

载于 1959 年《列宁文集》俄文版
第 36 卷

译自《列宁全集》俄文第 5 版
第 53 卷第 296—297 页

545

致恩·奥新斯基[432]

(10 月 22 日)

奥新斯基同志:阅后请转**阿尔斯基**(财政人民委员部),让他也看一下,并附上意见退我。

依我看,应该:(1)催促银行;

(2)农业人民委员部应加强宣传并**更加有力地**推行国家计划委员会的计划。**向国外发无线电讯**。**写一系列文章**。

列　宁

10 月 22 日

载于 1959 年《列宁文集》俄文版
第 36 卷

译自《列宁全集》俄文第 5 版
第 53 卷第 297 页

546

在报告书上作的标记和
给格·瓦·契切林的信

（10月22日）

契切林同志：

　　请阅此信，

第4页

和背面。

列　宁

1921年10月22日

尊敬的弗拉基米尔·伊里奇：

　　克拉辛同志今天就厄克特的声明和活动情况发来密电（其部分内容我们已知悉），从中可以看出：事情更加严重了，而且其原因不仅仅是用虚张声势来达到要求从租让企业只提成5％的目的。显而易见，对我们的新方针产生了失望。自然，在布尔什维克政府向西欧资本家租让企业这种错综复杂的历史局面的形成过程中，这种局面是不可能一下子就安排得很顺当的。但我们还是应该设法避免这些摩擦。我个人全然不知道8月底以来我们的方针发生的某种转变是由　?
我们政策的哪些因素造成的，因此，我根本没有资格说，这种转变是　?
否必要……　?

契切林同志:所谓8月里"我们的方针发生的转变"(见第1页)是根本没有的事。我们从来没有,将来也不会发誓不逮捕骗子,不枪毙阴谋家,不拒绝承租人贪得无厌的要求。

债务问题,我建议您通过政治局成立一个委员会(您有什么人选?),来检查格罗曼和哥伊赫巴尔格委员会[433]的工作情况。

从"克拉辛讲的事实"以及其他情况来看,除厄克特的讹诈之外,我个人什么也看不出来。

如果他们**威逼**波兰得逞,那么春天就会**进行**武装干涉。这只能用加强国防力量的办法来对付。

米哈尔斯基报道了英国的新转变。这里关键何在? 您怎么看? 是否因为他们害怕华盛顿[434]并想"讨好"法国,恫吓俄国?

对我们来讲,**最为重要的**是与**美国人**达成协议和签订租让合同:我们同胡佛已有了点**东西**(不算小)。同**哈默**也快要有了。**美俄协会**[435]已在途中。

应当尽一切可能(特别是您)来消除李维诺夫和马尔滕斯之间的**一切**摩擦(可悲的和有害的摩擦)。①

　　　　　　　　您的　列宁

　　　　　　　　　　译自《列宁全集》俄文第5版
　　　　　　　　　　第53卷第298—299页

---

① 见本卷第487号文献。——编者注

547

给各省粮食人民委员和
省土地局的电报[436]

（10 月 22 日）

致各省粮食人民委员、各省土地局
遭受饥荒的地区除外

根据人民委员会今年 10 月 4 日关于同隐瞒耕地行为作斗争的措施的决定，兹命令紧急抽调必要数量的土地丈量员交粮食机关所属的土地面积检查委员会使用，让他们作出结论，提出计划，并到各地去实地检查一小部分地区。按土地局的指示派出的土地丈量员不应超过土地丈量员总数的 60％，期限不应超过 1 个月。各县土地规划局也应按照粮食部门的要求，根据现有的土地测量计划对各乡各村的农业用地数量作出结论。

人民委员会主席 列宁

载于 1933 年《列宁文集》俄文版
第 23 卷

译自《列宁全集》俄文第 5 版
第 53 卷第 299—300 页

1921 年 10 月 22 日列宁在
莫斯科畜牧学院教学试验农场观看苏维埃俄国第一个电犁的试验

548

致约·维·斯大林[437]

（10月22日）

斯大林同志：

我觉得预计的数字过大。但老实说，我不了解组织局这次"调配"工作的规模。我看理由是正当的。首先应该削减非经济系统各人民委员部"申请"的人数。

列　宁

载于1959年《列宁文集》俄文版　　　　　　　译自《列宁全集》俄文第5版
第36卷　　　　　　　　　　　　　　　　　第53卷第300页

549

致尼·亚·谢马什柯

1921年10月24日

谢马什柯同志：

我今天签署了小人民委员会关于拨给莫斯科20亿(大概是这么多，对吗？确实数目记不清了)清洁费的决定[438]，并且看了卫生人民委员部关于开展住宅环境卫生周的"条例"(**7月12日**《消息报》)，我得出一个结论，就是我的怀疑(怀疑整个这件事情做得非常不当)加重了。

几十亿会被拿光、偷光、侵吞光,而事情却办不成。

应当使莫斯科在清洁方面成为模范(开头至少也应该**说得过去**),因为再也找不出比"一等"的苏维埃住宅中的"苏维埃"垃圾更不像样的东西了。那在**非**一等住宅中又该是什么样子呢?

请给我送一份极简短而又准确无误、实事求是的报告,说明卫生周在什么地方得到了什么结果? 有没有哪一个省取得了某种成效?

其次,莫斯科正在做什么(和已经做了什么?)? 工作由谁负责? 是否都是一些浑浑噩噩、不懂业务、只会签署公文而又有显赫的苏维埃官衔的"官员"? 还是也有一些**务实**的领导者? 究竟是谁?

必须做到个人负责,这是最重要的。

为实行个人负责制,已经做了些什么?

由谁检查?

由检查员吗? 有多少人? 他们都是谁?

由青年小分队(共青团)吗? 有没有这样的青年小分队? 有多少? 他们在哪里? 表现如何?

还有什么别的能**切实**进行检查的方法?

花钱买了些有用的东西(石碳酸? 清洁工具? 买了多少?)还是养了一批不干事的新"官员"?

人民委员会主席

弗·乌里扬诺夫(列宁)

载于 1933 年《列宁文集》俄文版第 23 卷

译自《列宁全集》俄文第 5 版第 53 卷第 300—301 页

550

致瓦·弗·古比雪夫

（10月24日）

古比雪夫同志：

送上雷恩施坦同志给我的电话记录的抄件。

关于§3,请给我来封短信,告诉我同鲁特格尔斯的事是怎样**解决**的?

有没有合同**文本**? 应该立即给我送来。

关于§1:事情**非常**紧迫。请您让波格丹诺夫同志看一看这个§1,并把他的意见(如有必要,也连同您的意见)**尽快**告诉我:障碍在什么地方?

哈默的事①要**尽快**办妥并**订立**租让合同。

致共产主义的敬礼!

列 宁

载于1933年《列宁文集》俄文版
第23卷

译自《列宁全集》俄文第5版
第53卷第301—302页

---

① 见本卷第568号和580号文献。——编者注

551

致列·波·加米涅夫[439]

(10 月 24 日)

加米涅夫同志:

我意作如下答复:

"关于邮寄包裹问题的信已收到,我完全赞同。我国政府已允许胡佛邮寄包裹,只要美国政府不禁止,我们也很愿意允许你们邮寄。列宁。"

请谈谈您的意见,要不要再补充点什么? 还是先通过一项法令①?

列　宁

10 月 24 日

载于 1933 年《列宁文集》俄文版
第 23 卷

译自《列宁全集》俄文第 5 版
第 53 卷第 302 页

---

① 见本卷第 556 号文献。——编者注

552

致瓦·弗·古比雪夫

1921年10月24日

古比雪夫同志：

此事请您和波格丹诺夫商讨一下。

如果不同意,请给我**打电话**。

我是**赞成的**,因为这不是一般的全权,而**只是**一种对"组织委员会"委员人选提出异议的权利。[440]

致共产主义的敬礼!

列　宁

附言:此事甚急,因鲁特格尔斯5点钟就要走。

载于1959年《列宁文集》俄文版
第36卷

译自《列宁全集》俄文第5版
第53卷第302—303页

553

致格·瓦·契切林[441]

（10月24日）

契切林同志：

依我看，如此愚蠢的谣言，不应该、也不值得由政府出面驳斥。这件事交给报界，由他们去**狠狠地讽刺**那些信谣和传谣的人。这是厄克特和寇松之流的讹诈：在当前用这种谣言给签订合同制造困难。这是明显的讹诈。

致共产主义的敬礼！

列 宁

10月24日

载于1959年《列宁文集》俄文版第36卷

译自《列宁全集》俄文第5版第53卷第303页

554

致亚·李·舍印曼

10月24日

舍印曼同志：

您当然收到了政治局的指示[442]。

附上收到的答复(别洛夫同志为执行这项指示的答复)。暂不要外传。

只由您本人看,并请在明天附上几句意见退我。

致共产主义的敬礼!

列　宁

译自《列宁文集》俄文版第 37 卷
第 328 页

555

致德·伊·库尔斯基[443]

(10 月 25 日)

库尔斯基同志:

应该研究农业中的**租赁**和**租让**问题。

过去研究得不够。

原则上不允许租赁是有重大意义的。谁耕种,就归谁占有。

不应该有租赁。

但是**国营农场**或"未耕种的土地"的租赁呢?

这又当别论。

这是一种特殊形式。

这里也是谁耕种,就归谁占有。国家是所有者,国营农场的租赁者则耕种。这实际上不是租赁者,也不是原来意义上的租赁。

这不如说是**管理权**的转移。

应该更详细、更周密地研究这个问题。

列　宁

1921年

载于1924年莫斯科出版的《全俄苏维埃司法工作者第五次代表大会。速记记录》　　译自《列宁全集》俄文第5版第53卷第303—304页

556

给秘书的指示

（10月25日）

打电话给加米涅夫：

(1)法令(关于邮寄包裹的)[444]尚未公布；

(2)没有细则；

(3)请于**明天**提交劳动国防委员会。

载于1933年《列宁文集》俄文版第23卷　　译自《列宁全集》俄文第5版第53卷第304页

557

给德·伊·库尔斯基的便条和
给秘书的指示

10月25日

库尔斯基同志:要**立即**把协调的任务布置下去,[445]为此:

(1)将**全部**有关法令(注明日期)剪下并且贴好,四周要留出空白;

(2)按**逻辑**分类整理,**一式两份**,一份给我。

列　宁

请登记发出并在**明天**告诉我一下。

载于1933年《列宁文集》俄文版
第23卷

译自《列宁全集》俄文第5版
第53卷第304—305页

558

致约·维·斯大林

(10月25日)

斯大林同志:

请您阅后交米哈伊洛夫同志。

我大力向您推荐来人尼古拉·亚历山德罗维奇·**阿列克谢耶夫**同志。

我1902年在伦敦时就认识他,那时,我们一起在《火星报》工作。

他是一位很有学识的马克思主义者,布尔什维克,是一位非常尽职的同志。

他被迫留在西伯利亚已有10来年,想重新调到中央来。应该帮助他转到中央来,因为在西伯利亚呆10年是过分了,太过分了。

应该找一位绝对忠诚可靠的老党员接替他在西伯利亚的工作——西伯利亚的一些"共产党员"干的荒唐事和**蠢事层出不穷**。[446]

列 宁

载于1959年《列宁文集》俄文版
第36卷

译自《列宁全集》俄文第5版
第53卷第305页

559

☆希望购置的书刊(德国的出版物)

(10月25日)

一、下列不同政治派别的各个政党及会议的小册子和记录:

(1)共产党人,

(2)德国共产主义工人党,

(3)无政府主义者和工团主义者,

（4）独立党人（左翼和右翼）。

二、"光明"社[447]（类似拉茨科等等）派的长篇小说和中篇小说——和平主义的和批判性的作品，对帝国主义战争的评价、结论等等。

三、当代经济：战争的结果，经济恢复工作，工农业等方面的战后任务（特别是小册子、书和记录）。

四、**预订几份**

给共产国际，

给4—6所大学图书馆和别的图书馆及

其他单位。

《红旗报》[448]

德国共产主义工人党

《汉堡人民报》，

各类新书的目录

如此等等。

列　宁

10月25日

载于1933年《列宁文集》俄文版
第23卷

译自《列宁全集》俄文第5版
第53卷第306页

560

致尼·彼·哥尔布诺夫[449]

（10 月 26 日）

　　哥尔布诺夫同志:怎么回事？拖拉是由于什么原因？阅后请**今天就**告诉我。

列　宁

10 月 26 日

载于 1933 年《列宁文集》俄文版　　　　　　译自《列宁全集》俄文第 5 版
第 23 卷　　　　　　　　　　　　　　　　　第 53 卷第 307 页

561

给秘书的指示

（10 月 26 日）

　　请再到我那儿找出有关山道年的文件,然后交给斯莫尔亚尼诺夫或哥尔布诺夫**从速**研究。[450]

列　宁

10 月 26 日

载于 1933 年《列宁文集》俄文版　　　　　　译自《列宁全集》俄文第 5 版
第 23 卷　　　　　　　　　　　　　　　　　第 53 卷第 307 页

562

致尼·彼·哥尔布诺夫[451]

（10月26日）

哥尔布诺夫同志：

尼·米·克尼波维奇在科学界极有声望，是一位办事**绝对认真**而且认真得十分罕见的人。因此要**充分**信任他，要**立即采纳**他的建议。请**速**把他的建议交小人民委员会通过，如有任何阻拦，请告诉我。

列　宁

10月26日

载于1945年《列宁文集》俄文版
第35卷

译自《列宁全集》俄文第5版
第53卷第307页

563

☆致人民委员

交通人民委员

外交人民委员

内务人民委员

叶努基泽同志

1921年10月26日

请全力协助国际机车委员会[452]。该委员会和罗蒙诺索夫同志一同到此给俄罗斯联邦送来 1 700 辆新机车。

人民委员会主席

弗·乌里扬诺夫（列宁）

译自《列宁全集》俄文第 5 版
第 53 卷第 308 页

564

致俄共（布）中央政治局委员

（10 月 26 日）

致**政治局**委员

我认为**库尔斯基**同志的结论是唯一正确的。建议将这一结论作为人民委员会**补充**决定予以通过。[453]

列　宁

10 月 26 日

载于 1959 年《列宁文集》俄文版　　　　译自《列宁全集》俄文第 5 版
第 36 卷　　　　　　　　　　　　　　第 53 卷第 308 页

565

致瓦·安·特里丰诺夫

（10月26日）

特里丰诺夫同志：我不认为当前办报的计划是合理的。**这不是**燃料总管理局当前应抓的工作。[454]

致同志的敬礼！

列　宁

10月26日

载于1959年《列宁文集》俄文版
第36卷

译自《列宁全集》俄文第5版
第53卷第308页

566

致尤·弗·罗蒙诺索夫

1921年10月26日

致罗蒙诺索夫同志

抄送：拉德琴柯同志和

李维诺夫同志

请您同拉德琴柯和李维诺夫两同志初步协商一下，弄清瑞典提出的关于贷款(和承租)和开始谈判的建议。[455]在认清有此必要后,请您把**劳动国防委员会**或其他机构正式成立专门委员会(您、拉德琴柯和李维诺夫)的事告诉我。

劳动国防委员会主席

弗·乌里扬诺夫(列宁)

载于1959年《列宁文集》俄文版
第36卷

译自《列宁全集》俄文第5版
第53卷第309页

567

给列·波·加米涅夫的便条和
给秘书的指示

(10月26日)

加米涅夫同志:我们**人民委员会**正在研究**工资**问题[456]。您星期二能来吗？**一定来**?

此外,您最好**正式**提交人民委员会。

请于明天,10月27日,加米涅夫来时提醒我。

载于1933年《列宁文集》俄文版
第23卷

译自《列宁全集》俄文第5版
第53卷第309页

568

致路·卡·马尔滕斯

抄送:波格丹诺夫同志

1921年10月27日

马尔滕斯同志:

两个合同都收到了。现奉还。

为什么没有雷恩施坦和哈默给我看过的那些**补充条款**(草案上有)?[457]

要尽快使两个合同定稿并获得通过。

对**我方**提出的条件,我们要特别注意认真、**切实**地加以执行。

不要靠下命令!

我们这里如不经再三检查,就会把全部事情搞糟,结果一事无成。

要委派一名精明强干的人亲自负责并进行检查。

我们对承租人应该妥为**照顾**,这无论在经济上或政治上都极为重要。

您或最高国民经济委员会主席团正在采取什么措施,请告诉我。

人民委员会主席

弗·乌里扬诺夫(列宁)

附言:特别要弄清,是否要公布?

许多情况表明,把此项租让及合同公布出来让广大公众知道,对我们有非常重要的意义。

载于1933年《列宁文集》俄文版
第23卷

译自《列宁全集》俄文第5版
第53卷第310页

569

致伊·伊·拉德琴柯

1921年10月27日

拉德琴柯同志:

马尔滕斯同志给我送来了您和美国公司(哈默和米歇尔)签订的合同。

我认为,作为贸易的开端,这个合同具有重大的意义。

您务必对**切实履行我们**的各项义务给予**特别的**注意。

我相信,没有**极大的**压力和监督,是**什么事情也**办**不成**的。请您采取措施,严加防范,**检查**执行情况。

请告诉我,任命谁为执行合同的负责人,你们正在准备哪些商品,是不是要多动用国家珍品库中的那些工艺品,等等。

请每月向我作两三次汇报:什么东西运到了港口。

人民委员会主席

弗·乌里扬诺夫(列宁)

附言:1921年12月25日到达彼得格勒? 不晚吗?

载于1933年《列宁文集》俄文版
第23卷

译自《列宁全集》俄文第5版
第53卷第310—311页

570

给秘书的指示

(10月27日)

明天**7**时在**国防委员会**由罗蒙诺索夫作有关铁路的重要报告。**458**

特别要请**加米涅夫**、**克列斯廷斯基**和**全体**中央委员参加。

载于1933年《列宁文集》俄文版
第23卷

译自《列宁全集》俄文第5版
第53卷第311页

571

致列·波·加米涅夫

1921年10月27日

加米涅夫同志:

当我阅读一篇记述我的讲话的呆板、草率、文理不通的稿件**459**时,我简直是在又一次"受罪"。有鉴于此,我必须向您声明,原来我答应在星期六发表的讲话**460**,只有满足以下条件我才同意讲:会议主席和专门指定的有新闻报道经验的人在星期六中午12

时以前应当向我提出书面保证，保证作出条理清楚、文字通顺的记述。确切些说，就是要写出供发表用的讲话**报道**。他们要对文字负责，而且我有权公布他们的姓名。

没有这个条件，我将拒绝讲话。

由工作草率、文理不通的人把"整个"讲话记下来，那不是什么记录，而是最不学无术之徒炮制的可怕、荒诞、丢人、现眼的东西。

其实，应当作的不是讲话记录，而是条理清楚的简明的**讲话报道**。

不保证履行这一条，我不可能同意讲话。

致共产主义的敬礼！

列　宁

载于 1933 年《列宁文集》俄文版
第 23 卷

译自《列宁全集》俄文第 5 版
第 53 卷第 311—312 页

572

致彼·阿·波格丹诺夫

1921 年 10 月 28 日

波格丹诺夫同志：

我偶然得知，委员会（处理厄克特承租事宜的）[461] 至今还未动身！

这是骇人听闻的拖拉，太不像话。建议您对这次办事拖拉的责任者给予处分，并设法使委员会立即出发。

如果最高国民经济委员会容忍这种拖拉作风,那就不用搞任何"建设"了。

人民委员会主席

弗·乌里扬诺夫(列宁)

载于1933年《列宁文集》俄文版　　　　　译自《列宁全集》俄文第5版
第23卷　　　　　　　　　　　　　　第53卷第312页

573

致尤·弗·罗蒙诺索夫、
马·马·李维诺夫和伊·伊·拉德琴柯

(10月28日)

致罗蒙诺索夫、李维诺夫和拉德琴柯同志

你们委员会[462]10月27日的结论意见没有说清楚。

如果是"马上",就应该要求人民委员会或劳动国防委员会[在]12时任命这个"专门"代表团并尽快让它起程。

请委员会的每个委员对此向我作出回答。

整个事情要严格保密。

人民委员会主席

弗·乌里扬诺夫(列宁)

译自《列宁文集》俄文版第37卷
第328—329页

574

致叶·阿·普列奥布拉任斯基

10月28日

普列奥布拉任斯基同志：

请阅后退我。[463]

您的乐观态度，我看愈来愈为事实所否定。

无论如何，需要制定：

(1)日程表和

(2)作出概算：

　　(α)按某种标准给最低数量的工人(多少人)多少亿；

　　(β)有多少债务；

　　(γ)在什么时候、按何种先后次序清偿。

此外，要**根本**改变我国币制改革的**整个速度**。

拖延就有危险。

致共产主义的敬礼！

列　宁

载于1933年《列宁文集》俄文版
第23卷

译自《列宁全集》俄文第5版
第53卷第313页

575

致米·瓦·雷库诺夫

10月28日

雷库诺夫同志：

今昨两日您送来的公文[464]均已收到。我应当向您指出，您对事情的处理是不对的。

所有这类问题均应同人民委员(目前要同拉德琴柯)商量。

部务委员会的各个委员各行其是，不仅不符合宪法，而且就问题的本质来说也是不对的，这会造成拖拉和混乱。

人民委员会主席

弗·乌里扬诺夫（列宁）

载于1933年《列宁文集》俄文版
第23卷

译自《列宁全集》俄文第5版
第53卷第313—314页

576

致瓦·米·米哈伊洛夫并转
俄共(布)中央政治局

10月28日

致米哈伊洛夫同志

请在政治局通过。　　　　　　　　　　　　　　**秘密**

注意‖

这里指的是5—10亿瑞典克朗的款项。

我已指定一个预备委员会(罗蒙诺索夫、拉德琴柯、李维诺夫),请在该委员会作出肯定性结论之后加以批准。

我们还要加上舍印曼(财政人民委员部),但他**不必**去参加谈判。①

列　宁

载于1959年《列宁文集》俄文版　　　　　　译自《列宁全集》俄文第5版
第36卷　　　　　　　　　　　　　　　　　第53卷第314页

---

① 见本卷第566号文献。——编者注

577

致俄共(布)莫斯科河南岸区委员会

1921年10月28日

亲爱的同志们:

很抱歉,实在不能满足你们的要求。[465]日常事务太多了;简直无法提笔。很累。而我一累就写不了东西。对《共产国际》杂志等刊物,我还欠着一大笔文"债"呢。

致共产主义的敬礼!

列　宁

载于1959年《列宁文集》俄文版
第36卷

译自《列宁全集》俄文第5版
第53卷第314—315页

578

致伊·伊·拉德琴柯[466]

(10月28日)

拉德琴柯同志:这个材料想必已收到。如尚未收到,请您看一看这一份。看来到货有**推迟**的危险。我们又要错过时机,耽误事情了! 请指示您的专家拟一封催促、提醒的信(也许,要指定一个人负责在德国催促?),由我寄给斯塔尔科夫和斯托莫尼亚科夫。

无论如何要争取完成并在 1922 年 4 月按时运到。

列 宁

10 月 28 日

载于 1934 年出版的《列宁
在经济战线上》一书

译自《列宁全集》俄文第 5 版
第 53 卷第 315 页

579

给瓦·瓦·斯塔尔科夫的电报

(10 月 28 日)

密码

柏林   对外贸易人民委员部   斯塔尔科夫

现答复您 10 月 24 日第 411 号电报。我坚持主张,泥炭水力开采管理局的订货必须在 3 月底以前交付完毕,即运抵莫斯科。请尽快给我一个明确的答复。我极为担心,我们是否还会错过 1922 年。

人民委员会主席   **列宁**[①]

10 月 28 日

载于 1933 年《列宁文集》俄文版
第 23 卷

译自《列宁全集》俄文第 5 版
第 53 卷第 315 页

---

① 签署该电的还有副对外贸易人民委员伊·伊·拉德琴柯。——俄文版编者注

580

致小人民委员会

（10月31日）

向我们提供100万普特粮食的合同，意义极为重大。① 因此，应**立即**提供一处好的住所。

请专门加以督促，务使迅速而出色地完成此项任务。

人民委员会主席

弗·乌里扬诺夫（列宁）

1921年10月31日

载于1933年《列宁文集》俄文版
第23卷

译自《列宁全集》俄文第5版
第53卷第316页

581

给瓦·瓦·斯塔尔科夫的电报

（10月31日）

柏林　对外贸易人民委员部　斯塔尔科夫

请采取坚决措施缩短"马德鲁克"脱水设备的制造期限，以便能在6月开始试用。请设奖鼓励工厂并采取周密措施排除运输过程中的任何延误。

---

① 见本卷第515、550和568号文献。——编者注

请明确详尽地告诉我,您到底做了哪些工作,成效如何。

人民委员会主席   **列宁**

载于1933年《列宁文集》俄文版
第23卷

译自《列宁全集》俄文第5版
第53卷第316页

582

给秘书的指示和
给尼·彼·布留哈诺夫的电话记录

(10月31日)

请将电话记下来转交布留哈诺夫

我获悉,奥廖尔省和图拉省的粮食税征收工作进行得极其顺利和迅速。到过奥廖尔省的普列奥布拉任斯基保证说,全部粮食税在三周内即可交齐。请简单告诉我,您了解到的情况如何,你们那里是否经常收到关于粮食税征收情况的电报。模范的省或县要给予特别奖励。

为了使食盐储备集中,为了使食盐无论在俄罗斯联邦还是在乌克兰都只能用粮食购买,正在采取哪些措施?为了阻止乱用食盐交换商品,是否同样需要在各城市限制食盐的供应量。

列 宁

电话口授

载于1933年《列宁文集》俄文版
第23卷

译自《列宁全集》俄文第5版
第53卷第316—317页

583

致瓦·米·米哈伊洛夫

10月31日

米哈伊洛夫同志：

清党结束前，不是关着门吗？[467]

能否了解一下这个舍姆波隆斯基(我不认识他)对"工人反对派"[468]过去持什么态度？务请收集一下情况并告诉我。

如重新入党,则要规定一段不长的"考验"期。[469]

致共产主义的敬礼！

列　宁

译自《列宁文集》俄文版第37卷
第329—330页

584

致粮食人民委员部

(10月31日)

兹委托粮食人民委员部选出工作上最有成效而又未引起农民

不满的工作人员，以该部的名义对他们进行奖励。[470]

列　宁

10 月 31 日

载于1933年《列宁文集》俄文版
第23卷

译自《列宁全集》俄文第5版
第53卷第317页

585

给秘书的指示

（10 月）

分发通知的情况**极为紊乱**。

要定一个**明确的制度**，书面的(要由哥尔布诺夫签署)，并征得布里奇金娜的同意：

(a)由中央委员会书记在某限期内通知**某人**，

(b)由人民委员会的秘书们

　　(aa)**用电话**通知全体(或某些)人民委员，限期；

　　　(bb)**书面**通知全体，等等。

载于1933年《列宁文集》俄文版
第23卷

译自《列宁全集》俄文第5版
第53卷第317—318页

586

在尼·博·埃斯蒙特的便条上作的标记和
给尼·彼·哥尔布诺夫的批示[471]

(10月)

波罗茨基交来的关于里杰尔和埃基巴斯图兹的资料应当放在最高国民 ？
经济委员会,不过这些资料毫无价值,最高国民经济委员会有更完整、更新的
资料。我本人到过那里,甚至了解得更多。革命前我在彼得堡厄克特的一个
董事会供职并担任过极其重要的工作。

尼·埃斯蒙特

请继续收集有关里杰尔的一切资料,**要完整些**。

译自《列宁文集》俄文版第37卷
第330页

587

致伊·伊·拉德琴柯[472]

(10—11月)

拉德琴柯同志:

出口储备应该由对外贸易人民委员部的**小包买主**,即代办员

和代销人筹集。

　　他们的工作应按比例提成。

　　此事是否这样办,还是另有办法?

列　宁

载于1933年《列宁文集》俄文版　　　　　　译自《列宁全集》俄文第5版
第23卷　　　　　　　　　　　　　　　　第53卷第318页

588

给波多利斯克弹药厂管理委员会、工厂委员会、俄共(布)支部的电话稿

(11月1日)

　　(1)波多利斯克

　　(2)施略普尼柯夫同志

　　非常感谢同志们,如果我(很可能)不能到会的话,请原谅。请无论如何不要等我,不要推迟开会时间。[473]

　　致共产主义的敬礼!

列　宁

载于1933年《列宁文集》俄文版　　　　　　译自《列宁全集》俄文第5版
第23卷　　　　　　　　　　　　　　　　第53卷318页

589

致叶·阿·普列奥布拉任斯基

（11月1日）

普列奥布拉任斯基同志：

　　您看，问题酝酿研究得很**不够**。为了不致太出丑，**请坐下来好好研究一下**（您＋加米涅夫＋施米特）。**474**

列　宁

译自《列宁文集》俄文版第 37 卷
第 331 页

590

同阿·瓦·卢那察尔斯基的来往便条

1

（11月1日）

　　有关（意大利）代表大会的材料看了吗？

　　我想让您写一篇文章，使塞拉蒂这个骗子彻底垮台，声名狼藉，您是否愿意？

我很愿意。代表大会以前,我一直在观察动向,但是对这次代表大会,我了解得很少。需要弄到一份完整的材料。文章篇幅大致要多大,给哪个刊物用?

2

(11月2日)

卢那察尔斯基同志:

我建议写一篇长文章——尽量长,而且要多用一些准确的引文。这是必要的。我将帮助尽快发表。而由长文章改成短文章是什么时候都来得及的。

列　宁

载于1945年《列宁文集》俄文版
第35卷

译自《列宁全集》俄文第5版
第53卷第319页

591

致格·德·瞿鲁巴

(11月2日)

致卡希拉工程总工程师瞿鲁巴同志

你们事先没有充分考虑如何把从瑞典进口的变压器和变压器油立即领走。

不能容许将进口设备,像维什尼亚克所证实的那样,"堆置"在莫斯科海关。

您有错误,因为您没有采取一切措施切实保证迅速把设备领走(您本应注意让雷瓦尔收到准确的货单和送货地址)。

您说货单上写明卡希拉电站收,这种托词显然没有用。您并没有和对外贸易人民委员部专门联系过。

必须对以后的工作采取措施,诸如逐级地指明地址、交谁,指定专人负责。

请您把采取的措施通知斯莫尔亚尼诺夫同志。[475]

劳动国防委员会主席

弗·乌里扬诺夫(列宁)

载于1933年《列宁文集》俄文版
第23卷

译自《列宁全集》俄文第5版
第53卷第319—320页

592

致约·斯·温什利赫特

(11月2日)

致温什利赫特同志

据劳动国防委员会得到的消息,卡希拉工程局从国外进口的设备被堆置在莫斯科海关。①

---

① 见上一号文献。——编者注

此事已由斯莫尔亚尼诺夫同志转全俄肃反委员会经济部作为今年10月19日第14717号案件进行调查。

请下令严查。

结果请报劳动国防委员会办公厅。

劳动国防委员会主席

弗·乌里扬诺夫(列宁)

载于1933年《列宁文集》俄文版　　　　　　　译自《列宁全集》俄文第5版
第23卷　　　　　　　　　　　　　　　　　　第53卷第320页

593

☆致最高国民经济委员会、
粮食人民委员部、交通人民委员部、
农业人民委员部、对外贸易人民委员部

(11月2日)

据《经济生活报》责任编辑克鲁敏同志说,各部委至今尚未委派负责人员代表各部委参加《经济生活报》编辑部下设的咨询委员会(劳动国防委员会1921年7月22日决定,第3条)。

请立即委派负责人员参加《经济生活报》咨询委员会并在**一周**内将他们的姓名报劳动国防委员会办公厅。

劳动国防委员会主席

载于1933年《列宁文集》俄文版　　　　　　　译自《列宁全集》俄文第5版
第23卷　　　　　　　　　　　　　　　　　　第53卷第321页

594

致叶·阿·普列奥布拉任斯基[476]

(11月3日以前)

1

请提供数字:

(1)**您**的货币改值会使发行量增加**多少倍**?

(2)为什么不**降低**(以后)纸币的质量以加速其自然报废?

2

您反对1:50 000的比率的论据是:

(1)工人领25 000卢布＝¼卢布!!

(2)黄金的价格将不成比例。

如果1:10 000呢?

(1)工人领25 000卢布＝2½卢布,

全俄中央执行委员会委员领27 000卢布＝一个月2

卢布70戈比,

(2)黄金呢?

您的论据的**实质**可否归结为:还应当保留再作一次"退却"的

可能性,即**只能**在卢布的汇率**稳定**之后,我们才使纸币同黄金**等值**

（这要一年、两年或更多时间）。是这样吗？

而现在

（a）需要发行

（b）1:10 000 ＝小心的**尝试**，"摸摸底"。

3

（1）按谢苗·叶努基泽的计算：

几乎同样数量的纸张（13 000 和 12 000 普特）可印出

45 000 亿旧卢布，而新卢布则为 45 700 万，也相当于

45 000 亿旧卢布。

是否如此？

由此得出什么结论？

（2）为了使发行的货币**更快地自然报废**，使用**劣质**纸张是否更

为有利？

载于1959年《列宁文集》俄文版
第36卷

译自《列宁全集》俄文第5版
第53卷第321—322页

595

致尼·彼·哥尔布诺夫[477]

(11月3日)

哥尔布诺夫同志:

　　请把此事弄清楚,规定完成条件,然后告诉我(或交我签署)。

列　宁

11月3日

载于1933年《列宁文集》俄文版
第23卷

译自《列宁全集》俄文第5版
第53卷第322页

596

致莫·伊·弗鲁姆金[478]

(11月3日)

致粮食人民委员部弗鲁姆金同志

请就这两个材料

查对事实;在星期四中午12时以前或者提出自己的修改意见

(或者另写材料),或者同意所述事实。

人民委员会主席

弗·乌里扬诺夫(列宁)

11月3日

载于1933年《列宁文集》俄文版
第23卷

译自《列宁全集》俄文第5版
第53卷第323页

597

致德·伊·库尔斯基

1921年11月3日

库尔斯基同志:

您担任主席的那个委员会(人民委员会1921年11月1日为修改有关新经济政策的法律而成立的)[479]是否应吸收克里茨曼同志参加,因利用委员会同您那个委员会的工作任务密切相关。请把您的意见告诉我。

第3条(11月1日决定)对利用委员会以及其他类似的委员会和国家计划委员会无疑也应适用。[480]

11月1日的决定应适当加以补充。

人民委员会主席

弗·乌里扬诺夫(列宁)

载于1933年《列宁文集》俄文版
第23卷

译自《列宁全集》俄文第5版
第53卷第323页

598

致小人民委员会主席

致小人民委员会主席同志

1921年11月3日

李维诺夫同志要我请您务必于今日审议
同蒙古政府的协定。[481]

请函告能否办到。

致共产主义的敬礼!

列　宁

载于1945年《列宁文集》俄文版　　　　　　译自《列宁全集》俄文第5版
第35卷　　　　　　　　　　　　　　　　第53卷第324页

599

致阿曼德·哈默

1921年11月3日

亲爱的哈默先生:

　　雷恩施坦同志告诉我,您今晚离开莫斯科。我感到十分遗憾,
我正忙于参加我们党中央委员会的会议。抱歉得很,不能同您再
见一面以表示对您的敬意。

　　请向您的父亲、詹姆斯·拉金、鲁滕贝格和费格松所有这些被

关进美国监狱的优秀同志转达我的问候。向他们所有的人转致我最热烈的同情和最良好的祝愿。

为给我国工人送来面粉,为您承租企业,谨向您和您的朋友们再一次致以崇高的敬意。这个开端极为重要。想必它会产生巨大的影响。

致最良好的祝愿!

您的真诚的   **列宁**

附言:我的英文十分蹩脚,请原谅。

原文是英文

载于1926年1月21日《红色日报》第17号

译自《列宁全集》俄文第5版第53卷第324页

600

给德·伊·库尔斯基的批示[482]

(11月3日)

秘密

库尔斯基同志:

请核实、查明并把处理意见交我签署。

列 宁

11月3日

译自《列宁文集》俄文版第39卷第325页

601

给尼·彼·哥尔布诺夫的指示[483]

（11月3日）

哥尔布诺夫：请核实并催办。

列　宁

11月3日

译自《列宁文集》俄文版第 39 卷
第 325 页

602

致瓦·米·米哈伊洛夫并转
俄共（布）中央政治局[484]

（11月3日）

秘密

米哈伊洛夫同志：建议传阅。事情紧迫。

我提议：

(1)撤销组织局的决定,把这两辆汽车交给外交人民委员部。

(2)向帕·彼·哥尔布诺夫提出警告:如他再忽视这些事情,

我们决不容忍。他有责任为汽车去争斗,而且要斗赢。

列 宁

11月3日

译自《列宁文集》俄文版第39卷
第325—326页

附　　录

1921 年

1

致路·卡·马尔滕斯[485]

（6 月 27 日）

马尔滕斯同志：

请您对美国工人建立第 36 缝纫厂充分地、大力地给予支持。

在领取需用物资，特别是管道、管道配件（三通管、套管等）和电线时，凡遇到拖拉现象，都请予以消除。

请协助全体工人得到住房，房产局应毫不拖延地解决这个问题。

要在最短期间内使工厂建成并迅速投产。现在，整个工作上存在着不可容忍的疏忽大意和官僚主义。

劳动国防委员会主席

载于 1932 年《列宁文集》俄文版
第 20 卷

译自《列宁全集》俄文第 5 版
第 53 卷第 327 页

2

致瓦·马·利哈乔夫

（6月27日）

致莫斯科省国民经济委员会主席利哈乔夫同志

请您对一批美国工人建立莫斯科第36缝纫厂的工作充分地、大力地给予支持。

请给莫斯科缝纫工业托拉斯负责人谢里亚科夫同志下达相应的指示。

在领取物资，特别是管道、管道配件和电线时，凡遇到拖拉现象，都请予以清除。

在这件事情上存在着不可饶恕的拖拉作风和官僚主义。

请协助全体工人从房产局毫不拖延地得到住房。

要在最短期间内使工厂建成投产。

劳动国防委员会主席

载于1932年《列宁文集》俄文版第20卷

译自《列宁全集》俄文第5版第53卷第327—328页

3

☆致莫斯科国民经济委员会主席团[486]

（6月27日）

现将第36缝纫厂厂长穆济琴科代表在该厂工作的从美国归来的侨民写的一份申请书寄给你们。

请你们迅速讨论这一申请,如果认为应予满足,请立即满足他的要求。

劳动国防委员会主席

弗·乌里扬诺夫(列宁)

译自《列宁全集》俄文第5版
第53卷第328页

4

致瓦·弗·施米特

（7月2日）

致劳动人民委员部施米特同志

抄送:最高国民经济委员会主席

尽管我在6月25日发出的第7482号信①中已要求采取措施

---

① 见本版全集第50卷《附录》第48号文献。——编者注

防止事前不经电站行政领导的同意擅自放走卡希拉电站职工,但莫斯科市劳动局负责延长假期和调动工作的专门委员会却继续这样做,因此给工作带来了混乱,推迟了卡希拉电站工程竣工日期,从而违反了政治局的决定。请您对此作出解释。

人民委员会主席

弗·乌里扬诺夫(列宁)

载于1932年《列宁文集》俄文版
第20卷

译自《列宁全集》俄文第5版
第53卷第328—329页

5

☆给最高国民经济委员会、

农业人民委员部、粮食人民委员部、

对外贸易人民委员部、

财政人民委员部的电话

(7月4日)

命令你们按下属部门和总管理局迅速收集有关当前市场上最珍贵的商品(成品、原材料等等)的生产问题的资料,在初步讨论后派一名负责代表携带资料于星期五即7月8日上午11时到小人民委员会出席一个专门委员会的会议。

会议由小人民委员会主席基谢廖夫同志主持。

人民委员会主席

弗·乌里扬诺夫(列宁)

1921 年 7 月 4 日

载于 1945 年《列宁文集》俄文版
第 35 卷

译自《列宁全集》俄文第 5 版
第 53 卷第 329 页

6

☆给农业人民委员部、粮食人民委员部、

最高国民经济委员会、对外贸易人民委员部、

邮电人民委员部、内务人民委员部、

外交人民委员部和财政人民委员部的电话[487]

(7 月 4 日)

请召集你们部门的负责代表开会,讨论国家给居民提供的各种劳务以及目前你们部门免费分配的物品的收费问题。

材料和法令草案请于 7 月 15 日前提交小人民委员会主席基谢廖夫同志。

人民委员会主席

弗·乌里扬诺夫(列宁)

1921 年 7 月 4 日

译自《列宁全集》俄文第 5 版
第 53 卷第 330 页

7

给尼·亚·谢马什柯的电话

（7月15日）

卫生人民委员部　　谢马什柯同志

请速派一名医生前往卡希拉电站工地，因该工地集聚着大批工人，可能发生霍乱这种流行病。

人民委员会主席列宁命令

载于1932年《列宁文集》俄文版
第20卷

译自《列宁全集》俄文第5版
第53卷第330页

8

给俄共（布）各省委员会和区域委员会的电报

（7月30日）

致各省委员会和区域委员会

中央重申由人民委员会主席列宁和副粮食人民委员布留哈诺夫签署的给各省执行委员会和省粮食委员会的第251号通电[488]，并请各省委员会注意以下情况：（1）共和国粮食状况因一些省份歉收而变得极其严重，自由买卖和自由交换由于一系列原因而不能解决供给问题,农产品价格普遍上涨,轻重工业产品的价格相对下跌;(2)所以,目前不宜过分夸大商品交换的作用而把税收推到次要位置,这是一种不可容忍的短视行为。解决粮食危机的主要条件是有效地征收实物税。鉴于上述情况,中央坚决建议各省委员会:(1)采取紧急措施恢复和加强粮食机关,在全省范围内不经粮食人民委员和粮食委员会的允许不得调整粮食机关和撤换粮食工作人员;(2)进一步动员党内力量和工会力量充实粮食机关,以保证在两周内确定税务检查人员编制——每乡不少于一人;(3)鉴于这是一项新工作,而且为了对村苏维埃进行领导,给每乡至少派一名同志作为临时检查员;(4)在农村居民中组织开展广泛的鼓动工作,讲明及时、足额缴税在经济上的好处;(5)让农村共产党支部协助村苏维埃征税;(6)提高粮食机关在党内、苏维埃机关内以及居民中的权威,这一权威在向新政策过渡时大大受挫,为此应采取措施禁止对粮食工作人员进行全盘否定、缺乏根据的指责;(7)采取措施使那些错误查无实据的同志重新从事粮食工作;(8)要注意到,依法赋予县省两级粮食人民委员对不如期缴税的人进行司法和行政处罚的权力以及限制甚至暂时停止自由交换的权力,是征税工作(纳税是一项义务)顺利进行的保障;(9)推选以前接触过粮食工作、熟悉粮食工作且立场坚定的同志担任革命法庭粮食庭庭长;(10)建立粮食机关与党组织之间以及粮食机关与执行委员会尤其是与村苏维埃、乡执行委员会之间的全面联系;(11)使粮食机关具有必要的党的权威和充分的国家强制机关的力量。中央要求各省委员会会同执行委员会和省粮食委员会至少每周向中央提交一份关于上述工作的准备和落实情况的报告,并抄送粮食人民委员部;指派中央和粮食人民委员部的同志专门负责对提交报告一事进行监督。责成省委员会书记、委员以及省执行委员会主席和省粮食委员正确及时地筹划粮食机关的工作。

　　　　　　　劳动国防委员会主席　**列宁**①

译自1999年《不为人知的列宁文献
(1891—1922)》俄文版第463—464页

9

给各区域经济委员会的电报

(7月30日)

立即拍发

通令:叶卡捷琳堡、哈尔科夫、顿河畔罗斯托夫、

彼得格勒、经济委员会、各区域经济委员会

　　命令你们:1.及时地把经济委员会会议记录寄至劳动国防委员会办公厅,一式三份,不得拖延。2.把解决问题时所根据的全部材料(书面报告、提纲、决定和通告)的副本以及历次会议的速记记录全文(如果作过速记的话),均附于经济委员会会议记录之后。3.把经济委员会和某些经济机关出版的经济杂志和报纸每种三份寄至劳动国防委员会办公厅。

　　　　　　　劳动国防委员会主席　**列宁**

译自《列宁全集》俄文第5版
第53卷第331页

---

① 签署该电报的还有"俄共(布)中央书记莫洛托夫"。——俄文版编者注

10

致彼·阿·波格丹诺夫

（8月1日）

致最高国民经济委员会主席团主席波格丹诺夫同志

为查清各工厂和国家仓库现存制品数量（中央和地方的供应机关已发提货单者除外），望您立即用直达电报向各省国民经济委员会、工业局和各区管理委员会询问它们管辖的工厂和国家仓库今年8月1日的商品储存量，并要它们指出，对其中的多少商品已分别向下列单位发出领货证件（提货单、凭单和命令）：

（1）粮食人民委员部、省粮食委员会、中央消费合作总社和各省消费合作社，以及（2）所有其他组织和机关。

库存数量用一般单位计算（普特、俄尺、件等等），按一般商品分类（窗玻璃、玻璃器皿、靴鞋、棉织品等等），要在今年8月10日以前上报最高国民经济委员会中央供应管理局。

在编制总计资料时望能按利用委员会现有的各计划局（办公用品局、纺织品局等等）进行商品分类，于今年8月15日前交给我。

人民委员会主席

弗·乌里扬诺夫（列宁）

载于1933年《列宁文集》俄文版第23卷

译自《列宁全集》俄文第5版第53卷第331—332页

11

给彼得罗巴甫洛夫斯克
革命委员会的直达电报

（8月5日）

彼得罗巴甫洛夫斯克　革命委员会
抄送：彼得罗科克切塔夫工程局

　　鉴于建筑彼得罗巴甫洛夫斯克—科克切塔夫紧急运粮铁路线具有特殊意义，同时考虑到迁出管理局无异于中断历尽艰辛才安排妥善而目前又处于紧张施工中的工程，建议把彼得罗科克切塔夫工程管理局留在原处不动。请报告执行情况。

劳动国防委员会主席　**列宁**

1921 年 8 月 5 日

载于 1933 年《列宁文集》俄文版
第 23 卷

译自《列宁全集》俄文第 5 版
第 53 卷第 332 页

12

给燃料总管理局的电话[489]

（8月8日）

燃料总管理局

命令你们在3天内向波多利斯克工厂提供1 000普特供铸造用的焦炭，以便完成卡希拉工程的订货。请报告执行情况。

人民委员会主席　**列宁**

载于1933年《列宁文集》俄文版　　　　　译自《列宁全集》俄文第5版
第23卷　　　　　　　　　　　　　　　第53卷第333页

13

给橡胶工业总管理局的电话[490]

（8月8日）

橡胶工业总管理局

命令你们在3天内解决卡希拉工程局申请拨给物资的问题。

人民委员会主席　**列宁**

载于1959年《列宁文集》俄文版　　　　　译自《列宁全集》俄文第5版
第36卷　　　　　　　　　　　　　　　第53卷333页

14

给路·卡·马尔滕斯的电话

1921年8月10日

致最高国民经济委员会冶金局局长马尔滕斯同志

　　卡希拉工程局反映得不到所订购的螺栓、螺母和垫圈。安装工作因无螺栓而陷于停顿；请采取紧急措施，在三周内发出卡希拉工程50％的订货。

人民委员会主席　　列宁

载于1933年《列宁文集》俄文版
第23卷

译自《列宁全集》俄文第5版
第53卷第333—334页

15

给西伯利亚各领导机关的电报[491]

（8月12日）

新尼古拉耶夫斯克　　西伯利亚粮食委员会　　卡尔马诺维奇

西伯利亚革命委员会　　斯米尔诺夫

西伯利亚局　　雅柯夫列娃

鄂木斯克　　西伯利亚交通区

　　我不得不指出，你们执行劳动国防委员会6月21日决定的工作是不能令人满意的,关于这个决定,粮食人民委员部6月22日向你们发过通知(第79758号)。既成的局面使我不得不在你们完成劳动国防委员会提出的战斗任务中亲自担任总的领导,并且在各个阶段每天都要监督你们的工作。我命令,从8月15日起,每昼夜给莫斯科粮食人民委员部发出一列直达货车,每列货车不得少于30节车皮。这些货车定名为人民委员会专车,从21日起单独编号。我责成卡尔马诺维奇同志在3天内报告下列情况,这些情况都是您为了进行总的领导——领导各单位实现劳动国防委员会提出的战斗任务所必须经常掌握的:1.有哪些铁路区段负责运送专门供给中部地区的50万普特粮食,每个区段负责多少;2.应由每个区段运送的粮食,有多少放在车站上或是放在车站附近,其余的粮食平均距离是多少;3.畜力车运送工作情况如何,为了保证毫不拖延地执行我的要求,即每天按时发出一列车粮食,您准备用什么办法把粮食集中到车站;4.现有人力和用以散装粮食的车皮能否保证完成装运工作,西伯利亚粮食委员会、西伯利亚交通区为保证完成任务事先采取了哪些措施。望您今后每隔5天,即在第6天用政府电话线通过粮食人民委员部值班员向我报告情况,如与粮食人民委员部值班员联系不上,则可通过野战司令部电话线联系。8月21日要按下列格式送交第一份报表:每一铁路区段未来5天预计运输量,车站现存的待运中部地区的粮食数量,过去5天的装车量,以及在此期间用直达货车发往中部地区的粮食数量,剩余的已经装好准备发往中部地区但车皮尚未编组的粮食数量。不管由于何种原因,只要对完成任务稍微有一点担心,您都必须报告您采取了哪些预防措施,并说明发出命令的日期。此外,必须每天按上述地址报告发车情况,说明货车的编号和始发站。发出的货车要有责任押车员带领卫队护送,并配备加油工负责保持运转部件正常。粮食人民委员部和交通人民委员部以前规定的整个汇报制度仍保留。责成西伯利亚革命委员会和西伯利亚局对西伯利亚粮食委员会和西伯利亚交通区执行此项战斗任务时的日常工作给予切实有效的帮助。此电收到后请立即回电并上报领导此项工作的干部的职务和姓名,同时指出每人的管辖范围。

人民委员会主席　**列宁**

1921 年 8 月 12 日

载于 1933 年《列宁文集》俄文版第 23 卷　　　　　　　　　译自《列宁全集》俄文第 5 版第 53 卷第 334—335 页

16

给燃料总管理局的电话[492]

燃料总管理局

1921 年 8 月 12 日

命令你们在一周内给梅舍格铸铁厂运送 1 000 普特焦炭,供铸造卡希拉工程急需的铸件之用。

人民委员会主席　**列宁**

载于 1930 年 1 月 21 日《工人报》第 17 号　　　　　　　　　译自《列宁全集》俄文第 5 版第 53 卷第 336 页

17

给尼·尼·瓦什科夫的电话[493]

（8月16日）

急

最高国民经济委员会电力局瓦什科夫同志

请速告卡希拉工程局订购的裸线、铠装电缆、绝缘线、套管和变阻器材料的情况。必须采取措施以最快速度把上述器材送到。

人民委员会主席　**列宁**

载于1933年《列宁文集》俄文版　　　　　　　译自《列宁全集》俄文第5版
第23卷　　　　　　　　　　　　　　　　　　第53卷第336页

18

给亚·巴·谢列布罗夫斯基的电报[494]

（8月18日）

急。用直达电报

巴库　谢列布罗夫斯基同志
抄送:巴库　教堂街199号　格尔法特工程师

请发紧急命令,从巴库石油委员会各仓库拨给卡希拉工程局代表格尔法特工程师一批安装和调试用的器材和工具,按其所选品种照发。请报告执行情况。所选全部器材请派人火速护送至卡希拉,交卡希拉工程局。

人民委员会主席　**列宁**

载于 1933 年《列宁文集》俄文版
第 23 卷

译自《列宁全集》俄文第 5 版
第 53 卷第 336—337 页

19

给尼·尼·瓦什科夫的电话[495]

(8 月 22 日)

最高国民经济委员会电力局　瓦什科夫

为了把电流从科茄霍沃变电站输送至市内,您采取了哪些措施,请速告。

人民委员会主席　**列宁**

载于 1933 年《列宁文集》俄文版
第 23 卷

译自《列宁全集》俄文第 5 版
第 53 卷第 337 页

20

给乌克兰恢复顿巴斯特别委员会的电报[496]

（8月26日）

哈尔科夫　乌克兰恢复顿巴斯特别委员会

劳动国防委员会命令，今后停止征用属于尤佐夫卡、彼得罗夫斯克、马克耶夫卡三个冶金工业联合工厂的燃料。

劳动国防委员会主席　列宁

载于1933年《列宁文集》俄文版
第23卷

译自《列宁全集》俄文第5版
第53卷第337页

21

给 В.И.弗里德贝格的电话[497]

（9月2日）

莫斯科苏维埃运输局　弗里德贝格同志

命令你们采取非常措施，把卡希拉工程局存放在莫斯科的货物从仓库运至铁路车站。请报告执行情况。

人民委员会主席　**列宁**

载于1933年《列宁文集》俄文版
第23卷

译自《列宁全集》俄文第5版
第53卷第338页

22

给西伯利亚革命委员会的电报[498]

（9月4日）

鄂木斯克　西伯利亚革命委员会

命令你们火速采取措施，使亚马尔半岛考察团在鄂木斯克不致受到地方当局的阻拦。地方当局应像作战那样全力协助把考察团送到工作地点。请电告执行情况。

人民委员会主席　**列宁**

载于1933年《列宁文集》俄文版
第23卷

译自《列宁全集》俄文第5版
第53卷第338页

23

给燃料总管理局的电话[499]

（9月6日）

燃料总管理局

命令你们采取一切措施于今年10月15日前供给卡希拉电站足够数量的煤炭。

人民委员会主席　**列宁**

载于1933年《列宁文集》俄文版
第23卷

译自《列宁全集》俄文第5版
第53卷第338页

24

给科洛姆纳厂的电报

（9月7日）

急

戈卢特维诺站　科洛姆纳厂　叶列宁同志
抄送：加肯工程师
卡希拉　卡希拉工程局

鉴于卡希拉电站工程的施工亟待完成，命令突击加班完成该工程的全部订货。请报告执行情况。

人民委员会主席　**列宁**

载于1933年《列宁文集》俄文版　　　　　　译自《列宁全集》俄文第5版
第23卷　　　　　　　　　　　　　　　第53卷第339页

25

给列·波·加米涅夫的电话[500]

（9月9日）

致莫斯科苏维埃主席加米涅夫同志
抄送：克雷连柯同志

　　鉴于卡希拉电站驻莫斯科办事处今年11月1日以前的工作极端重要和不容间断，请您给予协助，使办事处能留在它现在所占用的住所（剧院大街3号），因办事处一迁移，特别是在目前工程紧张进行之际，会给工作造成损失。

人民委员会主席　**列宁**

载于1933年《列宁文集》俄文版　　　　　　译自《列宁全集》俄文第5版
第23卷　　　　　　　　　　　　　　　第53卷第339页

26

给尼·巴·布留哈诺夫的电话

（9月12日）

粮食人民委员部　布留哈诺夫同志

抄送:哈拉托夫

请采取一切措施,按时给卡希拉工程供应粮食和饲料。

据卡希拉工程局申请,他们急需4 000普特燕麦,另外每周卡希拉需要3车皮粮食,科茹霍沃需要1车皮粮食。

请报告所采取的措施。

人民委员会主席　**列宁**

载于1933年《列宁文集》俄文版
第23卷

译自《列宁全集》俄文第5版
第53卷第340页

27

给尼·尼·瓦什科夫的电话

（9月12日）

最高国民经济委员会电力局　　瓦什科夫同志

　　请对我询问的情况①作补充说明：卡希拉工程局需要的电缆、绝缘线以及安装卡希拉电站设备所需的其他器材已交付了多少。

　　请把最近一个月已交付的全部器材清单经您签署后送给我。

人民委员会主席　　**列宁**

载于1930年1月21日《工人报》　　　　　译自《列宁全集》俄文第5版
第17号　　　　　　　　　　　　　　　　第53卷第340页

28

给费利克斯·柯恩的电话

（9月19日）

用秘密电话询问

哈尔科夫　乌克兰共产党中央委员会　柯恩同志

　　乌克兰共产党中央委员会已作出决定，要求各省委在各省贫

---

　　①　见本卷《附录》第17号文献。——编者注

苦农民委员会[501]代表大会上使如下提案获得通过：从各省贫苦农民委员会的基金中提取50％用以救济饥民。请报告这一指示在各地是否得到执行。

劳动国防委员会主席　**列宁**

载于1933年《列宁文集》俄文版　　　　　译自《列宁全集》俄文第5版
第23卷　　　　　　　　　　　　　　　　第53卷第341页

29

致克·格·拉柯夫斯基

（9月19日）

哈尔科夫　　拉柯夫斯基同志
抄送：弗拉基米罗夫同志

　　俄罗斯联邦粮食人民委员部拨给你们200亿卢布纸币，其中100亿给基辅，100亿给哈尔科夫，用以购买粮食和牲畜。最近期间，打算在乌克兰的现金配额之外，另给你们每月拨款500亿，专门用来购买粮食。俄共中央委员会要求您：(1)由财政人民委员部的所有机关亲自负责，务使这些拨款只用于指定用途，(2)责成各粮食部门在乌克兰粮食人民委员部和各省粮食人民委员负责督办下，把拨款只用于购买粮食和牲畜。俄共中央委员会要求您将俄罗斯联邦人民委员会8月23日颁布的法令及全俄苏维埃中央执行委员会关于食盐专卖的补充规定登记备案。

劳动国防委员会主席　**列宁**

载于1933年《列宁文集》俄文版　　　　　　译自《列宁全集》俄文第5版
第23卷　　　　　　　　　　　　　　　第53卷第341页

30

给燃料总管理局的电话

（9月27日）

燃料总管理局

命令你们火速给卡希拉工程局供应1 000普特焦炭。

人民委员会主席　**列宁**

1921年9月27日

载于1933年《列宁文集》俄文版　　　　　　译自《列宁全集》俄文第5版
第23卷　　　　　　　　　　　　　　　第53卷第342页

31

给阿·巴·哈拉托夫的电话

（9月30日）

粮食人民委员部　哈拉托夫同志

命令你们采取紧急措施，为卡希拉工程局补足9月份未送去的食品,主要是鱼和肉,并拨给10月份的食品。

人民委员会主席　**列宁**

载于1933年《列宁文集》俄文版　　　　　译自《列宁全集》俄文第5版
第23卷　　　　　　　　　　　　　　　　　第53卷第342页

32

给波多利斯克工厂的电报

(9月30日)

波多利斯克　　原"辛格尔"工厂管理处
缅施科夫

　　命令您亲自负责完成为满足卡希拉工程的需要而交给你处的订货任务,要在10月10日以前按卡希拉工程局的要求如数完成。

人民委员会主席　**列宁**

载于1933年《列宁文集》俄文版　　　　　译自《列宁全集》俄文第5版
第23卷　　　　　　　　　　　　　　　　　第53卷第342—343页

33

☆致辛比尔斯克弹药厂管理处

（9 月 30 日）

　　命令你们立即执行最高国民经济委员会主席波格丹诺夫同志的指示，把技师和电气技术人员祖巴诺夫兄弟调往卡希拉工程局工作。

人民委员会主席　**列宁**

载于 1933 年《列宁文集》俄文版
第 23 卷

译自《列宁全集》俄文第 5 版
第 53 卷第 343 页

34

给图拉省粮食委员会的电报

（9 月 30 日）

　　　　图拉　省粮食委员会　　　　　　　　急电
　　　抄送：卡希拉工程采购办事处
　　　　卡希拉工程局

　　命令你们收到此电后立即执行粮食人民委员部的通知，拨给卡希拉工程局 5 000 普特燕麦，30 000 普特干草，10 000 普特面粉。从莫尔德韦斯和博加季谢沃两车站调拨 37 000 普特燕麦。

调拨马铃薯的通知也须执行。请报告执行情况。

人民委员会主席　**列宁**

载于1933年《列宁文集》俄文版
第23卷　　　　　　　　　　　译自《列宁全集》俄文第5版
　　　　　　　　　　　　　　第53卷第343页

35

告水运员工书

（9月底）

西伯利亚、萨拉托夫、南方和高加索各交通区、

各州管理局和区管理局、航线处、

水运航务段和水运办事处

　　目前伏尔加河流域遭受饥荒，国内燃料和物资缺乏，迫切要求你们水运员工在闭航前全部完成通过水路运送粮食、军需品、燃料和其他货物的任务，使苏维埃共和国这一次也能战胜困难。

　　我们坚信，你们一定会全力以赴，按时把货物运到指定地点，并顺利地、有秩序地把船只停泊到对过冬和维修都很方便而又安全的地点。

劳动国防委员会主席　**列宁**①

载于1933年《列宁文集》俄文版
第23卷　　　　　　　　　　　译自《列宁全集》俄文第5版
　　　　　　　　　　　　　　第53卷第344页

---

　　①　签署该文献的还有副交通人民委员亚·伊·叶姆沙诺夫。——俄文版编者注

36

给图拉、阿列克辛、塔鲁萨和
科洛姆纳县劳动委员会的电报

（10月6日）

图拉、阿列克辛、塔鲁萨和科洛姆纳
县劳动委员会

　　兹命令立即招募20名抹灰工并把他们派到卡希拉参加卡希拉电站的建筑工作。请报告执行情况。

人民委员会主席
弗·乌里扬诺夫（列宁）

载于1933年《列宁文集》俄文版
第23卷

译自《列宁全集》俄文第5版
第53卷第344页

37

关于采取措施完成征收
粮食税任务的电报①

（10月24日）

各省粮食人民委员、省执行委员会主席、
全俄中央执行委员会特派员,遭受饥荒的地区除外

伏尔加河流域的饥荒使共和国处境极端困难,这要求我们采取一切措施百分之百地完成征收粮食税的工作。全俄中央执行委员会第四次会议决定,由粮食人民委员部担负这项任务。所有地方苏维埃机关责无旁贷,都必须全力协助粮食部门完成这项工作。与隐瞒耕地和谎报人口的行为作坚决斗争,是征足粮食税的一项极重要措施。为此,必须贯彻人民委员会10月19日的决定。鉴于离降雪期不远,我命令:(1)宣布向隐瞒耕地行为作斗争是各粮食部门在苏维埃机关无条件协助下进行的一项突击性工作。(2)在一昼夜内成立省的反隐瞒耕地委员会,由省粮食人民委员、省土地局长和工农检查院代表组成,并有省统计局代表参加;同时还要成立由上述人员组成的巡查委员会,专门

---

① 见本卷第547号文献。——编者注

负责查明和找出中央机关审定的耕地数量。(3)11 月 10 日前结束省内确定耕地面积的工作,并按耕地实际面积征税。(4)在报刊上开展广泛的宣传运动,把各乡农用地和居民的统计数字加以公布,并与征税时获得的数字相对比,让所有正直的苏维埃公民都检举隐瞒行为。(5)各乡专门委员会查明的耕地数量要提交乡执行委员会,如与征税结果不一致,则要求乡执行委员会主席亲自负责查明瞒地情况,作出说明,如情况不能令人满意,则把隐瞒的耕地数量根据各村耕地面积按比例分摊给各村。立下的文据须送交粮食革命法庭核准,核准之后,依法令第 4 条和第 5 条按户征税。11 月 10 日以后,所有失职人员及隐瞒耕地的户主均须交粮食革命法庭审判。(6)按照粮食人民委员部 9 月 9 日第 1032 号命令建立起来的乡检查委员会的工作应当加强,要交给他们明确的任务,让他们依照省专门委员会核准的县总计数字去核实县专门委员会确定的各乡耕地和人口总计数字;要增加乡检查委员会的数量,同时给它们以帮助。(7)县和省的土地规划处、省统计局、县统计局均须按照粮食部门的要求提出全部必需的资料,并须根据现有的关于乡和村农用地面积的地图和文件进行鉴定。劳动国防委员会 10 月 21 日决定,把 60% 的土地丈量员按土地局指示派给粮食部门使用一个月,以完成专门委员会交给的工作。你们要充分利用派去的力量,遇有疑难情况,即派丈量员去当地在乡专门委员会领导下进行丈量。(8)所有地方专门委员会均须建立战斗性的汇报制度,汇报完成县专门委员会任务的情况。我责成省粮食人民委员每三天向省执行委员会主席团作一次工作进度报告。每五天要向粮食人民委员部组织采购局报告一次工作进度。法令实施细则近日内即可送达。

人民委员会主席　**列宁**①

载于1933年《列宁文集》俄文版　　　　　译自《列宁全集》俄文第5版
第23卷　　　　　　　　　　　　　　第53卷第345—346页

38

给五金工会莫斯科省分会的电话

（11月3日）

全俄五金工会莫斯科省分会

请把省分会掌握的有关上月各金属加工厂的实际供应情况的材料送交劳动国防委员会参阅。

劳动国防委员会主席

载于1933年《列宁文集》俄文版　　　　　译自《列宁全集》俄文第5版
第23卷　　　　　　　　　　　　　　第53卷第347页

39

给尼·尼·瓦什科夫的信的提纲②

（不早于7月10日）

　(α)致谢

---

① 签署该电的还有副粮食人民委员莫·伊·弗鲁姆金。——俄文版编者注
② 见本卷第169号文献。——编者注

(β)补充材料。

(1)**1920 年**：**7 670** 千瓦。是否包括沙图尔卡？

(2)是否也包括图拉供电网？

(3)能否把大型电站，如 **1 000** 千瓦以上的电站，单独列出？

(4)1921 年的几个月？

(5)关于"筹建初期"区电站的详细情况？

(6)"**能够**供应"莫斯科吗？**供应**了没有以及**什么时候**供应的？

(7)博尔舍沃和儿童村电站的**详细情况**(竣工月份？)。

(γ)10 月代表大会[502]的材料？能否收集得**更详细些**？关于**774** 个电站的情况。

(δ)21 年 10 月代表大会以前各电站讲课情况？

载于 1932 年《列宁文集》俄文版
第 20 卷

译自《列宁全集》俄文第 5 版
第 53 卷第 347 页

40

给图书管理员的便条和
在进口图书目录上作的标记

(9 月 11 日)

请把作了标记的书送来。

列　宁

9 月 11 日

进口图书目录

语种	作　者	书　　名	出版单位	出版年代	出版地点	册数
	88					
英文	莫里斯·希里奎特	从马克思到列宁	汉弗出版公司	1921	纽约	1
英文	拉拉·拉杰帕特·雷	对印度政治形势的看法	奥托·维干德出版公司	1917	莱比锡	1
德文		1921年赖兴贝格党代表大会。资本主义世界危机和共产国际	龙格公司人民书店出版社	1921	赖兴贝格	1

载于1959年《列宁文集》俄文版第36卷

译自《列宁全集》俄文第5版第53卷第348页

注　释

1　这份电报是对撒马尔罕党组织一批共产党员1921年6月15日来信的答复。在这封致"世界共产主义革命大军第一名士兵"的信中,这些共产党员向列宁热烈致敬,并表示对新经济政策的拥护。1921年6月27日列宁在该信信封上给秘书写了如下批示:"**急**。打电报给他们表示感谢和赞许。草稿交我。"(参看《列宁文稿》人民出版社版第17卷第129页)电稿是人民委员会秘书处根据列宁的指示拟的。——1。

2　1921年7月20日,劳动国防委员会通过一项决定,规定了若干办法,以消除在拍发有关渔业及鱼品运输的电报时发生的拖延现象。——4。

3　这个便条是对俄共(布)中央书记处询问人民委员会党员秘书情况的答复。——4。

4　这份电报看来是粮食人民委员部起草的,电稿上有粮食人民委员部部务委员阿·巴·哈拉托夫的签名和粮食人民委员亚·德·瞿鲁巴所作的修改。电报的最后一句是列宁写的。——5。

5　1921年6月29日,俄共(布)中央政治局讨论了马·高尔基关于成立全俄赈济饥民委员会的建议并在原则上予以赞同。按照建议,这个委员会中除苏维埃政权的代表外,还要有资产阶级的"社会活动家"(尼·米·基什金、叶·德·库斯柯娃、谢·尼·普罗柯波维奇等人)参加。为了防止他们利用这一机构为自己的反革命目的服务,政治局于7月12日作出决定,批准在委员会内成立党员小组的计划。

　　全俄赈济饥民委员会于1921年7月21日成立,与根据全俄中央执行委员会1921年2月17日决定成立的全俄中央执行委员会所属中央赈济饥民委员会同时并存。但委员会中的反苏维埃分子执行了反革命的政策,竭力对救济饥民的组织工作实行怠工,拒绝执行中央执行委员会关于把主要力量派到地方上去救济饥民的建议。1921年8月27日,全俄肃反委员会对赈济饥民委员会一些成员进行搜查和逮捕,结果证明该委员会实际上成了反苏维埃活动的中心。1921年8月30日,苏维埃政府宣布撤销全俄赈济饥民委员会,它的一些骨干分子被勒令离开苏俄。关于全俄赈济饥民委员会,见本卷第54、263号文献。——6。

6 1921年6月25日,俄共(布)中央政治局会议通过了用1亿金卢布在国外市场上购买3 000—5 000万普特粮食的决定。会议批准成立由安·马·列扎瓦、列·米·欣丘克、彼·拉·沃伊柯夫和莫·伊·弗鲁姆金组成的小组,要求该小组采取一切措施紧急采购价值1亿金卢布的粮食,对筹措抵偿这笔款额的出口物资一事进行监督,每两周向政治局报告一次执行决定的情况。列宁这里提到的电报就是根据这项决定发出的。这两份密码电报由列扎瓦签署,一份发往鄂木斯克给对外贸易人民委员部驻西伯利亚特派员Φ.И.洛卡茨科夫,要求他在中国东北市场上购买政治局决定先购买的1 000万普特中的600万普特。另一份发往伦敦给列·波·克拉辛,通知他必须购买其余的400万普特。关于这个问题,可参看本版全集第50卷第36号文献。——7。

7 这个批示写在教育人民委员部副人民委员叶·亚·利特肯斯的来信上。来信说,教科书出版工作在新学年开始前陷于停顿。——9。

8 卡希拉区电站工程于1919年2月开工,按计划应于1921年底竣工。但由于困难重重,国营卡希拉电站第一期工程(12 000千瓦)于1922年6月4日才竣工投产。

列宁认为这项工程意义重大,对其进展情况十分关心,经常检查工程所需的材料、劳力、燃料、装备的供应情况。——10。

9 指同哥德堡瑞典滚珠轴承股份公司就签订租让合同问题进行的谈判。

1921 年 10 月 18 日，人民委员会因该公司拒绝承认苏俄对已国有化的滚珠轴承仓库的所有权而否决了由最高国民经济委员会提出的租让合同草案。10 月 20 日和 27 日，俄共(布)中央政治局开会讨论了这个问题，表示赞成与瑞典滚珠轴承公司继续谈判。同该公司的合同于 1923 年 4 月签订。

关于这一问题，参看本卷第 219、290、490、524、525、544 号文献。——11。

10　列宁提出询问后收到了邮电人民委员瓦·萨·多夫加列夫斯基、最高国民经济委员会电力局局务委员会主席尼·尼·瓦什科夫的答复和全俄肃反委员会送来的材料，材料中说，无线电讯部主任 C. M. 艾森施泰因工程师已被释放，因为对他的指控证据不足；至于电力托拉斯中央管理委员会副主席 A. A. 施瓦尔茨工程师，全俄肃反委员会控告他向外国公司提供经济情报，对他的侦查尚未结束。——12。

11　看来是指格·马·克尔日扎诺夫斯基给列宁的回信。列宁曾去信要求克尔日扎诺夫斯基对国家建筑工程委员会的状况和人员组成谈谈自己的意见(见本版全集第 50 卷第 374 号文献)。克尔日扎诺夫斯基在回信中谈了国家建筑工程委员会目前的状况，以及他对波·伊·戈尔德贝格、康·阿·阿尔费罗夫、M. C. 鲁多米涅尔、谢·德·马尔柯夫、B. C. 普罗佐尔以及国家建筑工程委员会其他委员的看法，并提出了加强委员会的一系列措施，其中包括吸收工人和国家建筑工程委员会的忠实的老工作人员担任委员、派季·弗·萨普龙诺夫和尤·弗·罗蒙诺索夫担任领导。

1921 年 5 月 12 日最高国民经济委员会主席团批准萨普龙诺夫任国家建筑工程委员会主席，格·德·瞿鲁巴任副主席，米·瓦·扎哈罗夫任委员，并责成萨普龙诺夫和瞿鲁巴商定其他人选。——13。

12　这里说的是劳动国防委员会和对外贸易人民委员部驻外高加索各苏维埃共和国副全权代表 Ф. Я. 拉比诺维奇关于阿塞拜疆石油工业状况的报告。——14。

13 这封信的第一部分是列宁对格·马·克尔日扎诺夫斯基的文章《致我们的批评家们》第一稿提的意见。该文是为答复尤·拉林发表在1921年6月9日《真理报》上的文章《苏维埃工业的秘密》而写的。拉林的文章对国家计划委员会的工作提出了批评。克尔日扎诺夫斯基在给列宁的信中写道:"出于一时气愤,我当时信手写了《致我们的批评家们》一文,但后来发觉文中讽刺味道过浓,于是决定作废;您如有空读点东西消遣,可以顺便一阅……"后来,克尔日扎诺夫斯基改写了自己的文章(见本卷第349号文献)。

　　信的第二部分(从"至于向劳动国防委员会的汇报"开始)是列宁对克尔日扎诺夫斯基将向劳动国防委员会作的关于国家计划委员会工作的报告提的建议。报告于1921年7月8日进行。——14。

14 列宁的这封信大概是在接到列·波·克拉辛1921年7月4日的来电后写的。克拉辛来电报告说,俄国的反革命分子(君主派分子、立宪民主党人和右派社会革命党人)1921年6月底在巴黎召开了代表大会,会上通过一项决定:在7月底或8月初在喀琅施塔得和彼得格勒组织暴动,以推翻苏维埃政权。——18。

15 1921年7月7日俄共(布)中央政治局责成全俄肃反委员会采取必要的防范措施,同时还决定派"金属工业工人中的老党员在最近几周内去彼得格勒"。——19。

16 1921年4月,成立了一个以弗·德·凯萨罗夫为主席的教学地图集绘制特别学术委员会。列宁在1921年5月31日给巴·米·巴甫洛维奇的信中提出了这项工作的计划(见本版全集第50卷第442号文献)。

　　1921年6月,苏俄驻德国代表机构的工作人员、经济学家帕·路·拉品斯基被吸收参加绘制和出版地图集的工作。列宁对这项工作的进展情况十分关注(见本版全集第50卷第465、538号文献,本卷第24、238、305、337、361号文献)。

　　列宁的这个指示写在凯萨罗夫关于教学地图集的报告(参看《列宁文稿》人民出版社版第17卷第154页)上。在报告上面列宁写了:"**交福季耶娃**。关于帝国主义地图集一事见第2页。"指示第1点谈的是邀请莫斯科的专家的问题;第2点谈的是报告第4节,即建议派人到国外去购买绘制地图集所必需的书刊资料的问题。绘制工作后来拖延了,因而地图集当时未能出版。——19。

17 斯大林当时在纳尔奇克治病,1921年6月底离纳尔奇克到梯弗利斯参加俄共(布)中央高加索局全会的工作。——20。

18 指1921年7月1日列宁在共产国际第三次代表大会上作的《捍卫共产国际策略的讲话》(见本版全集第42卷)。列宁把这篇讲话稿送给托·лl.阿克雪里罗得,以便在共产国际第三次代表大会会刊《莫斯科报》上发表。——20。

19 这个文献写在副粮食人民委员尼·巴·布留哈诺夫和副对外贸易人民委员安·马·列扎瓦给俄共(布)中央的一份报告上。报告讲到有可能在波斯东北部购买到500万普特小麦,并请求为此拨出400万银卢布。1921年7月6日,俄共(布)中央政治局通过了这一建议。7月18日,小人民委员会拨款400万卢布给对外贸易人民委员部。——21。

20 指共和国革命军事委员会野战司令部参谋长帕·巴·列别捷夫关于在遭受饥荒的省份招募志愿人员的建议。这项建议是列别捷夫1921年7月3日给共和国革命军事委员会副主席埃·马·斯克良斯基的公函中提出的。他写道,闹饥荒地区的居民正涌向城市。同时,农业、电站、工地、森林采伐区劳动力不足,劳动军、民警部队等都不满员。

在公函上方有斯克良斯基关于支持列别捷夫的建议和关于把这个问题呈报劳动国防委员会的批注。——22。

21 1921年9月2日,劳动国防委员会批准了埃·马·斯克良斯基提出的关于在遭受饥荒的省份招募两万名不在国营企业和机关工作的志愿人员来补充乌克兰护粮民警部队的决定草案。——22。

22 指下列有关殖民地和原料产地分配统计的材料:亚·苏潘《欧洲殖民地的扩张》,哥达市别尔特斯出版社版;约·乔·巴塞洛缪编制的《世界贸易图表集》和德国的海运年鉴《航海》。卡·拉狄克在一份材料里列举了这些书,列宁的便条就写在这份材料上。——23。

23 列宁给捷克斯洛伐克共产党创始人之一博胡米尔·什麦拉尔的这个便条是在共产国际第三次代表大会的一次会议上为准备关于俄共(布)策略问题的报告而写的。列宁于1921年7月5日在代表大会第17次会议上作了这个报告(见本版全第42卷第38—56页)。——23。

24 指共产国际第二次代表大会通过的文件《加入共产国际的条件》。——23。

25 《前进报》(«Vorwärts»)于1911年5月在赖兴贝格(即利贝雷次)创刊(日报),当时是奥地利社会民主党左派的机关报。第一次世界大战开始时被查封。战后由捷克斯洛伐克社会民主党(左派)复刊。从1921年起成为捷克斯洛伐克共产党(德意志人部分)的机关报。在该报周围形成了以卡·克雷比赫为首的捷克斯洛伐克"左派"。——24。

26 指美国参议员约瑟夫·法朗士访问苏维埃俄国一事。1921年7月15日,列宁接见了这位参议员,同他进行了谈话(见本卷第77号文献)。——24。

27 这里说的是劳动国防委员会所属的以伊·捷·斯米尔加为首的一个专门委员会。该委员会是根据1921年7月8日劳动国防委员会决定成立的,负责解决有关提高巴库和格罗兹尼油田以及顿涅茨矿区生产率的问题。

关于这个问题,参看本卷第255、471、472号文献。——25。

28 这里说的是渔业和鱼品工业总管理局(主席是 A.И.波嘉耶夫)同粮食人民委员部之间的冲突。它们之间分歧的实质是,渔业和鱼品工业总管理局坚持应把该局纳入最高国民经济委员会直属各总管理局的系统,而粮食人民委员部则希望保留自己对渔业和鱼品工业总管理局的领导。

1921年7月7日,俄共(布)中央专为解决这一纠纷而成立的一个委员会,决定将渔业和鱼品工业总管理局留在粮食人民委员部内,责成两个单位的领导人在工作中要密切合作并建立正常关系。

　　列宁要求火速消除纠纷,因为中央机关的摩擦对下级机关的工作产生了消极影响。关于这一问题,参看本卷第 65、119、120、121、123、124、141、162 号文献。——27。

29　指列宁 1921 年 7 月 6 日在共产国际第三次代表大会策略问题委员会上就捷克斯洛伐克问题所作的讲话。——27。

30　瓦·萨·多夫加列夫斯基在 1921 年 7 月 13 日写给列宁的报告中谈了发往巴赫姆特的电报受到拖延一事的处理情况。——32。

31　俄共(布)中央政治局 1921 年 7 月 9 日通过了下述决定:"准许列宁同志休假一个月,在休假期间只准参加政治局会议(除特殊情况经中央书记处决定外,不得参加人民委员会和劳动国防委员会会议)。"——34。

32　这封信是对列·纳·克里茨曼的答复。克里茨曼曾要求为他这个劳动国防委员会资源利用委员会主席规定出"固定的接见时间,如果可能,每月两次:一次一小时,一次十分钟"。他还要求支持他向俄共(布)中央组织局提出的希望批准米·扎·曼努伊尔斯基和 H.Π.沙霍夫策夫为该委员会委员的建议。

　　1921 年 8 月 29 日,俄共(布)中央组织局决定把曼努伊尔斯基从普斯科夫召回,调到资源利用委员会。8 月 17 日和 9 月 23 日劳动国防委员会先后批准沙霍夫策夫和曼努伊尔斯基为该委员会委员。——34。

33　这个批示写在格·瓦·契切林 1921 年 7 月 9 日来信上。来信报告:国际红十字会代表弗里特奥夫·南森建议为彼得格勒居民寄食品,但有一个条件,就是外国代表参加对食品分配的监督(参看注 39)。——35。

34　看来这里说的是同德国克虏伯康采恩签订租让合同的问题。1922 年 3 月 22 日苏维埃政府同克虏伯签订了租让合同(见本版全集第 52 卷第 385 号文献)。——36。

35　奥尔格什(埃舍里希组织的简称)是君主派军官格·埃舍里希于1920
　　　年3月在巴伐利亚成立的反革命的半军事组织。在国防军司令部的帮
　　　助下,这个组织的分支机构遍及整个德国。奥尔格什积极参加镇压工
　　　人的革命运动,对摧毁巴伐利亚苏维埃共和国起了重要作用。1921年
　　　6月,奥尔格什根据协约国的要求被解散。——36。

36　这里说的信件看来是指本卷第43、44、45、46号文献。这里说的草案是
　　　指最高经济委员会主席团1921年7月6日通过的最高国民经济委员
　　　会关于实行新经济政策原则的提纲草案。——37。

37　指1921年7月9日俄共(布)中央政治局通过的《关于加强粮食工作》。
　　　决定说:"同意组织局的意见,即必须解除尽可能多的共产党员以及其
　　　他特别宝贵的同志(作为例外)的工作,把他们调去做粮食工作,为此不
　　　惜暂时关闭某些机关十分之九的部门,某些不十分重要的人民委员部
　　　的下属机构甚至可以全部关闭。"——38。

38　指列宁对最高国民经济委员会主席团1921年7月6日通过的最高国
　　　民经济委员会关于实行新经济政策原则的提纲草案所作的修改(见本
　　　版全集第60卷第436—440页)。经列宁修改后的草案分送给格·
　　　马·克尔日扎诺夫斯基、伊·捷·斯米尔加、尼·巴·布留哈诺夫、
　　　安·马·列扎瓦、瓦·亚·阿瓦涅索夫及瓦·弗·施米特等人。7月
　　　11日,最高国民经济委员会主席团再次审查了提纲草案并加以批准,
　　　然后送俄共(布)中央政治局讨论。1921年7月12日和16日,人民委
　　　员会和俄共(布)中央政治局分别对最高国民经济委员会的提纲进行审
　　　查。政治局同意把提纲作为基础,并成立了一个专门委员会来负责文
　　　字修改。该委员会提出了提纲的新方案,列宁对这个新方案也作了修
　　　改(见本版全集第42卷第84—85、499—502页)。7月23日,在各工
　　　会中央委员会共产党党团、莫斯科省工会理事会主席团和彼得格勒各
　　　工会代表联席会议上对这个草案进行了讨论。联席会议同意把提纲
　　　作为基础,并成立了一个委员会,同党中央成立的委员会一起对提纲
　　　的文字作了最后修改。8月9日,提纲经党中央全会通过并于同日由
　　　人民委员会以《人民委员会关于实行新经济政策原则的指令》为名作

为法律颁发(见《苏共和苏联政府关于经济问题的指示》1957年莫斯科俄文版第1卷第254—259页)。

　　关于这一问题,还可参看本卷第44、45、46号文献。——39。

39　此件写在俄共(布)中央书记维·米·莫洛托夫的来信上。信中提出了供政治局委员进行表决的两项建议是:(1)委托彼·阿·波格丹诺夫和格·弗·策彼罗维奇两人的委员会草拟将同德国财团签订的关于参与恢复彼得格勒五金工业的合同草案;(2)弗里特奥夫·南森关于向彼得格勒居民寄食品的建议。1921年7月11日,俄共(布)中央政治局通过了这两项建议。——42。

40　给瓦·亚·斯莫尔亚尼诺夫的这两个便条都是就装备喀拉海远程运输队以便运送商品至西伯利亚鄂毕河和叶尼塞河河口一事而写的。运送商品的目的是组织同瑞典的康采恩交换货物。西伯利亚革命委员会副主席谢·叶·丘茨卡耶夫在1921年7月8日拍给列宁的电报中对这次远程运输是否有意义表示怀疑,因为列·波·克拉辛已撤销同瑞典人签订的合同而改向英国人购买货物。

　　1921年7月14日,斯莫尔亚尼诺夫和克拉辛受列宁的委托一起草拟了给丘茨卡耶夫的复电,告诉他为保证这次运输成功而采取的措施。——44。

41　这个文件是对红色工会国际第一次代表大会法国代表米歇尔·克内勒的答复。后者要求列宁接见他和汤姆·曼(英国)、吉拉里斯·奥尔兰迪斯(西班牙)、居约·威廉斯(美国)等人。他们是由一部分工会代表团召开非正式会议选出与列宁商谈释放因从事反革命活动被捕的俄国无政府主义者问题的。

　　关于这个代表团同列宁会见情况的回忆,见1961年《苏共历史问题》杂志第1期第163—164页。——45。

42　这两个指示是就《人民委员会和劳动国防委员会给各地方苏维埃机关的指令》的印刷工作被拖延一事而写的。列宁于1921年5月写成《劳动国防委员会给各地方苏维埃机关的指令》的草案(见本版全集第41

卷）。草案经广泛讨论后于1921年6月30日作为《人民委员会和劳动国防委员会给各地方苏维埃机关的指令》由全俄中央执行委员会主席团批准，列宁要求赶紧印出（见本卷第69、113、116号文献）。列宁了解到印刷这本小册子拖延的原因不在印刷厂，而是由于校样改动很大，于1921年7月14日在给瓦·亚·阿瓦涅索夫和帕·伊·波波夫的便条中建议指定一名责任校对员。——47。

43 克里姆林宫警卫长P.A.彼得松在1921年7月15日给列宁的报告中汇报了已采取的措施，包括建立每昼夜对收发室检查几次的制度。——48。

44 这个便条是在俄共（布）中央政治局1921年7月12日开会讨论全俄赈济饥民委员会问题时写的。尼·亚·谢马什柯反对成立这样一个委员会，理由是孟什维克和社会革命党人会利用这个委员会来进行反对苏维埃政权的活动。为了防止发生这种情况，政治局通过了在委员会内成立党员小组的计划并决定在委员会主席团内只吸收一定数量的资产阶级"社会活动家"。——49。

45 指工程师科甘（见本卷第57号文献）。——49。

46 指阿塞拜疆石油委员会主席亚·巴·谢列布罗夫斯基在1921年7月8日写给列宁的信。信中讲到巴库石油工业的困难情况并提出了整顿生产的措施。——49。

47 这里说的是粮食人民委员尼·巴·布留哈诺夫1921年7月12日的来信。来信对俄共（布）中央政治局1921年7月9日作出的一项决定提出了意见。这项决定规定：粮食人民委员部的命令是否符合现行法律要由司法人民委员部和工农检查人民委员部预先加以检查。布留哈诺夫抱怨说，这样一来，要取得德·伊·库尔斯基和瓦·亚·阿瓦涅索夫的签名就得占用两天时间，而这会耽误地方粮食机关的工作。他请求同意把修改7月9日的决定和取消"对粮食人民委员部实行的、只会导致有害的拖拉作风的预先检查制"的问题提交政治局讨论。

列宁在布留哈诺夫的信上给莉·亚·福季耶娃写了一个批示:"请注意,**不要超过两小时。列宁　7月12日**"。福季耶娃写来便条问,对布留哈诺夫要求把这个问题提交政治局一事应如何答复以及在签署被拖延时应采取哪些措施,列宁写的这个文献就是对福季耶娃的便条的答复。——50。

48 1921年7月13日瓦·亚·斯莫尔亚尼诺夫在给列宁的回信中说:"科甘工程师同斯米尔加和克尔日扎诺夫斯基已谈过工作问题。科甘同克尔日扎诺夫斯基已建立了充分的联系,已向科甘作出指示,并从他那里得到了一切必需的材料。斯米尔加同志的巴库之行关系着巴库电力方面的许多实际问题的解决。"(参看本卷第55号文献)——51。

49 1921年7月初,在同工农检查人民委员部部务委员亚·阿·科罗斯捷廖夫的一次谈话中,列宁建议工农检查人民委员部设立一个经济部门促进委员会。科罗斯捷廖夫应就这一问题在莫斯科苏维埃主席团会议上作报告。然而他的报告在原定日期没有作成,因为省苏维埃第三次代表大会正好在这一天开幕。1921年7月15日,科罗斯捷廖夫在新选出的莫斯科苏维埃执行委员会上作了报告。

列宁认为经济部门促进委员会的活动具有重大意义,要求经常向他报告委员会的工作进展情况(见本卷第137、159号文献)。——52。

50 这个指示是在收到红军战士、共产党员И.А.谢米扬尼科夫的来信后写的。谢米扬尼科夫在来信中向列宁报告了顿河州某些粮食工作人员和党员干部管理混乱、盗窃成风和滥用职权的事例,请求立即采取措施克服这种引起工农愤慨的腐败现象。——54。

51 列宁对美国第三党即美国工农党的评价,见本版全集第42卷第335页。

米·马·鲍罗廷在1921年7月14日的复信中说,他将根据现有材料在五天之内写好一份报告。

在收到鲍罗廷的报告后,列宁写了回信(见本卷第138号文献)。——55。

52　这里说的是以亚·格·施利希特尔为主席的一个委员会。该委员会是在1921年5月根据列宁的倡议为详细调查国家珍品库(属财政人民委员部)工作并整顿国家珍品保管工作而成立的。关于这一问题,参看本卷第152、223号文献。——56。

53　这个批示写在全俄中央执行委员会和人民委员会土耳其斯坦事务委员会主席米·巴·托姆斯基1921年7月12日由塔什干发来的电报的背面。来电报告阿拉木图发生了水灾。由于技术上的障碍,电文抄录不清,有些地方无法理解。因此列宁指示必须"要求尽快订正"。——57。

54　电话稿上有如下附言:"打电话告诉他们,弗·伊·希望今晚就收到答复。"1921年7月14日,列宁收到了中央委员会成立的负责调查渔业和鱼品工业总管理局与粮食人民委员部之间纠纷的委员会的会议记录。——58。

55　这个批语写在阿·阿·越飞的来信上。来信的第一部分谈到了关于挑选干部以及对党和国家建设中的一些其他问题的想法。列宁在信上加了批语并画了着重线。例如,列宁在信中谈到组织者应善于挑选工作人员的地方画了着重线,并在页边写了批语:"说得对!"

　越飞在信的第二部分中谈到了自己的工作并建议成立一个外交政策委员会以协调外交人民委员部同对外贸易人民委员部和财政人民委员部的工作。——59。

56　这个文件是列宁对波·米·沃林1921年7月6日来信的回信。沃林在来信中说,他得过重病,"鉴于我的健康状况,我长时间内还无法动身去省里,<u>我切盼能够完全留在劳动国防委员会工作</u>"。画着重线的这句话,列宁在页边上用三条竖线标了出来,并写上"注意"二字。

　根据俄共(布)中央组织局1921年8月22日的决定,沃林被任命为《俄罗斯通讯社宣传资料》的编辑。——60。

57　《经济生活报》(《Экономическая Жизнь》)是苏维埃俄国的报纸(日报),1918年11月—1937年11月在莫斯科出版。该报最初是最高国民经济委员会和经济系统各人民委员部的机关报，1921年7月24日起是劳动国防委员会机关报，后来是苏联财政人民委员部、国家银行及其他金融机关和银行工会中央委员会的机关报。1937年11月16日，《经济生活报》改为《财政报》。——63。

58 这个批示写在民族事务人民委员部部务委员兼东方学学会主席米·巴·巴甫洛维奇给列宁的来信上。巴甫洛维奇在信中说，他已吸收了一些著名的专家参加地图集的地图绘制工作。他还写道："我认为，还要为教学地图集绘制五六幅主要地图以代替过去那种刻板的欧、亚、美、澳、非各洲地图。这些主要地图是：(1)英帝国及其在世界各大洲的殖民地、势力范围、半殖民地等；(2)法国也要仿此；(3)美国也仿此；(4)日本也仿此；(5)也许还有意大利。可以利用各种色调标出这些或那些国家依附它们的程度。我们要把俄罗斯联邦及其在东西方的思想影响范围与所有这些帝国主义列强加以对照。您是否赞同这个想法？"——64。

59 指以弗·德·凯萨罗夫为主席的教学地图集绘制特别学术委员会。——64。

60 这个便条是对亚·阿·科罗斯捷廖夫来信的答复。来信解释了经济部门促进委员会没有着手工作的原因，例如，原因之一是至今还未在莫斯科和彼得格勒的企业中对工人实行集体供应。——65。

61 小人民委员会1921年7月14日通过了如下决定："责成小人民委员会7月11日会议主席韦托什金同志：(1)查明这些消息是如何得以登载在《经济生活报》上的；(2)处分失职人员；(3)在报刊上登载相应的更正；(4)向人民委员会主席列宁同志进行解释。"

列宁收到这个决定后，在第4条下画了着重线并写道："这样的'解释'在哪里？请于今天上午给我送来。"小人民委员会主席阿·谢·基谢廖夫7月15日报告列宁说："契切林同志的抗议所依据的消息不确实，说轻点，是出于误会。"——66。

62　指雅罗斯拉夫尔省执行委员会主席1921年7月14日发来的电报,其中报告了在伏尔加河上粮食装卸时被盗的情况。——67。

63　这个批示写在对外贸易人民委员列·波·克拉辛送来的便条背面。克拉辛在便条里报告,他和他的副手安·马·列扎瓦坚持取消在中国东北购买粮食的交易,因为已有可能在美国、加拿大、阿根廷和其他一些国家买到粮食。人民委员会于1921年7月15日讨论了这个问题,责成克拉辛、副粮食人民委员莫·伊·弗鲁姆金和中央消费合作总社理事会主席列·米·欣丘克弄清在东方市场上出售黄金的安全保证等情况。——67。

64　格·瓦·契切林在回信中说:"您的信我已转交温什利赫特同志。不管他的意见如何,我认为无疑必须对法朗士讲清,我们不能牺牲自身的安全。在美国还没有同我们达成和解、没有保证以友好态度对待我们的时候,存在着美国支持某种喀琅施塔得式叛乱的危险。因此,把一个美国间谍放回美国是有损于安全的。尽管我们十分珍视法朗士先生的竞选利益,但这种牺牲太过分了。"7月18日,契切林又补充写道:"谨向您转告刚收到的肃反委员会的回答。法朗士是在不准谈在押犯问题的条件下才被允许入境的,如果他违反这个条件,不应当迎合他。"——69。

65　指燃料总管理局局长伊·捷·斯米尔加率领劳动国防委员会的一个工作组赴顿巴斯、巴库和格罗兹尼。1921年7月19日(星期二)劳动国防委员会会议审议了燃料工业状况问题并批准了《关于发展和支援燃料工业的措施》的决定草案。——69。

66　这个批示写在副对外贸易人民委员安·马·列扎瓦给俄共(布)中央政治局和列宁的信上。列扎瓦在信中提议就是否满足塔吉克斯坦共和国加入外高加索共和国联邦的愿望问题征求斯大林的意见。

　　列宁在原信上"关于塔吉克斯坦共和国加入外高加索共和国联邦"和"请俄共中央委员会征求斯大林同志对这个问题的意见"这两句话下面画了着重线。——71。

67　指俄共（布）中央关于巴库工作人员不得违反苏维埃政府对波斯（伊朗）的政策的决定草案。决定于1921年10月3日经俄共（布）中央政治局通过。——72。

68　《红色权利报》（《Rudé Pravo》）是捷克斯洛伐克的报纸（日报），于1920年9月21日创刊。起初是捷克斯洛伐克社会民主党（左派）机关报，后为捷克斯洛伐克共产党中央机关报。——73。

69　指1921年5月14—16日在布拉格召开的捷克斯洛伐克社会民主党（左派）代表大会。这次代表大会创建了捷克斯洛伐克共产党。

　　列宁仔细地研究了捷克斯洛伐克共产党成立大会的材料（见本卷第84、239号文献）。——73。

70　同英国工业家和金融家莱·厄克特进行的租让谈判是1921年6月中旬在伦敦开始的。厄克特在十月革命前是俄亚联合公司董事长，俄国一些大型矿业企业的业主。

　　列宁拟定了租让的基本条件并密切注视着谈判的进程和负责对拟租让给厄克特的企业进行实地调查的委员会的活动（见本卷第250、443等号文献）。1921年8—9月，谈判在莫斯科举行，拟定了租让合同草案。但1921年10月，厄克特中断了谈判，企图通过压力和讹诈迫使苏维埃政府作出重大让步。

　　同厄克特的谈判于1922年恢复。同年9月9日，列·波·克拉辛在柏林同厄克特签订了租让初步合同。列宁认为这个合同对苏维埃国家显然不利，反对予以批准（见本版全集第43卷第208—209页）。在1922年9月14、21、28日的俄共（布）中央政治局会议上以及10月5日的俄共（布）中央全会上对这个问题进行了讨论。中央全会否决了同厄克特签订的合同。

　　1922年10月27日，列宁在接见英国《观察家报》和《曼彻斯特卫报》记者M.S.法尔布曼（同上书，第245页）和11月5日接见《曼彻斯特卫报》记者阿·兰塞姆（同上书，第264—265页）时谈到了苏维埃政府否决同厄克特签订的合同的理由以及同他恢复谈判的可能性问题。——74。

71 看来说的是在国外出卖珍品一事。——76。

72 指伊·伊·斯克沃尔佐夫-斯捷潘诺夫写的《俄罗斯联邦电气化与世界
经济的过渡阶段》一书。该书由列宁作序于1922年出版(见本版全集
第43卷第50—51页)。——76。

73 格·康·奥尔忠尼启则在1921年7月23日的回电中说,他曾试图就
租让铜矿的问题同土耳其代表进行联系,但目前尚无结果。他问,中央
委员会关于拨款500万卢布给外高加索对外贸易人民委员部的决定是
否仍然有效,这笔钱什么时候能够拿到。他还报告了列斯克所在地和
斯大林的健康状况。——77。

74 指康·瓦·乌汉诺夫和尼·叶·波里索夫写的《莫斯科市罗戈日-西蒙
诺沃区工人和红军代表苏维埃的日常工作和活动(1917年3月—1921
年1月)》。——78。

75 1921年7月18日格·马·克尔日扎诺夫斯基给列宁寄去了列·康·
拉姆津教授编写的关于彼得格勒燃料供应情况的材料。拉姆津在材料
上写道:"由于彼得格勒工作人员对燃料总管理局以前的干部抱有十分
明显的不信任感,彼得格勒人最初申请的燃料量很大。"经委员会做工
作后,对需要量作了核查和削减。彼得格勒燃料供应组织同意这些数
字,"说这些数字同彼得格勒国民经济委员会燃料处'内'定的计划几乎
完全一致"。拉姆津制了一张表。克尔日扎诺夫斯基把列宁关心的一
栏标了出来,这一栏说明的是:各机关对标准燃料的最初申请量一年为
2 530—2 900万普特,最后申请量一年为2 300万普特,半年为900万
普特;委员会确定量一年为1 650万普特,半年为750万普特。

　　关于这个问题,还可参看《列宁文稿》人民出版社版第17卷第
161—162页。——81。

76 1921年7月24日,工农检查人民委员部部务委员尼·亚·列斯克电
告列宁,由23名工农检查人民委员部工作人员组成的小组对地方苏维
埃机关进行调查和检查之后已由罗斯托夫启程返莫斯科。

列宁打算让这个小组参加对莫斯科的(中央和地方)机关进行清洗的工作(见本卷第160、166号文献)。——83。

77　1921年8月1日,全俄中央执行委员会所属中央赈济饥民委员会发表了致俄罗斯联邦共和国农民和全体劳动人民的呼吁书,号召从收获的每普特粮食中拿出1俄磅(1普特＝40俄磅)捐助灾区。8月4日,全俄中央执行委员会主席团通过决定,从通过商品交换获得的粮食产品中每普特抽1％以救济饥民(载于1921年8月6日《全俄中央执行委员会消息报》第172号)。——83。

78　1921年7月21日,邮电人民委员瓦·萨·多夫加列夫斯基向列宁报告了英国和苏维埃的邮政部门都已接受的邮寄包裹的条件。

列宁在这个报告上批示瓦·亚·斯莫尔亚尼诺夫,要求他催促人民委员会迅速作出相应决定并予以公布(参看《列宁文稿》人民出版社版第17卷第240页)。斯莫尔亚尼诺夫在1921年7月28日给列·波·克拉辛的信中写道:"弗拉基米尔·伊里奇要我催促解决从英国往俄国邮寄包裹的问题。请告诉我事情进展情况以便向弗拉基米尔·伊里奇报告。"对外贸易人民委员部的答复如下:"我们已打电报给克雷什科,说我们已准备就绪,寄往全国各个城市的包裹均可办理,土耳其斯坦地区除外。"——88。

79　指莫·伊·弗鲁姆金1921年7月17日来信。他在来信中反对列宁提出的并由人民委员会于7月15日通过的《关于由中央消费合作总社组织商品交换》的决定。该决定给中央消费合作总社和它的各个机构在决定价格方面以很大的自由(参看《列宁文稿》人民出版社版第17卷第208页)。——88。

80　这是列宁给莫斯科省波多利斯克县苏哈诺娃乡哥尔克村农民的回信。该村农民曾邀请列宁参加该村实现电气化的庆祝活动。——89。

81　指参加革命职业工会和产业工会第一次国际代表大会(1921年7月)的德国工会代表团成员理查·弥勒和亨·马尔察恩就大会通过的涉及

德国工会的组织问题的决议给列宁的信。

德国统一共产党成立后在所有的工会组织中成立了党团。工会内的官僚们企图在参加工会的工人群众中孤立共产党人,便从工会中开除负责的共产党人,甚至整个地开除一些地方组织。——90。

82 指格·瓦·契切林对同英国波顿公司签订在彼得格勒开辟自由港的租让合同一事所持的反对意见。契切林指出,这样做会对共和国的外部安全造成严重威胁。

这一问题在劳动国防委员会和小人民委员会上反复进行了讨论。关于签订在彼得格勒开辟自由港的租让合同的建议最终没有得到通过。——92。

83 《真理报》(《Правда》)是俄国布尔什维克的合法报纸(日报),根据俄国社会民主工党第六次(布拉格)全国代表会议的决定创办,1912年4月22日(5月5日)起在彼得堡出版。《真理报》是群众性的工人报纸,依靠工人自愿捐款出版,拥有大批工人通讯员和工人作者(它在两年多时间内就刊载了17 000多篇工人通讯),同时也是布尔什维克党的实际上的机关报。《真理报》还担负着党的很大一部分组织工作,如约见基层组织的代表,汇集各工厂党的工作的情况,转发党的指示等。列宁在国外领导《真理报》,他筹建编辑部,确定办报方针,组织撰稿力量,并经常给编辑部以工作指示。1912—1914年,《真理报》刊登了300多篇列宁的文章。《真理报》经常受到沙皇政府的迫害。1914年7月8日(21日),即在第一次世界大战开始前夕,《真理报》被禁止出版。1917年二月革命后,《真理报》于3月5日(18日)复刊,成为俄国社会民主工党中央委员会和彼得堡委员会的机关报。1918年3月16日起,《真理报》改在莫斯科出版。——93。

84 《贫苦农民报》(《Беднота》)是俄共(布)中央主办的供农民阅读的报纸(日报),1918年3月27日—1931年1月31日在莫斯科出版。该报的前身是在彼得格勒出版的《农村贫民报》、《士兵真理报》和在莫斯科出版的《农村真理报》。国内战争时期,《贫苦农民报》也是红军的报纸,在军内销售的份数占总印数的一半。先后担任该报编辑的有维·阿·卡

尔宾斯基、列·谢·索斯诺夫斯基、雅·阿·雅柯夫列夫等。该报编辑
部曾为列宁编写名为《贫苦农民晴雨表》的农民来信综述。从1931年
2月1日起,《贫苦农民报》与《社会主义农业报》合并。——93。

85　1921年7月22日,中央出版物发行处秘书戈尔采夫向列宁报告说:
"中央出版物发行处根本没有收到全俄中央执行委员会7月1日关于
地方机关执行报告制度的决定(您随信附来的两份除外)······ 关于为
各地经济会议提供《经济生活报》一事,我们已向中央出版物发行处各
地机构发出指示,为各地经济会议首先供应该报各两份。"
　　　列宁在这个报告上给瓦·亚·斯莫尔亚尼诺夫写了如下批示:"不
能容许这样拖拉,请尽力**抓紧**并加以检查。**列宁**　7 月 23 日"。
——95。

86　阿·萨·叶努基泽于1921年7月22日写信给列宁,向他报告了为克
服所指出的混乱现象已采取的措施。列宁在来信上作了以下批示:"斯
莫尔亚尼诺夫:请监督执行情况。**列宁**　7月23日"。——96。

87　1921年7月22日,外交人民委员部发给了帕·格·达乌盖去德国的
签证。——97。

88　1921年7月22日,劳动国防委员会讨论了这一问题并通过了一个决
定。根据决定,所有的外交使团和来俄国的外国人均可持经外交人民
委员部登记的购货证在粮食人民委员部的一个内部分配点购买食品。
——98。

89　指亚·阿·科罗斯捷廖夫所领导的经济部门促进委员会提出的关于把
某些国营企业工人和职员的供应转为集体供应的建议。
　　　根据列宁的提议,劳动国防委员会7月22日开会讨论了这个问
题,并批准了自8月1日起应转为集体供应的企业的名单,还采取了一
系列具体措施(参看本版全集第42卷第71页)。——99。

90　农业人民委员部育马和养马业管理总局副局长米·A.克鲁钦斯基在信
中报告了养马业的严重情况,认为这是由于农业人民委员部工作不善

造成的。——100。

91 列宁写这个文献是因为以阿·叶·巴达耶夫为主席的彼得格勒消费公社未执行人民委员会1921年7月12日的决定,这项决定要求该公社重新研究复查它所供应的消费者的类别并且鉴于粮食状况严重撤销30％的消费者的口粮供应。人民委员会宣布给巴达耶夫以警告处分。——101。

92 瓦·亚·斯莫尔亚尼诺夫在答复列宁的这个便条时说:"表格尚未印好,因为我今天才收到校样,收到后已转送给了波波夫同志。明天或后天能印好。我注意着。"——102。

93 这个决议是中央消费合作总社代表大会共产党党团送交列宁的。这次代表大会于1921年7月16—23日召开,讨论了同合作社在新经济政策条件下的活动有关的问题以及国际合作社运动问题和对外贸易问题。

    列宁密切地关注着代表大会的进程并发了贺信。贺信曾在第一次全体大会上宣读(见本版全集第42卷第81—82页)。——102。

94 指劳动国防委员会驻阿斯特拉罕渔汛期特派员伊·彼·巴布金1921年6月16日的报告《阿斯特拉罕国营鱼品工业的现状和近期展望》。

    列宁在巴布金报告上作的批注,参看《列宁文稿》人民出版社版第17卷第243—248页。

    1921年7月27日,劳动国防委员会通过了《关于改善鱼品工业和鱼品外运的措施》的决定,决定还规定了渔业和鱼品工业总管理局和粮食人民委员部相互关系的形式。——105。

95 这个批语写在人民委员会关于建立出口储备的决定草案上。1921年8月9日,人民委员会通过了这一决定。决定公布在8月12日《全俄中央执行委员会消息报》第177号上。——108。

96 玛·瓦·福法诺娃写信给列宁,报告了克里木地方党和苏维埃机关违法乱纪和滥用职权的现象。——110。

97　指《关于莫斯科和彼得格勒之间的粮食分配》决定草案,该草案于1921年7月26日经俄共(布)中央政治局批准。——113。

98　俄罗斯联邦驻德国战俘事务代表维·列·柯普建议在俄罗斯联邦和德国的合作社组织之间进行产品交换。1921年4月16日,俄共(布)中央政治局通过了柯普的建议并委托他和波·斯·斯托莫尼亚科夫一起同德国工人合作社组织进行初步谈判。

　　　此处提到的柯普的电报谈的是在俄国、首先在彼得格勒设立商品仓库的问题。这些仓库准备用来存放按批准的货单购买的德国商品,这些商品要用德国货币或俄国商品进行结算。——113。

99　本文献和下一号文献都与格·瓦·契切林给 M.M.舍印曼的信有关。该信谈到必须尽快出版揭露格鲁吉亚孟什维克的文集,并请他把有关格鲁吉亚纷争的外交方面的一部分文章寄来。——114。

100　指尼·列·美舍利亚科夫于1921年出版的小册子《在孟什维克的天堂里。格鲁吉亚之行观感》。——114。

101　指莫斯科省粮食委员彼·谢·索罗金关于莫斯科消费公社执行人民委员会1921年7月12日决定情况的报告,这一决定鉴于粮食情况严重要求将供应人数削减30％。

　　　人民委员会1921年7月26日会议成立了一个专门委员会来检查莫斯科消费公社的工作。该委员会的任务主要是,弄清对莫斯科公社确定的那几类人撤销供应是否有利于事业,对莫斯科的所有非劳动居民取消供应是否可能。——115。

102　这个文献写在一个姓马克西莫夫的人从柏林寄来的一封信上。他在信中自请充当苏俄和美国一些贸易公司的中间人。1921年7月27日,马·马·李维诺夫给瓦·亚·斯莫尔亚尼诺夫写信说:"我们对写信人毫无所知。附上俄译文。建议是不严肃的,根本不值得给予答复。不能借巫术来同美国建立关系。"——116。

103　指1921年7月14日同亚美尼亚民族主义政党达什纳克楚纯达成的协

议草案。草案规定把亚美尼亚人居住的土耳其领土并入苏维埃亚美尼亚，并成立"独立的"亚美尼亚。1921年7月26日，俄共（布）中央政治局否决了这个协议草案。——117。

104 苏俄驻英国副代表尼·克·克雷什科在这个电报中报告说，他在收到关于成立英俄联合赈济俄国饥民募捐委员会的建议后，提出了成立这种委员会的某些条件，其中包括英国当权的政界人士对苏联政府持友好态度。——118。

105 这封信是在收到格·瓦·契切林1921年7月24日来信后写的。契切林在来信中说，外交人民委员部不得不忙于接待应阿·瓦·卢那察尔斯基和列·波·克拉辛邀请来俄国的美国舞蹈家伊莎多拉·邓肯，而这个人民委员部是不应负责接待来俄国的与官方代表团无关的外国人的。——119。

106 指经济部门促进委员会（参看注49）。——120。

107 《共产国际》杂志（《Коммунистический Интернационал》）是共产国际执行委员会的机关刊物，1919年5月1日创刊，曾用俄、德、法、英、中、西班牙等各种文字出版，编辑部由参加共产国际的各国共产党代表组成。该杂志刊登理论文章和共产国际文件，曾发表列宁的许多篇文章。随着1943年5月15日共产国际解散，该杂志于1943年6月停刊。——122。

108 指格·康·奥尔忠尼启则1921年7月22日给列·波·克拉辛的电报。电报询问是否可能为外高加索各共和国购买粮食，并谈到给予阿塞拜疆石油委员会在国外购买商品的自主权，以及必须由对外贸易人民委员部为巴库石油工业购买技术装备等问题。——122。

109 这里说的报告是指弗·德·凯萨罗夫在这封来信以前写给列宁的一份关于教学地图集的报告。Г.А.佐洛托夫斯基是教学地图集绘制特别学术委员会驻莫斯科的代表。列宁在1921年7月29日签署了给这个委员会的主席凯萨罗夫和佐洛托夫斯基的委任书，委任书中命令所有苏维埃机关、社团、学会都要协助其收集必需的资料和进行与出版地图集有关的一切工作。——123。

110 这里说的是改善渔业和鱼品工业总管理局与粮食人民委员部之间的相互关系问题(关于两者之间的纠纷,见注28)。列宁坚持在劳动国防委员会1921年7月27日会议上解决这一问题(见注94)。——124。

111 这个批示写在米·亚·巴枯宁的密友和同事米·彼·萨任的来信上。萨任在来信中就派遣他到国外出版巴枯宁文集一事久拖不决提出申诉。1922年1月初萨任出国,在国外进行了出版巴枯宁文集的准备工作。——124。

112 1921年7月29日,约·斯·温什利赫特向列宁报告说,他向彼得格勒省肃反委员会查询的结果是,神父А.И.博亚尔斯基、化学家М.М.提赫文斯基和前大臣谢·谢·马努欣是根据确凿的材料被捕的,因此不能释放他们。

博亚尔斯基和马努欣后获释。提赫文斯基因参加反苏维埃政权的阴谋活动,根据彼得格勒肃反委员会1921年8月24日的决定被枪决。

还可参看本卷第309号文献。——125。

113 1921年7月29日,俄共(布)中央政治局开会讨论了在乌克兰征收粮食税的问题。在上午会议上,原则上通过了帕·伊·波波夫的建议——至少要征收12 000万普特粮食。

但乌克兰共产党中央政治局打电报来要求重新研究这一问题。"根据对各县收成的直接了解和精确核实,乌克兰政治局能保证实际征收粮食税1亿普特,加上磨坊税2 000万普特及商品交换1 000万普特。"俄共(布)中央政治局在下午会议上撤销了原决定并通过了乌克兰共产党中央政治局的建议。——128。

114 《苏维埃》杂志(《Sowjet》)是由德国社会民主党人保·莱维主编的月刊,1919年6月—1921年6月在柏林出版,同年7月1日起改称《我们的道路》。1922年底停刊。——130。

115 罗莎·卢森堡的手稿于1922年由保·莱维出版,并附有他的一篇序,书名是:《俄国革命。批判的评价》。作为回答,克拉拉·蔡特金于1922年出版《罗莎·卢森堡与俄国革命》一书(1922年莫斯科——彼得格勒版),书中揭露了莱维的叛卖行为并阐述了卢森堡对俄国革命的真实观点。

　　列宁对莱维的评价,见本版全集第42卷第462——466页。——130。

116 这个批语写在列·波·克拉辛1921年7月27日的来信上,他在信中报告了同英国造船公司的协议条款,这些英国公司向苏俄提供长期贷款以建造黑海、里海、伏尔加河商船队和玛丽亚水系所需船只。此外,克拉辛还建议由这些英国公司或英国政府提供购买生产资料的补充贷款,并建议草拟利用贷款以恢复国民经济的计划。——131。

117 这个批示写在全俄肃反委员会副主席约·斯·温什利赫特的一份报告上。温什利赫特在报告中指出,西·瓦·佩特留拉和波·维·萨文柯夫都在军事上指望被拘留在波兰和捷克斯洛伐克的白军。为了瓦解这些白军,他建议大赦全部被拘留的士兵,但须遵守一定的条件和限制。这项建议由俄共(布)中央政治局通过。——134。

118 这个便条里说的是关于国家珍品库的问题。亚·格·施利希特尔当时是调查国家珍品库问题的专门委员会委员。——135。

119 这个批示写在中央改善工人生活临时委员会主席亚·加·施略普尼柯夫的来信上,信中说,人民委员会1921年7月26日会议以多数票否决了改善工人生活临时委员会提出的关于将日用品及修房和补衣所需材料拨归该委员会支配的建议。——136。

120 这个文献说的是在波兰的崩得中央的代表M.洛尔曼在莫斯科从事反革命活动的问题。洛尔曼企图秘密向国外投寄文件,以组织敌视苏维埃俄国的运动。

　　共产国际执行委员会为审查这一案件任命了一个专门委员会,成员有阿·绍·瓦尔斯基(主席)、库恩·贝拉和约·斯·温什利赫特。

专门委员会送给俄共(布)中央的材料说,洛尔曼是前来同共产国际执行委员会商谈有关崩得加入共产国际事宜的"<u>崩得中央两名代表之一</u>"。他被准许"作为<u>有发言权的代表参加</u>共产国际<u>代表大会</u>"。洛尔曼为了替自己辩护,说什么"<u>他和他的组织只是反对苏维埃政府对待某些俄国反对派政党的政策</u>"。(**列宁**在他画了着重线的这句话的页边上又画了三条竖线,并打上三个惊叹号。)

专门委员会认为洛尔曼不配同共产国际进行谈判,建议立即把他从俄罗斯联邦驱逐出境。列宁不同意专门委员会的意见,便写了这个建议。

俄共(布)中央政治局1921年8月2日研究了共产国际专门委员会的意见,建议"逮捕洛尔曼并进行适当侦讯"。关于这个问题,还可参看本卷第316号文献。——136。

121　这个批示里说的是向土耳其承租巴统南面的铜矿问题(参看本卷第89号文献和注73)。批示写在格·康·奥尔忠尼启则1921年7月23日给列宁的回电上。——137。

122　这是列宁对阿·奥·阿尔斯基打来的一个电话的答复。阿尔斯基在电话中请列宁对可否派C.M.萨哈罗夫到财政人民委员部国家珍品库或财政人民委员部担任负责工作一事表示意见,这是因为萨哈罗夫本人要求把他作为财政部门的专家安排到财政人民委员部工作;他援引了辛比尔斯克省财政局对他的介绍(他曾担任该局情报指导处主任),还说,列宁认识他,因为他们是辛比尔斯克中学的同学。——138。

123　列·波·克拉辛给列宁回信说,赞古拉克的煤质量低劣,不适于铁路机车使用,因此燃料总管理局只同意用纸币购买;"我们可试一试通过纳察列努斯购买少许粮食。总的说来,他的建议不值得认真对待"。——142。

124　列宁在这封信上附加了一句话:"为什么没有执行?"这是指1921年7月24日给A.И.波嘉耶夫的信中所作的指示(见本卷第119号文献)。——143。

125 这里说的是参加斯维里河工程的一些资产阶级专家被指控舞弊和进行破坏活动一事(见本版全集第50卷注299)。——143。

126 海军人民委员部之所以改组,是因为要缩减海军战斗单位和把若干港口设施移交给交通人民委员部管辖。——144。

127 伊·叶·卡巴诺夫还向劳动国防委员会提出一份书面申请,要求吸收他参加采购粮食和生产各种罐头食品和浓缩食品的工作。根据列宁的指示,卡巴诺夫前往粮食人民委员部,部务委员莫·伊·弗鲁姆金接见了他。——145。

128 列宁在这里查询共和国革命军事委员会下属的莫斯科联合企业公司包括哪些单位。

　　莫斯科联合企业公司是以军事部门所辖的几个国营农场和农场承租的附近几个工业企业为基础于1921年秋建立的,"目的是使农业和工业相结合,组成一个经济整体,负有自下检查各项法令是否正确、合理及分析雇用普通劳动力的条件等项特殊任务"。

　　根据1921年9月14日劳动国防委员会通过的决定精神制定的《莫斯科联合企业公司章程》于9月24日由莫斯科经济会议批准。——147。

129 安德列·茹利安是出席共产国际第三次代表大会的法国社会党代表。他在信中向列宁介绍了北非(阿尔及利亚—突尼斯)共产主义运动的情况,以及由于无产阶级人数很少、殖民主义官吏敌视土著居民、文化教育很不普及等原因而造成的工作中的困难。——148。

130 尼·尼·瓦什科夫的这篇文章简略地概述了在电气化方面做了哪些事情,列出了1917—1921年城市和农村新建电站增长表。文章还谈到各地已开始进行对能源和对电气化的需求的调查研究工作。——148。

131 这里说的是全俄电气技术人员第八次代表大会。代表大会前,已电告各省执行委员会并转电力局,要它们派出的代表带来有关现有全部电站的情况的材料(见本卷第242号文献)。——149。

132 指加·伊·米雅斯尼科夫1921年7月27日写的《伤脑筋的问题》一文。列宁在1921年8月5日给米雅斯尼科夫的信中批评了他的观点（见本版全集第42卷第92—98页）。——150。

133 弗·亚·安东诺夫-奥弗申柯在1921年3月3日的报告中谈了坦波夫省党和苏维埃工作的状况。在谈到改善苏维埃机关工作所采取的措施时，他介绍了在县执行委员会主席团下成立三人小组的做法，这种小组的任务是：监督行政和司法机关，把法院和民警部队的工作提到应有的高度，检查各苏维埃机关的活动是否符合法律。——151。

134 弗·维·阿多拉茨基受列宁的委托，编了一本马克思和恩格斯的书信集，书名为《书信集。马克思和恩格斯通信中的理论和政治》，于1922年出版。这里说的是阿多拉茨基为该书写的序言。——151。

135 指弗·维·阿多拉茨基准备付印的《马克思主义基本问题大纲》一书。该书于1922年出版。——152。

136 指莫斯科卫生局所属国营农场，该农场当时由弗·德·邦契-布鲁耶维奇领导。——153。

137 反仪式派是从俄罗斯正教会分离出来的精神基督派的一支，产生于18世纪后半期。该派不敬拜圣像，十字架和圣徒，反对正教的仪式和圣礼，不承认教会和神职人员，拒绝参加教会活动，视本派领导人为神圣。因违抗当局和拒服兵役而受到沙皇政府的迫害。19世纪末，部分教徒移居加拿大。——153。

138 《俄国呼声报》（《Русский Голос》）是美国纽约的一家进步的俄文报纸（日报），1917年起由俄美出版公司出版。——154。

139 技术援助苏俄协会是旅居纽约的俄国侨民于1919年5月建立的。在美国其他地方和加拿大也成立了此类协会。除俄国侨民外，美国人和加拿大人也积极参加了协会的筹建工作。协会的宗旨是通过从美国和加拿大向苏俄派遣熟练工人和技术人员的办法来协助苏俄恢复国民经济。1921 年 7 月 2—4 日在纽约举行了各地技术援助苏俄协会的第一次代表大会,把在美国和加拿大许多城市成立的地方协会联合成为一个统一的美国和加拿大技术援助苏俄协会。为了领导协会的工作,代表大会选出了中央常务局,通过了协会的章程,规定任何一个有技术专长,"承认人民委员政府并同意把自己的知识和劳动贡献给俄国的共产主义建设"的人,都可以成为协会会员。到 1923 年,协会在美国和加拿大各地的分会已超过 75 个,会员达两万多名。许多分会设有不同专业的学校。从 1921 年底到 1922 年 10 月,协会向苏俄派了 7 个农业公社、2 个建筑公社、1 个矿工公社和许多小组,给俄国运去了价值 50 万美元左右的机器、种子、粮食和其他设备。

1923 年 6 月,技术援助苏俄协会召开了第二次代表大会,决定要继续并加强为苏俄筹建和派遣公社与熟练工人小组的工作。代表大会在给列宁的电报中向"世界上第一个工农共和国"致敬,表示"在其为世界被压迫和被剥削人民争取自由幸福的英勇斗争中,保证给予充分的支持"。

1925 年,协会完成所担负的任务后停止活动。——154。

140 列宁在 1921 年 6 月 24 日的电报中曾向顿巴斯煤炭工业中央管理局局长格·列·皮达可夫询问他同顿涅茨克省执行委员会兼省经济委员会主席莫·李·鲁希莫维奇及顿巴斯工会工作人员之间意见分歧的性质(见本版全集第 50 卷第 535 号文献)。

在工人供应问题上产生的分歧,由于皮达可夫采取过分的行政手段而加深了,结果激起了工人的强烈不满。列宁对这一政策的批评,见本版全集第 43 卷第 107—109 页。——155。

141 这个批示写在叶·阿·普列奥布拉任斯基的来信上。来信建议莫斯科开办一个大百货公司。

1921 年 12 月 1 日,小人民委员会批准了《国营百货公司条例》。国营百货公司直属最高国民经济委员会,它的任务是供应国营企业和国家机关各种材料、产品和制品,同时也向居民零售商品。——157。

142 指约诺夫(费·马·科伊根)建议吸收孟什维克和社会革命党人参加中

央执行委员会所属的中央赈济饥民委员会国外分会一事。约诺夫在给格·瓦·契切林的电报中提出了上述建议。列宁在该电报上作了批示:"绝对不行。"——158。

143　阿·瓦·卢那察尔斯基在写给小人民委员会主席阿·谢·基谢廖夫的信中,要求对教育人民委员部领导剧院的活动进行调查的专门委员会停止工作,理由是,他没有接到任命这一委员会的正式通知。

　　该委员会是根据小人民委员会1921年6月22日决定,由工农检查人民委员部、财员政人民委员部和全俄艺术工作者工会的代表组成的,由基谢廖夫担任主席。8月1日,小人民委员会研究了卢那察尔斯基的声明,决定让该委员会继续工作。——159。

144　指列宁草拟的给美国技术援助苏俄协会的电报(见本卷第174号文献)。关于是否拍发这封电报的问题,最高国民经济委员会、外交人民委员部和劳动人民委员部的代表在1921年8月6日的会议上进行了讨论。由于会上两种意见势均力敌,按照列宁的指示,又提交人民委员会进行表决,大多数人民委员主张发出。

　　电文按列宁建议作了如下补充:"必须考虑到俄国当前存在的需要克服的困难,如粮食困难等等。到俄国来的人对此必须有所准备。必须遵照最高国民经济委员会工业移民局的指示办事,该局的规定会寄给你们的。"电报于1921年8月11日发出,电报最后文本见《苏联对外政策文件汇编》1960年俄文版第4卷第261页。——161。

145　提纲草案规定,苏维埃政权对布哈拉和希瓦的政策只能通过俄国全权代表来执行;土耳其斯坦委员会的措施须经全权代表同意,特别重大的问题须经外交人民委员部同意。

　　1921年8月5日,俄共(布)中央政治局批准了这个提纲草案。——162。

146　本篇三个文献的写作日期,俄文版为8月5日,据苏联后来出版的《列宁年谱》俄文版第11卷订正过的日期,改为8月4日。——163。

147 1921 年 8 月 19 日,俄共(布)中央政治局决定同意小人民委员会主席
阿·谢·基谢廖夫关于吸收 A.A.别洛夫参加小人民委员会工作的建
议。政治局认为,还有必要指派三名管理经济的工作人员协助小人民
委员会主席处理日常工作,监督各项决议的执行和"给地方直接经济援
助,他们最好同时兼任小人民委员会委员"。

　　　　1921 年 8 月 23 日,人民委员会批准别洛夫为小人民委员会委员。
——163。

148 1921 年 8 月 5 日,俄共(布)中央组织局建议政治教育总委员会批准
约·彼·戈尔登贝格为俄罗斯通讯社社长并责成他主管外交人民委员
部新闻司。——163。

149 这里说的是编纂现代俄语词典的工作情况,这部词典是教育人民委员
部的工作人员遵照列宁的指示开始筹备的。关于这一问题,参看本版
全集第 50 卷第 350、360、388、448 号文献。

　　　　参加这部词典编纂工作的有莫斯科和彼得格勒的 30 多位学者。
1923 年秋,第 1 卷基本编成。词典编纂工作一度中断,到 1927 年又重
新开始。这部四卷本俄语详解词典于 1935—1940 年陆续出版,由德·
尼·乌沙科夫主编。第 1 卷序言说,编者们努力使这部词典符合列宁
对现代标准俄语模范详解词典的要求。——165。

150 渔业专家尼·米·克尼波维奇认为,渔业和鱼品工业总管理局局长
瓦·伊·迈斯纳压制了其他渔业科学研究部门的首创精神,渔业和鱼
品工业总管理局对捕鱼业采取了不正确的政策。列宁仔细阅读了克尼
波维奇 1921 年 8 月 6 日给他的一封长信,在信上作了许多批注(参看
《列宁文稿》人民出版社版第 17 卷第 353—356 页)。——167。

151 美国救济署署长赫·胡佛提出以立即释放关在俄国监狱里的美国人为
救济俄国饥民的条件(参看《苏联对外政策文件汇编》1960 年俄文版第
4 卷第 246—247 页)。

　　　　关于俄罗斯联邦代表马·马·李维诺夫和美国代表沃·布朗的谈
判情况,见注 173。——169。

152 这里说的是电犁订货的完成情况。早在 1920 年 12 月,小人民委员会受列宁的委托批准了制造电耕农具的计划。由最高国民经济委员会和农业人民委员部的代表组成的研制电耕农具"电犁"的特别委员会负责实施这项计划;后来这个任务移交给了最高国民经济委员会农机制造总管理局。列宁密切关注电犁的制造工作,并要求就订货完成情况经常提供准确的报告(参看本版全集第 50 卷第 37、69 号文献)。——169。

153 这个批示是写在"电犁"委员会彼得格勒分会给劳动国防委员会驻"电犁"委员会特派员 B.И.乌格里莫夫关于生产"电犁"订货的工厂的工作情况的报告上的。——169。

154 指费·埃·捷尔任斯基 1921 年 8 月 2 日写的便条,其中讲到由交通人民委员部和运输工会中央委员会呈报的关于交通人民委员部编制的两个方案。小人民委员会于 1921 年 7 月 28 日通过了有关交通人民委员部的新条例草案,这个草案就是以交通人民委员部的方案为基础的。此方案规定设立主任这一职务,他是人民委员部的技术领导人。——170。

155 交通总指挥即交通总管理局局长,当时是工程师伊·尼·波里索夫。——170。

156 这里说的给尼·尼·瓦什科夫的信,见本卷第 169 号文献。格·马·克尔日扎诺夫斯基写信给列宁说:"亲爱的弗拉基米尔·伊里奇:您给瓦什科夫同志的信使我和他产生了同样的印象:'要是我们多有一些这样的读者就好了!……'作为技术人员,我费尽心思(唉,唉)也只能补充一点:(8)应通过电力局和代表大会两者以便每半年得到一份汇总表,项目为:(一)全部电站消耗的燃料数量……;(二)技术需要供电的度数……;(三)照明供电度数。就这些…… 您的 **格·克尔日扎诺夫斯基**。"——171。

157 这几个文件都是在收到林业总委员会主席卡·克·达尼舍夫斯基和国

家计划委员会所属租让委员会专家 С.И.利别尔曼 1921 年 7 月 20 日
《关于恢复我国木材加工工业和建立木材出口储备的报告》后写的,他
们在报告中建议将阿尔汉格尔斯克林区交给森林工业专家小组管理,
这个专家小组应具有与国家机关同等的权力,并同时在商业方面保持
一定的自由,例如,该小组可在苏维埃政府特别允许的条件下引进
外资。

最高国民经济委员会主席团、林业总委员会和木工工会中央委员
会根据这份报告拟定了《白海北部地区森林工业特别管理局组织条
例》。1921 年 8 月 12 日劳动国防委员会委托瓦·亚·阿瓦涅索夫、
彼·阿·波格丹诺夫、列·波·克拉辛组成一个专门委员会,吸收有关
的人民委员部参加,草拟一项劳动国防委员会关于这一问题的决定草
案。1921 年 8 月 17 日劳动国防委员会通过了关于白海北部地区森林
工业管理机构的决定,根据这项决定,在林业总委员会之下设立了一个
专门机构——白海北部地区森林工业特别管理局。——171。

158 列宁的这一批语写在劳动人民委员部部务委员扎沃多夫斯基和移民局
局长瓦季姆(В.卢卡舍夫)1921 年 8 月 4 日给他的邮寄电话记录上。他
们两人就正式承认美国技术援助苏俄协会一事陈述了自己的观点。他
们根据不同来源的消息指出:"这个协会成立之初,其宗旨是援助苏维
埃俄国,现在却成了美国式的半慈善性半投机性的事业,其成员中有完
全偶然的和往往肯定是不良的分子,他们既为了政治目的也为了个人
利益都力图利用想回国的俄国侨民的信任……

如果我们现在正式支持这个协会,我们就是保持、加强并扩大今后
可能出现的不良现象,因为我们没有任何证据可以证实该协会有积极
的方面,只有马尔滕斯同志的唯一的、含糊不清的和极其抽象的报告才
这样说……

因此,我们在承认必须对入境参加工业建设的侨民作出某些决定
并采取一些进行试点的实际措施的同时,主张在正式承认'技术援助苏
俄协会'这一方面持极其谨慎的态度,尤其是在'美国的条件'下……"
——173。

159 这个指示写在由一批院士和莫斯科与彼得格勒高等院校的教授(伊·彼·巴甫洛夫、亚·叶·费尔斯曼、伊·米·古布金、彼·彼·拉扎列夫等)署名的来信上。来信批评了教育人民委员部高等教育司的工作,并对如何在苏维埃俄国办高等教育提出了一系列问题。

　　1921年9月2日小人民委员会批准了《关于俄罗斯联邦高等教育(条例)》决定草案(见1921年11月9日《工农政府法令汇编》第65辑第486页)。——176。

160 这是列宁对康·马·施韦奇科夫1921年8月5日来信的复信。施韦奇科夫在来信中请求列宁接见他,商谈如何改进造纸工业总管理局、国家出版社印刷处以及同印刷出版事业有关的其他机构的工作问题。——177。

161 由于粮食情况严重,1921年8—9月间在俄共(布)中央组织局和书记处的会议上曾几次提出过外交人民委员部和对外贸易人民委员部工作人员的口粮问题。8月5日,组织局批准由党中央、外交人民委员部和对外贸易人民委员部的代表组成专门委员会负责研究解决这一问题。8月13日,中央书记处建议粮食人民委员部发给外交人民委员部8月1—15日100份负责工作人员的口粮和200份提高定额的口粮。9月12日,组织局通过了专门委员会的建议并批准给外交人民委员部650份口粮。——178。

162 本文献和下一号文献都与俄罗斯联邦全俄中央执行委员会和人民委员会土耳其斯坦事务委员会主席米·巴·托姆斯基1921年7月23日来信有关。托姆斯基在信中报告了他和俄共(布)中央土耳其斯坦局委员格·伊·萨法罗夫之间在土耳其斯坦如何贯彻新经济政策的问题上发生的分歧。托姆斯基主张征收粮食税,认为不可能把新经济政策同在土耳其斯坦成立贫苦农民委员会,同把从富农那里剥夺来的财产、牲畜、农具分配给贫苦农民一事结合起来。萨法罗夫则认为在土耳其斯坦条件下粮食税和交换自由不完全适用,强调应成立贫苦农民协会和在当地居民中划分阶级。

　　关于这一问题,还可参看本卷第205、356号文献。——180。

163　这里说的是向土耳其斯坦和中国商人购买绵羊以供应莫斯科居民羊肉一事。后来发现,这笔交易是不合算的。1921 年 9 月 19 日,经列宁签署,给米·巴·托姆斯基发了一份电报,建议停止购买牲畜的交易(参看《列宁文稿》人民出版社版第 17 卷第 430 页)。——180。

164　指格·伊·萨法罗夫写的小册子《民族政策的当前问题》1921 年版。——181。

165　西伯利亚监察委员会委员、俄罗斯国家电气化委员会西伯利亚分会主席 Н.Ф.普列奥布拉任斯基在给列宁的信中指出了西伯利亚的政治工作和经济工作中的缺点。列宁在普列奥布拉任斯基来信上作了如下批示:"交莫洛托夫阅。**列宁**　8 月 7 日"。——182。

166　列宁的批示写在米·瓦·伏龙芝、克·格·拉柯夫斯基的报告《同歉收作斗争的补充措施》上。伏龙芝和拉柯夫斯基在报告中指出玉米和菜豆比其他农作物优越,建议农业人民委员部"把在气候条件许可的俄国所有省份推广玉米种植当做自己的实际任务"。

　　1921 年 8 月 31 日劳动国防委员会听取了国家计划委员会关于这一问题的报告,委托农业人民委员部迅速进行玉米种植试验。——183。

167　В.Я.舒罗大于 1921 年 8 月 3 日上书列宁,请求列宁给予帮助,使他的父亲雅·萨·舍列赫斯能在审判前获得释放。舍列赫斯曾在财政人民委员部国家珍品库当估价员,因盗窃珍品案被全俄肃反委员会逮捕。——183。

168　在列宁的询问便条上有约·斯·温什利赫特给全俄肃反委员会会务委员格·伊·博基的批示,请他迅速提出答复。8 月 9 日博基答复如下:"**温什利赫特同志**:雅·萨·舍列赫斯因国家珍品库被盗一案被捕,并被控盗窃珍品。我认为,在审判前,即在侦查期间,不能予以释放。我还认为,必须把他监禁在全俄肃反委员会内部监狱里。**格·博基**　8 月 9 日。"温什利赫特把这一答复送给了列宁。

舍列赫斯因盗窃国家珍品被最高法庭军事庭判处枪决。
——184。

169 这几个便条是就小人民委员会1921年8月8日通过的《房产管理条例》写的。按此条例,维护房产的责任主要由各房产管理主任承担。1921年8月12日和22日,小人民委员会开会研究了列宁提出的加强维护房产责任的补充措施。——184。

170 指国家计划委员会主席格·马·克尔日扎诺夫斯基的信和国家计划委员会委员米·安·沙特兰的报告,来信和报告对И.И.马霍宁工程师的电瓶式电气列车的发明提出了否定意见。沙特兰在报告中说,这种列车"对于俄国铁路运输的改善不可能有任何重大意义"。——186。

171 大概是指高尔基就美国救济署建议和苏俄签订协议一事而写的一封信。列宁于1921年7月31日把这封信转给了列·波·加米涅夫。——187。

172 这里说的是答复А.Ю.卡季扬来信的事。卡季扬在辛比尔斯克同乌里扬诺夫一家相识。她在给列宁的信中请求从轻处理她的在押的侄子В.尼·塔甘采夫。

塔甘采夫是教授,1921年反苏维埃政权阴谋活动的领导者之一,根据彼得格勒肃反委员会1921年8月24日的决定被枪决。

还可参看本版全集第50卷第510号文献。——188。

173 处理有关赈济饥民问题的特别工作组由中央政治局于1921年8月12日任命。

1921年8月,苏维埃政府代表马·马·李维诺夫和美国救济署代表沃·布朗在里加举行了谈判。布朗提出的美方协议草案包含了一系列旨在干涉苏维埃共和国内政的政治要求。1921年8月13日列宁在给格·瓦·契切林和列·波·加米涅夫的信(见本卷第225号文献)中提出了反建议,这个反建议也交给了布朗。苏维埃政府在谈判中的坚定立场迫使美国救济署的代表放弃了最后通牒式的要求。俄罗斯联邦政府和美国救济署之间的协议于1921年8月20日签署。1923年6月美国救济署停止了在苏联的活动。

关于这一问题,还可参看本卷第216号文献。

国际红十字会组织和各国红十字会组织日内瓦代表会议的首席全权代表弗里特奥夫·南森曾试图利用国际联盟的经费来赈济俄国饥民。1921年9月,他在国际联盟大会的一次会议上建议拨款给苏俄政府用以救灾。但是国际联盟仅在口头上对俄国人民表示同情,实际上未给俄国歉收地区的饥民以任何援助。——190。

174 彼得格勒商人C.A.阿扎尔赫申请承租俄国北方大片森林地带。这个问题曾由小人民委员会和劳动国防委员会讨论过。由于承租者财力不足,合同未能签订。——194。

175 这个批语写在工农检查人民委员部给俄共(布)中央的报告上。报告请求批准派遣检查小组赴国外对俄罗斯联邦各商务代表处进行调查。——195。

176 指加·伊·米雅斯尼科夫写给俄共(布)中央的报告、他的文章《伤脑筋的问题》和列宁1921年8月5日给他的回信(见本版全集第42卷第92—98页)。——197。

177 由列宁建议发出的这份电报在作了一些文字上的修改后,于当天即8月13日发往里加交给代表苏维埃政府同美国救济署进行谈判的马·马·李维诺夫。

关于这一问题,参看本卷第215号文献。——198。

178 关于在国外建立收集国际工人运动资料的情报所的问题,于1921年8月17日在共产国际执行委员会主席团会议上进行过讨论。列宁的建议获得通过。

关于这一问题,还可参看列宁8月31日《给叶·萨·瓦尔加的便条并附关于建立国际工人运动问题情报所的提纲》(本版全集第42卷)和1921年9月1日给叶·萨·瓦尔加的信(本卷第291号文献)。

建立情报所的计划未能实现。——202。

179　这里说的是苏俄驻波斯(伊朗)全权代表费·阿·罗特施坦和阿塞拜疆领导人之间在对波斯的政策上,尤其是在对待波斯各政治派别的态度上存在的分歧。

　　俄共(布)中央政治局1921年10月3日通过决定,重申不得对波斯(伊朗)的内政进行任何干涉。——203。

180　这个便条是在小人民委员会1921年8月12日讨论反贪污受贿法令草案后写的。该法令于8月16日经人民委员会批准并于1921年8月21日在《全俄中央执行委员会消息报》第184号上发布。——204。

181　这个便条是就小人民委员会于1921年8月11日开会讨论从克里木运出军用物资及其他物资的计划而写的。——204。

182　指财政人民委员部一个工作人员写的关于非现金结算政策的提纲。提纲未在《真理报》上发表。——205。

183　后来,列宁曾多次通过劳动国防委员会办公厅副主任瓦·亚·斯莫尔亚尼诺夫向对外贸易人民委员部询问购买挪威鱼品的情况。进口工作从1921年12月起开始。——206。

184　指尼·亚·莫罗佐夫。他写信给列宁请求接见并帮助出版他写的《基督》一书。

　　关于这一问题,还可参看本卷第245号文献。——206。

185　指最高国民经济委员会电力局局长尼·尼·瓦什科夫对列宁1921年8月1日的电话(见本卷第169号文献)的答复。——207。

186　1921年8月15日,卡·伯·拉狄克告诉列宁说,他将给列宁寄去他的几份材料:几天前发的给德国统一共产党代表大会的贺信、一篇文章和附在文章上的给德共中央的一封私人信。——208。

187　指列宁1921年8月14日写的《给德国共产党员的一封信》(见本版全

集第42卷）。——208。

188 Α.Κ.戈尔德巴耶夫写的《我国的宝藏》一文（载于1921年8月13日《真理报》第178号）引用了卡拉博加兹戈尔（旧称卡拉布加兹湾）区勘探队队员康·伊·叶尔菲莫夫来信中的材料。最高国民经济委员会化学工业局局长弗·尼·伊帕季耶夫在1921年8月20日给列宁的回信中说，尽管卡拉博加兹湾蕴藏着丰富的资源，但由于这一地区缺水，燃料和运输工具不足，要实际利用这些资源是很困难的。

　　1924年，这里开始进行芒硝的工业开采。关于这一问题，还可参看本卷第422号文献。——209。

189 为补充和修改1921年5月31日颁发的食盐国家专卖法令，人民委员会于1921年5月23日通过一项决定，其中规定了保证食盐专卖和在国民经济中对食盐实行计划分配的具体措施。该决定于1921年9月2日在《全俄中央执行委员会消息报》第194号上公布。

　　全俄中央执行委员会和劳动国防委员会关于禁止以食盐作奖品和惩治违反食盐专卖的犯罪行为的决定于1921年8月29日批准并于1921年9月2日在《全俄中央执行委员会消息报》第194号上公布。——209。

190 粮食人民委员部部务委员伊·斯·洛巴切夫于1921年8月18日将关于集体供应的粮食储备及其分配情况的材料送给了列宁。——210。

191 这里说的是博胡米尔·什麦拉尔在1921年5月14—16日召开的捷克斯洛伐克共产党成立大会上的报告。

　　列宁收到秘书玛·伊·格利亚谢尔写的关于什麦拉尔的讲话已找到并已交去翻译的便条后，在上面写了一句批语："收入我的藏书。"——212。

192 指国家计划委员会顾问、采矿工程师Ｃ.Α.波德亚科诺夫，他写了一份关于发展采金工业的措施的报告。——215。

193 这里说的是阿·瓦·卢那察尔斯基对尼·亚·莫罗佐夫《基督》一书手

稿提出的意见。在这份意见里他不反对出版该书。后来卢那察尔斯基
认为这本书不科学而否定了它。——216。

194　列宁的这封信写在全俄肃反委员会副主席约·斯·温什利赫特1921
年8月17日的一份报告上。报告谈到斯维里河工程案件的侦查结果。
在这个案件中逮捕了一批被控滥用职权和进行破坏活动的资产阶级
专家。

　　　1921年8月23日全俄肃反委员会向列宁呈送了他在信中索要的
材料。——217。

195　全俄肃反委员会副主席约·斯·温什利赫特于1921年8月20日答复
这封信说,有关雅·萨·舍列赫斯(被控盗窃珍品)和米·康·纳兹万
诺夫(因与彼得格勒反革命阴谋案件有牵连)的材料已送列宁;至于这
次新提出的提供审讯记录的要求,将分别于8月22日(舍列赫斯的)和
24日(纳兹万诺夫的)办到。——218。

196　这里说的是俄共(布)特维尔省委委员波·费·霍夫曼关于发行伏尔加
河流域内部公债的建议。瓦·亚·斯莫尔亚尼诺夫把霍夫曼来信的副
本送列宁时说,这封信他已送财政人民委员部征求意见。——219。

197　指中央统计局局长帕·伊·波波夫1921年8月19日给列宁的信,波
波夫在这封信中请求解除他在中央统计局担任的工作。列宁的回信见
本卷第249号文献。——222。

198　这个便条是列宁收到顿巴斯中央煤炭工业管理局局长格·列·皮达可
夫1921年8月20日来电后写的。来电报告了劳动国防委员会所属恢
复顿巴斯煤炭工业委员会的工作。斯莫尔亚尼诺夫在列宁的便条上写
了该委员会的建议的内容:"归纳起来,就是请求解决工资问题和拨给
现款。前一问题已由全俄工会中央理事会解决,后一问题由小人民委
员会在拨给整个燃料工业现金时统一解决。"——227。

199　这个批示写在列·达·托洛茨基1921年8月20日给俄共(布)中央政
治局的电话记录上。8月23日,俄共(布)中央政治局通过了派共和

国革命军事委员会委员去西部边界视察以了解边防情况的决定。
——228。

200　这个指示写在彼得格勒国民经济委员会代表格·弗·策彼罗维奇的来
信上。来信建议劳动国防委员会讨论沃尔霍夫河和斯维里河两电站建
设工程的状况。1921年8月24日,劳动国防委员会在听取了沃尔霍
夫河工程总工程师亨·奥·格拉夫季奥关于这一问题的报告后,责成
最高国民经济委员会三日内解决如何保证斯维里河工程与沃尔霍夫河
工程、乌特金湾工程同时进行的问题。——229。

201　这里说的是尤·米·斯切克洛夫的一篇谈清党问题的文章《左倾,但还
没有达到丧失知觉的程度》。该文载于1921年8月18日《全俄中央执
行委员会消息报》第182号。亚·亚·索尔茨的《不合时宜的警报》一
文载于1921年8月21日《真理报》第184号。——230。

202　地质学院教授尼·尼·雅柯夫列夫来信谈的是从事腐泥煤研究工作的
几名地质学家被捕的事。雅科夫列夫认为逮捕他们是没有根据的并要
求尽快予以释放。

　　约·斯·温什利赫特8月25日复信说,被捕人中一名地质学家已
被释放,其余的人已查明与彼得格勒反革命组织有联系,因此不能释
放。——231。

203　在列宁的手稿上有秘书的如下记载:"已同拉科西同志商妥,他答应查
询后给出书面答复。"全俄肃反委员会副主席约·斯·温什利赫特
1921年9月9日报告列宁说,阿道夫·卡姆获释后已被准许离开苏俄
国境,他的案件已撤销。——232。

204　这个指示写在瓦·尼·卡尤罗夫从普罗科皮耶夫斯克发来的电报上。
电报请求把他从西伯利亚革命委员会调回莫斯科。几天以后,1921年
8月30日,列宁在回答卡尤罗夫的另一份电报时,顺便回答了关于工
作调动的问题(见本卷第269号文献)。——233。

205　关于弗里特奥夫·南森的建议,见注33、39。

库基什分子是指全俄赈济饥民委员会委员。"库基什"这一蔑称是由该委员会的两位主要人物叶·德·库斯柯娃和尼·米·基什金的姓氏缀合成的。俄文"库基什"一词的原意是一种表示嘲弄或轻蔑的手势。——234。

206 解散全俄赈济饥民委员会的政府公告登载在1921年8月30日《真理报》第191号上。——235。

207 中央政治局于1921年8月27日作出逮捕全俄赈济饥民委员会委员的决定,理由是他们从事反革命活动。——235。

208 这个电话是对阿·瓦·卢那察尔斯基1921年8月25日来信的答复。来信请求接见他以商谈改组莫斯科艺术剧院的问题。电话中的"送进坟墓"一语是借用来信中的话。来信最后说,如果信中提出的建议不能接受,就只好把剧院"送进坟墓"。——236。

209 统一劳动学校是苏维埃俄国学校的正式称呼。全俄中央执行委员会1918年9月30日批准的《统一劳动学校条例》第1条规定:"俄罗斯社会主义联邦苏维埃共和国的所有在教育人民委员部管理下的学校,除高等学校外,均命名为'统一劳动学校'。"(参看《苏维埃政权法令汇编》1964年俄文版第3卷第374页)——237。

210 这封信是列宁对印度进步政治活动家布彭德拉纳特·达塔寄来的关于印度民族解放运动的提纲的答复。布彭德拉纳特·达塔后来写道,列宁的信"使提纲作者恍然大悟。民族主义革命者从来没有想到,'农民运动'会对争取民族自由运动具有意义。感伤主义是民族主义的基础。中等资产阶级认为自己是民族的代表并从这一角度观察一切运动。因此,列宁关于不要讨论社会各阶级问题而要关注农民运动的指示,使作者不得不认真思考。这一指示改变了他对印度争取自由的斗争所应采取的方式和方法的观点"(见布彭德拉纳特·达塔《印度农业经济的辩证法》加尔各答版第Ⅲ页)。

　　列宁在信中提到的自己的提纲是指他为共产国际第二次代表大会

写的民族和殖民地问题提纲（见本版全集第 39 卷第 160—169 页）。
——237。

211　1921 年 8 月 30 日列宁收到了俄共（布）中央组织局 1921 年 8 月 29 日
　　　会议记录中关于批准格·瓦·克尔日扎诺夫斯基休假的一段摘录。
　　　——239。

212　1921 年 8 月 30 日，被任命为西伯利亚清党委员会主席的瓦·尼·卡
　　　尤罗夫通过直达电报同列宁交谈时，对实行清党是否适宜表示怀疑，并
　　　建议在日常的实际工作中加强对共产党员的监督。这里发表的是列宁
　　　通过直达电报对卡尤罗夫的答复。根据列宁的要求，西伯利亚清党委
　　　员会把自己对这一问题的意见提交给了俄共（布）中央清党委员会。
　　　——239。

213　1921 年 9 月 2 日，政治局讨论了关于撤销变卖珍品禁令的问题，在决
　　　定中指示对外贸易人民委员部变卖珍品必须在尽可能有利的条件下进
　　　行。——240。

214　这个便条里说的是移居加拿大的反仪式派教友会给苏俄政府发来的
　　　信。教友会在信中请求准许派代表到俄国谈判返回祖国的问题。政治
　　　局和人民委员会的委员们对列宁的提议都表示赞同。——246。

215　在这个文件上有瓦·亚·斯莫尔亚尼诺夫亲笔写的"已办。9 月 6 日"
　　　几个字（参看注 211）。——241。

216　这个指示是在收到俄罗斯—乌克兰驻远东贸易代表团团员 М.Ф.库兹
　　　涅佐夫 1921 年 7 月 30 日由君士坦丁堡寄伦敦转回的信以后写的。来
　　　信说，1921 年 7 月，英国官员在君士坦丁堡非法拘捕了对外贸易人民
　　　委员部的两名工作人员。9 月 3 日，瓦·亚·斯莫尔亚尼诺夫向列·
　　　波·克拉辛和格·瓦·契切林传达了列宁的这一指示。
　　　　　9 月 2 日，列宁又就此事给格·瓦·契切林写了一个便条（见本卷
　　　第 298 号文献）。——242。

217 这里说的是由俄罗斯联邦全俄中央执行委员会和乌克兰苏维埃社会主义共和国中央执行委员会代表在俄罗斯联邦粮食人民委员部和乌克兰粮食人民委员部代表参加下组成的调查乌克兰粮食工作状况的委员会。尼·巴·布留哈诺夫反对成立这个委员会。他在给列宁的信中写道:"委员会未必能提出什么新的办法。但这样的委员会无疑会分散粮食工作人员的一部分精力,使之不能用于完成那些刻不容缓的战斗任务。"——243。

218 1921年9月7日,在列·波·克拉辛主持下召开了有国家计划委员会、泥炭总委员会和泥炭水力开采管理局代表参加的委员会会议。会议讨论了新法开采泥炭的报告并通过了保证这一工作的一系列措施。列宁于1921年9月11日审阅了委员会的有关材料后委托尼·彼·哥尔布诺夫对已通过的决定的执行情况进行经常监督(见本卷第347号文献)。——246。

219 这个批示写在吉尔吉斯副粮食人民委员 T.M.波诺马连科关于从阿克莫林斯克省采购和运出粮食情况的来电上。

　　在1921年饥荒和歉收的困难条件下,俄罗斯联邦粮食人民委员部部务委员会为了增加粮食采购量,向俄共(布)中央政治局提出了一项关于在西伯利亚实行"强制性商品交换"的建议,这项建议实质上违反了商品交换的自愿原则。政治局曾于1921年7月2日批准这一建议,旋又于7月9日撤销了7月2日的决定,指出这一建议是和新经济政策的基本原则相抵触的。新决定强调指出:"粮食人民委员部应当记住,根据最近一次党的代表会议的决定,新的粮食政策要认真地长期地实行。"在这种情况下,波诺马连科的电报引起了列宁的特别关注,给波诺马连科的电报是8月31日发出的,见本卷第281号文献。——246。

220 据对外贸易人民委员部报告,土耳其国会的援助仅限于送给苏维埃俄国150袋玉米。——247。

221 这里说的是寄给列宁的一份请求协助发还被没收财物的申请书。——248。

222　这个批示写在俄共(布)中央委员会办公厅给列宁的一个报告上,报告提请对授权莫斯科工人消费合作社从直接生产者那里采购马铃薯一事进行表决。

　　　阿·阿·基辛和尼·巴·布留哈诺夫对此持否定态度,但认为可以授权莫斯科消费合作社在各省消费合作社派驻自己的特派员和设置采购机构。他们认为,不经过省社而自行采购,会助长投机性的商品交换。——248。

223　对列宁的询问,T.M.波诺马连科于1921年9月12日用电报作了答复。稍后不久,他又寄给列宁一份有关这个问题的详细报告。——249。

224　这里说的是维·列·柯普同德国五家大工业银行和公司组成的财团的代表进行的经济谈判。这个财团打算在彼得格勒开办几家修理机车及农业机器的工厂并在莫斯科和彼得格勒建立商品仓库。——250。

225　雅·克·彼得斯是为研究租让企业的生产计划到德国去的。——250。

226　此件写在人民委员会外汇事务全权代表、副外交人民委员马·马·李维诺夫给对外贸易人民委员部的信上。李维诺夫在信中希望接受美国救济署提出的为苏维埃俄国在罗马尼亚、保加利亚和塞尔维亚购买粮食充当中间人的建议。信上有列宁的批语:"似乎李维诺夫是对的吧?**列宁**　9月1日"。中央政治局没有讨论美国救济署的上述建议。——252。

227　此件是列宁接到纺织企业总管理局局长波·巴·波泽尔恩关于纺织厂工作的安排问题的一封信后写的。波泽尔恩在9月17日答复人民委员会和劳动国防委员会办公厅询问的信中报告说,只准备供应那些工作开展得最好的纺织厂。最高国民经济委员会主席团于1921年9月拨了一笔款子给纺织企业总管理局供购买粮食、燃料以及对企业进行大修。——252。

228　此件是在收到格鲁吉亚政府签订的关于在该共和国两个地区开发森林资源的租让合同后写的。劳动国防委员会于9月30日决定批准这个合同,并责成对外贸易人民委员部收集有关承租人支付能力的材料。
——253。

229　此件写在俄共(布)中央高加索局委员尤·彼·菲加特纳来信的末尾。
来信说,他转交给列宁一件礼品——一位波斯手艺人、共产党员绣的
列宁像。写信人请求列宁收到后开一个书面证明。——254。

230　这个批示写在莫斯科郊区煤田区域管理局的报告上。报告建议对博布
里克煤矿区域内一座正在兴建的电站发生火灾一案进行侦查。1921
年12月23日,司法人民委员部通知人民委员会办公厅:侦查结果表
明,火灾是由纵火引起的,但罪犯未能查出。——255。

231　这个批语写在扬·安·别尔津给格·瓦·契切林的电报上。电报说,
马·伊·斯柯别列夫作为全俄赈济饥民委员会代表同法国政府谈判
后,又请求取得苏维埃政府全权代表的资格。

　　批语后一句说的是法国前驻俄大使(1917—1918年)、反苏维埃政
权的反革命阴谋组织者之一、外国武装干涉的鼓吹者约·努兰斯被任
命为国际支援俄国战胜饥荒委员会主席一事。该委员会是根据协约国
最高委员会的决定由各协约国(英、法、意、比)的代表组成的,实际上是
以它为掩护来推行反苏计划。——255。

232　这个文件写在最高国民经济委员会主席彼·阿·波格丹诺夫关于拟议
中的同哥德堡瑞典滚珠轴承股份公司签订租让合同一事的报告上。波
格丹诺夫认为,签订合同是必要的,但必须拒绝该公司提出的恢复它对
设在苏俄的滚珠轴承仓库的所有权的要求。他建议用苏维埃政府偿付
成本的办法解决仓库问题。为了解决这一问题,在司法人民委员部之
下成立了一个由人民委员德·伊·库尔斯基领导的特设委员会。库尔
斯基认为在谈判的现阶段同该公司签订合同是不可取的,因为该公司
提出的主要条件(交还仓库)是无法办到的。

　　关于同哥德堡瑞典滚珠轴承股份公司签订租让合同一事,见注9。
——256。

233　这封信是列宁对叶·萨·瓦尔加1921年8月31日关于建立情报所问题的来信的答复。瓦尔加在信里说:"在情报所的**宗旨**方面,存在着深刻的原则性分歧。"瓦尔加写道,托洛茨基、季诺维也夫和拉狄克认为,这个情报所首先应当向共产国际执行委员会提供内部情报。"在您的提纲中,**重心似乎**放在向**工人运动报刊**(中欧的)**提供情报上**,而向共产国际执委会提供情报的任务则居于次要地位。这个宗旨的改变决定着所有其他方面的变动(合法性,完全独立于共产国际)。"瓦尔加写道:"因此,必须从原则上作出决定,情报所的宗旨是否应为:一、给共产国际执行委员会提供情报? 二、自己发材料对工人报刊施加影响? 三、兼顾两种任务? 我认为,所有组织方面的问题都取决于这个问题的解决。"——257。

234　劳动国防委员会于1921年9月16日决定把沃尔霍夫河工程列为"优先工程"项目。所有部门均有责任对沃尔霍夫河工程的要求优先予以满足。关于水电站建设进展情况,曾多次在全俄中央执行委员会常会上讨论过。

　　关于这一问题,还可参看本卷第302、332、333、342号文献。——259。

235　列宁阅读了工会工作者K.舒尔关于工会组织结构的缺陷和各工会组织间的相互关系的报告后,给全俄工会中央理事会主席团委员亚·伊·多加多夫和俄共(布)中央书记瓦·弗·古比雪夫写了这封信。信中说的"第4页上画了着重线的问题",是指报告中提出的一项建议:摆脱现状的出路在于成立和巩固省级各工会的联合组织。列宁在此处批道:"事实真是如此吗?"(参看《列宁文稿》人民出版社版第17卷第345页)

　　多加多夫和古比雪夫在回信中表示不赞成舒尔的建议。——262。

236　邮电人民委员瓦·萨·多夫加列夫斯基1921年9月16日回信说,目前在莫斯科只有霍登卡无线电台安装有无线电话装置,但由于现有的技术设备不够,这个电台还没有启用。邮电人民委员部计划在1922年

4月1日前建立4座接收发射电台(莫斯科—哈尔科夫—新尼古拉耶夫斯克和塔什干)和2 000个地方接收台。信中还谈到下诺夫哥罗德无线电实验所在制造适合使用的扩音器方面进行了成功的试验。——263。

237　奥勃洛摩夫是俄国作家伊·亚·冈察洛夫的长篇小说《奥勃洛摩夫》的主人公,他是一个怠惰成性、害怕变动、终日耽于幻想、对生活抱消极态度的地主。——263。

238　指俄共(布)中央土耳其斯坦局委员格·伊·萨法罗夫1921年8月21日给列宁的信。信中报告了土耳其斯坦共产党第六次代表大会的工作和他同全俄中央执行委员会和人民委员会土耳其斯坦事务委员会主席米·巴·托姆斯基之间在土耳其斯坦经济政策问题上的分歧。关于这一问题,还可参看本卷第204、205、356号文献。——264。

239　这个批示写在1921年8月27日阿·奥·阿尔斯基、尼·尼·克列斯廷斯基、奥·尤·施米特、H.A.巴沙等人联名写给列宁的信的上方。

信中说,1921年6月29日劳动国防委员会作出决定,认为财政人民委员部国家珍品库的工作特别紧迫,所有机关和人民委员部都应尽快满足它的要求。这一决定的所有各点几乎都未得到实现,因而拖延了整理珍品以利变卖的工作。——265。

240　关于国家珍品库事宜,有关人员于9月8日进行了商议。9月14日,劳动国防委员会会议听取了阿·奥·阿尔斯基和H.A.巴沙的报告。——266。

241　格·伊·萨法罗夫1921年8月21日给列宁的信,见注238。——266。

242　指罗·爱·克拉松1921年8月31日给列宁的信(见本卷第275号文献)。——268。

243　劳动国防委员会于1921年11月4日委托瓦·亚·阿瓦涅索夫和德·伊·库尔斯基调查由于斯维里河和沃尔霍夫河两水电站所用水力涡轮

机订货手续办得太慢而造成瑞典"尼特维斯和霍尔姆"工厂窝工的事件。1922年2月8日司法人民委员部向劳动国防委员会提出调查结论。结论中包括有对该厂涡轮车间窝工事件的责任者进行追究所采取的措施。——268。

244 司法人民委员部在1921年10月18日向人民委员会呈交的调查结论中证实,国家建筑工程总委员会和发电站建筑工程局的一些工作人员在对沃尔霍夫河水电站的需要采取拖拉态度一事中犯有过失。

1921年10月全俄中央执行委员会第四次会议决定把沃尔霍夫河水电站工程案件交最高法庭处理。——270。

245 给布留哈诺夫的批示写在粮食人民委员部部务委员、全俄中央执行委员会驻戈梅利省特派员阿·伊·斯维杰尔斯基给副粮食人民委员尼·巴·布留哈诺夫的电报上。电报报告说,戈梅利省执行委员会主席 Х.Г.佩斯通不执行粮食人民委员部的各项指示。——271。

246 指尼·米·克尼波维奇1921年8月6日给列宁的信(参看《列宁文稿》人民出版社版第17卷第353—356页)。——272。

247 指小人民委员会于1921年9月1日初步决定出版的一部经过系统整理的铁路运费法令汇编。人民委员会于1921年9月20日讨论了这一问题,没有批准出版汇编。——275。

248 这个批示写在列·波·克拉辛的来信上。来信介绍了白俄罗斯对外贸易人民委员部采取的发展对外贸易的措施。——276。

249 这个批示是在收到俄国物理学化学协会的一份申请书后写的。申请书要求释放因彼得格勒反革命组织案被捕的化学教授 М.М.提赫文斯基及其他科学家。——277。

250 这里说的是弗·弗·马雅可夫斯基控告国家出版社社长伊·伊·斯克沃尔佐夫-斯捷潘诺夫未付给他稿酬的诉讼案。1921年8月25日,受理这一案件的莫斯科省工会理事会所属莫斯科省同志纪律审判会作出了停止斯克沃尔佐夫-斯捷潘诺夫工会会籍6个月的决定。9月8日，案件重新审理后，这一判决被撤销。

副教育人民委员叶·亚·利特肯斯和劳动教育科学院院务委员弗·威·林格尼克被控开除了一批职工。莫斯科省工会理事会所属莫斯科省同志纪律审判会作出决定，给他们警告处分并剥夺其担任选任职务的权利半年。俄共（布）中央的一个委员会9月26日审理了这个案件并作出如下决定："（1）建议本案由莫斯科省工会理事会所属莫斯科省纪律审判会重新审理。（2）按所指控的实际情况……处分应限于在工会和党内给予警告。"——278。

251　中央政治局于1921年9月6日指示全俄中央执行委员会主席团必须把给剧院拨款10亿卢布的问题提交人民委员会审议。——278。

252　这封信是就中央消费合作总社理事会主席列·米·欣丘克关于在奥廖尔、布良斯克和戈梅利三省安排商品交换的报告而写的。——278。

253　指载于1921年6月17日《粮食报》第97号的《国家商品交换工作的经验》一文。

《粮食报》（《Продовольственная Газета》）是苏联粮食人民委员部和俄罗斯联邦粮食人民委员部的机关报，1921—1924年在莫斯科出版。——278。

254　这个指示是在看了生产者联合会发起小组主席米·苏茨凯韦尔的来信和报告后写的。发起小组为自己规定的宗旨是吸收以前的专家、工厂主、商人根据"生产者合伙经营的原则"创办中小型企业。

列宁在苏茨凯韦尔的报告上作了批注（见本版全集第60卷第442—443页）。——279。

255　这个批示写在格·马·克尔日扎诺夫斯基1921年9月3日给列宁的信上。§§1和2说的是克尔日扎诺夫斯基请求在他休假期间任命谢·帕·谢列达为国家计划委员会代主席，斯·古·斯特卢米林和亚·亚·涅奥皮哈诺夫两人为助理一事。这一请求由劳动国防委员会

1921年9月7日决定予以批准。§3是对克尔日扎诺夫斯基提议为检验一项发明的效果而成立一个专门委员会的答复。§4说的是答复乌克兰人民委员会就国家计划委员会提出的恢复顿巴斯的措施的问题拍来的电报(参看《列宁文稿》人民出版社版第17卷第333—334页)。1921年9月7日,由列宁和克尔日扎诺夫斯基签署拍给乌克兰人民委员会的电报说,在派往该地的专门委员会返回并与地方当局商讨之前,人民委员会和国家计划委员会将不通过有关顿巴斯的决定。——280。

256　这个文献写在阿·谢·基谢廖夫的来信上。来信通知已将由小人民委员会委员(阿·谢·基谢廖夫、A.A.别洛夫和雅·伊·金丁)草拟并经约30人参加的大型生产联合企业领导人会议赞同的《工资问题基本原则》草案送上。草案以俄共(布)中央委员会的一些指示为基础。列宁阅后对提纲草案作了修改,强调劳动报酬要同生产成果直接挂钩(参看《列宁文稿》人民出版社版第17卷第363页)。经俄共(布)中央委员会、劳动国防委员会以及全俄工会中央理事会党团委员会、莫斯科省工会理事会党团委员会和最高国民经济委员会主席团党团联席会议全面讨论后,《工资问题基本原则》于1921年9月16日由人民委员会批准并于9月17日发表在《全俄中央执行委员会消息报》第207号上。

　　关于这一问题,还可参看本卷第319、320、321号文献。——281。

257　这个批示写在阿·绍·瓦尔斯基1921年8月20日从柏林寄给全俄肃反委员会副主席约·斯·温什利赫特并抄送格·叶·季诺维也夫、列宁、卡·伯·拉狄克的一封信的信文下面。瓦尔斯基在信中说,他认为逮捕M.洛尔曼(见本卷第154号文献)在政治上是不恰当的,建议立即将他驱逐出共和国。他还说,有两名波兰中央委员也持这种意见。

　　俄共(布)中央政治局再次审查了洛尔曼的问题后,同意全俄肃反委员会关于释放他的意见。——282。

258　这个批语写在俄共(布)伊尔库茨克委员会委员雅·达·扬松给俄共(布)中央和外交人民委员部的电报的第2页上。电报汇报了同日本谈判的情况,并谈到远东共和国政府内的孟什维克和社会革命党人的代表力图破坏谈判而提出的敲诈性的要求。列宁在第 1 页的上方写道：
"火速密送莫洛托夫同志。请看第 2 页。"——283。

259　这个批语写在俄共(布)中央政治局关于拨给对外贸易人民委员部和外
　　　交人民委员部外汇作为"业务经费"的决定草案上。——284。

260　瓦·巴·奥博林对工资政策提纲草案的意见于 1921 年 9 月 8 日寄送
　　　列宁。提纲草案获得了彼得格勒省工会理事会扩大全会的赞同。
　　　——285。

261　这封信是针对中央书记处送来的有关俄共(布)党员的统计材料写的。
　　　俄共(布)中央统计局局长 Н.И.索洛维约夫 1921 年 9 月 8 日回信说，
　　　莫斯科和彼得格勒党员按所任苏维埃机关职务分类统计的资料将于最
　　　近呈送列宁。——287。

262　关于现有黄金储备及其动用情况的材料由财政人民委员部呈送给了列
　　　宁。中央政治局 1921 年 9 月 14 日责成阿·奥·阿尔斯基对黄金储备
　　　的每笔支出都要严格核算。
　　　　　关于这一问题，还可参看本卷第 328 号文献和本版全集第 42 卷第
　　　147—148 页。——289。

263　列宁在雅·伊·维什尼亚克的来信上写道："维什尼亚克谈拉拉扬茨。
　　　1921 年 9 月 5 日。见背面。"在这一页信纸的背面，列宁写了本文献的
　　　开头部分并注有"打电话"字样。——289。

264　这个看法是扬·安·别尔津在从英国寄回(大概是寄给格·瓦·契切
　　　林的)的便函中提出的。——290。

265　指由赫·胡佛领导的美国救济署的工作人员。列宁之所以建议对他们
　　　采取一系列限制措施，是因为主要由美国军官组成的该组织的工作人
　　　员从事间谍活动并支持俄国的反革命分子。——290。

266　弗里特奥夫·南森为救济俄国饥民而开展的向社会团体和个人募捐的
　　　活动，引起了一些资本主义国家反动集团的不满。"拥护南森"和"反对

南森"的运动就是在这种情况下掀起的。苏俄人民对南森在赈济俄国饥民的活动中所作的努力给了应有的评价;1921年12月25日,全俄苏维埃第九次代表大会向他表示深切的感谢。——291。

267　《每日纪事报》(《The Daily Chronicle》)是英国的一家资产阶级报纸,1855—1930年在伦敦出版。——291。

268　这个电话稿是在收到对外贸易人民委员列·波·克拉辛1921年9月4日的来信后写的。克拉辛在信中向列宁汇报了国家珍品库的情况并说有必要委派一个能干的人去加强该处的工作。他写道,他自己,还有财政人民委员尼·尼·克列斯廷斯基和全俄肃反委员会会务委员格·伊·博基都推荐亚·米·伊格纳季耶夫担任这项工作。

　　　在克拉辛的信上有列宁的如下批语:"**存档**。用电话通知。9月5日。"

　　　还可参看本卷第485、492号文献。——291。

269　列宁对吸收伊·克·拉拉扬茨积极参加工作一事非常关心,还可参看本卷第324、522号文献;《列宁文集》俄文版第35卷第278页。——292。

270　这封信看来是在收到国家计划委员会主席格·马·克尔日扎诺夫斯基的来信后写的。克尔日扎诺夫斯基在信里说,他认为斯·伊·博京的发明(用电磁波远距离引爆,即这里提到的博戈罗茨克村实验室的研究成果)是"一项不成功的事业"。但由于他自己不是无线电方面的专家,因此他建议由邮电人民委员部部务委员兼无线电委员会主席阿·马·尼古拉耶夫指派三名无线电专家来检验这个发明。尼古拉耶夫当时正作为"专家"和可参与"发明家全部秘密"的人被列宁派到博京处工作。

　　　1921年10月,专家委员会否定了博京的这项试验,并建议不再继续进行。关于这一问题,还可参看本卷第344号文献和本版全集第49卷第441、442、481、499、570、637、655、692号文献。——294。

271　列宁的这项建议起初曾通过向各政治局委员征询意见的方式进行表

决;斯大林表示反对。1921年9月8日,政治局就阿·瓦·卢那察尔斯基和叶·亚·利特肯斯的相互关系问题按列宁的措辞通过了决定。——295。

272　指教育人民委员部起草的方案。《关于改善学校和其他教育机构供应措施的决定》是在这些方案的基础上制定出来的。人民委员会于1921年9月15日通过了这项决定并于9月23日在《全俄中央执行委员会消息报》第212号上公布。关于这个问题,还可参看本卷第355号文献。——296。

273　这个指示写在亨·奥·格拉夫季奥1921年9月2日的意见书上。意见书谈到了为保证沃尔霍夫河电站工程的进行必须采取的各项措施,其中尤其重要的是急需拨给粮食和钱款。——297。

274　列宁之所以提这个意见是因为波·斯·斯托莫尼亚科夫在附言中说:"回信耽误是因为精力不济,难以应付所有的事情。我被工作压垮了,无法应付一切。"——299。

275　指为卡希拉电站工程订购机器设备一事。——299。

276　这个批语写在对外贸易人民委员部驻柏林全权代表波·斯·斯托莫尼亚科夫1921年8月23日的来信上。来信对俄罗斯联邦驻德国代表维·列·柯普同德国工业家就租让和在德国建立投资财团问题进行谈判的活动作了评论。

　　　　列宁在信上画了着重线,并批了"绝密"二字。——299。

277　指派遣阿·瓦·卢那察尔斯基以共产国际代表的身份出席1921年10月在米兰举行的意大利社会党代表大会一事。俄共(布)中央政治局1921年9月10日同意了共产国际执行委员会主席团关于派遣卢那察尔斯基出席代表大会的要求,但他未能成行。出席代表大会的共产国际的代表是亨·瓦列茨基和克·蔡特金。——300。

278　这个便条里说的是答复教学地图集绘制特别学术委员会主席弗·德·

凯萨罗夫来信的事。凯萨罗夫在来信中就俄罗斯联邦边界的确切划定及俄罗斯联邦与位于旧俄罗斯帝国国境内的各个新成立的共和国之间的关系问题提出了询问。——301。

279　在卷宗里有打字机打的电话记录："温什利赫特同志：能否释放因库基什案件而被捕的农学院教授舍普金，请答复。**列宁**。"关于库基什案件，见注5。——303。

280　爱尔兰共产党人肖恩·麦克·尼尔是为找共产国际执行委员会办理与爱尔兰各共产主义小组有关的事宜而来莫斯科的。他在1921年9月7日给列宁的信中说，临来俄国前爱尔兰共和国国防部长和外交部长曾委托他同苏俄领导人会晤，以澄清苏爱关系中的一些问题。——303。

281　这个指示是针对尼·彼·哥尔布诺夫的一封信写的。哥尔布诺夫在这封信中汇报了关于米·彼·萨任到国外出差受到拖延一事的调查结果。信里说："教育人民委员部并非存心拖拉。"列宁在"存心"下面画了着重线。——303。

282　这个指示写在卡希拉电站工程总工程师格·德·瞿鲁巴的来信上。来信要求协助他们从最高国民经济委员会电力局获得该工程所需的一切电工器材。为此，列宁于1921年9月12日给最高国民经济委员会电力局发了一份电报（见本卷第352号文献）。——304。

283　指向土耳其斯坦和中国商人购买绵羊以供应莫斯科居民羊肉的问题。参看本卷第204、399号文献。——305。

284　这个批示写在阿·马·尼古拉耶夫给列宁的信的背面，尼古拉耶夫在信中推荐邮电人民委员部无线电话网建设专门委员会委员 П.Н.诺沃勃兰诺夫、工程师 В.А.巴甫洛夫和 В.Н.泰赫三位专家参加委员会的工作。批示里提到的格·马·克尔日扎诺夫斯基的信，见注270。——305。

285　格·马·克尔日扎诺夫斯基在给尼·彼·哥尔布诺夫的回信中说,他
　　　同意阿·马·尼古拉耶夫提出的人选。——306。

286　这个便条是在收到最高国民经济委员会西伯利亚局主席格·伊·洛莫
　　　夫的报告后写的。洛莫夫在报告里汇报了里杰尔矿的情况,指出该矿
　　　由于移交给吉尔吉斯共和国管理而发生了困难。为此,洛莫夫要求列
　　　宁接见里杰尔矿务局局长 E.Φ.多姆年科。此后不久,列宁与多姆年科
　　　谈话,对该矿生产率和修复设备等等问题表示关切(参看《列宁文稿》人
　　　民出版社版第17卷第406页)。1921年9月10日,由列宁和最高国民
　　　经济委员会主席彼·阿·波格丹诺夫签署,向吉尔吉斯共和国中央执
　　　行委员会发去一份电报,指示他们"不要中断里杰尔矿的工作,不要改
　　　变最高国民经济委员会西伯利亚局任命的该矿领导"。
　　　　由于苏维埃政府打算把里杰尔矿租让给莱·厄克特经营,1921年
　　　11月往该矿派出了一个特别委员会以调查该矿工作情况。关于这一
　　　问题,还可参看本卷第357、443、500号文献。——306。

287　指由阿·谢·基谢廖夫领导的研究以酒类换购粮食的专门委员会。
　　　——307。

288　这个指示写在泥炭水力开采问题专门委员会1921年9月7日会议记
　　　录上。列宁还在记录上作了一些批注和标记(参看《列宁文稿》人民出
　　　版社版第17卷第398—399页)。——308。

289　指东西伯利亚中央消费合作总社干部 A.B.普里加林给列宁的书面报
　　　告,其中谈到向西伯利亚供应农业机器以及是否可能用西伯利亚原料
　　　来偿付在国外购买机器的费用等问题。1921年10月3日,对外贸易
　　　人民委员部在自己的意见中说:"这类问题应从全共和国利益的角度来
　　　解决。"——308。

290　这是列宁对格·马·克尔日扎诺夫斯基写的文章《致我们的批评家》提
　　　的意见,写在该文草稿第1页边上。列宁还在草稿页边上写了一些别
　　　的修改意见。文章作者批评某些不相信国家电气化计划能够实现的苏

维埃机关工作人员(见本版全集第60卷第448—449页)。这篇文章未被刊登。——309。

291 列宁于1921年10月10日收到莫斯科苏维埃对这个询问的答复。
　　关于仍保留由国家供应的企业问题,还可参看本卷第351、382号文献。——311。

292 这个便条是为回答军事委员斯·斯·丹尼洛夫1921年9月8日的来信而写的。来信谈到了"**在阶级内部**,在劳动者阵营内部"发扬"友爱、同情、互助"精神的必要性问题。——313。

293 决定的第6条规定,授权学校可用国家供应的并非它们所必需的物品去交换必需的食品。第8条里有图书馆读者和参加俱乐部活动者自愿"交费"的内容。——314。

294 9月15日,小人民委员会再次审议并通过了《关于改善学校和其他教育机构供应措施的决定》。——314。

295 阿·阿·越飞在1921年9月9日的来电中报告,全俄中央执行委员会土耳其斯坦事务委员会主席米·巴·托姆斯基和土耳其斯坦局委员格·伊·萨法罗夫之间的意见分歧在俄罗斯人和当地居民之间以及在各民族之间引起了敌对情绪。9月13日,俄共(布)中央政治局作出决定,在收到越飞书面报告和政治局委员阅读了全部材料之后讨论在土耳其斯坦的政策问题。1921年10月14日,中央政治局在讨论了在土耳其斯坦的工作问题之后,决定组成土耳其斯坦局和土耳其斯坦事务委员会的新班子,并规定了土耳其斯坦党和苏维埃工作的基本任务。中央政治局强调指出,在土耳其斯坦必须谨慎地执行新经济政策,以保证完成吸引劳动群众参加社会主义建设的任务。——315。

296 巴斯马赤叛乱(巴斯马赤是突厥语,意为袭击)是1917—1926年间发生在中亚地区的反对苏维埃政权的民族主义武装叛乱。这一叛乱由封建地主、富农、资产阶级和宗教界人士领导,并得到外国势力的支持。叛乱活动的基本特点是对苏维埃机关、小部队等进行突然袭击和施行大规模的屠戮。巴斯马赤匪帮残余在 1933 年被彻底消灭。——315。

297　列宁写这封信是因为人民委员会 1921 年 9 月 13 日会议议程上有厄克特承租企业的问题。9 月 15 日,列宁收到了最高国民经济委员会租让委员会的答复。——317。

298　给在伦敦的尤·弗·罗蒙诺索夫的电报于同一天发出(见本卷第 359 号文献)。——318。

299　列宁在 1921 年 5 月 30 日信中建议革命军事委员会制定一个在经济战线上使用军队的计划,还具体指出了国民经济的哪些部门首先需要军队的帮助(见本版全集第 50 卷第 433 号文献)。——319。

300　这封信是在收到受农业人民委员部委派参加全俄中央执行委员会专门委员会而到克里木去的玛·瓦·福法诺娃的报告后写的。报告反映了克里木疗养地的严重情况。尼·亚·谢马什柯 9 月 15 日给列宁写了回信,报告了卫生人民委员部为改进克里木和高加索疗养地的工作而采取的措施。——321。

301　这里说的是米·巴·托姆斯基请求拨给 10 万金卢布以用于他做成的一笔在中国购买牲畜的交易一事。9 月 15 日列·波·克拉辛对此作了答复:"我认为,拨给托姆斯基 10 万卢布预支款以应贸易上的需要是没有必要的,而且是违反我们的制度的。"——325。

302　作为对列宁询问的答复,对外贸易人民委员部报送了有关山道年(驱蛔虫药)的存量和产量的材料。列宁在材料上计算了山道年的存量和价值(金卢布)(参看《列宁文稿》人民出版社版第 17 卷第 422 页)。山道年是当时苏俄的一种出口产品。——325。

303　这个便条是在收到驻意大利大使瓦·瓦·沃罗夫斯基的来信后写的。来信请求下令发给住在意大利的马·阿·彼什科夫(马·高尔基的儿子)助学金。1921 年 9 月 15 日,马·马·李维诺夫复信列宁,建议通过教育人民委员部发给助学金。关于这个问题,还可看本卷第 371

号文献和《列宁文稿》人民出版社版第 17 卷第 424 页。——326。

304 关于这个问题,最高国民经济委员会国家仓库管理局局长伊·卡·叶若夫向列宁提出一个书面报告。他抱怨仓库不够,抱怨缺乏统一领导以及各个部门竞相争夺库房。列宁对叶若夫报告的回答,见本卷第409 号文献。——327。

305 这个指示写在邮电人民委员瓦·萨·多夫加列夫斯基 1921 年 9 月 16日来信上。来信陈述了为建立无线电台正在采取的措施(见注 236)。——328。

306 指米·巴·托姆斯基请求拨给 10 万金卢布以用于他做成的一笔在中国购买牲畜的交易一事。——329。

307 这个批示写在格·瓦·契切林的来信上。来信谈到,英国外交大臣乔·纳·寇松 1921 年 9 月 7 日的照会无中生有地说苏维埃政府违反1921 年 3 月 16 日的英俄通商条约。这个照会既无标题,又无称呼,也未署名。1921 年 9 月 27 日,苏维埃政府复照驳斥了这些毫无根据的指责。1921 年 3 月 16 日英俄贸易协定和 1921 年 9 月 27 日苏维埃政府照会分别见《苏联对外政策文件汇编》1959 年俄文版第 3 卷第 607—614 页和 1960 年俄文版第 4 卷第 374—380 页。——329。

308 由劳动国防委员会办公厅主任助理贝·亨·扎克斯写的关于挖掘机问题的材料,于 1921 年 9 月 26 日送交列宁。——330。

309 指国家出版社与季·伊·格尔热宾出版社就在国外出版俄国古典文学作品缩写本问题签订的合同。这项工作是根据阿·马·高尔基的倡议进行的。——331。

310 这个批示是在收到米·巴·托姆斯基的电报后写的。托姆斯基在电报里说,他打算购买一批羊,价格为每只 7—10 金卢布。

　　1921 年 9 月 19 日列宁给托姆斯基发了回电,认为这笔交易不合算,价钱太贵,因此要求停止继续购买(参看《列宁文稿》人民出版社版

第 17 卷第 430 页）。

1921 年 9 月 21 日在劳动国防委员会会议上听取了尼·巴·布留哈诺夫及伊·伊·拉德琴柯关于在中国购买牲畜问题的报告并通过决定："认为列宁同志发出的电报已解决了这一问题。"——332。

311 指工农检查人民委员部同对外贸易人民委员部部务委员米·瓦·雷库诺夫主持的专门委员会一起起草的民事部门办文条例草案。小人民委员会于 1921 年 9 月 2 日，人民委员会于 9 月 20 日分别讨论了这个草案。

下面交办的事项则与雷库诺夫被任命为出口特别委员会主席一事有关，此事于 9 月 20 日办妥。——333。

312 本文献和下一文献是列宁在人民委员会办公厅主任尼·彼·哥尔布诺夫分别给基尔萨诺夫县和克拉斯诺亚尔斯克县经济会议的信上写的附言。哥尔布诺夫是受列宁委托为表扬他们按时交来汇报而写这两封信的。——334。

313 指莫斯科市和莫斯科省仍由国家供应的规模最大、技术设备最好的工业企业的清单。列宁关于压缩国家供应单位的建议于 1921 年 9 月 30 日执行。——336。

314 这个便条是在收到矿业工程师 В.Я.亚历山德罗夫的来信后写的。亚历山德罗夫在信中对恢复工业和运输业提出了一些想法。他后来还向列宁提交了一份包括有实际建议的报告和三本有关采矿工业的书。1921 年 9—10 月间，人民委员会办公厅收到了对这份报告的一些意见，这些意见对亚历山德罗夫的技术建议没有给予支持。——337。

315 全俄中央执行委员会所属赈济饥民委员会新闻处长叶·扎·沃尔柯夫给列宁写信，对撤销全俄赈济饥民委员会一事是否恰当表示怀疑，他认为，解散该委员会并逮捕其成员，将对苏法两国关系产生不良影响。——338。

316 1921 年，美国的技术援助苏俄协会所联系的一些美国工人表示愿意到苏维埃俄国参加经济建设。

1921年下半年,以荷兰工程师、共产党员塞·鲁特格尔斯为首的美国工人小组同苏维埃政府就把西伯利亚库兹涅茨克煤田的一部分交给他们开发并在当地筹建工业侨民区的问题进行了谈判。1921年9月13日,人民委员会会议讨论了鲁特格尔斯的建议,决定把这个建议提交最高国民经济委员会。

9月19日,列宁接见了美国工人移民团的代表,同他们进行了谈话。列宁所作的谈话记录,参看《列宁文稿》人民出版社版第17卷第429页。

1921年9月23日,劳动国防委员会通过决定,认为与鲁特格尔斯签订合同是适宜的,并且委托专门委员会最后拟定合同的条款。同鲁特格尔斯小组的协议于10月20日签订。劳动国防委员会于1921年10月21日,人民委员会于10月25日分别批准了这个协议。11月间,苏维埃政府同小组签订了合同。按照合同,美国工人移民团以劳动国防委员会直属企业资格在库兹巴斯从事经营。

关于这一问题,还可参看本卷第410、431、432、472号文献和本版全集第42卷第159—160、177—178、179页。——339。

317 伊·伊·斯克沃尔佐夫-斯捷潘诺夫当时受列宁委托,正在写《俄罗斯联邦电气化与世界经济的过渡阶段》一书。这里提到要收集的书籍,都是供他写书参考的。——343。

318 列宁指的是恩格斯《论历史唯物主义》(《〈社会主义从空想到科学的发展〉英文版导言》)中的下面这段话:"哪怕只是为了获得那些当时已经成熟而只待采摘的资产阶级的胜利之果,也必须使革命远远超越这一目的,就像法国在1793年和德国1848年那样。显然,这就是资产阶级社会发展的规律之一。"(见《马克思恩格斯文集》第3卷第511页)俄译文引自列宁《谈谈对俄国革命的估计》一文(见本版全集第17卷),该文曾载于1908年5月10日(23日)《无产者报》。——344。

319 列宁这项建议于当天,即1921年9月20日,为俄共(布)中央政治局所通过。9月21日,在政治局会议上,为了弄清彼得格勒党组织的冲突,成立了一个由列宁、斯大林和维·米·莫洛托夫组成的专门委员会。政治局重申了自己9月20日关于从彼得格勒召回格·叶·季诺维也夫和尼·亚·乌格拉诺夫的决定(参看本卷第418、419号文献)。

彼得格勒党组织的冲突是由于党和苏维埃多数工作人员对格·叶·季诺维也夫的官僚主义领导方法不满而引起的。——345。

320 俄共(布)中央政治局1921年9月21日决定:"委托列宁同志召集交通人民委员部和粮食人民委员部代表开会,费利克斯·柯恩同志也参加,研究给乌克兰增加车皮和有无可能增加存放粮食的库房的问题。"

9月22日,在副交通人民委员瓦·瓦·佛敏主持下召开的交通人民委员部和粮食人民委员部代表的会议决定,保证南方交通区各铁路线每天能装1 000车皮(其中400车皮运燃料,150车皮用于内部运输,450车皮运粮食)。关于从乌克兰运出粮食(4 000万普特)及其存放场所问题,会议建议俄罗斯联邦粮食人民委员部会同乌克兰粮食人民委员部于两周内制定出运粮计划及存放措施,交劳动国防委员会审批。9月28日,劳动国防委员会开会听取了这一问题的情况,决定把从乌克兰运出粮食的数量增至5 700万普特,这个数量是乌克兰政府答应提供的(参看本卷第453号文献)。——346。

321 1921年10月9日俄共(布)中央政治局作出决定允许季·伊·格尔热宾及其家属出国。——348。

322 1921年10月26日,劳动国防委员会听取了关于卡希拉工程粮食供应问题的报告并批准了瓦·亚·阿瓦涅索夫提出的决定草案。——349。

323 这个便条里说的是页岩工业总管理局局长伊·米·古布金1921年9月22日来信中提出的一项请求:不要把页岩工业总管理局局务委员、伏尔加河中游油页岩区矿务局长、工程师和油页岩知名专家C.A.普列德捷琴斯基调往巴库。列宁当天又就这一问题给斯米尔加写了一个便条:"请阅后退还,并附上两句您的意见。"(参看《列宁文稿》人民出版社版第17卷第435页)。斯米尔加主张把普列德捷琴斯基调往巴库油田区(参看本卷第446号文献)。——349。

324 这里说的是关于由苏维埃国家与私人之间的合同产生的义务问题的法典草案。

这个问题经过小人民委员会和大人民委员会反复研究。还专门设立了一个委员会来进行工作,该委员会提出了关于由合同产生的义务的条例新草案。草案于1922年2月21日经人民委员会修改补充后批准。——350。

325 这个批示写在对外贸易人民委员列·波·克拉辛给阿塞拜疆石油委员会主席亚·巴·谢列布罗夫斯基的电报(抄件送给了列宁)上。电报禁止阿塞拜疆石油委员会同国外进行贸易。电报说:"阿塞拜疆石油委员会以前的活动可说是在同一些极不可靠的希腊投机商搞交易,甚至几乎可以说是把垄断高加索石油贸易的权利交给了他们。"劳动国防委员会于1921年10月19日听取了这一问题的汇报。劳动国防委员会作出决定,为阿塞拜疆石油委员会拨款50万金卢布供在国外购货之用。参看本卷第403号文献。——350。

326 弗·维·阿多拉茨基为执行列宁交给的编辑一部马克思和恩格斯书信集的任务,请求当时正在德国的达·波·梁赞诺夫在那里搜集马克思和恩格斯已发表的全部书信并寄送回国。这部书信集于1922年出版,书名为:《书信集。马克思和恩格斯通信中的理论和政治》。——351。

327 列宁送去的材料未保存下来。看来,这是米·巴·托姆斯基的信。托姆斯基不同意要他停止继续购买牲畜的决定,并请求允许他到莫斯科去一趟。——351。

328 这封信写在列宁签署的《给泥炭水力开采管理局国外订货柏林临时委员会的指示》结尾处。指示全文,参看《列宁文稿》人民出版社版第17卷第440—441页。

从罗·爱·克拉松1922年2月11日写给列宁的报告中可以看出,泥炭水力开采管理局的国外订货工作已按期完成。他写道:"现在我可以荣幸地通知对外贸易人民委员部，我已从国外出差回来，泥炭水力开采管理局的订货已办妥。剩下少量机器零件的订货工作交瓦·瓦·斯塔尔科夫进行，而且在我离开之前已有了协议。"——352。

329 列宁在1921年8月2日写了《告国际无产阶级书》(见本版全集第42卷)之后，在国外工人中间为赈济俄国饥民的募捐活动开展起来了。共产国际执行委员会书记拉科西·马蒂亚斯于1921年9月27日复信列宁说，列宁的建议"已经知悉并将付诸实施"。——353。

330 劳动国防委员会于1921年9月30日听取了全权委员会关于恢复和发展顿涅茨煤炭工业、巴库及格罗兹尼石油工业的措施报告后作出决定，给燃料总管理局增拨400万金卢布用以在国外购买技术装备，同时拨给22辆轿车和140辆卡车。——356。

331 工业企业农场总管理局展览会于1921年9月18日开幕，参加展出的有莫斯科、梁赞、图拉、斯摩棱斯克和卡卢加各省邻近莫斯科市的73个国营农场。展览会很成功，一周内参观者超过10万人。

共和国工业企业农场总管理局成立于1919年春，负责领导划归各工业企业的国营农场，向它们供应种子、劳动工具和资金。农场总管理局同时承担发展经济作物(甜菜、烟草等)的任务。到1921年7月1日，农场总管理局所辖国营农场共有1 060个，其中810个分属各个企业和机关(共有土地639 000俄亩)，250个是生产工业原料的农场。——357。

332 1921年6月14日，俄共(布)中央组织局决定批准马克思恩格斯研究院院长达·波·梁赞诺夫去德国购买该研究院所需的书籍。为此，组织局决定拨给50 000金卢布，并告诉梁赞诺夫必要时可找中央追加经费。

俄共(布)中央政治局1921年9月23日就梁赞诺夫的这封信作出如下决定："将购买绿山城图书馆和毛特内尔图书馆所需的款项75 000金卢布汇给斯托莫尼亚科夫，责成他节约使用这笔经费，并亲自负责把相应的数额直接汇给这两家图书馆馆主本人。"——360。

333 指把前东方公司在西蒙诺沃的第 11 号仓库由交通人民委员部移交给最高国民经济委员会管辖一事。关于这一问题的决定,由小人民委员会 1921 年 9 月 23 日通过,人民委员会 10 月 4 日批准。

伊·卡·叶若夫在 10 月 11 日的回信中简要地报告了最高国民经济委员会中央供给管理局仓库管理方面的问题以及今后的工作计划。在各仓库工作的有 2 000 人,其中有 5 名共产党员。——361。

334 电报稿的附页上有秘书记载的 1921 年 9 月 27 日电话征询意见的结果。参加表决的有:伊·捷·斯米尔加、埃·马·斯克良斯基、尼·博·埃斯蒙特、莫·伊·弗鲁姆金、安·安·安德列耶夫、列·波·加米涅夫、阿·莫·阿尼克斯特、维·米·莫洛托夫、斯大林、列·达·托洛茨基、阿·萨·叶努基泽(代表全俄中央执行委员会主席团)、瓦·亚·阿瓦涅索夫。

电报在 1921 年 10 月 1 日《全俄中央执行委员会消息报》第 219 号上发表。还可参看《列宁文稿》人民出版社版第 17 卷第 457 页。——364。

335 这个批示写在列·米·米哈伊洛夫的来信上(参看《列宁文稿》人民出版社版第 17 卷第 446—447 页)。尼·彼·哥尔布诺夫把这件事交人民委员会办公厅主任贝·亨·扎克斯办理。扎克斯于 10 月 17 日报告说,米哈伊洛夫的文章已登载在 10 月 11 日《真理报》上,署名为列·格拉戈列夫;恩·奥新斯基的答复已转寄彼得格勒交米哈伊洛夫;据波·埃·斯琼克尔介绍,"电犁研制工作进行正常。20 部电犁将于 1922 年 3 月 1 日前制成"。——366。

336 指人民委员会在列宁未出席的情况下于 1921 年 9 月 6 日根据中央消费合作总社的报告通过的关于进行商品交换的法令。该法令改变了交纳粮食税时不同品种的换算标准,规定 6 普特马铃薯折合 1 普特黑麦(而不是原来的 4 普特)。

还可参看本卷第 437、438 号文献。——367。

337 这里说的军务文件可能是指向土耳其提供军事装备问题的材料。这个问题,俄共(布)中央政治局于 1921 年 9 月 29 日开会进行了研究。政治局决定:"予以否决。"

《关于工农检查院问题》一信,见《关于工农检查院的任务、对任务的理解和执行的问题》一文(本版全集第 42 卷)。——367。

338　这个便条同副外交人民委员马·马·李维诺夫给最高国民经济委员会主席彼·阿·波格丹诺夫的一封信(抄件送给了列宁)有关。李维诺夫在信中写道,从英国来的工程师马歇尔请求外交人民委员部协助他结束同交通人民委员部和最高国民经济委员会进行的关于修理机车问题的谈判。

伊·捷·斯米尔加于 1921 年 9 月 28 日作了如下答复:"我已发出指示……按租让格罗兹尼油田的办法与马歇尔进行谈判。"——368。

339　这个建议写在格·叶·季诺维也夫 1921 年 9 月 29 日从彼得格勒发来的电报上。电报是发给列宁和斯大林的,他们是政治局为解决彼得格勒党组织内的冲突问题成立的专门委员会的委员(见本卷第 390 号文献)。季诺维也夫在电报中再次请求派党中央的专门委员会到彼得格勒。俄共(布)中央政治局成立的专门委员会拟定了消除冲突的一系列措施。1921 年 10 月 10 日,政治局通过了列宁的下述建议:"派遣加米涅夫、扎卢茨基和奥尔忠尼启则三同志到彼得格勒去两三天,监督执行经政治局批准的莫洛托夫、斯大林和列宁三人委员会的决定,同时协助消除派别活动的一切残余。"

还可参看下一号文献。——370。

340　列宁交办事项登记簿(人民委员会和劳动国防委员会方面)上,1921 年 9 月 29 日记有如下一条:"要劳动国防委员会尽快通过有关莫斯科省国营农场改良土壤工作的决定草案(列·谢·索斯诺夫斯基给弗拉基米尔·伊里奇的信)。9 月 30 日已办(见《劳动国防委员会会议记录》第 254 号第 9 节)。"(见 1961 年《历史文献》杂志第 5 期第 43 页)

劳动国防委员会根据工业企业农场总管理局局长吉·亚·鲁诺夫 1921 年 9 月 30 日的报告,决定为莫斯科省国营农场改良土壤的工作拨出必需的经费和粮食,同时指示农业人民委员部为翻耕已清除树根的土地调拨拖拉机。——373。

341 农学家尼·列·卡列耶夫参加过社会革命党,1920—1921年在图拉省土地局工作。1921年6月因被控玩忽职守被图拉省肃反委员会逮捕。9月,卡列耶夫被派往卡希拉工程局的一个国营农场。——373。

342 指盐业总管理局局长马·伊·拉齐斯在《真理报》上发表的文章《金窖》。文章认为开发卡拉博加兹湾有重大意义,该地出产的芒硝能成为俄国最重要的出口项目。文章说,为此需投资15亿卢布,但这笔投资很快就可收回。——374。

343 关于此事,尼·彼·哥尔布诺夫写了一封信给最高国民经济委员会电力局的В.Л.莱维,然后又给他打了一个电话:"根据人民委员会主席第0981号电报和10月1日人民委员会办公厅主任第1011/л号信向电气技术人员代表大会参加者收集统计资料的工作进展如何,盼告。"——375。

344 关于这个文献,在列宁交办事项登记簿(人民委员会和劳动国防委员会方面)上9月30日有如下记载:"监督弗拉基米尔·伊里奇交给被动员去参加运送燃料(木柴)三周突击运动的15名负责工作人员的如下任务的完成情况:(1)检查各地的汇报工作做得如何;(2)对盗窃手法进行研究。21年12月29日已办。10月8日收集有关他们的资历的材料。10月11日已办。"(见1961年《历史文献》杂志第5期第43页)

　　俄共(布)中央动员去的工作人员在给列宁的报告中汇报了运送燃料三周突击运动的成果,同时也揭露了木材采伐部门工作中的严重缺点和盗窃燃料的手法,并拟定了与之进行斗争的措施。——377。

345 外文图书委员会是根据人民委员会1921年6月14日的决定成立的负责采购和分配外文图书的跨部门委员会,隶属于教育人民委员部。外文图书委员会主席奥·尤·施米特在1921年10月10日的回信中说,国外进口的新书是按列宁指示精神分配的;已分配的总共有3749种,近25 000册;"购入小说和艺术出版物的责任者"的姓名正在追查中。
——378。

346　1921年9月30日,劳动国防委员会重申原则上同意同塞·鲁特格尔
斯小组签订合同,并委托阿·莫·阿尼克斯特和瓦·亚·阿瓦涅索夫
两人以劳动国防委员会名义写信给鲁特格尔斯和海伍德小组。信中指
出,合同的最后批准延误了时间完全是由于一些具体的考虑——这个
问题必须同路·卡·马尔滕斯协商,因为他在当地收集了各种技术资
料以及乌拉尔工人如何对待这一问题的材料。

　　10月7日,马尔滕斯从乌拉尔回到莫斯科,立即着手与鲁特格尔
斯小组谈判。在信上方注明看过这封信的有列·达·托洛茨基、斯大
林(表决时弃权)、维·米·莫洛托夫和列·波·加米涅夫。——382。

347　这里的"昨天"是指1921年9月30日。看来,列宁是在9月30日深夜
写这个便条的,因此他在便条上标的时间是9月30日,而考虑到给
瓦·弗·古比雪夫的信要到10月1日才能发出,所以这里写了"昨
天"。——384。

348　1921年10月14日俄共(布)中央政治局讨论了土耳其斯坦的工作问
题。鉴于全俄中央执行委员会和人民委员会土耳其斯坦事务委员会主
席米·巴·托姆斯基和俄共(布)中央土耳其斯坦局委员格·伊·萨法
罗夫之间有分歧,政治局在了解了所有材料之后,通过了列宁提出的从
土耳其斯坦调回托姆斯基的建议并确定了土耳其斯坦局和土耳其斯坦
事务委员会的新班子(见本卷第204、205、297、356、474号文献)。
——385。

349　指交纳粮食税时不同品种的换算标准。粮食人民委员部规定,农民交
纳粮食税可以用马铃薯代替黑麦,6普特马铃薯折合1普特黑麦。

　　在俄共(布)中央政治局1921年10月3日会议议程上列宁添加了
一项:"8. 马铃薯税"。参看注352。——386。

350　普列奥布拉任斯基委员会是俄共(布)中央委员会和人民委员会下设的

一个财政委员会,是根据列宁的建议在党的第十次代表大会后不久建立的,任务是研究向新经济政策过渡的财政政策问题。财政委员会主席是叶·阿·普列奥布拉任斯基。——387。

351 列宁需要这些材料,看来是因为俄共(布)中央政治局1921年10月3日会议要撤销人民委员会9月6日关于提高马铃薯税额的法令(参看下一号文献)。——388。

352 俄共(布)中央政治局10月3日讨论了这一问题并通过如下决定:"委托弗鲁姆金同志草拟全俄中央执行委员会会议共产党党团决议草案…… 决议要指出,必须纠正由于赈济饥民而加在农民身上的过重负担,同时要指出纠正办法。"

全俄中央执行委员会第四次会议研究了迫使人民委员会提高用马铃薯代替黑麦纳税的标准的种种情况后,作出决定说:类似的做法只有作为非常措施而且只是由于出现特殊情况(饥荒)时才能容许。会议相信,农村居民定能接受新的换算标准,把这看做是对饥民应尽的义务(见1921年10月7日《全俄中央执行委员会消息报》第224号)。——388。

353 这里说的是塞·鲁特格尔斯和威·海伍德1921年9月29日《声明》的俄译文。他们在《声明》中不同意"侨民工业自治区"由最高国民经济委员会管辖,而只允许劳动国防委员会过问自治区的事务。——389。

354 1921年9月29日,泥炭水力开采管理局局务会议作出决定,把泥炭水力开采管理局对履带式吊车的订货期限从1922年3月1日延至5月1日。伊·伊·拉德琴柯请求列宁在局务会议记录上签字。

在列宁交办事项登记簿(人民委员会和劳动国防委员会方面)上,10月3日记有一条:"查明:(1)弗拉基米尔·伊里奇在法律上是否有权不通过人民委员会和劳动国防委员会而由个人签署;(2)弗拉基米尔·伊里奇是否应根据伊·伊·拉德琴柯的请求批准泥炭水力开采管理局局务会议9月29日会议记录。10月3日已办。"(见1961年《历史文献》杂志第5期第43页)——390。

355　东南边疆区经济委员会辖区包括顿河、库班和捷列克三州，黑海和斯塔夫罗波尔两省，哥里和达吉斯坦两苏维埃自治共和国。对外贸易人民委员部东南边疆区特派员负责管理黑海、亚速海和里海各港口的对外贸易业务。关于这一问题，还可参看本卷第450号文献。——392。

356　列宁建议吸收米·安·沙特兰和他的小组参加劳动国防委员会成立的调查克什特姆、塔纳雷克、埃基巴斯图兹情况以决定这几个地方能否由莱·厄克特承租的专门委员会。——392。

357　这个批示写在里杰尔矿务局局长Е.Ф.多姆年科的来电（参看《列宁文稿》人民出版社版第17卷第459页）上。莉·亚·福季耶娃就这个批示中提出的问题于1921年10月15日报告说：“我无法断定此事谁有责任，因此，作为负责执行的人员，我自己承担责任。”——393。

358　此件是在收到伊·尼·斯米尔诺夫1921年10月4日来信后写的。来信报告了准备租让的里杰尔矿的情况：“总的印象是：荒废，破败和工人与管理机构涣散。”

　　斯米尔诺夫认为任命Е.Ф.多姆年科负责里杰尔矿是一个错误，因为他对工人和行政管理人员施行恐怖手段，同党组织和工会组织工作不协调。斯米尔诺夫说这是“当地整个党组织的意见。前西伯利亚国民经济委员会主席亚·彼·布雷科夫也持这种看法”。

　　收到此信后，列宁发出了解除多姆年科职务的电报（见本卷第455号文献）。——394。

359　1921年9月30日，劳动国防委员会听取了最高国民经济委员会关于工业企业农场总管理局在莫斯科省国营农场中进行的改良土壤工作的报告后作出决定：在10月3日前通过按比例缩减各部门拨款的办法筹集为此目的所必需的经费；责成小人民委员会于10月3日通过最后决定，在此之前建议各有关部门向小人民委员会提出自己的意见。

　　根据列宁的这封信，小人民委员会1921年10月4日批准了向工业企业农场总管理局拨款。小人民委员会决定中的这一项是列宁签署的。——395。

360 这个便条是在人民委员会1921年10月4日会议上写的,这次会议听取了所属财政委员会关于用货币进行商品交换和不用货币进行商品交换问题的报告。叶·阿·普列奥布拉任斯基答复说,提纲将于10月5日分送全体中央委员(见《列宁文集》俄文版第23卷第149页)。

俄共(布)中央全会1921年10月8日批准普列奥布拉任斯基和尼·尼·克列斯廷斯基关于财政政策的两个报告。——397。

361 这个会议,按照列宁指定的成员范围,于当日即1921年10月4日召开。会议作出决定,授予对外贸易人民委员部全权代表"以在当地有计划地开展工作所必要的全部权力,特别规定他有权同俄罗斯联邦驻外代表取得直接联系"。会议建议对外贸易人民委员部出口事务管理局火速将6个月出口计划交给对外贸易人民委员部全权代表。

10月19日,尼·彼·哥尔布诺夫向列宁报告说,这个问题已由有关部门协商解决。因此,劳动国防委员会或俄共(布)中央没有另外再通过决定。——398。

362 人民委员会1921年10月4日会议讨论了为从乌克兰得到并运出5 700万普特粮食必须采取的措施问题。这封信就是为了执行这次会议的决定而写的。列宁信中说到的会议于10月6日举行。10月7日,劳动国防委员会根据由瓦·瓦·佛敏、伊·捷·斯米尔加、阿·巴·哈拉托夫、克·格·拉柯夫斯基和弗·雅·丘巴尔组成的专门委员会的报告决定对决定草案作修改后予以批准,并"授权列宁同志在哈拉托夫和佛敏同志签署之后全权代表劳动国防委员会签署"。还可参看《列宁文稿》人民出版社版第17卷第523—524页。——401。

363 这里说的是为在北高加索地区选定天文台台址的专门考察队供应服装的问题。B.Γ.费先科夫院士回忆说,10月4日他给列宁打电话说,他奔走了3个月也无法为考察队弄到装备。次日,即10月5日,问题获得解决。几天后,考察队已装备齐全,并动身前往北高加索。——402。

364 1921年9月30日,由列宁领导的劳动国防委员会燃料委员会召开会议,通过一项决定,责成加·伊·克鲁敏"首先研究如何改进在《经济生活报》上公布关于林业总委员会所进行的燃料工作的情况资料问题，并于一周内向劳动国防委员会提出一个决定草案，草案应先送列宁同志过目"。

看来列宁不满意加·伊·克鲁敏提出的草案，因此另拟了一个草稿。这个草稿是 10 月 7 日劳动国防委员会通过的决定的草案。——404。

365 这个命令是在收到卡希拉工程局的一项申诉后写的。卡希拉工程局在申诉中指控有关铁路局迟迟不把铁路通讯线路从卡希拉附近奥卡河大桥的一侧移至另一侧，以便为安装莫斯科—卡希拉输电线路的支架空出地方。

当天，副交通人民委员瓦·瓦·佛敏发出电报，命令梁赞—乌拉尔铁路局立即拆迁铁路通讯线路。——405。

366 这是列宁把他给电气技术人员第八次代表大会的贺信稿寄给格·马·克尔日扎诺夫斯基征求意见时在稿子上批的两句话。列宁的贺信，见本版全集第 42 卷第 170—171 页。——410。

367 列宁和列·波·加米涅夫是在 1921 年 10 月 8 日俄共（布）中央全会上午会议讨论中央消费合作总社理事会主席列·米·欣丘克、副粮食人民委员莫·伊·弗鲁姆金和财政人民委员部部务委员会委员叶·阿·普列奥布拉任斯基提出的关于商品交换和合作社的提纲时，互递这里收载的便条的。

全会决定成立由弗·雅·丘巴尔、欣丘克、弗鲁姆金、普列奥布拉任斯基和波格丹诺夫组成的委员会并向他们作了如下指示：对合作社要尽量优先照顾，同时要保护国营工农业企业的利益。

普列奥布拉任斯基关于这个问题的报告在 1921 年 10 月 4 日人民委员会会议上预先讨论过。列宁很重视这个报告的材料。——411。

368 А.И.波嘉耶夫 1921 年 9 月 21 日写信给列宁说，由于对渔民劳动采用了新的付酬形式，捕鱼量急剧增加。波嘉耶夫写道："每个渔民按照 1913 年的价格（以金币计算）稍加变动（根据市场情况）把鱼卖给我们，

然后领到一张可以在我们的商店或小铺里兑现的特别票证…… 对渔
场工人,我们规定计件付酬…… 无论对商店和小铺的货物,还是对鱼
产品,都实行严格的商业核算…… 我深信,只有使渔民、工人和职员
的物质利益同他们的劳动成果直接挂钩,我们才能有出路并创造出最
高的劳动生产率。"——412。

369 这个批示写在副教育人民委员叶·亚·利特肯斯 1921 年 9 月 7 日的
来信上。来信汇报了编纂俄语词典工作的进展情况并答应一个月后送
来当期简报。由于利特肯斯未送来他答应送的简报,所以列宁写了这
个批示。——415。

370 指对外贸易人民委员部驻白俄罗斯特派员伊·弗·捷乌明关于白俄罗
斯对外贸易业务情况的报告(参看本卷第 308 号文献)。——417。

371 米·康·纳兹万诺夫是一位工艺工程师,制糖工业专家,国家计划委员
会顾问。他同一批教授和工程师一起被控与彼得格勒反革命战斗组织
的头子 B.尼·塔甘采夫有联系而被彼得格勒肃反委员会逮捕,并被判
处枪决。
　　列宁可能是从纳兹万诺夫的父亲 1921 年 6 月 26 日来信中得悉这
件事的,信中请求对他的儿子从宽处理。格·马·克尔日扎诺夫斯基
在 9 月 18 日信中也请求列宁释放纳兹万诺夫。
　　列宁接到这些材料后,于 1921 年 10 月 10 日给俄共(布)中央政治
局全体委员写了这封信,建议"撤销彼得格勒省肃反委员会的判决,采
纳阿格拉诺夫提出的判决……即两年徒刑,准予**假释**"。政治局当天通
过了列宁的建议,10 月 14 日重申了这个决定。在塔甘采夫案件的侦
查工作结束以后,纳兹万诺夫于 12 月 17 日获释。1922 年 1 月 26 日,
列宁打电话告诉秘书,要瓦·亚·斯莫尔亚尼诺夫检查一下是否已委
派纳兹万诺夫到国家计划委员会工作,两个月后要国家计划委员会汇
报纳兹万诺夫的工作情况。——419。

372 B.Ф.迈斯特拉赫在给列宁的信中谈了自己的情况并请求让他在合作社
或政治教育委员会工作。——419。

373　给中央政治局的这封信是在收到马·马·李维诺夫1921年10月10日的来信后写的,来信写道:"沃罗夫斯基同志几次来电和来函说,意大利各银行愿意在意大利政府认可下给我们提供贷款。"——420。

374　莫·李·鲁希莫维奇在1921年10月13日给列宁的书面报告中讲了劳动国防委员会为解决提高顿巴斯煤炭工业生产问题而成立的专门委员会的工作结果。他写道:"在减轻煤炭工业中央管理局的采煤任务的问题上,专门委员会的委员们不同意我的看法…… 他们认为已进行了充分的准备工作。"关于中小煤炭工业问题,委员会一致同意租让。——423。

375　关于莫斯科纪律审判会审理叶·亚·利特肯斯和弗·威·林格尼克案件一事,见本卷第310号文献。——424。

376　俄共(布)中央政治局1921年10月14日通过了列宁关于把米·巴·托姆斯基从土耳其斯坦调回的建议,并决定土耳其斯坦局和土耳其斯坦事务委员会由下列人员组成:主席格·雅·索柯里尼柯夫;委员维·巴·诺根、雅·扎·苏里茨、雅·克·彼得斯(临时成员,直至全俄肃反委员会以另一人替换他为止)、纳·秋·秋里亚库洛夫、阿·拉·拉希姆巴耶夫和凯·谢·阿塔巴耶夫。还可参看本卷第204、205、297、356号文献。——426。

377　这是列宁对人民委员会秘书玛·伊·格利亚谢尔的一个便条的答复。便条写道:"弗拉基米尔·伊里奇:我问过库尔斯基,他为什么昨天没把向瑞典滚珠轴承公司租让的问题提交人民委员会。他说,他们那个分委员会得出一致的意见,认为该公司提出的主要条件(交出仓库)是无法接受的。因此他们认为委员会需要在您亲自参加下重新研究这一问题。"(见《列宁文集》俄文版第35卷第218页)。——426。

378　这是列宁对最高国民经济委员会主席团1921年10月10日通过的《劳动国防委员会与鲁特格尔斯小组签订的协议的基本原则》草案提出的意见。

《保证书》是指列宁1921年9月22日草拟的关于美国工人前来苏维埃俄国参加工作的保证书(见本版全集第42卷第159—160页)。——427。

379 这个批语写在俄罗斯联邦驻德国全权代表处工作人员米哈尔斯基(帕·路·拉品斯基)1921年10月9日从柏林发给格·瓦·契切林的电报上。电报说,"新路标派"的IO.B.克柳奇尼科夫教授建议由他和他的同道前正教院总监B.H.李沃夫一起以半官方的私人身份前往美国参加华盛顿会议,以便借此机会对美国政界施加有利于苏维埃俄国的影响。

华盛顿会议又称太平洋会议,是美国发起的,于1921年11月12日—1922年2月6日在华盛顿举行,旨在讨论限制海军军备和太平洋、远东问题。苏维埃俄国未被邀请。——429。

380 这里说的是同以荷兰共产党员工程师塞·鲁特格尔斯为首的美国工人小组签订合同的问题。参看注316。——430。

381 劳动国防委员会1921年9月30日的决定,见注346。

1921年10月12日劳动国防委员会的议事日程上并没有列入鲁特格尔斯小组问题。随信附上的可能是劳动国防委员会会议当天批准的俄罗斯联邦最高国民经济委员会与俄美工商联合会的合同(参看注384)。——430。

382 关于这个问题,可参看《就鲁特格尔斯的建议给政治局委员的信》(本版全集第42卷)。——430。

383 这个批语写在莫·伊·弗鲁姆金1921年10月13日来信上。来信谈到在国外进一步开展赈济俄国饥民募捐活动的措施,其中包括派维·巴·诺根赴阿根廷"以中央消费合作总社名义并带着对外贸易人民委员部的委任状去组织赈济饥民的工作"。来信还指出,"阿根廷有可能成为整个南美洲的基地"。——432。

384 指1921年10月12日苏俄政府同俄美工商联合会(后来改名为俄美工

业公司)签订初步合同一事。俄美工商联合会是美国缝纫工人联合工会建立的。该工会提出要在莫斯科承租几个缝纫工厂,由它出资在美国购买设备来恢复这些工厂,并组织好生产。——432。

385 指 B.Д.巴秋什科夫和尼·谢·韦钦金合写的小册子《硬土路》。在列宁交办事项登记簿(人民委员会和劳动国防委员会方面)中,1921年9月23日记有如下一条:"收集美国快速修建公路的机械的资料。波格丹诺夫同志曾向弗拉基米尔·伊里奇谈到这些机械。要查清:(1)我们现有多少机械,这些机械现在何地使用,用起来怎么样? (2)这类机械在国外的售价是多少? (3)这类机械现有多大改进? 抓紧此事。10月3日已办。"(见1961年《历史文献》杂志第5期第42页)——435。

386 俄共(布)中央政治局于1921年10月14日通过了列宁的建议(参看本卷第356号文献)。——437。

387 这是列宁在外交人民委员格·瓦·契切林给俄共(布)中央来信上作的批语。该信说,党的莫斯科委员会未经外交人民委员部同意就把波罗的海沿岸和斯堪的纳维亚司司长派去出差了。——439。

388 给秘书的这几项指示依次说的是:

(1)俄罗斯联邦同美国药品和化学制剂联合公司之间就租让乌拉尔阿拉帕耶夫斯克区石棉矿签订合同一事。合同于1921年11月2日签字,11月4日经劳动国防委员会批准。

(2)当时正同瑞典滚珠轴承公司进行的租让谈判(见本卷第524、525、526、564号文献)。

(3)纪律审判会草案(见本卷第461、473号文献)。

(4)彼·阿·克拉西科夫或德·伊·库尔斯基应派一名内行的法学专家调查在生产福勒式犁的工作中发生严重拖拉现象的事件(见本卷第530号文献)。——440。

389 劳动国防委员会10月14日会议讨论了劳动国防委员会所属运输总委员会1921年6—8月的工作报告。报告指出,由于粮食和财政方面的困难,以及由于最高国民经济委员会所属的运输器材制造厂没有提供应有的材料和备件,铁路和水运部门的机修厂的生产率急剧下降了。——440。

390　这个便条是对尼·尼·克列斯廷斯基10月15日来信的答复。来信说他劝亚·米·伊格纳季耶夫到国家珍品库工作的努力没有成功。

　　　信封上有给秘书的指示:"信封内的信存入有关伊格纳季耶夫一案的**档案**。便条(附上的)留抄件后送出。**列宁**"。(参看《列宁文稿》人民出版社版第17卷第501页)——441。

391　弗拉基米尔斯基委员会即内务人民委员部所属莫斯科疏散问题委员会,由副内务人民委员米·费·弗拉基米尔斯基任主席。——442。

392　指1921年10月11日《真理报》第228号"国外"栏刊登的《英国来信(第一封)》,署名为雅·巴甫洛夫。文章作者是扬·安·别尔津。该文谈到英国各阶级对苏维埃俄国的态度,分析了英国工人运动、英国共产党的状况等等。——443。

393　指路·卡·马尔滕斯对塞·鲁特格尔斯小组制定的计划所持的否定态度。马尔滕斯在10月10日给劳动国防委员会的信中指出,这些计划不成熟,考虑欠周,缺少对地方上情况的了解;他反对为这些计划提供资金,认为这些计划能否成功大可怀疑。——445。

394　此信写在俄共(布)中央政治局1921年10月14日讨论彼得格勒省肃反委员会问题的记录的摘录上。政治局在听取了约·斯·温什利赫特关于彼得格勒省肃反委员会现在的班子不符合要求的报告后,作出如下决定:"委托温什利赫特同志协同组织局在三天内将彼得格勒省肃反委员会领导成员人选提交政治局批准。"

　　　关于加米涅夫、奥尔忠尼启则和扎卢茨基三人小组,见本卷第418、419号文献。——446。

395　1921年9月14日,政治局会议听取了关于即将召开的俄共(布)中央全会议程问题的报告。会议决定在全会上听取有关教育人民委员部问题的报告,并决定派教育人民委员部部务委员弗·伊·涅夫斯基到彼得格勒工作,由彼得格勒委员会领导。一个月后,教育人民委员部才提出建议(10 月 15 日得到政治局批准):"1. 把弗·伊·涅夫斯基调出教育人民委员部部务委员会;2. 批准教育人民委员部部务委员会暂时任命(为期三个月)专家尼·尼·约尔丹斯基主持社会教育和综合技术教育总局;3. 在此期间约尔丹斯基享有部务委员的权利。"——446。

396 这个便条是对米·费·弗拉基米尔斯基来信的答复,弗拉基米尔斯基建议保证各乡执行委员会主席以及执行委员会秘书的口粮供应,其他乡干部则转由地方负担。——447。

397 格·瓦·契切林于 1921 年 10 月 15 日写信给列宁说,全俄赈济饥民委员会因进行反革命活动被解散以及同莱·厄克特的租让谈判中断,使得俄罗斯联邦在国际上的处境恶化。因此,他建议采取一些他认为可以改善同资本主义国家关系的步骤,包括列宁和列·达·托洛茨基退出共产国际执行委员会、苏维埃政府宣布承认沙皇俄国的债务等等。——447。

398 指 1921 年同赫·胡佛领导的美国救济署达成的关于救济伏尔加河流域饥民的协议。——448。

399 这封信是列宁读了苏俄贸易代表团秘书从伦敦寄给格·瓦·契切林的一封信后写的。来信说,英国报刊上展开了反苏运动,莱·厄克特积极参加了这一运动。厄克特在 1921 年 10 月初中断了租让谈判,指望通过压力与讹诈迫使苏维埃政府作出重大让步。——448。

400 罗伯特·霍恩是英国财政大臣。苏俄贸易代表团秘书的来信说,霍恩曾声称,同苏维埃俄国签订的贸易协定是"不能令人满意的"和"无益的"。——449。

401 《每日先驱报》(《The Daily Herald》)是英国社会党的机关报,1912 年 4 月起在伦敦出版。1922 年起为工党的机关报。——449。

402 国家计划委员会关于种植玉米问题的报告列入 1921 年 10 月 21 日劳动国防委员会会议日程。但是，副农业人民委员恩·奥新斯基 10 月 17 日写信反对国家计划委员会农业小组单独向劳动国防委员会提出重大的农业问题；为了让农业人民委员部参加这一工作，报告延期举行（参看本卷第 505 号文献）。——451。

403 写信人是副农业人民委员恩·奥新斯基。他在 10 月 17 日给列宁写了一封回信（列宁的信见本卷第 502 号文献），主张从法律上解决农业人民委员部同国家计划委员会的相互关系问题。他建议把国家计划委员会的作用限制为"只对各主管部门提出的计划作总的协调；国家计划委员会不单独制定计划，一切计划均由各人民委员部的计划委员会制定"。

格·马·克尔日扎诺夫斯基回信说：恩·奥新斯基"在下述意义上"是对的，"即国家计划委员会工作应当随后进行。但是把这点理解为国家计划委员会似乎只应做'汇总'的工作，而不设立使用少量各部门专家的专业小组，那就错了。我已向所有的专业小组提出了对各基层计划部门的工作和我们的工作进行改革和分工的问题"。接着，克尔日扎诺夫斯基提出了一系列改进国家计划委员会工作的措施。——454。

404 列宁的批语写在外交人民委员格·瓦·契切林给俄共（布）中央政治局的信上。契切林是就苏俄驻土耳其大使谢·巴·纳察列努斯请求指示对法国向土耳其共和国总统基马尔建议签订包含有反对苏维埃国家的条款的协定一事应采取什么行动方针而写这封信的。纳察列努斯报告了他和基马尔的谈话，说基马尔似乎断然拒绝任何反对苏俄的条款。大使写道，他暗示基马尔，如果土耳其签订有上述条款的协定，苏维埃政府将被迫采取措施使英国政府不承认这些协定，此外，还将加强俄土边界上的军事力量。契切林建议政治局作出决定，确认纳察列努斯的行动是正确的，而且认为这么做已经够了。——456。

405 此件写在格·瓦·契切林 1921 年 10 月 17 日的来信上，来信再次建议苏维埃政府发表声明承认沙皇俄国的债务（列宁在这一建议下面加上了着重线）。

格·瓦·契切林受俄共（布）中央政治局委托草拟了承认债务的声明草案，10月24日，列宁对此草案提了修改意见（见本版全集第42卷第222—224页）。10月27日，政治局原则上通过了契切林提出的、采纳了列宁的修改意见的声明全文并委托契切林签署公布这一声明（见1921年10月29日《全俄中央执行委员会消息报》第243号）。——457。

406　这个批示写在格·瓦·契切林1921年10月17日给维·米·莫洛托夫的信上。契切林对工农检查院在1921年9月24日该院《通报》第7期上登载一系列可能被敌人的宣传所利用的消息提出抗议。——458。

407　这个文件是在接到伊万诺沃-沃兹涅先斯克省执行委员会主席尼·尼·科洛季洛夫的报告后写的，报告讲到管理不善的情况，讲到建筑工地上有几个办事处，有许多工作人员，但工人很少。

当天，尼·彼·哥尔布诺夫受列宁的委托，同尼·尼·科洛季洛夫作了一次谈话。

1921年10月20日，电工技术工程管理局发出一封信，详尽地回答了列宁提出的问题。——458。

408　在列宁交办事项登记簿（人民委员会和劳动国防委员会方面）上，1921年10月9日登记了列宁交办的下面一件事：“询问伊·捷·斯米尔加，是否有必要就‘白海北部地区森林工业特别管理局’的问题发一封由弗拉基米尔·伊里奇签署的电报。10月12日交Н.Г.克拉辛娜办理。10月22日已办。”（见1961年《历史文献》杂志第5期第45页）——460。

409　1921年10月21日，邮电人民委员瓦·萨·多夫加列夫斯基写信给列宁说，П.Н.诺沃勃兰诺夫告诉他，该委员会已着手工作，前往当地听取了斯·伊·博京的说明，但是由于还没有从博京那里得到全部所需要的材料，所以暂时还不能对发明进行评论。参看本卷第537号文献。——461。

410 塞·鲁特格尔斯于1921年10月11日写信给劳动国防委员会,以美国赴苏俄工人团体的名义对路·卡·马尔滕斯的全部意见作了答复。

　　俄共(布)中央关于同鲁特格尔斯小组达成协议问题的决定草案是列宁写的(见本版全集第42卷第214—215页)。

　　这里说的"考虑人选名单"是指从美国工人团体中挑选参加管理委员会的成员。——463。

411 奥吉亚斯的牛圈出典于希腊神话。据说古希腊西部厄利斯的国王奥吉亚斯养牛3 000头,30年来牛圈从未打扫,粪便堆积如山。奥吉亚斯的牛圈常被用来比喻藏垢纳污的地方。——464。

412 1921年10月28日,劳动国防委员会听取了恩·奥新斯基所作的关于歉收省份种植计划的报告后,决定委托农业人民委员部制定鼓励农民多种玉米的措施并在劳动国防委员会1922年第1次会议(全体会议)上作完成这一任务情况的全面报告。——465。

413 便条里说的是调查彼得格勒电话局1921年10月5日夜间失火一事。10月8日《真理报》和10月12日《全俄中央执行委员会消息报》的报道说,失火起因是有人故意纵火。彼得格勒省肃反委员会的一位专家则坚持另一种意见。瓦·亚·斯莫尔亚诺夫在给列宁的报告中援引了目击者的话和技术鉴定材料,说失火是因照明电线短路造成的。——466。

414 7月底,莫斯科省新卡缅斯克县两个遭受雹灾的乡要求减免粮食税的申请书送给了粮食人民委员部采购管理局计划处处长雅·斯·阿尔丘霍夫。申请书被阿尔丘霍夫一直压到1921年10月。——467。

415 苏维埃第八次代表大会(1920年12月22—29日)讨论了改进中央和地方苏维埃机关的工作以及同官僚主义作斗争的问题,通过了一项关于苏维埃建设的详尽决定。——467。

416 给斯大林的信写在雅·伊·维什尼亚克1921年9月10日向列宁反映伊·克·拉拉扬茨情况的信上。

列宁说的不同的政治见解,是指维什尼亚克信中的下面这段话:"在伊尔库茨克解放后,拉拉扬茨同志尽力想弄清苏维埃俄国这几年发生的事情和俄共的策略。他常常向我援引您在斯德哥尔摩代表大会上作的土地问题报告,在这个报告中,您指出西欧的社会革命是俄国革命胜利后防止复辟的唯一保证。我们的孤立状态,我们的政治威力同经济基础不相适应以及其他一系列他尚未找到答案的问题,阻碍了他加入俄共。"

斯大林的答复也写在维什尼亚克的信上。答复说:"我也主张**叫拉拉扬茨到莫斯科来工作**。"(见《列宁文集》俄文版第35卷第278页)

拉拉扬茨到莫斯科后,被安排在教育人民委员部工作。——468。

417 指根据劳动国防委员会10月14日决定成立的一个专门委员会。这个决定是根据劳动国防委员会所属运输总委员会1921年6—8月的工作报告作出的。参看本卷第491号文献。——468。

418 1921年10月10日,俄共(布)中央政治局按照列宁的建议讨论了哥德堡瑞典滚珠轴承股份公司承租问题。政治局委托列宁把有关此事的现有材料发给所有的政治局委员并弄清各种观点。这一文献和随后的两号文献都与此事有关。另参看本卷第564号文献。——469。

419 给季·伊·谢杰尔尼科夫的这封信说的是有关推荐他任粮食人民委员部部务委员的问题。——472。

420 劳动国防委员会于10月21日作出决定:责成财政人民委员部立即拨出适当款项用于灌溉穆甘草原。——473。

421 1921年10月21日,列宁接到彼·阿·克拉西科夫的答复,说他已任命帕·伊·罗伊兹曼为福勒式自动犁案件的侦查员。当天,列宁就把罗伊兹曼叫来,就人民委员会和劳动国防委员会关于福勒式自动犁的决定未被执行的问题进行了谈话。11月10日,列宁又一次接见了罗伊兹曼。——474。

422 有材料表明,从1921年11月1日起,列宁每月收到两次有关应急备用现钞的材料。还可参看本卷第538号和第539号文献。——476。

423 指1921年10月18日伊·伊·斯克沃尔佐夫-斯捷潘诺夫给列宁的信，信里请求，在他写《俄罗斯联邦电气化与世界经济的过渡阶段》一书期间，不要让他担任任何其他工作。——477。

424 这个批示写在国家建筑工程总委员会主席康·阿·阿尔费罗夫反映小人民委员会拖延拨发经费报告上。给国家建筑工程总委员会拨款问题当天即在小人民委员会会议上解决了。——477。

425 这些原木是用来盖工人住宅的。据1922年5月8日由新尼古拉耶夫斯克（现称新西伯利亚）发给劳动国防委员会的电报，这项任务已完成。——478。

426 这个便条是列宁在1921年10月21日晚收到格·瓦·契切林给他的电报后写的。契切林在电报中说，同日本代表就两国政府关系正常化问题的谈判可能遭受挫折，因为苏维埃政府的谈判代表尤·约·马尔赫列夫斯基不能没有助手就动身，而列·达·托洛茨基在最后一分钟拒绝让原定当马尔赫列夫斯基助手的Ｃ.Ｐ.布德凯维奇前往。谈判代表最迟必须于10月22日启程。——479。

427 10月22日俄共（布）中央政治局批准了组织局派Ｃ.Ｐ.布德凯维奇到俄罗斯通讯社工作的决定，责成马尔赫列夫斯基立即赴大连并指派Ｂ.Д.维连斯基（西比里亚科夫）和Ｍ.Ｅ.兰道两人中的一人（由他挑选）担任他的秘书（最后去的是维连斯基）。——479。

428 这个批示写在瓦·萨·多夫加列夫斯基关于斯·伊·博京的发明问题的报告上。

　　1921年10月26日，委员会在看了关于发明的全部资料和了解了违反起码的技术规定的试验情况后作出结论：委员会认为必须立即停止"继续进行任何试验"。

　　格·马·克尔日扎诺夫斯基于1921年11月1日把关于博京试验的全部档案送还尼·彼·哥尔布诺夫。他称博京是"冒牌发明家"。——479。

429　这是列宁给列·索斯诺夫斯基的回信。索斯诺夫斯基在来信中陈述了他拟订的关于改进最高国民经济委员会所辖国家仓库工作的计划,其中建议:给1 000—1 500名仓库职工月薪30—50金卢布,高级职员可达75金卢布;规定在仓库存放货物的期限,等等。——482。

430　这里说的是卡希拉国营电站开始送电的问题。1921年10月24日,彼·阿·波格丹诺夫回信说,他认为,"按全部原定技术要求检验全部装置,是完全必要的。应委托热电委员会,具体地说,委托拉姆津教授进行检验"。

　　　　列宁在波格丹诺夫信中的这一段下面画了着重线,并写道:"读给克尔日扎诺夫斯基听并把他的答复记录下来。"11月18日,劳动国防委员会批准由列·康·拉姆津(主席)、卡·阿·克鲁格教授、亚·瓦·文特尔工程师等人组成卡希拉电站验收委员会。——483。

431　伊·伊·拉德琴柯当天便答复列宁说:"就卡希拉工程订货问题给柏林方面的电报,今天已经**发出**。"他还说,部分设备已启运来俄,"对外贸易人民委员部正在采取并将继续采取一切措施使卡希拉电站尽快收到全部订货"。——485。

432　这个批语写在列·波·克拉辛从伦敦拍来的电报上。来电谈到利用外国贷款恢复农业的问题。列宁在电报上的批注,见《列宁文集》俄文版第36卷第347—348页。——487。

433　格罗曼和哥伊赫巴尔格委员会即评估战争与协约国封锁对苏维埃俄国国民经济所造成的影响的委员会,是根据国防委员会1920年3月24日的决定成立的,隶属于对外贸易人民委员部。该委员会的主席是弗·古·格罗曼,后来委员会实际上是由亚·格·哥伊赫巴尔格领导的。——489。

434　指正在筹备中的华盛顿会议。

　　　　关于华盛顿会议,参看注379。——489。

435 美俄协会看来是指俄美工商联合会。关于俄美工商联合会,参看本卷注384。——489。

436 关于采取措施收足粮食税并同隐瞒耕地行为作斗争的问题,曾经不止一次地在劳动国防委员会和人民委员会以及它们成立的专门委员会的会议上研究过。1921年10月14日劳动国防委员会会议在列宁主持下讨论了人民委员会关于同隐瞒耕地行为作斗争问题的决定草案,在对草案作了修改之后原则上予以批准,并委托副司法人民委员克拉西科夫最后定稿。10月21日劳动国防委员会会议又在列宁主持下讨论了这里收载的电报的草稿,对它作了重大修改后予以通过。由于问题重要,10月24日又发了一份电报(见本卷《附录》第37号文献)。——490。

437 这个便条是对斯大林1921年10月22日给俄共(布)中央组织局(抄送列宁)的信的答复,斯大林在信中提出必须重新调配各人民委员部苏维埃工作人员中的党员,把他们之中的优秀分子集中到工农检查院。斯大林提出工农检查院需要1000—1200名新工作人员,至少也要250名。——491。

438 指小人民委员会1921年10月21日通过的关于为维修莫斯科住宅拨款20亿卢布的决定。——491。

439 这里说的是答复《俄国呼声报》编辑部来信一事。来信代表旅美俄侨协会请求允许向住在俄国的亲属邮寄私人包裹。——494。

440 这里说的是准备发给塞·鲁特格尔斯的全权证书的草稿。证书规定,鲁特格尔斯有权在劳动国防委员会最后批准之前对美国工人团体组织委员会各委员予以批准或提出异议(参看本卷第516号文献)。

　　　　便条上有秘书的批注:"古比雪夫已来电话表示同意。1921年10月24日"。——495。

441 这是列宁在格·瓦·契切林的一封来信上的批示。来信汇报,一位美国记者发了一则电讯,说外国资本家不乐意到苏俄承租,是因为不断有谣传,说不久苏俄政府就将把从前属于外国企业家的工厂全部产权归还原主。契切林建议就此辟谣。——496。

442　大概是指俄共(布)中央政治局 1921 年 10 月 20 日通过的关于物色一批货币流通问题的咨询人员的决定。参看本版全集第 42 卷第 219 页。——496。

443　这封信写于苏维埃第九次代表大会筹备期间。这次代表大会提出了关于巩固和发展农业的措施问题。在此以前通过的法令(苏维埃第二次代表大会通过的土地法令、土地社会化法令)禁止租赁土地。由于过渡到新经济政策和需要采取措施发展和加强农业,遂提出了部分允许土地租赁的问题。苏维埃第九次代表大会就这一问题通过了相应的决定。根据第九届全俄中央执行委员会 1922 年 10 月第四次会议通过的俄罗斯联邦土地法典的规定,只允许劳动者短期租赁土地。农业中允许租让的问题,由专门的法令予以规定。——497。

444　指 1921 年 9 月 30 日劳动国防委员会通过的关于未同俄罗斯联邦签订互换邮寄包裹协定的国家寄来的食物包裹和其他包裹的收费及递送办法的决定。列宁要求向列·波·加米涅夫查明为何尚未公布以及没有细则的原因。

　　关于包裹的法令于 1921 年 10 月 28 日在《全俄中央执行委员会消息报》第 242 号上公布。——498。

445　指把人民委员会关于停止了国家供应的企业可自行销售其产品问题的决定草案中某些条款协调起来。1921 年 10 月 25 日人民委员会会议责成德·伊·库尔斯基办理此事。——499。

446　尼·亚·阿列克谢耶夫 1925 年给列宁研究院的信中谈到过列宁的这封信。阿列克谢耶夫在信中写道:他以克拉斯诺亚尔斯克省政治教育委员会主任的身份参加全俄政治教育委员会第二次代表大会以后,曾同列宁会见。"弗拉基米尔·伊里奇和我谈话时对西伯利亚农民的情绪特别关切。我讲的以及弗拉基米尔·伊里奇从别的来源得到的有关西伯利亚的情况,大概就是他在他的信的末尾对西伯利亚一些'共产党员'表示不满的原因。"

　　俄共(布)中央组织局于1921年10月28日决定把尼·亚·阿列克谢耶夫召回听候中央委员会任用。——500。

447 光明社是法国作家昂·巴比塞在1919年建立的国际进步作家和文化工作者团体。——501。

448 《红旗报》(《Die Rote Fahne»)是斯巴达克联盟的中央机关报,后来是德国共产党的中央机关报,由卡·李卜克内西和罗·卢森堡创办,1918年11月9日起在柏林出版。该报多次遭到德国当局的迫害。1933年被德国法西斯政权查禁后继续秘密出版。1935年迁到布拉格出版;从1936年10月至1939年秋在布鲁塞尔出版。——501。

449 这个批示写在阿·亚·别利亚科夫的来信上。来信对建立劳动国防委员会所属利用与清点废金属特别委员会一事上的拖拉现象提出申诉。他认为,委员会本来可以很快地收集与清点出大量废铁和金属原料,用来供应手工业者,以换取供应农村的手工业制品。——502。

450 列宁对出口物资山道年的生产很关心。劳动国防委员会11月16日通过了一项决定,把奇姆肯特山道年工厂划归最高国民经济委员会直接管理,山道年的销售完全由对外贸易人民委员部特派员掌握。——502。

451 这个批示写在尼·米·克尼波维奇的来信上。来信说,国际海洋研究委员会请求把存在亚速海—顿河银行的1914—1915年预算年度俄国所交会费14 000卢布还给它。克尼波维奇指出,该委员会工作具有重大的科学意义,俄国不应在国际关系将要改善时对此事置之不理(见《列宁文集》俄文版第35卷第288页)。——503。

452 国际机车委员会大概是指1920年成立的俄国铁路代表团,其任务是负责组织在国外订购机车、油罐车及其他铁路设备。该代表团由人民委员会全权代表尤·弗·罗蒙诺索夫教授领导。代表团于1923年撤销。——503。

453 信里所说的是德·伊·库尔斯基关于瑞典滚珠轴承公司承租问题的意见。库尔斯基对苏维埃政府收归国有的滚珠轴承仓库这个引起争议的问题提出了两个补充合同方案。1921 年 10 月 27 日,俄共(布)中央政治局认为可同该公司继续谈判,并在库尔斯基提出的一个方案的基础上签订合同。11 月 1 日,人民委员会决定在承认俄罗斯联邦对仓库的所有权的原则下,恢复同瑞典滚珠轴承公司的谈判。1923 年 4 月,双方签订了合同。参看本卷第 544 号文献。——504。

454 这个便条是对瓦·安·特里丰诺夫提出的创办一个商业情报报纸的建议的答复。——505。

455 指几家瑞典银行提议给俄罗斯联邦贷款一事。贷款须视俄国向瑞典租让森林问题及旧债问题的解决而定。列宁指定一个预备委员会研究这个问题。1921 年 10 月 28 日,俄共(布)中央政治局责成专门委员会进行关于货币贷款或商品贷款的谈判(参看本卷第 573、576 号文献)。——506。

456 工资的问题与给邮电人民委员部拨款问题有关,因而列宁把工资问题列入人民委员会 1921 年 10 月 25 日会议议事日程。鉴于邮电部门工作人员生活特别困难,人民委员会认为必须扩大邮电人民委员部的份额。11 月 1 日,工资政策问题(连同 11 月份纸币分配问题)再次提到人民委员会会议上研究(参看注 474)。——506。

457 这里说的两个合同是指石棉租让合同和向阿·哈默购买 100 万普特粮食的合同。这里说的补充条款是指哈默对租让合同提出的修正条款。1921 年 10 月 28 日,劳动国防委员会通过了补充决定草案,其中规定对承租者提供以下保证:保护其财产和工作人员有权为承租事宜自由迁徙和出入境,等等。——507。

458 在 10 月 28 日劳动国防委员会会议上,尤·弗·罗蒙诺索夫就议程中的下列两项作了报告:关于在国外订购油罐车问题和关于向阿姆斯特朗公司的工厂订购锅炉问题。——509。

459　看来是指列宁在全俄政治教育委员会第二次代表大会上的报告《新经济政策和政治教育委员会的任务》(见本版全集第 42 卷)的速记记录稿。——509。

460　1921 年 10 月 29 日,星期六,列宁在莫斯科省第七次党代表会议上作了关于新经济政策的报告(见本版全集第 42 卷第 227—250 页)。——509。

461　这里说的是人民委员会任命的对拟租让给莱·厄克特的企业进行调查的委员会。11 月 1 日人民委员会听取了彼·阿·波格丹诺夫关于该委员会延迟动身的原因的报告后,责成他设法使委员会在三天内动身。——510。

462　指列宁指定的研究瑞典给俄国贷款问题的预备委员会。这封信是列宁收到这个委员会 10 月 27 日会议记录和委员会主席马·马·李维诺夫的信以后写的。——511。

463　这里说的是约·斯·温什利赫特的来信。来信谈到按新标准给全俄肃反委员会工作人员发放工资问题。——512。

464　指出口事务特别委员会主席米·瓦·雷库诺夫的提纲和信。——513。

465　指莫斯科河南岸区 1921 年十月革命庆祝委员会请求列宁给他们写一篇回忆十月革命的文章。——515。

466　伊·伊·拉德琴柯在回忆录中说,列宁写这个便条和在国外订购按马德鲁克法进行泥炭人工脱水的设备有关(见《列宁在经济战线上。回忆录》1934 年俄文版第 23 页)。

列宁在全俄中央执行委员会和人民委员会向全俄苏维埃第九次代表大会作的总结报告中指出:"现在我们又在德国订了 20 台这种机器,到 1922 年就可以拿到手。"(见本版全集第 42 卷第 358 页)——515。

467　俄共(布)中央书记瓦·米·米哈伊洛夫在答复有关清党期间入党手续问题时写道,当时没有"……绝对禁止入党的中央专门决定",并寄给列宁一本小册子《关于审查、甄别和清党》。小册子收载了《关于审查期间接收新党员的手续细则》。《细则》指出,在清党期间,只从工人、红军战士和农民当中吸收新党员。在农民中间,只有那些不剥削他人劳动并在红军部队、苏维埃建设等方面证明是忠于苏维埃政权的人方可接收。

清党是根据俄共(布)第十次代表大会《关于党的建设的决议》进行的。1921年6月21日,中央委员会和中央监察委员会通过了《关于党员审查、甄别和清党问题的决议》,决议规定进行清党的期限为自1921年8月1日至10月1日。后来清党开始日期改为8月15日。清党一直持续到俄共(布)第十一次代表大会召开。——519。

468 工人反对派是俄共(布)党内的一个无政府工团主义集团,主要代表人物是亚·加·施略普尼柯夫、谢·巴·梅德维捷夫、亚·米·柯伦泰等。工人反对派作为派别组织是在1920—1921年的工会问题争论中形成的。它要求把国民经济的管理交给全俄生产者代表大会,由各生产者选举出中央机关来管理共和国的整个国民经济;各个国民经济管理机关也分别由相应的工会选举产生,而且党政机关不得否决工会提出的候选人。俄共(布)第十次代表大会批评了工人反对派的观点,并决定立即解散一切派别组织。但施略普尼柯夫、梅德维捷夫等在这次代表大会后仍继续保留非法的组织。1922年,俄共(布)第十一次代表大会从组织上粉碎了工人反对派。——519。

469 瓦·米·米哈伊洛夫给列宁送去了军事学院党支部委员会对舍姆波隆斯基的鉴定。鉴定说,舍姆波隆斯基1917年入党,在学院期间,"他表现出是一个不坚定的共产党员,他轻易改变自己的信念和观点……1921年1月,他提出退出俄共的申请,根据他的申请,市区委员会将他开除出党。10月底,他提出重新入党的申请……"清党三人小组和支部委员会拒绝接收舍姆波隆斯基入党,认为"他决不能成为一名俄共党员"。——519。

470 给粮食人民委员部的这个批示写在致图拉省粮食委员会的电报草稿(参看《列宁文稿》人民出版社版第17卷第528页)上。因为副工农检查人民委员瓦·亚·阿瓦涅索夫反对发出这份电报,所以列宁写了这个批示。——520。

471　尼·博·埃斯蒙特的便条是就里杰尔和埃基巴斯图兹问题给尼·彼·
　　　　哥尔布诺夫的答复。——521。

472　伊·伊·拉德琴柯在回忆录中写道,列宁写这个便条是为了巩固对外
　　　　贸易垄断制,反对一些干部提出的"允许外国商人和贸易公司为进行各
　　　　种贸易活动而自由进入俄罗斯联邦"的要求(《列宁在经济战线上。回
　　　　忆录》1934年俄文版第30页)。——521。

473　这个电话稿写在1921年11月6日十月革命四周年庆祝大会的请柬背
　　　　面,请柬是由波多利斯克弹药厂管理委员会、工厂委员会和俄共(布)支
　　　　部联名发出的。亚·加·施略普尼柯夫把这张请柬送给列宁时请列宁
　　　　通过电话告诉工人们,他是否能来。——522。

474　这是列宁在1921年11月1日人民委员会会议上讨论工资政策和1921
　　　　年11月份纸币分配问题时写的。工资政策决定草案酝酿研究得不够。
　　　　人民委员会只通过了草案的第1条,即指派叶·阿·普列奥布拉任斯
　　　　基、列·波·加米涅夫和瓦·弗·施米特组成一个委员会。把草案其
　　　　余各条交给委员会修改,并委托它在一周内参考各人民委员部的意见
　　　　重新研究这个问题。——523。

475　格·德·瞿鲁巴向列宁报告说,迟领器材的原因,是对外贸易人民委员
　　　　部没有通知卡希拉工程局货物已运抵莫斯科。
　　　　　　11月14日,最高国民经济委员会主席彼·阿·波格丹诺夫把列
　　　　宁这封信和格·德·瞿鲁巴的回信一并送至工农检查人民委员部,以
　　　　便追究造成拖拉事故的责任者。——525。

476　这几个便条都同准备货币改值有关。币制改革是当时苏俄整顿货币流
　　　　通和稳定卢布的手段之一。按人民委员会1921年11月3日颁布的法
　　　　令,一个新卢布等于一万旧卢布。——527。

477　这个批示写在国家计划委员会的一份报告的页边。格·马·克尔日扎

诺夫斯基在报告中请求列宁下令拨发经费和纸张，以便在即将召开的苏维埃第九次代表大会之前出版电气技术人员第八次代表大会的材料。——529。

478 这个批示写在列宁从中央消费合作总社收到的《关于圆白菜的材料》上。材料说，同粮食人民委员部就拨款收购 100 万普特圆白菜和葱头问题进行的交涉旷日持久，如果物价上涨，收购计划可能完不成。——529。

479 指为重新审查、整理和发展有关新经济政策的法令而成立的一个专门委员会。劳动国防委员会 1921 年 10 月 28 日的会议讨论了该委员会的任务和人员组成问题。参加委员会的有：德·伊·库尔斯基（主席）、瓦·瓦·奥博连斯基（恩·奥新斯基）、彼·阿·波格丹诺夫、奥·尤·施米特和尤·拉林。——530。

480 人民委员会 1921 年 11 月 1 日决定第 3 条是："为了建立工作中应有的联系和协调，责成各人民委员部将它们所进行的、属于该委员会研究范围之内的全部工作，以及人民委员部内从事这一工作的新机构和专门委员会的情况向该委员会汇报。"——530。

481 俄罗斯社会主义联邦苏维埃共和国政府和蒙古人民政府关于俄国和蒙古之间建立友好关系的协定草案于当天，即 1921 年 11 月 3 日，由小人民委员会审议通过。协定于 11 月 5 日签订，全文见《苏联对外政策文件汇编》1960 年俄文版第 4 卷第 476—480 页。

　　11 月 5 日，列宁接见了蒙古代表团并同他们进行了谈话（见本版全集第 42 卷第 266—267 页）。——531。

482 这个批示写在全俄肃反委员会副主席约·斯·温什利赫特给人民委员会的报告上。报告说，全俄肃反委员会在侦查中发现一起"几年来有计划地侵吞……财产"的案件，"这笔财产存放在瞒着清点的秘密仓库里和已部分清点并已转归负责清理外国资产的'各部门联合委员会'管理的仓库里"。

据温什利赫特报告,侦查表明,"此案政治根子很深,同外国反革命势力有牵连"。——532。

483 这个指示写在列·波·克拉辛从伦敦发来的电报上。电报汇报了莱·厄克特借租让谈判中断在报刊上掀起反苏运动的情况。克拉辛在电报末尾写道:"我认为不中断关于石油租让的谈判,同样,也许同马歇尔·伯德穆特达成一项协议,会是有好处的,而他在莫斯科已有6个星期一直被人推来推去。"

列宁在最后几行字下面画了着重线,以引起尼·彼·哥尔布诺夫的注意。——533。

484 此件写在1921年11月2日格·瓦·契切林给列宁的来信上。契切林在信中对组织局决定把属于外交人民委员部的两辆汽车交给全俄工会中央理事会使用一事提出了抗议,并说外交人民委员部的汽车太少,无法满足外事工作和部内其他工作的需要。

1921年11月8日,俄共(布)中央政治局通过了列宁提出的两点建议。——533。

485 1921年春,一批美国缝纫工人自筹资金,购买了机器设备,动身前来苏维埃国家。他们被允许在莫斯科建立第36缝纫厂。根据列宁的指示,为建立工厂拨出了一幢四层大楼。

1921年6月16日,美国工人联名写信给列宁,请求帮助他们完成工厂建设。列宁积极支持了筹备工厂开工的工作(参看本卷《附录》第2、3号文献)。——535。

486 在这个文献上,人民委员会办公厅主任尼·彼·哥尔布诺夫加了一个批语:"鉴于已发出第470、471号文件(见本卷《附录》第1、2号文献。——编者),此件不发,送斯莫尔亚尼诺夫同志。"——537。

487 同样的电话也打给了交通人民委员部(参看《列宁文稿》人民出版社版第17卷第150页),但在"各种劳务"前加了下面几个字:"除运送货物和旅客外的"。——539。

488　看来是指列宁和尼·巴·布留哈诺夫发给各省执行委员会和粮食委员
　　　会的关于俄罗斯联邦人民委员会1921年7月22日确定各县收成类别
　　　的通电(见《列宁年谱》1980年俄文版第11卷第77页)。——540。

489　电话稿是卡希拉电站工程局起草的。——545。

490　电话稿是卡希拉电站工程局起草的。——545。

491　电报大概是粮食人民委员部起草的,上有副粮食人民委员尼·巴·布
　　　留哈诺夫、粮食人民委员部部务委员伊·斯·洛巴切夫、副工农检查人
　　　民委员瓦·亚·阿瓦涅索夫的修改和签字。——546。

492　电话稿是卡希拉电站工程局起草的。——548。

493　电话稿是卡希拉电站工程局起草的。——549。

494　电报是卡希拉电站工程局起草的。——559。

495　电话稿是卡希拉电站工程局起草的。——550。

496　停止征用顿巴斯燃料问题曾在1921年8月24日劳动国防委员会会议
　　　上研究过。列宁没有出席这次会议。他的签字是根据1921年8月26
　　　日的电话写上的。——551。

497　电话稿是卡希拉电站工程局起草的。列宁的签字是根据他的电话写上
　　　的。——551。

498　这里说的是勘察亚马尔半岛水路的极地考察团。考察工作的目的是寻
　　　找通向大洋的出口。这对西伯利亚的经济发展具有重大意义。
　　　——552。

499　电话稿是卡希拉电站工程局起草的。——553。

500　电话稿是卡希拉电站工程局起草的。——554。

501　贫苦农民委员会是1920—1933年间的乌克兰贫苦农民组织,根据全乌

克兰中央执行委员会1920年5月9日的法令成立。参加该组织的也有一部分不大富裕的中农。该组织的任务是:实行余粮收集制的法令,把土地和农具分给无地少地的农民,巩固农村苏维埃政权。到1920年10月召开贫苦农民委员会第一次代表大会时,乌克兰共建立了上万个村级和乡级贫苦农民委员会。贫苦农民委员会在国内战争时期起了很大作用,实际上成了乌克兰农村的政权机关。随着新经济政策的实行,贫苦农民委员会从战争的政治组织转变成为生产类型的组织。1925年11月16日批准的贫苦农民委员会章程规定,贫苦农民委员会的基本任务是:帮助贫苦农民发展经济,吸收贫农和中农加入农业合作社,吸收贫苦农民参加苏维埃建设和文化建设。在乌克兰集体农庄制度发展起来以后,贫苦农民中央委员会于1933年2月16日通过了关于贫苦农民委员会自行撤销的决定。——557。

502 指全俄电气技术人员第八次代表大会。参看本卷注131。——566。

人 名 索 引

A

阿尔斯基,阿尔卡季·奥西波维奇(Альский, Аркадий Осипович 1892 —
1939)——1917 年加入俄国社会民主工党(布)。1921—1922 年任俄罗斯
联邦副财政人民委员。—— 131、138、197、240、265、288 — 289、293、
476、487。

阿格拉诺夫,雅柯夫·绍洛维奇(Агранов, Яков Саулович 1893 — 1938)——
1912—1914 年为俄国社会革命党人,1915 年加入布尔什维克党。1921 年
任小人民委员会秘书。——419。

阿克雪里罗得,托维·Л.(Аксельрод, Товий Л. 1888 — 1938)——1917 年加
入俄国社会民主工党(布)。早年是崩得分子。1910 — 1917 年住在瑞士。
1917 年 3 月列宁曾通过他转交了《给瑞士工人的告别信》(见本版全集第
29 卷)。1917 年 10 月—1918 年 7 月领导人民委员会报刊局,1920 — 1921
年领导共产国际报刊部,1922 年起在外交人民委员部工作。后从事编辑
出版工作。——20、64、73、156、211。

阿列克谢·马克西莫维奇——见高尔基,马克西姆。

阿列克谢耶夫,尼古拉·亚历山德罗维奇(Алексеев, Николай Александрович
1873—1972)——俄国社会民主党人,火星派分子,布尔什维克。1897 年
加入彼得堡工人阶级解放斗争协会。1898 年初被捕并流放维亚特卡省斯
洛博茨克市,为期四年,1899 年从流放地逃往国外。1900 — 1905 年住在
伦敦,先后加入国外俄国社会民主党人联合会和俄国革命社会民主党人国
外同盟。俄国社会民主工党第二次代表大会后是布尔什维克驻伦敦的代
表。十月革命后在苏维埃和党的机关工作。1921 年 7 月起在克拉斯诺亚
尔斯克任省政治教育委员会主任。——500。

阿瓦涅索夫,瓦尔拉姆·亚历山德罗维奇(Аванесов, Варлаам Александрович
1884—1930)——1903 年加入俄国社会民主工党。1917—1919 年任全俄
中央执行委员会秘书和主席团委员、全俄铁路运输修建委员会委员。
1919—1920 年初任国家监察人民委员部部务委员,1920—1924 年任副工
农检查人民委员、全俄肃反委员会会务委员,1924—1925 年任副对外贸易
人民委员。1922—1927 年任苏联中央执行委员会委员。——2、27、41、
50、62、99、104 — 106、108、109、110、131、142、172、194、209、270、327、336、
348 — 349、355 — 356、434、440 — 441、450 — 451、468。

阿扎尔赫，C. A.（Азарх，C. A. 约生于 1880 年）——彼得格勒的木材商。
——194。

埃斯蒙特，尼古拉·博列斯拉沃维奇（Эйсмонт，Николай Болеславович 1891 —
1935）——1917 年加入俄国社会民主工党（布）。1919 年起任国防委员会
红军和红海军供给副特派员，1920 年起任最高国民经济委员会主席团委
员。——521。

艾森施泰因，C. M.（Айзенштейн，C. M.）——苏联工程师，当时任无线电讯部
主任。——12。

安采洛维奇，瑙姆·马尔科维奇（Анцелович，Наум Маркович 1888 — 1952）
——1905 年加入俄国社会民主工党。积极参加十月革命。1918 — 1921
年任彼得格勒省工会理事会主席。后历任副工农检查人民委员、苏维埃监
察委员会副主席、森林工业人民委员、商业部副部长等职。1939 年起为党
中央委员。——337。

安德列耶夫，安德列·安德列耶维奇（Андреев，Андрей Андреевич 1895 —
1971）——1914 年加入俄国布尔什维克党。1920 — 1922 年任全俄工会中
央理事会书记；1921 年 5 — 10 月任全俄工会中央理事会驻劳动国防委员
会代表。在党的第九次和第十一至第二十次代表大会上当选为中央委员。
——398。

安东诺夫-奥弗申柯，弗拉基米尔·亚历山德罗维奇（Антонов-Овсеенко，
Владимир Александрович 1883 — 1939）——1901 年参加俄国革命运动，
1903 年加入俄国社会民主工党。1910 年流亡巴黎，加入孟什维克。1914
年底与孟什维克决裂。第一次世界大战期间是国际主义者。1917 年 5 月
回国，6 月加入布尔什维克党。十月革命后参加第一届人民委员会，任陆
海军事务委员会委员，彼得格勒军区司令。1917 年底—1918 年初指挥同
卡列金匪帮和反革命乌克兰中央拉达部队作战的苏维埃军队。1918 年
3 — 5 月任南俄苏维埃部队最高总司令，1919 年 1 — 6 月任乌克兰方面军
司令。1921 年 2 — 8 月任全俄中央执行委员会肃清坦波夫省境内匪帮特
设委员会主席。1921 年 12 月为了解喀琅施塔得局势的委员会成员。曾
任俄罗斯联邦小人民委员会副主席。——151。

奥博林，瓦西里·巴甫洛维奇（Оборин，Василий Павлович 1887 — 1939）——

1904年加入俄国社会民主工党。1921年任彼得格勒国民经济委员会电力处处务委员会秘书,同年9月起在莫斯科罗斯塔社工作。——281—282、284—285、286。

奥尔忠尼启则,格里戈里·康斯坦丁诺维奇(谢尔戈)(Орджоникидзе, Григорий Константинович(Серго) 1886—1937)——1903年加入俄国社会民主工党,布尔什维克。1912年在党的第六次(布拉格)全国代表会议上当选为中央委员和中央委员会俄国局成员。十月革命后任乌克兰地区临时特派员和南俄临时特派员。国内战争时期任第16、第14集团军和高加索方面军革命军事委员会委员。1920年起是俄共(布)中央委员会高加索局成员。1921年在党的第十次代表大会上当选为中央委员。1922—1926年任党的外高加索边疆区委第一书记和北高加索边疆区委第一书记。——8—9、20、76—77、122、349、350、355—356、369、391、398、446。

奥萨德奇,彼得·谢苗诺维奇(Осадчий, Петр Семенович 1866—1943)——苏联电工技术专家。1890年在彼得堡电工学院毕业后,在该校先后任教员、教授、院长。1921—1930年任俄罗斯联邦和苏联国家计划委员会副主席;主管对外贸易。——15。

奥新斯基,恩·(奥博连斯基,瓦列里安·瓦列里安诺维奇)(Осинский, Н. (Оболенский, Валериан Валерианович) 1887—1938)——1907年加入俄国社会民主工党。曾在莫斯科、特维尔、哈尔科夫等地做党的工作,屡遭沙皇政府迫害。斯托雷平反动时期是召回派分子,新的革命高涨年代参加布尔什维克的《明星报》、《真理报》和《启蒙》杂志的工作。十月革命后任俄罗斯联邦国家银行总委员、最高国民经济委员会主席。1918年初曾参加顿涅茨煤矿国有化的工作。1919—1920年初先后任全俄中央执行委员会驻奔萨省、图拉省和维亚特卡省的特派员。1920年任图拉执行委员会主席。1921—1923年任副农业人民委员、最高国民经济委员会副主席。在党的第十次代表大会上当选为候补中央委员。——111、196、303、324、366、411、450、465、472、487。

B

巴布金,伊万·彼得罗维奇(Бабкин, Иван Петрович 1885—1940)——1902

年加入俄国社会民主工党。1918—1921年先后任俄罗斯联邦粮食人民委员部劳动局局长、劳动国防委员会驻伏尔加河—里海地区特派全权代表。1921年9月起任中央消费合作总社主席团委员、全俄渔民生产合作总社理事会主席等职。——27、106、108—110。

巴达耶夫,阿列克谢·叶戈罗维奇（Бадаев, Алексей Егорович 1883—1951)——1904年加入俄国社会民主工党。第四届国家杜马彼得堡省工人代表,参加布尔什维克杜马党团,同时在杜马外做了大量的革命工作,是中央委员会俄国局成员,为布尔什维克的《真理报》撰稿。因进行反对帝国主义战争的革命活动,1914年11月被捕,1915年流放图鲁汉斯克边疆区。十月革命后任彼得格勒粮食委员会主席、彼得格勒劳动公社粮食委员。1920年夏起任莫斯科消费合作社和莫斯科消费公社主席。1921—1929年先后任彼得格勒统一消费合作社主席和列宁格勒消费合作总社主席。——3、101、139、406。

巴甫洛夫,雅·——见别尔津,扬·安东诺维奇。

巴沙,Н.А.（Баша, Н. А. 1883—1957）——1917年加入俄国社会民主工党（布)。1921—1923年任财政人民委员部部务委员和国家珍品库主任。——492。

巴扎诺夫,瓦西里·米哈伊洛维奇（Бажанов, Василий Михайлович 1889—1939)——苏联采矿工程师。1910年加入俄国社会民主工党。十月革命后是顿涅茨克一些国营厂矿的负责人、最高国民经济委员会矿业委员会会务委员。1918—1921年先后任煤炭总委员会会务委员会主席和煤炭总委员会负责人。——98—99、423。

邦契-布鲁耶维奇,弗拉基米尔·德米特里耶维奇（Бонч-Бруевич, Владимир Дмитриевич 1873—1955)——19世纪80年代末参加俄国革命运动,1896年侨居瑞士。在国外参加劳动解放社的活动,为《火星报》撰稿。俄国社会民主工党第二次代表大会后是布尔什维克。1903—1905年在日内瓦领导俄国社会民主工党中央委员会发行部,组织出版布尔什维克的书刊（邦契-布鲁耶维奇和列宁出版社)。以后几年从事布尔什维克报刊和党的出版社的组织工作。积极参加彼得格勒十月武装起义,是斯莫尔尼—塔夫利达宫区的警卫长。十月革命后任人民委员会办公厅主任（至1920年10月,其间曾兼任反破坏、抢劫和反革命行动委员会主席)、生活和知识出版社总编辑,后任莫斯科卫生局所属林中旷地国营农场场长,同时从事科学研究和著述活动。——153。

鲍罗廷(**格鲁津贝格**),米哈伊尔·马尔科维奇(Бородин(Грузенберг),Михаил Маркович 1884—1951)——1903 年加入俄国社会民主工党。1918—1922 年在俄罗斯联邦外交人民委员部和共产国际工作。——55、121—122。

彼得斯,雅柯夫·克里斯托福罗维奇(Петерс,Яков Христофорович 1886—1938)——1904 年加入俄国社会民主工党。1917 年当选为拉脱维亚边疆区社会民主党中央委员。十月革命期间任彼得格勒军事革命委员会委员。1917 年 12 月起任革命法庭庭长、全俄肃反委员会会务委员和副主席;是镇压莫斯科左派社会革命党人叛乱的领导人之一。1918 年 7 月—1919 年 3 月任全俄肃反委员会临时代理主席和副主席。1919—1920 年先后任驻彼得格勒特派员、彼得格勒和基辅两地筑垒地域司令以及图拉筑垒地域军事委员会委员。1920—1922 年为俄共(布)中央委员会土耳其斯坦局成员、全俄肃反委员会驻土耳其斯坦全权代表。1922 年起任国家政治保卫局—国家政治保卫总局局务委员会委员。——316。

彼得松,Р.А.(Петерсон,Р.А. 1897—1940)——1919 年加入俄共(布)。1920—1935 年任克里姆林宫警卫长。——48。

彼什科夫,马克西姆·阿列克谢耶维奇(Пешков,Максим Алексеевич 1897—1934)——阿·马·高尔基的儿子,1917 年 3 月加入俄国社会民主工党(布)。1921 年 3 月起任俄罗斯联邦外交人民委员部外交信使。——328。

别尔津(季耶美利斯),扬·安东诺维奇(巴甫洛夫,雅·)(Берзин(Зиемелис),Ян Антонович(Павлов,Я.) 1881—1938)——拉脱维亚革命运动最早的参加者之一。1902 年加入俄国社会民主工党。曾参加 1905—1907 年革命。1908 年起侨居国外,是俄国社会民主工党中央委员会国外局和拉脱维亚边疆区社会民主党国外小组联合会的成员。拉脱维亚边疆区社会民主党第四次代表大会代表,会后是该党国外委员会委员和中央机关报《斗争报》的编辑部成员。第一次世界大战期间持国际主义立场,曾出席齐美尔瓦尔德代表会议并参与建立齐美尔瓦尔德左派。1917 年夏返回彼得格勒,积

极参加十月革命。1918 年领导苏俄驻瑞士公使馆。1919 年任苏维埃拉脱
维亚的教育人民委员。1921 年任驻芬兰全权代表,1921—1925 年任驻英
国副全权代表。——290、443、444。

别利戈夫,弗拉基米尔·彼得罗维奇(Бельгов, Владимир Петрович 1884—
1936)——1905 年加入俄国社会民主工党,俄共(布)第十次代表大会代
表。1921 年起在对外贸易人民委员部工作,历任驻波斯商务代表,驻奥地
利商务代表处主任(1922—1924),对外贸易人民委员部驻中亚代表
(1925)等职。——203。

别利亚科夫,阿列克谢·亚历山德罗维奇(Беляков, Алексей Александрович
1870—1927)——1903 年加入俄国社会民主工党。1920 年起在莫斯科纺
织工业、国家出版社、扫盲出版社等部门工作。是《全俄中央执行委员会消
息报》撰稿人。——372。

别连基,阿布拉姆·雅柯夫列维奇(Беленький, Абрам Яковлевич 1883—
1942)——1902 年加入俄国社会民主工党。十月革命后在全俄肃反委员
会——国家政治保卫总局机关工作;1919—1924 年任列宁的警卫队队长。
——62、100。

别洛博罗多夫,亚历山大·格奥尔吉耶维奇(Белобородов, Александр Георгиевич
1891—1938)——1907 年加入俄国社会民主工党。1918 年起任乌拉尔州
苏维埃执行委员会主席。1919 年 4 月起先后任工农国防委员会驻南方面
军镇压顿河流域反革命叛乱的特派员、共和国革命军事委员会政治部副主
任和第 9 集团军革命军事委员会委员。1920 年 8 月起任高加索劳动军委
员会副主席、东南劳动军委员会主席、俄共(布)中央委员会东南局书记。
1921 年 3 月起任东南边疆区(区域)经济委员会主席、内务人民委员部部
务委员、内务人民委员部第二副人民委员。在党的第八次代表大会上当选
为中央委员。曾任俄共(布)中央委员会高加索局成员。——391—
392、398。

别洛夫,А.А.(Белов, А.А.)——苏俄国营百货公司经理。1922 年 4—11 月
任最高国民经济委员会中央商业局管理委员会委员。——497。

波波夫,帕维尔·伊里奇(Попов, Павел Ильич 1872—1950)——苏联统计
学家,1924 年加入俄共(布)。1918 年起任中央统计局局长、苏联国家计划

委员会主席团委员。——16、125—128、219—220、222、399、452—453。

波格丹诺夫,彼得·阿列克谢耶维奇(Богданов, Петр Алексеевич 1882—1939)——1905年加入俄国社会民主工党。1921—1925年任俄罗斯联邦最高国民经济委员会主席和人民委员会委员。——13、30、33、39、48、53、74、113、154、172、193—194、221—222、251、252、327、336、401、420、470、483、495、507、510—511、543、560。

波嘉耶夫,А.И.(Потяев, А.И. 1888—1939)——1917加入俄国社会民主工党(布)。1919年任西方面军革命军事委员会委员,1920—1921年任粮食人民委员部部务委员、渔业总管理局局长。——27、58、105—107、109、110、124、142、166、412—415。

波克罗夫斯基,米哈伊尔·尼古拉耶维奇(Покровский, Михаил Николаевич 1868—1932)——历史学家,1905年加入俄国社会民主工党。曾积极参加1905—1907年革命。1907年在党的第五次(伦敦)代表大会上当选为候补中央委员。1908—1917年侨居国外。斯托雷平反动时期参加召回派和最后通牒派,后加入"前进"集团,1911年与之决裂。第一次世界大战期间持国际主义立场,从事布尔什维克书刊的出版工作,曾编辑出版列宁的《帝国主义是资本主义的最高阶段》一书。1917年8月回国,参加了莫斯科武装起义。十月革命后任莫斯科苏维埃主席,俄罗斯联邦副教育人民委员以及共产主义科学院、红色教授学院和中央国家档案馆等单位的领导人。——153、216、236—237、406—407。

波里索夫,尼古拉·叶夫谢耶维奇(Борисов, Николай Евсеевич 约生于1899年)——苏联新闻工作者。1921年为《真理报》撰稿;是莫斯科市罗戈日-西蒙诺沃区工人和红军代表苏维埃执行委员会委员。——77。

波里索夫,伊万·尼古拉耶维奇(Борисов, Иван Николаевич 1860—1928)——苏联铁路运输工作人员,工程师。1920年起任交通人民委员部总管理局局长、最高运输委员会委员。1923年起任副交通人民委员。——261。

波隆金(Полонкин)——354。

波隆斯基,С.М.(Полонский, С.М. 1873—1934)——苏联内科医生和矿泉治疗学家,教授。1920—1933年任理疗研究所所长、列宁心脏病医院院长、基斯洛沃茨克疗养区管理局顾问。——82。

——1903年加入俄国社会民主工党。1919—1920年先后任人民委员会
办公室主任、人民委员会秘书。1921—1922年在共产国际工作；一度任俄
共（布）中央办公厅副主任。——520。

布留哈诺夫，尼古拉·巴甫洛维奇（Брюханов，Николай Павлович 1878—
1942）——1902年加入俄国社会民主工党。1918年2月起任粮食人民委
员部部务委员，6月起任副粮食人民委员；1919年8月起兼任东方面军粮
食特设委员会主席。1921年起任粮食人民委员。——4、5、27、30、38—
39、41、50、102—104、107、108、124、161、166、213、243、247、248、271—272、
305、332、335、346、518、555。

C

蔡特金，克拉拉（Zetkin，Clara 1857- 1933）——德国工人运动和国际工人运
动活动家，国际社会主义妇女运动领袖之一，德国共产党创建人之一。
1881年加入德国社会民主党。1892—1917年任德国社会民主党主办的
女工运动机关刊物《平等》杂志主编。第一次世界大战期间持国际主义立
场。1916年参与组织国际派（后改称斯巴达派和斯巴达克联盟）。1919
年起为德国共产党党员，当选为中央委员。1920年起为国会议员。1921
年起先后当选为共产国际执行委员会委员和主席团委员，领导国际妇女书
记处。1925年起任国际支援革命战士协会主席。——129—130。

策彼罗维奇，格里戈里·弗拉基米罗维奇（Цыперович，Григорий Владимирович
1871—1932）——1919年加入俄共（布）。1921年起在彼得格勒国民经济
委员会工作。——33、229、286。

D

达尼舍夫斯基，卡尔·尤利·克里斯蒂安诺维奇（Данишевский，Карл Юлий
Христианович 1884—1938）——1900年加入俄国社会民主工党。十月革
命后任东方面军革命军事委员会委员、共和国革命军事委员会委员和共和
国革命军事法庭庭长。1919年7月起先后被任命为共和国革命军事委员
会野战司令部副政治委员和政治委员。1920年是出席在明斯克举行的以
俄罗斯联邦和乌克兰为一方，以波兰为另一方的关于停止战争、建立和平

友好关系的和平会议的苏俄代表团团长。在党的第八次代表大会上当选
为候补中央委员。1921 年起任党中央委员会西伯利亚局书记、林业总委
员会主席、苏联对外贸易银行和全苏木材出口联合公司管理委员会主席等
职。——376。

达塔,布彭德拉纳特(Datta,Bhupendranath 1888—1961)——印度社会学家,
印度民族解放运动活动家。20 世纪初是孟加拉地下民族革命组织领袖之
一。1921 年 8 月应共产国际邀请访问了苏维埃俄国,并把他写的关于印
度民族解放运动问题的提纲交给了列宁。——237。

达乌盖,帕维尔·格奥尔吉耶维奇(Дауге,Павел Георгиевич 1869—1946)
——19 世纪 80 年代末参加俄国革命运动,俄国社会民主工党第二次代表
大会后为布尔什维克。十月革命后任拉脱维亚教育人民委员。1918 年起
任俄罗斯联邦卫生人民委员部部务委员。——97。

丹尼洛夫,斯捷潘·斯捷潘诺维奇(Данилов,Степан Степанович 1877—
1939)——1904 年加入俄国社会民主工党。十月革命后在军队中工作,曾
任工农红军司令部政委,1921 年 7 月起为工农红军革命军事委员会委员。
——313。

德雷曼,P.A.(Дрейман,Р.А.1887—1938)——1905 年加入俄国社会民主工
党。1920 年起为国营安加尔斯克冶金工业和伊尔库茨克金属加工工业联
合公司管理委员会委员。1921 年 11 月—1926 年任阿尔泰里杰尔矿务局
局长。——403。

多夫加列夫斯基,瓦列里安·萨韦利耶维奇(Довгалевский,Валериан Савельевич
1885—1934)——1908 年加入俄国社会民主工党;职业是电气工程师。十
月革命后在红军中当政委。1919—1921 年任劳动国防委员会西伯利亚和
乌拉尔道路修复委员会委员、交通人民委员部通讯和电工技术管理局政
委。1921 年起任俄罗斯联邦邮电人民委员,1923 年起任苏联副邮电人民
委员。1924 年起从事外交工作,历任驻瑞典、日本和法国全权代表。——
32、174、263—264、357、461。

多加多夫,亚历山大·伊万诺维奇(Догадов,Александр Иванович 1888—1937)
——1905 年加入俄国社会民主工党。1921 年起为全俄工会中央理事会主
席团委员和书记,先后任全俄工会中央理事会驻劳动国防委员会副代表和

代表。——262。

多姆年科,E.Φ.(Домненко,E.Φ.生于1896年)——1913年参加俄国右派社会革命党组织,1917年加入俄国社会民主工党(布)。十月革命后任达乌里亚(远东)建筑委员会主席。1921年曾任里杰尔矿务局局长,后在红军中任职。——306、393、403。

E

厄克特,约翰·莱斯利(Urquhart,John Leslie 1874—1933)——英国金融家和工业家,矿业工程师。1922年任英国出席热那亚会议和海牙会议代表团顾问。1921—1929年同苏联政府就其原有产业的租让权问题进行多次谈判,但没有成功。——74、221、317、392、448、449、488—489、496、510。

恩格斯,弗里德里希(Engels,Friedrich 1820—1895)——科学共产主义创始人之一,世界无产阶级的领袖和导师,马克思的亲密战友。——344、351。

F

法朗士,约瑟夫·欧文(France,Joseph Irwin 1873—1939)——1917—1923年任美国参议员。1921年夏到过苏维埃俄国。曾从事国际贸易问题的研究工作。——24、28、68、70。

费格松——531。

佛敏,瓦西里·瓦西里耶维奇(Фомин,Василий Васильевич 1884—1938)——1910年加入俄国社会民主工党。1918—1920年任全俄肃反委员会会务委员、交通总管理局委员和交通人民委员部部务委员。1921年1月起任最高运输委员会主席、副交通人民委员。——346。

弗拉基米尔斯基,米哈伊尔·费多罗维奇(Владимирский,Михаил Федорович 1874—1951)——1895年参加俄国社会民主主义运动,布尔什维克。1905年积极参加莫斯科十二月武装起义。1906年侨居国外,在布尔什维克巴黎小组工作。十月革命后在莫斯科苏维埃主席团工作。1919—1921年任全俄中央执行委员会主席团委员、俄罗斯联邦副内务人民委员。1922—1925年任乌克兰苏维埃社会主义共和国人民委员会副主席,乌克兰共产党(布)中央委员会书记、中央监察委员会主席,乌克兰工农检查人民委员。

在党的第七次代表大会上当选为中央委员,第八次代大会上当选为候补中央委员。——301、442、447。

弗拉基米罗夫(舍印芬克尔),米龙·康斯坦丁诺维奇(Владимиров(Шейнфинкель),Мирон Константинович 1879—1925)——1903 年加入俄国社会民主工党,布尔什维克。曾在彼得堡、戈梅利、敖德萨、卢甘斯克和叶卡捷琳诺斯拉夫做党的工作。参加 1905—1907 年革命,后被捕和终身流放西伯利亚,1908 年从流放地逃往国外。1911 年脱离布尔什维克,后加入出版《护党报》的普列汉诺夫派巴黎小组。第一次世界大战期间参加托洛茨基的《我们的言论报》的工作。1917 年二月革命后回国,参加区联派,在俄国社会民主工党(布)第六次代表大会上随区联派集体加入布尔什维克党。十月革命后在彼得格勒市粮食局和粮食人民委员部工作。1919 年任南方面军铁路军事特派员和粮食特设委员会主席。1921 年先后任乌克兰粮食人民委员和农业人民委员。1922—1924 年任俄罗斯联邦财政人民委员和苏联副财政人民委员。—— 5、125 — 127、175 — 176、212、213、280、557—558。

弗里德贝格,В.И.(Фридберг,В.И.1885—1938)——1904—1907 年为布尔什维克,1917 年二月革命后成为孟什维克,1920 年加入俄共(布)。1918—1923 年任莫斯科苏维埃运输局局务委员和运输局局长。——551—552。

弗鲁姆金,莫伊塞·伊里奇(Фрумкин,Моисей Ильич 1878—1938)——1898 年加入俄国社会民主工党。1918—1922 年 3 月先后任粮食人民委员部部务委员和副粮食人民委员、西伯利亚革命委员会副主席、粮食人民委员部驻北高加索特派员。1922 年 4 月起任副对外贸易人民委员。—— 88 — 89、160 — 161、209、335 — 336、355 — 356、367、386、388、405、432、529 — 530。

伏龙芝,米哈伊尔·瓦西里耶维奇(Фрунзе,Михаил Васильевич 1885 — 1925)——1904 年加入俄国社会民主工党。1917 年在莫斯科参加十月武装起义。1919 年起先后任东方面军第 4 集团军和土耳其斯坦集团军司令、东方面军南方军队集群司令、东方面军和土耳其斯坦方面军司令。1920 年 9 月根据列宁的提议被任命为南方面军司令。1920 年 12 月—1924 年 3 月任共和国革命军事委员会驻乌克兰全权代表、乌克兰和克里木部队司令、

乌克兰人民委员会副主席(1922年2月起)。1921年在党的第十次代表大
会上当选为中央委员。——22。

福法诺娃,玛格丽塔·瓦西里耶夫娜(Фофанова,Маргарита Васильевна 1883—
1976)——1902年参加俄国革命运动,1917年4月加入俄国社会民主工党
(布)。1917年二月革命后是彼得格勒苏维埃代表,执行维堡区党委会委
派的任务。列宁最后一次转入地下期间,曾秘密地住在她家里(彼得格勒
维堡区谢尔多博尔街1/92号第20号住宅)。十月革命后至1925年在农
业人民委员部工作。后任莫斯科畜牧学院院长。——110、111。

福季耶娃,莉迪娅·亚历山德罗夫娜(Фотиева,Лидия Александровна 1881—
1975)——1904年加入俄国社会民主工党。1904—1905年在日内瓦和巴
黎的布尔什维克支部工作,协助娜·康·克鲁普斯卡娅同国内地下党组织
进行通信联系。1905—1907年革命和十月革命的参加者。1918—1930
年任人民委员会和劳动国防委员会秘书,1918—1924年兼任列宁的秘书。
——4、19、31、34—35、47、51、53—54、62、82、100、102—103、188、194—
195、206—207、220、232—233、322、415。

G

高尔察克,亚历山大·瓦西里耶维奇(Колчак,Александр Васильевич 1873—
1920)——沙俄海军上将,君主派分子。1918年11月在外国武装干涉者
支持下发动政变,在西伯利亚、乌拉尔和远东建立军事专政,自封为"俄国
最高执政"和陆海军最高统帅。叛乱被平定后,1919年11月率残部逃往
伊尔库茨克,后被俘。1920年2月7日根据伊尔库茨克军事革命委员会
的决定被枪决。——290。

高尔基,马克西姆(**彼什科夫,阿列克谢·马克西莫维奇**)(Горький,Максим
(Пешков,Алексей Максимович)1868—1936)——苏联作家和社会活动
家,社会主义现实主义文学的奠基人,苏联文学的创始人。——6、176、
187—188、331、347。

戈尔登贝格,约瑟夫·彼得罗维奇(Гольденберг,Иосиф Петрович 1873—
1922)——俄国社会民主党人。俄国社会民主工党第二次代表大会后是布
尔什维克。国外俄国社会民主党人联合会成员。1905—1907年革命期间

参加了布尔什维克所有报刊编辑部的工作,是俄国社会民主工党中央委员会负责同其他党派和组织联系的代表。1907 年在党的第五次(伦敦)代表大会上当选为中央委员。1910 年进入中央委员会俄国局,对取消派采取调和主义态度。第一次世界大战期间是护国派分子。1917—1919 年参加新生活派。1920 年重新加入布尔什维克党。——71、163。

戈尔多维奇(戈尔杰维奇),А. М.(Гордович(Гордевич),А. М.)——当时在俄罗斯联邦国家建筑工程总委员会工作。——13。

哥尔布诺夫,尼古拉·彼得罗维奇(Горбунов,Николай Петрович 1892—1937)——1917 年加入俄国社会民主工党(布)。十月革命后任人民委员会秘书和列宁的秘书。1918 年 8 月起任最高国民经济委员会科学技术局局长。1919—1920 年任第 13 和第 14 集团军革命军事委员会委员。1920 年起任俄罗斯联邦(后为苏联)人民委员会和劳动国防委员会办公厅主任、苏联国家计划委员会委员。—— 9、169、248、255、258 — 260、265 — 266、267 — 269、270 — 271、276、277、280 — 281、301、303、305 — 306、307 — 309、310 — 311、317、320、322 — 323、328、331、332 — 333、335 — 337、340 — 341、343、349、350、357 — 358、366、369 — 370、372 — 373、374 — 377、380、383 — 384。389 — 393、407、431、435 — 436、466、469、479、502、503、520、521、529、533。

哥尔布诺夫,帕维尔·彼得罗维奇(Горбунов,Павел Петрович 1885—1937)——1918 年加入俄共(布)。1921 年 2 月—1922 年 2 月任外交人民委员部办公厅主任,1921 年 9 月起是外交人民委员部部务委员。——119、292、439、533。

哥伊赫巴尔格,亚历山大·格里戈里耶维奇(Гойхбарг,Александр Григорьевич 1883—1962)——1904—1917 年为孟什维克,1919—1924 年为俄共(布)党员。1919 年在东方战线参加国内战争。1920 年任西伯利亚革命委员会委员,在审判鄂木斯克高尔察克的部长们时曾作为公诉人出庭。1920 年 10 月—1924 年任司法人民委员部部务委员、小人民委员会委员,后任小人民委员会副主席和主席。——238、301、455、471 — 472、489。

格·马·——见克尔日扎诺夫斯基,格列勃·马克西米利安诺维奇。

格尔贝克,格奥尔吉·胡戈维奇(Гербек,Георгий Гугович 生于 1890 年)——1921 年任俄罗斯联邦最高国民经济委员会乌拉尔工业局副局长和劳动国防委员会红军和红海军供给副特派员。——340。

格尔法特(Гельфат)——549。

格尔热宾,季诺维·伊萨耶维奇(Гржебин,Зиновий Исаевич 1869—1929)——
彼得格勒一家出版社(1919年创办)的领导人。该出版社负责发行文艺、
科学和科普图书,在莫斯科(后在柏林)设有分社。——347—348。

格季耶,费多尔·亚历山德罗维奇(Гетье,Федор Александрович 1863—1938)
——苏联医生,内科专家。克里姆林宫医疗卫生局成立后,应聘到该局工
作。1919年起是列宁的医生。——34。

格拉夫季奥,亨利希·奥西波维奇(Графтио,Генрих Осипович 1869—1949)
——苏联动力学家和工程师,苏联水力发电工程的奠基人之一,科学院院
士。曾参加俄罗斯国家电气化委员会的工作。1918—1920年任沃尔霍夫
水电站建设工程副总工程师。1921—1927年先后任沃尔霍夫水电站总工
程师和下斯维里河水电站总工程师。——229、258—259、270、297—298。

格里巴诺娃,莉迪娅·德米特里耶夫娜(Грибанова,Лидия Дмитриевна 生于
1890年)——1919—1921年在共和国革命军事委员会担任打字员、文牍
员和办事员。1921年5月—1934年任劳动国防委员会事务秘书。
——47。

格里戈里耶夫,Г.И.(Григорьев,Г.И.生于1894年)——苏联燃料工业部门的
工作人员。1921年1月—1922年10月任煤炭工业总管理局局长助理。
——87。

格利亚谢尔,玛丽亚·伊格纳季耶夫娜(Гляссер,Мария Игнатьевна 1890—
1951)——1917年加入俄国社会民主工党(布)。1918—1924年在人民委
员会秘书处工作。——4、53、62、271、426。

格列奇涅夫-切尔诺夫,安德列·谢苗诺维奇(切尔诺夫)(Гречнев-Чернов,
Андрей Семенович(Чернов)生于1881年)——苏联机械工程师,1905年加
入俄国社会民主工党。1919—1923年历任索尔莫沃工厂厂长(至1921年
夏)、最高国民经济委员会金属工业总管理局局长和国营机械制造厂联合
公司管理委员会委员等职。1925年起在对外贸易人民委员部担任领导工
作。——379、380。

格林贝格,扎哈里·格里戈里耶维奇(Гринберг,Захарий Григорьевич 1889—

H

（Артемий）Багратович 1896—1938）——1917年加入俄国社会民主工党（布）。1918—1923年历任莫斯科苏维埃粮食局领导成员、莫斯科区域粮食委员会委员、俄罗斯联邦粮食人民委员部部务委员、人民委员会工人供给委员会主席。——555、558—559。

哈里逊，玛格丽特（Harrison，Margaret）——美国新闻工作者。1917年起以记者身份先后参加美国赴法、德考察团。1921年住在莫斯科；搞过间谍活动。——68—69。

哈默，阿曼德（Hammer，Armand 1898—1990年）——美国石油公司主管、企业家和艺术品收藏家。美国药品和化学制剂联合公司的代表，该公司于1921年从苏维埃政府方面取得了开采乌拉尔石棉矿的承租权。1925—1930年主持该公司在苏联生产和销售办公用品的承租企业。——440、445、462、489、493、507、508、531—532。

哈默，朱利叶斯（Hammer，Julius 生于1874年）——美国百万富翁。对苏维埃俄国持友好态度。1921—1927年是美国开采乌拉尔阿拉帕耶夫斯克石棉矿的承租企业"阿拉麦里科公司"的董事长。——438—439。

海伍德，威廉（比尔）（Haywood，William（Bill）1869—1928）——美国工人运动活动家；职业是矿工。1901年加入美国社会党，后为该党左翼领导人之一。世界产业工人联合会的创建人和领导人之一。第一次世界大战一开始即谴责军国主义和帝国主义战争。欢迎俄国十月革命。美国共产党成立（1919）后不久加入该党。因从事革命活动遭受迫害而离开美国。1921年起住在俄国，积极参加库兹巴斯自治工业侨民区的组织工作。后在国际支援革命战士协会工作，并从事新闻活动。——232、339、384、427。

黑格尔，乔治·威廉·弗里德里希（Hegel，Georg Wilhelm Friedrich 1770—1831）——德国哲学家，客观唯心主义者，德国古典哲学的主要代表。根据唯心主义的思维与存在同一的基本原则，建立了客观唯心主义的哲学体系，并创立了唯心主义辩证法的理论。他的唯心主义辩证法是马克思主义哲学的理论来源之一。——7。

黑克尔特，弗里茨（Heckert，Fritz 1884—1936）——德国工人运动和国际工人运动活动家。1903年加入德国社会民主党，属左翼。积极参加工会运动。第一次世界大战期间是斯巴达克联盟的创建人之一。在德国共产党

的创立过程中起了很大作用,1919 年起为该党中央委员(1924—1925 年
有间断)。1921 年 7 月被选入红色工会国际执行局。是共产国际第三次
至第六次代表大会和红色工会国际历次代表大会的代表。1928 年在共产
国际第六次代表大会上被选为共产国际执行委员会委员。毕生同法西斯
主义和战争进行了不调和的斗争。——90。

胡佛,赫伯特·克拉克(Hoover, Herbert Clark 1874—1964)——美国政治活
　　动家,大企业家。1919—1923 年是美国救济署署长。1921—1928 年任商
　　业部长,1929—1933 年任美国总统。——168、190—191、224、448、
　　489、494。

霍恩,罗伯特(Horn, Robert)——英国财政大臣。——448—449。

J

基尔布姆,卡尔(Kilbom, Karl 1885—1961)——瑞典社会民主党人,新闻工
　　作者。1917 年加入瑞典共产党,是该党驻共产国际执行委员会的代表。
　　——232。

基尔萨诺夫,П.Н.(Кирсанов, П.Н. 1883—1937)——1905 年加入俄国社会
　　民主工党。1918—1919 年任交通人民委员部部务委员,1919—1922 年任
　　交通人民委员部财政局局长。——337

基利,罗亚尔·安齐克(Keeley, Royal 生于 1875 年)——美国机械工程师。
　　1919 年 9 月到苏维埃俄国,参观了莫斯科省的一些工厂后,向列宁提交了
　　一份报告,谈了他对如何恢复工业的一些设想。曾在苏俄最高国民经济委
　　员会担任生产组织方面的工作。——168。

基谢廖夫,阿列克谢·谢苗诺维奇(Киселев, Алексей Семенович 1879—
　　1937)——1898 年加入俄国社会民主工党。1917 年二月革命后任伊万诺
　　沃-沃兹涅先斯克市苏维埃主席和党的市委委员。在全俄苏维埃第一次代
　　表大会上当选为全俄中央执行委员会委员。1919 年曾任国防委员会派赴
　　粮食人民委员部的调查委员会主席。1920 年 4 月起任矿工工会主席。
　　1921—1923 年任小人民委员会主席。在党的第十次和第十一次代表大会
　　上当选为候补中央委员。——159、204—205、285、286、307、327、376—
　　377、395、400、539。

基辛,阿布拉姆·阿纳尼耶维奇(Киссин,Абрам Ананьевич 1885—1938)——苏联商业工作者,1920年加入俄共(布)。1907—1914年在德国一些贸易公司供职。十月革命后回国,先后任中央消费合作总社商务代办、理事会理事和中央消费合作总社副主席,并从事其他经济工作。——248、276。

吉瓦尔托夫斯基(Гивартовский)——莫斯科一家酵母厂厂主。——400。

季诺维也夫(**拉多梅斯尔斯基**),格里戈里·叶夫谢耶维奇(Зиновьев(Радомысльский),Григорий Евсеевич 1883—1936)——1901年加入俄国社会民主工党,党的第二次代表大会后是布尔什维克。1908—1917年侨居国外,参加布尔什维克《无产者报》编辑部和党的中央机关报《社会民主党人报》编辑部。斯托雷平反动时期对取消派、召回派和托洛茨基分子采取调和主义态度。1912年后和列宁一起领导中央委员会俄国局。第一次世界大战期间持国际主义立场。1917年4月回国,进入《真理报》编辑部。十月革命后任彼得格勒苏维埃主席。1919年共产国际成立后任共产国际执行委员会主席。1919年当选为党中央政治局候补委员,1921年当选为中央政治局委员。——27—28、35、36、84、90、129—130、139、156—157、192、199—202、208、223—224、230、296、300、345、353—354、359、371—372。

加肯(Гакен)——553—554。

加里宁,米哈伊尔·伊万诺维奇(Калинин,Михаил Иванович 1875—1946)——1898年加入俄国社会民主工党。十月革命后任彼得格勒市长,后任市政委员。1919年3月起任全俄中央执行委员会主席,1922年起任苏联中央执行委员会主席。从党的第八次代表大会起为中央委员。1919年起为中央政治局候补委员。——83、96、198、235、365。

加米涅夫(**罗森费尔德**),列夫·波里索维奇(Каменев(Розенфельд),Лев Борисович 1883—1936)——1901年加入俄国社会民主工党,党的第二次代表大会后是布尔什维克。曾在梯弗利斯、莫斯科、彼得堡从事宣传工作。1908年底出国,任布尔什维克的《无产者报》编委。斯托雷平反动时期对取消派、召回派和托洛茨基分子采取调和主义态度。1914年初回国,在《真理报》编辑部工作,曾领导第四届国家杜马布尔什维克党团。1914年11月被捕,在沙皇法庭上宣布放弃使沙皇政府在帝国主义战争中失败的布尔什维克口号。1917 年二月革命后反对列宁的《四月提纲》。十月革命后历任全俄中央执行委员会主席、莫斯科苏维埃主席、国防委员会驻南方面军特派员、人民委员会副主席、劳动国防委员会主席等重要职务。1919—1925 年为党中央政治局委员。——52、65、83、128、139、147、168—169、187、190、191—192、198—199、219、230、252、314、322、432、446、494、498、506、509—510、523、554。

杰纳利，埃吉迪奥（Gennari, Egidio 1876—1942）——意大利工人运动活动家，意大利共产党创建人之一。从 1921 年意大利共产党建立时起即为该党中央委员。1921—1922 年任共产国际执行委员会主席团委员。——359。

捷尔任斯基，费利克斯·埃德蒙多维奇（Дзержинский, Феликс Эдмундович 1877—1926）——波兰和俄国革命运动活动家，1895 年加入社会民主党。是波兰王国和立陶宛社会民主党的组织者和领导人之一。1907 年在俄国社会民主工党第五次（伦敦）代表大会上被缺席选入中央委员会。十月革命后任全俄肃反委员会主席。1919—1923 年兼任内务人民委员。1921—1924 年兼任交通人民委员。1924 年起兼任最高国民经济委员会主席。1920 年起先后任党中央组织局候补委员、委员，中央政治局候补委员。——75、143、165、170。

捷乌明，伊萨克·弗拉基米罗维奇（Теумин, Иссак Владимирович 1872—1936）——1920 年加入俄共（布），早年是崩得分子。1921 年 7 月起任对外贸易人民委员部驻白俄罗斯特派员。——417。

K

卡巴诺夫，伊万·叶戈罗维奇（Кабанов, Иван Егорович）——从前在俄国下诺夫哥罗德私人企业中做过粮食采购工作。——145。

卡尔宾斯基，维亚切斯拉夫·阿列克谢耶维奇（Карпинский, Вячеслав Алексеевич 1880—1965）——1898 年加入俄国社会民主工党，布尔什维克；屡遭沙皇政府迫害。1904 年侨居国外，在日内瓦结识了列宁。从此一直在党的国外组织中工作，参加布尔什维克《前进报》和《无产者报》工作，主管设在日内瓦的俄国社会民主工党中央委员会图书馆和档案库。1914—1917 年为党的中央机关报《社会民主党人报》撰稿,并从事出版和推销布尔什维克书刊的工作。1917年12月回国,担任苏维埃和党的负责工作;是全俄中央执行委员会委员。1918—1922年(有间断)任《贫苦农民报》编辑。——93—94。

卡尔弗特,赫伯特·S.(Calvert, Herbert S.)——美国工人,世界产业工人联合会会员。1921年参加了组建库兹巴斯自治工业侨民区的工作。——339、363、383、427。

卡尔马诺维奇,莫伊塞·约瑟福维奇(Калманович, Моисей Иосифович 1888—1937)——1917年7月加入俄国社会民主工党(布)。1921年任西伯利亚粮食委员会主席。——546—547。

卡克滕,阿尔图尔·马丁诺维奇(Кактынь, Артур Мартинович 1893—1937)——1916年加入俄国布尔什维克党。十月革命后担任经济、军事和党的领导工作。1920—1922年任乌克兰国民经济委员会主席团委员和副主席。——251。

卡列耶夫,尼古拉·列昂尼多维奇(Кареев, Николай Леонидович)——苏联农学家,原为社会革命党人。1920—1921年在图拉省农业局工作。1921年6月因被控玩忽职守被图拉省肃反委员会逮捕。1921年9月—1924年任国营卡希拉区发电站附属国营农场总务主任。——373。

卡姆,阿道夫·S.(Karm, Adolf S.)——1921年是美国社会主义工人党驻苏维埃俄国的代表。——232—233。

卡尤罗夫,瓦西里·尼古拉耶维奇(Каюров, Василий Николаевич 1876—1936)——1900年加入俄国社会民主工党。1918年夏领导喀山省征粮队,后在东方面军第5集团军政治部工作。1921—1922年任俄共(布)中央监察委员会西伯利亚边疆区清党委员会主席。——233、239—240。

凯萨罗夫,弗拉基米尔·德米特里耶维奇(Кайсаров, Владимир Дмитриевич 1878—1941)——苏联军事工程师。1921年任地图集绘制专门学术委员会主席。——23、64、123、274、320。

柯恩,费利克斯·雅柯夫列维奇(Кон, Феликс Яколевич 1864—1941)——1882年参加波兰革命运动。1884年被捕,服苦役八年。1891—1904年住在东西伯利亚,从事著述和社会工作。1904年加入波兰社会党,1906年起是波兰社会党"左派"领导人之一。1907年流亡国外。1917年5月来到彼得格勒,1918年加入俄共(布)。曾在乌克兰和莫斯科担任党的负责工作。1919—1922年任乌克兰共产党(布)中央委员会书记。——346、556—557。

柯普,维克多·列昂季耶维奇(Копп, Виктор Леотьевич 1880—1930)——1898年参加俄国社会民主主义运动。1903—1905年曾组织运送秘密书刊通过德国边境。1904年对孟什维克采取调和主义态度,后加入孟什维克。第一次世界大战期间被征入伍,1915—1918年在德国当俘虏。1917年加入俄国社会民主工党(布)。1919—1930年在苏联外交人民委员部系统工作,1919—1921年是外交人民委员部和对外贸易人民委员部驻德国全权代表,1921年5月起是俄罗斯联邦驻德国负责战俘事务的代表。——35—36、113、250、298。

科甘,Г.П.(Коган, Г.П.)——苏联工程师。——51。

科罗斯捷廖夫,亚历山大·阿列克谢耶维奇(Коростелев, Александр Алексеевич 1887—1938)——1905年加入俄国社会民主工党。1921年5月—1922年4月任工农检查人民委员部部务委员;曾领导经济部门促进委员会。——52、65、99、120—121、141、146、170。

科马罗夫,尼古拉·巴甫洛维奇(Комаров, Николай Павлович 1886—1937)——1909年加入俄国社会民主工党。1921年起任彼得格勒省执行委员会秘书。在党的第十次代表大会上当选为中央委员。——345、371、446。

克尔任采夫(**列别捷夫**),普拉东·米哈伊洛维奇(Керженцев (Лебедев), Платон Михайлович 1881—1940)——1904年加入俄国社会民主工党。1918年起任《全俄中央执行委员会消息报》副编辑,1919—1920年是罗斯塔社的领导人。1921—1923年任俄罗斯联邦驻瑞典全权代表。——449。

克尔日扎诺夫斯基,格列勃·马克西米利安诺维奇(格·马·)(Кржижановский, Глеб Максимилианович (Г.М.) 1872—1959)——1893年参加俄国革命运动,协助列宁组织彼得堡工人阶级解放斗争协会。1895年12月被捕,1897年流放西伯利亚,为期三年。1901年流放期满后住在萨马拉,领导当地的火星派中心。1902年秋参加了筹备召开俄国社会民主工党第二次代表大会的组织委员会;在1903年代表大会上缺席当选为中央委员。

积极参加1905—1907年革命。十月革命后致力于恢复和发展莫斯科的动力事业,历任最高国民经济委员会电机工业总管理局局长、俄罗斯国家电气化委员会主席、国家计划委员会主席等职。写有许多动力学方面的著作。——14—18、37、39、40、41—42、49—50、51、53、69、81、148、171、172、182、186、207、215、221—223、227—228、239、242、275、305、309、343、385—386、410、450—451、454、461、465、479。

克尔日扎诺夫斯卡娅-涅夫佐罗娃,季娜伊达·巴甫洛夫娜(Кржижановская-Невзорова,Зинаида Павловна 1869—1948)——格·马·克尔日扎诺夫斯基的妻子。1895年加入彼得堡工人阶级解放斗争协会,次年被捕,随丈夫一起流放叶尼塞斯克省米努辛斯克专区捷辛斯克村,后转到米努辛斯克。1898年加入俄国社会民主工党,1899年8月在列宁起草的反对经济派《信条》的《俄国社会民主党人抗议书》上签了名。俄国社会民主工党第二次代表大会后是布尔什维克。曾参加火星派组织的工作;主持设在基辅的布尔什维克党中央委员会书记处,因此于1904年被捕。1905年在布尔什维克一些定期报刊编辑部工作。十月革命后任教育人民委员部社会教育司副司长、共和国政治教育总委员会副主席等职。——31。

克拉松,罗伯特·爱德华多维奇(Классон,Роберт Эдуардович 1868—1926)——俄国动力工程专家。19世纪90年代为俄国合法马克思主义者,参加过彼得堡马克思主义小组。后脱离政治活动,投身动力学研究。根据他的设计并在他的领导下,在俄国建成了许多发电站,其中包括世界上第一座泥炭发电站。泥炭水力开采法的发明者之一;十月革命后,这一方法在列宁的积极支持下得到了实际应用。积极参与制定俄罗斯国家电气化计划,曾任莫斯科第一发电站站长。——243—246。

克拉西科夫,彼得·阿纳尼耶维奇(Красиков,Петр Ананьевич 1870—1939)——1892年在俄国彼得堡开始革命活动。1893年被捕,次年流放西伯利亚,在流放地结识了列宁。1900年到普斯科夫,成为《火星报》代办员。1902年被选入筹备召开俄国社会民主工党第二次代表大会的组织委员会。在代表大会上是基辅委员会的代表,属火星派多数派;和列宁、普列汉诺夫一起进入大会常务委员会。会后积极参加同孟什维克的斗争。1904年8月参加了在日内瓦举行的22个布尔什维克的会议。代表国外组织出席了俄国社会民主工党第三次代表大会。1905—1907 年革命期间任彼得堡工人代表苏维埃执行委员会委员。屡遭沙皇政府迫害。1917 年二月革命后任彼得格勒工兵代表苏维埃执行委员会委员。十月革命后任彼得格勒军事革命委员会所属肃反侦查委员会主席、司法人民委员部部务委员、副司法人民委员、小人民委员会委员、苏联最高法院检察长等职。——350、380—381、409—410、424—425、474。

克拉辛,列昂尼德·波里索维奇(Красин, Леонид Борисович 1870 — 1926)
——1890 年参加俄国社会民主主义运动。1900—1904 年在巴库当工程师,与弗·扎·克茨霍韦利一起建立《火星报》秘密印刷所。俄国社会民主工党第二次代表大会后加入布尔什维克党,被增补进中央委员会。参加了党的第三次代表大会,在会上当选为中央委员。俄国第一次革命的积极参加者。1905 年是布尔什维克第一份合法报纸《新生活报》的创办人之一。1905—1907 年革命期间作为中央代表参加彼得堡工人代表苏维埃,领导党中央战斗技术组。在党的第四次(统一)代表大会上当选为中央委员,第五次(伦敦)代表大会上当选为候补中央委员。曾主管党的财务和技术工作。1908 年侨居国外。一度参加反布尔什维克的"前进"集团,后脱离政治活动。1918 年参加了同德国缔结经济协定的谈判,后任红军供给非常委员会主席、最高国民经济委员会主席团委员、工商业人民委员、交通人民委员。1919 年起从事外交工作。1920 年起任对外贸易人民委员,先后兼任驻伦敦的苏俄贸易代表团团长、驻英国全权代表和商务代表。——10、28、36、44、50、56、61、67—68、71—72、75、76、77、88、112、113、118、119、122、131、135、137、142、165—166、172、197、219、221、227、239、240、242、245—246、265、291—292、302、303、308、325、418、444、448、456、457、488—489。

克劳斯,弗里德里希(Kraus, Friedrich 1858 — 1936)——德国内科医生。1892 年起任柏林科教医院教授和院长。对苏维埃俄国持友好态度。——461—462。

克雷比赫,卡雷尔(Kreibich, Karel 1883—1966)——捷克斯洛伐克共产主义运动和国际共产主义运动活动家。1921 年积极参与创建捷克斯洛伐克共产党。共产国际第三次代表大会(1921)代表;这一时期持"左派"观点。

1921—1922 年为共产国际执行委员会委员。——73、211—212。

克雷连柯,尼古拉·瓦西里耶维奇(Крыленко, Николай Васильевич 1885—1938)——1904 年加入俄国社会民主工党。1907 年脱党。1911 年又回到布尔什维克组织中工作,先后为《明星报》和《真理报》撰稿;曾被中央委员会派到社会民主党杜马党团中工作。1913 年 12 月被捕。1914—1915 年侨居国外,后在军队服役。积极参加十月革命。十月革命后参加第一届人民委员会,任陆海军事务委员会委员,1917 年 11 月被任命为最高总司令。1918 年 3 月起在司法部门工作。1922—1931 年任全俄中央执行委员会最高革命法庭庭长、俄罗斯联邦副司法人民委员、检察长。——554。

克雷什科,尼古拉·克利缅季耶维奇(Клышко, Николай Климентьевич 1880—1937)——1904 年加入俄国社会民主工党。1921—1922 年任苏俄驻伦敦贸易代表团秘书。——113、118。

克里茨曼,列夫·纳坦诺维奇(Крицман, Лев Натанович 1890—1938)——1918 年加入俄共(布)。1921 年任国家计划委员会主席团委员和劳动国防委员会俄罗斯联邦资源利用委员会主席。——34—35、455、473、530。

克列斯廷斯基,尼古拉·尼古拉耶维奇(Крестинский, Николай Николаевич 1883—1938)——1903 年加入俄国社会民主工党。1918—1921 年任俄罗斯联邦财政人民委员。1921—1930 年任苏联驻德国全权代表。在党的第六至第九次代表大会上当选为中央委员。1919—1921 年任党中央政治局委员和中央书记处书记。——259—261、292、420、441—442、451—452、509。

克虏伯·冯·博伦和哈尔巴赫,古斯塔夫(Krupp von Bohlen und Halbach, Gustav 1870—1950)——德国大垄断资本巨头,1906—1943 年领导德国主要军火库之一的军火钢铁康采恩。——36。

克鲁敏,加拉尔德·伊万诺维奇(Крумин, Гаральд Иванович 1894—1943)——1908 年加入俄国社会民主工党。1918 年任《国民经济》杂志编辑,1919—1928 年任《经济生活报》责任编辑。——93—94、369、370、404、526。

克鲁普斯卡娅,娜捷施达·康斯坦丁诺夫娜(Крупская, Надежда Константиновна 1869—1939)——列宁的妻子和战友。1890 年在彼得堡大学生马克

思主义小组中开始革命活动。1895 年参与组织彼得堡工人阶级解放斗争
协会。1896 年 8 月被捕,后被判处流放三年,先和列宁一起在舒申斯克服
刑,后来一人在乌法服刑。1901 年起侨居国外,任《火星报》编辑部秘书。
曾参加俄国社会民主工党第二次代表大会的筹备工作,作为有发言权的代
表出席了大会。1904 年起先后任布尔什维克的《前进报》和《无产者报》编
辑部秘书。曾参加党的第三次代表大会的筹备工作。1905—1907 年革命
期间在国内担任党中央委员会秘书。斯托雷平反动时期和新的革命高涨
年代积极参加反对取消派和召回派的斗争。1911 年在隆瑞莫党校工作。
1912 年党的布拉格代表会议后协助列宁同国内党组织保持联系。第一次
世界大战期间参加国际妇女运动和布尔什维克国外支部的活动。1917 年
二月革命后和列宁一起回国,在党中央书记处工作,参加了十月武装起义。
十月革命后任教育人民委员部部务委员,领导政治教育总委员会。——
110、167、231。

克鲁钦斯基,米哈伊尔·A.(Кручинский,Михаил A.生于 1894 年)——1920
年任乌克兰中央执行委员会委员。1920 年—1921 年 3 月任农业人民委员
部育马和养马业总管理局局长。——100—101。

克尼波维奇,波里斯·尼古拉耶维奇(Книпович,Борис Николаевич 1880—
1924)——苏联经济统计学家。因彼得堡工人阶级解放斗争协会案受过传
讯。1911 年被捕并被驱逐出境。1912 年出版了第一部学术著作《俄国农
民的分化问题》。1917—1921 年在农业人民委员部工作。1922 年起在国
家计划委员会工作。——272—273。

克尼波维奇,尼古拉·米哈伊洛维奇(Книпович,Николай Михайлович 1862—
1939)——苏联动物学家和社会活动家。1887 年和 1896 年因参加革命活
动先后两次被捕。1893 年被聘为彼得堡大学讲师,1899 年作为"思想危险
分子"被解聘。1911—1930 年任彼得堡女子医学院(列宁格勒第一医学
院)动物学和普通生物学教授。苏联科学院名誉院士(1935 年起)。科学
捕捞事业和苏联欧洲部分海洋考察工作的组织者,一系列渔业科学考察队
的组织者和领导者。——167—168、272—273、503。

寇松,乔治·纳撒尼尔(Curzon,George Nathaniel 1859—1925)——英国国务
活动家和外交家,保守党领袖之一,侯爵。1919—1924 年任外交大臣,是

武装干涉苏维埃俄国的策划者之一。波苏战争期间,1920年7月曾照会苏俄政府,要求红军不得越过1919年12月协约国最高会议规定的波兰东部边界线(所谓"寇松线")。1923年5月又向苏联政府发出最后通牒,以新的武装干涉相威胁。——496。

库恩·贝拉(Kun Béla 1886—1939)——匈牙利共产党创建人和领导人之一。1919年是匈牙利苏维埃政权的实际领导人,任外交人民委员和陆军人民委员。苏维埃政权被颠覆后流亡奥地利,1920年到苏俄,先后任南方面军革命军事委员会委员、克里木革命委员会主席。1921年起在乌拉尔担任党的领导工作,曾任全俄中央执行委员会主席团委员、俄共(布)中央驻俄国共产主义青年团中央委员会全权代表、共产国际执行委员会主席团委员。——84、202、437。

库尔斯基,德米特里·伊万诺奇(Курский,Дмитрий Иванович 1874—1932)——1904年加入俄国社会民主工党。1918—1928年任俄罗斯联邦司法人民委员、苏联第一任总检察长。1919—1920年兼任工农红军总参谋部政委和野战司令部政委,共和国革命军事委员会委员。1921年起任全俄中央执行委员会主席团委员——50、193—194、256、270—271、301、327、332、380、426、440、469、486—487、497—499、504、530、532。

库什涅尔,波里斯·阿尼西莫维奇(Кушнер,Борис Анисимович 1888—1937)——苏联新闻工作者,作家。1917年加入俄国社会民主工党(布)。1920—1921年从事写作活动,同时在最高国民经济委员会电力工业托拉斯任副处长。后来在国内商业和对外贸易人民委员部系统担任领导工作。——343。

库斯柯娃,叶卡捷琳娜·德米特里耶夫娜(Кускова,Екатерина Дмитриевна 1869—1958)——俄国社会活动家和政论家,经济派代表人物。参加过合作社运动。19世纪90年代中期在国外接触马克思主义,但很快走上修正马克思主义的道路。1899年所写的经济派的纲领性文件《信条》,受到以列宁为首的一批俄国马克思主义者的严厉批判。1905—1907年革命前夕加入自由派的解放社。1906年参与出版半立宪民主党、半孟什维克的《无题》周刊。1921年进入全俄赈济饥民委员会,同委员会中其他反苏维埃成员利用该组织进行反革命活动。1922年被驱逐出境。——49。

拉金，詹姆斯（Larkin，James 1876—1947）——爱尔兰工人运动活动家。1914—1923年住在美国，因参加革命活动受到迫害。——531。

拉柯夫斯基，克里斯蒂安·格奥尔吉耶维奇（Раковский，Христиан Георгиевич 1873—1941）——生于保加利亚。从19世纪90年代初起参加保加利亚、罗马尼亚、瑞士、法国的社会民主主义运动。第一次世界大战期间是中派分子。1917年二月革命后到彼得格勒，加入俄国社会民主工党（布）。十月革命后从事党和苏维埃的工作。1918年起任乌克兰人民委员会主席，1923年派驻英国和法国从事外交工作。在党的第八至第十四次代表大会上当选为中央委员。——5—6、126、401、450、475、557—558。

拉科西·马蒂亚斯（Rákosi Mátyás 1892—1971）——1918年加入匈牙利共产党。1921—1924年是共产国际执行委员会书记之一。——232、353—354。

拉拉扬茨，伊萨克·克里斯托福罗维奇（Лалаянц，Исаак Христофорович 1870—1933）——俄国社会民主主义运动的积极参加者。1888—1889年是喀山费多谢耶夫马克思主义小组成员。1893年在萨马拉参加列宁领导的马克思主义者小组。1895年参与创建叶卡捷琳诺斯拉夫工人阶级解放斗争协会。1900年春参加了第一份秘密的社会民主党报纸《南方工人报》的创刊和编辑工作。1900年4月被捕，1902年3月流放东西伯利亚，两个月后从流放地逃往国外，加入俄国革命社会民主党人国外同盟，在日内瓦主管《火星报》印刷所。俄国社会民主工党第二次代表大会后任中央驻国内代办员，1904年参与组织党中央委员会南方局。1905年代表布尔什维克进入统一的中央委员会。不久再次被捕，1913年底被终身流放伊尔库茨克省，后来脱离政治活动。1922年起在俄罗斯联邦教育人民委员部政治教育总委员会工作。——289、468。

拉林，尤·（卢里叶，米哈伊尔·亚历山德罗维奇）（Ларин，Ю.（Лурье，Михаил Александрович）1882—1932）——1900年参加俄国社会民主主义运动。1904年起为孟什维克。斯托雷平反动时期和新的革命高涨年代是取消派领袖之一，参加了"八月联盟"。第一次世界大战期间是中派分子。1917年二月革命后领导出版《国际》杂志的孟什维克国际主义派。1917年8月加入布尔什维克党。十月革命后在最高国民经济委员会、国家计划委员会任职。——15。

拉姆津,列昂尼德·康斯坦丁诺维奇（Рамзин, Леонид Константинович 1887—1948）——苏联热工学家。1920 年起任莫斯科高等技术学校教授。1921—1922 年任国家计划委员会委员。莫斯科全苏热工学研究所创建人之一和第一任所长（1921—1930）。——16、18、81、343、423。

拉品斯基,帕维尔·路德维霍维奇（**列文松,Я.**；米哈尔斯基）（Lapinski, P.L. （Лапинский, Павел Людвигович（Левинсон, Я., Михальский）） 1879 — 1937）——波兰共产党员,1919 年起为俄共（布）党员,经济学家和政论家。1920—1928 年是俄罗斯联邦（苏联）驻德国全权代表处的工作人员。——19、211、274、489。

拉齐斯,马尔丁·伊万诺维奇（**苏德拉布斯,扬·弗里德里霍维奇**）（Лацис, Мартын Иванович（Судрабс, Ян Фридрихович）1888—1938）——1905 年加入俄国社会民主工党。十月革命后任内务人民委员部部务委员、全俄肃反委员会会务委员、全乌克兰肃反委员会主席、盐业总管理局局务委员和局长。——374。

拉丘金（Лачугин）——7。

拉希姆巴耶夫,阿卜杜洛·拉希姆巴耶维奇（Рахимбаев, Абдулло Рахимбаевич 1896—1938）——1919 年加入俄共（布）。1920 年起任土耳其斯坦共和国中央执行委员会主席和土耳其斯坦共产党（布）中央委员会责任书记。1921 年 3 月被任命为民族事务人民委员部部务委员。——426。

莱维（**哈特施坦**）,保尔（Levi（Hartstein）, Paul 1883—1930）——德国社会民主党人；职业是律师。1915 年齐美尔瓦尔德代表会议的参加者,瑞士齐美尔瓦尔德左派成员；曾参加斯巴达克联盟。在德国共产党成立大会上被选入中央委员会。共产国际第二次代表大会代表。1920 年代表德国共产党被选入国会。1921 年 2 月退出中央委员会,同年 4 月被开除出党。1922 年又回到社会民主党。——129—130。

劳里（Lowrie）——290。

勒柏辛斯基,潘捷莱蒙·尼古拉耶维奇（Лепешинский, Пантелеймон Николаевич 1868—1944）——1898 年加入俄国社会民主工党。1895 年被捕,后流放西伯利亚,在流放地结识列宁。1900 年流放期满后为《火星报》驻普斯科夫代办员。1902年再次被捕和流放西伯利亚。1903年底逃往国外,在瑞士参加了俄国社会民主工党第三次代表大会的筹备工作。1905—1907年革命期间在叶卡捷琳诺斯拉夫和彼得堡进行革命工作。积极参加1917年二月革命和十月革命。1918年起任俄罗斯联邦教育人民委员部部务委员、土耳其斯坦副教育人民委员。党史委员会创建人和领导人之一。——5。

勒柏辛斯卡娅,纳塔莉娅·斯捷潘诺夫娜(Лепешинская, Наталья Степановна 1890—1923)——1918—1923年在列宁的秘书处工作。——5、282。

雷,拉拉·拉杰帕特(Rai, Lala Lajpat 1865—1928)——印度政论家;职业是律师。印度民族解放和反帝运动领袖之一。1885年起积极参加印度国大党的活动,20世纪初是该党激进派领导人之一。20年代参加了在印度兴起的工会运动。曾遭到英国当局迫害。——567。

雷恩施坦,波里斯·И.(Рейнштейн, Борис И. 1866—1947)——1884年参加俄国革命运动。侨居美国后,在美国社会主义工人党中工作,任该党驻第二国际代表。1917年回国后,加入孟什维克国际主义派。1918年4月加入布尔什维克党。主要在共产国际和红色工会国际工作。——232—233、438、440、445、462、493、507、531。

雷库诺夫,米哈伊尔·瓦西里耶维奇(Рыкунов, Михаил Васильевич 1884—1937)——1903年加入俄国社会民主工党。1921—1922年任对外贸易人民委员部部务委员。——267、333、513。

李可夫,阿列克谢·伊万诺维奇(Рыков, Алексей Иванович 1881—1938)——1899年加入俄国社会民主工党。曾在萨拉托夫、莫斯科、彼得堡等地做党的工作。斯托雷平反动时期对取消派、召回派和托洛茨基分子采取调和主义态度。十月革命后任内务人民委员、最高国民经济委员会主席(曾兼任国防委员会军需特派员)、人民委员会和劳动国防委员会副主席、人民委员会主席等职。1923—1930年为党中央政治局委员。——6、9、26—27、46、53、58、91、97—98、99、108、109—110、116—117、124、234、331、473。

李维诺夫,马克西姆·马克西莫维奇(Литвинов, Максим Максимович 1876—1951)——1898年加入俄国社会民主工党。1900年任党的基辅委员会委

员。1901 年被捕,在狱中参加火星派,1902 年 8 月越狱逃往国外。作为
《火星报》代办员,曾担任向国内运送《火星报》的工作。是俄国革命社会民
主党人国外同盟的领导成员,出席了同盟第二次代表大会。1903 年俄国
社会民主工党第二次代表大会后是布尔什维克。1905 年参加了布尔什维
克第一份合法报纸《新生活报》的出版工作。1908 年起任布尔什维克伦敦
小组书记。1914 年 6 月起为俄国社会民主工党中央委员会驻社会党国际
局的代表。十月革命后在外交部门担任负责工作。—— 24、56、116 —
117、137、191、240、303、326、420、437 — 438、489、505 — 506、511、514、531。

利哈乔夫,瓦西里·马特维耶维奇(Лихачев,Василий Матвеевич 1882 —
1924)——1902 年加入俄国社会民主工党,布尔什维克。1917 年二月革命
后任俄国社会民主工党(布)莫斯科委员会书记。1921 — 1922 年任莫斯科
省国民经济委员会主席。1923 年起任俄共(布)莫斯科委员会鼓动宣传部
部长。——536。

利特肯斯,叶夫格拉弗·亚历山德罗维奇(Литкенс,Евграф Александрович
1888 — 1922)——1919 年加入俄共(布)。1920 年任政治教育总委员会副
主席,1921 年起任俄罗斯联邦副教育人民委员。—— 159、165、176、278、
295、313 — 314、446 — 447。

莉迪娅·亚历山德罗夫娜——见福季耶娃,莉迪娅·亚历山德罗夫娜。

梁赞诺夫(**戈尔登达赫**),达维德·波里索维奇(Рязанов(Гольдендах),Давид
Борисович 1870 — 1938)——1889 年参加俄国革命运动。曾在敖德萨和基
什尼奥夫开展工作。1900 年出国,是著作家团体斗争社的组织者之一。
1903 年俄国社会民主工党第二次代表大会后是孟什维克。1909 年是"前
进"集团的卡普里党校的讲课人。第一次世界大战期间是中派分子,为孟
什维克的《呼声报》和《我们的言论报》撰稿。1917 年二月革命后参加区联
派,在俄国社会民主工党(布)第六次代表大会上随区联派集体加入布尔什
维克党。十月革命后从事工会工作。1921 年参与创建马克思恩格斯研究
院,担任院长直到 1931 年。——351、360。

列别捷夫,帕维尔·巴甫洛维奇(Лебедев,Павел Павлович 1872 — 1933)——当
时任俄罗斯联邦共和国革命军事委员会野战司令部参谋长。——22。

列普谢,伊万·伊万诺维奇(Лепсе,Иван Иванович 1889 — 1929)—— 1904

年加入俄国社会民主工党。俄国三次革命和国内战争的参加者。1921—
1929 年历任彼得格勒工会理事会书记、五金工会中央委员会主席、全苏工
会中央理事会主席团委员和红色工会国际执行局成员。1922 年起为候补
中央委员,1924 年起为中央委员。——286。

列斯克,尼古拉·亚历山德罗维奇(Реске, Николай Александрович 1887—
1956)——1921 年任劳动国防委员会、全俄中央执行委员会和工农检查人
民委员部驻北高加索特派员。1921—1922 年任工农检查人民委员部部务
委员。——77、82、146、272。

列文,列夫·格里戈里耶维奇(Левин, Лев Григорьевич 1870—1938)——苏
联内科医师。1920 年 4 月起任克里姆林宫医院住院医师和内科主任。
——84。

列扎瓦,安德列·马特维耶维奇(Лежава, Андрей Матвеевич 1870—1937)
——1904 年加入俄国社会民主工党。1919—1920 年任中央消费合作总
社主席,1920—1922 年任副对外贸易人民委员。——11、13—14、41、44、
71、206、299。

林格尼克,弗里德里希·威廉莫维奇(Ленгник, Фридрих Вильгельмович
1873—1936)——1893 年参加俄国社会民主主义运动,1896 年因彼得堡
工人阶级解放斗争协会案被捕并流放。1899 年 8 月在列宁起草的反对经
济派《信条》的《俄国社会民主党人抗议书》上签了名。流放归来后加入《火
星报》组织,是筹备召开俄国社会民主工党第二次代表大会的组织委员会
委员,在代表大会上被缺席选入党中央委员会和党总委员会。1903—
1904 年在国外积极参加反对孟什维克的斗争。1904 年 2 月回国,是党中
央委员会北方局成员。1905—1907 年革命后在俄国南方、莫斯科和彼得
堡做党的工作。在彼得格勒参加十月革命。十月革命后担任负责工作。
1921 年起任对外贸易人民委员部部务委员。——463、464。

卢那察尔斯基,阿纳托利·瓦西里耶维奇(Луначарский, Анатолий Васильевич
1875—1933)——19 世纪 90 年代初参加俄国社会民主主义运动。俄国社
会民主工党第二次代表大会后是布尔什维克。曾先后参加布尔什维克的
《前进报》、《无产者报》和《新生活报》编辑部。斯托雷平反动时期脱离布尔
什维克,参加"前进"集团;在哲学上宣扬造神说和马赫主义。第一次世界

大战期间持国际主义立场。1917 年二月革命后参加区联派,在俄国社会
民主工党(布)第六次代表大会上随区联派集体加入布尔什维克党。十月
革命后任教育人民委员、苏联中央执行委员会学术委员会主席等职。——
119、159、207、236、295、300、313—314、523—524。

卢森堡,罗莎(Luxemburg,Rosa 1871—1919)——德国、波兰和国际工人运
动活动家,德国社会民主党和第二国际左翼领袖和理论家之一。生于波
兰。1893 年参与创建波兰王国社会民主党,为党的领袖之一。1898 年移
居德国,积极参加德国社会民主党的活动,反对伯恩施坦主义和米勒兰主
义。曾参加俄国第一次革命(在华沙)。1907 年参加俄国社会民主工党第
五次(伦敦)代表大会,在会上支持布尔什维克。斯托雷平反动时期和新的
革命高涨年代对取消派采取调和主义态度。1912 年波兰王国和立陶宛社
会民主党分裂后,曾谴责最接近布尔什维克的所谓分裂派。第一次世界大
战期间持国际主义立场,是建立国际派(后改称斯巴克派和斯巴达克联
盟)的发起人之一。参加领导了德国 1918 年十一月革命,同年底参与领导
德国共产党成立大会,作了党纲报告。1919 年 1 月柏林工人斗争被镇压
后,于 15 日被反革命军队逮捕和杀害。——130。

卢托维诺夫,尤里·赫里桑福维奇(Лутовинов,Юрий Хрисанфович 1887—
1924)——1904 年加入俄国社会民主工党。十月革命后在顿河流域和乌
克兰积极参加国内战争。1920 年起任五金工会中央委员会委员和全俄中
央执行委员会主席团委员;是全俄工会中央理事会主席团委员。1920—
1921 年工会问题争论期间是工人反对派的骨干分子。1921 年被撤销工会
负责职务,任命为俄罗斯联邦驻德国副商务代表。——61、195。

鲁诺夫,吉洪·亚历山德罗维奇(Рунов,Тихон Александрович 1886—1941)
——苏联农学家。1919 年起任共和国工业企业农场总管理局局长。1921
年是第一届莫斯科全俄农业展览会组织者之一,在莫斯科近郊从事土壤改
良工作。——234、372。

鲁特格尔斯,塞巴尔德·尤斯图斯(Rutgers,Sebald Justus 1879—1961)——
荷兰工程师,共产党员。1918—1938 年(有间断)在苏联工作;1921—1926
年是负责恢复库兹巴斯煤炭和化学工业的自治工业(国际)侨民区的领导
人。——339、363、383、384、427—428、430、445、463、478、493、495。

鲁滕贝格,查理·埃米尔(Ruthenberg,Charles Emil 1882—1927)——美国工人运动活动家,美国共产党的创建人和领导人之一。1919 年 9 月美国共产党成立后,被选为该党书记,1920 年起是共产国际执行委员会委员。屡遭监禁。1921 年在狱中时,被选为美国共产党中央委员会书记。——531。

鲁希莫维奇,莫伊塞·李沃维奇(Рухимович,Моисей Львович 1889—1938)——1913 年加入俄国布尔什维克党。1921—1925 年先后任顿涅茨克省和巴赫姆特省执行委员会主席、国营顿涅茨煤炭工业托拉斯和南方煤炭化学托拉斯经理。——155、225、226、421—422。

鲁祖塔克,扬·埃内斯托维奇(Рудзутак,Ян Эрнестович 1887—1938)——1905 年加入俄国社会民主工党。十月革命后担任工会领导工作,后任最高国民经济委员会主席团委员、水运总管理局局长、中央纺织工业委员会主席、运输工会中央委员会主席、全俄工会中央理事会总书记、全俄中央执行委员会和俄罗斯联邦人民委员会土耳其斯坦事务委员会主席、俄共(布)中央委员会土耳其斯坦局主席。1922—1924 年任俄共(布)中央委员会中亚局主席。1920 年起为俄共(布)中央委员。——170、171、425。

罗蒙诺索夫,尤里·弗拉基米罗维奇(Ломоносов,Юрий Владимирович 生于 1876 年)——俄国铁路运输方面的专家,教授。1919 年任最高国民经济委员会主席团委员、交通人民委员部部务委员;是人民委员会负责向国外订购铁路器材的全权代表。1920—1922 年曾率领铁路代表团赴瑞典和德国订购机车、铁路设备及其他技术设备。没有回国。——318、319、504、505—506、509、511、514。

罗森霍尔茨,阿尔卡季·巴甫洛维奇(Розенгольц,Аркадий Павлович 1889—1938)——1905 年加入俄国社会民主工党。国内战争时期担任一些集团军和方面军的革命军事委员会委员。1920—1921 年工会问题争论期间支持托洛茨基的纲领。1921—1922 年任财政人民委员部部务委员。——337。

罗特施坦,费多尔·阿罗诺维奇(Ротштейн,Федор Аронович 1871—1953)——1901 年加入俄国社会民主工党。1890 年侨居英国,积极参加英国工人运动,加入英国社会民主联盟。1911 年英国社会党成立后,是该党左翼

领袖之一。英国社会党机关报《号召报》(1916—1920)的创办人和撰稿人
之一。1920 年参与创建英国共产党,同年回到俄国,是苏维埃俄国同英国
进行和平谈判的代表团成员。1921—1922 年为俄罗斯联邦驻波斯全权代
表。——43、72、203。

洛巴切夫,伊万·斯捷潘诺维奇(Лобачев, Иван Степанович 1879 — 1933)
——1917 年加入俄国社会民主工党(布)。1920 年起任俄罗斯联邦粮食人
民委员部部务委员,1922 年 2 月起任乌克兰粮食人民委员。—— 38、
91、210。

洛尔曼,М.(Лорман, М.)——在波兰的崩得中央代表。敌视苏维埃俄国。
——136。

洛里欧,斐迪南(Loriot, Ferdinand 1870—1930)——法国社会党人。第一次
世界大战期间是国际主义者,在昆塔尔代表会议上加入齐美尔瓦尔德左
派。1920—1927 年是法国共产党党员。共产国际第三次代表大会代表。
——148。

洛佐夫斯基(**德里佐**),索洛蒙·阿布拉莫维奇(Лозовский(Дридзо), Соломон
Абрамович 1878—1952)——1901 年加入俄国社会民主工党。积极参加
俄国第一次革命,曾经被捕和流放。1909—1917 年流亡日内瓦和巴黎,
1912 年参加布尔什维克调和派。1920 年任莫斯科省工会理事会主席。
1921—1937 年任红色工会国际总书记。——90、130。

M

马尔察恩,亨利希(Malzahn, Henrich 生于 1884 年)——德国社会民主党人,
后为共产党人。1921 年是德国统一共产党中央委员会出席共产国际第三
次代表大会的代表和德国工会中央理事会出席红色工会国际第一次代表
大会的代表。同年作为中派分子被开除出德国共产党。——90—91。

马尔滕斯,路德维希·卡尔洛维奇(Мартенс, Людвиг Карлович 1875—1948)
——1893 年参加俄国革命运动。1919 年 1 月起任苏维埃俄国驻美国代
表,组织技术援助苏俄协会。1921 年奉召回国。担任最高国民经济委员
会主席团委员、金属工业总管理局局长等职。——68、154、161、173、363、
381、382、383、437—438、439、445、462、489、507、508、535、546。

马菲，法布里齐奥（Maffi，Fabrizio 1868—1955）——意大利工人运动活动家；医学教授。1888 年加入意大利社会党，属党内革命派。1921 年在社会党内创立和领导第三国际派，该派后来与共产党合并。是共产国际第三次代表大会意大利社会党的代表。1922 年加入意大利共产党，1924 年起为该党中央委员。——63—64。

马霍宁，И.И.（Махонин，И.И.）——苏联工程师。——186。

马克思，卡尔（Marx，Karl 1818—1883）——科学共产主义的创始人，世界无产阶级的领袖和导师。——152、351、567。

马努欣，谢尔盖·谢尔盖耶维奇（Манухин，Сергей Сергеевич 1856—1921）——1900—1904 年任俄国副司法大臣，1905 年被任命为司法大臣，同年辞职，被任命为国务会议成员。——125。

马斯洛夫，谢苗·列昂季耶维奇（Маслов，Семен Леонтьевич 1873—1938）——俄国右派社会革命党人。十月革命后在经济部门和科研机关工作。——179、196。

迈斯纳，瓦列里安·伊万诺维奇（Мейснер，Валериан Иванович 1879—1938）——苏联渔业专家。1920 年 7 月起任鱼品工业总管理局副局长和局长。1923 年起在苏联国家计划委员会担任渔业问题顾问。1934 年起任渔业研究所所长。——166、167、412。

迈斯特拉赫，В.Ф.（Майстрах，В.Ф.）——原为俄国社会革命党人，1919 年退出社会革命党，1920 年加入俄共（布）。1921 年 10 月起在政治教育总委员会工作。——419。

麦克·尼尔——见肖恩，麦克·尼尔。

梅霍诺申，康斯坦丁·亚历山德罗维奇（Мехоношин，Константин Александрович 1889—1938）——1913 年加入俄国布尔什维克党。十月革命期间任彼得格勒军事革命委员会委员。1917 年 12 月被任命为副陆军人民委员。1918 年 1 月起任全俄工农红军建军委员会委员，后任东方面军、南方面军和里海—高加索方面军革命军事委员会委员，共和国革命军事委员会委员，第 11 独立集团军革命军事委员会委员。1921 年任鱼品工业总管理局局务委员。——26。

梅利尼昌斯基，格里戈里·纳坦诺维奇（Мельничанский，Григорий Натанович

1886—1937)——1902 年加入俄国社会民主工党。十月革命期间任莫斯
科军事革命委员会委员。十月革命后任莫斯科省工会理事会主席和全俄
工会中央理事会主席团委员,1918—1920 年代表全俄工会中央理事会任
工农国防委员会委员。——277。

美舍利亚科夫,尼古拉·列昂尼多维奇(Мещеряков, Николай Леонидович
1865—1942)——1885 年参加俄国革命运动。1893 年到比利时完成学
业。1901 年加入俄国革命社会民主党人国外同盟。1902 年作为《火星报》
代办员返回莫斯科,任俄国社会民主工党莫斯科委员会委员。十月革命后
担任党和苏维埃一些机关报刊的编辑工作,1918—1922 年任《真理报》编
委。1920—1924 年任国家出版社编辑委员会主席。——114、115。

弥勒,理查(Müller, Richard 生于 1880 年)——德国社会民主党人,工人;初
为德国独立社会民主党党员,后加入德国统一共产党。1921 年为德国五
金工会出席在苏俄举行的红色工会国际第一次代表大会的代表。——
90—91。

米哈尔斯基——见拉品斯基,帕维尔·路德维霍维奇。

米哈伊洛夫,瓦西里·米哈伊洛维奇(Михайлов, Василий Михайлович 1894—
1937)——1915 年加入俄国布尔什维克党。1921—1922 年任党中央委员
会书记。在党的第十次代表大会上当选为中央委员,第十一次代表大会上
当选为候补中央委员。—— 456—457、472、477、479、481、499、514、519、
533—534。

米柳亭,弗拉基米尔·巴甫洛维奇(Милютин, Владимир Павлович 1884—
1937)——1903 年参加俄国社会民主主义运动,起初是孟什维克,1910 年
起为布尔什维克。曾在俄国一些城市做党的工作,屡遭沙皇政府迫害。十
月革命后任农业人民委员。1918—1921 年任最高国民经济委员会副主
席。1920—1922 年为候补中央委员。——345。

米罗什尼科夫,伊万·伊万诺维奇(Мирошников, Иван Иванович 1894—
1939)——1917 年加入俄国社会民主工党(布)。外国武装干涉和国内战
争时期参加红军作战。1921—1937 年先后任人民委员会和劳动国防委员
会办公厅主任助理和主任。——340—341。

米歇尔,克内勒(Michel, Kneler)——出席红色工会国际第一次代表大会的

法国代表。——45。

米歇尔,B.O.(Mishell,B.O.)——美国药品和化学制剂联合公司的代表,美国在苏俄的承租企业"阿拉麦里科公司"总经理。——518。

米歇尔斯,B.A.(Михельс,B.A.1892—1940)——1918年加入俄共(布),新闻工作者。1921年2月—1925年主管《消息报》新闻专栏。后从事新闻、经济和外交方面的工作。——327。

米雅斯尼科夫,加甫里尔·伊里奇(Мясников,Гавриил Ильич 1889—1946)——1906年加入俄国社会民主工党。1921年先后在彼尔姆省和彼得格勒做党的工作。1922年因从事反党活动被开除出党。——150、197。

米雅斯科夫,康斯坦丁·加甫里洛维奇(Мясков,Константин Гаврилович 1881—1958)——1912年加入俄国布尔什维克党。十月革命后任萨马拉省粮食委员,后任俄国农业银行行长、全苏列宁农业科学院主席团委员、苏联国家计划委员会主席团委员等职。曾在苏共中央机关工作。——324。

缅施科夫(Меншков)——559。

明仁斯基,维亚切斯拉夫·鲁道福维奇(Менжинский,Вячеслав Рудольфович 1874—1934)——1902年加入俄国社会民主工党。十月革命后任财政人民委员。1918—1919年任俄罗斯联邦驻柏林总领事。1919年起在全俄肃反委员会工作。——26、35—36、347—348。

莫洛托夫(**斯克里亚宾**),维亚切斯拉夫·米哈伊洛维奇(Молотов(Скрябин),Вячеслав Михайлович 1890—1986)——1906年加入俄国社会民主工党。1918—1921年历任北部地区国民经济委员会主席、下诺夫哥罗德省执行委员会主席、俄共(布)顿涅茨克省委书记、乌克兰共产党(布)中央委员会书记。1919年夏为党中央委员会和人民委员会派往伏尔加河流域的全权代表。在俄共(布)第九次代表大会上当选为候补中央委员,第十次代表大会上当选为中央委员。党的十大后任中央委员会书记和政治局候补委员。——4—5、6、13、26、27、34、42、54、57、58、59、60、72、97、102—103、110、112—113、117、128、134、136—137、139、159、162、163—164、178、182、190—191、195、228、230、233、241、242、243、248、252、277—278、281—284、292、295、299—300、329、351—352、371、376—377、382、385、388—389、418—419、425—426、428、429、437、472、481。

莫伊谢耶夫,叶·伊·(Моисеев,Ефим Исаакович 生于 1885 年)——苏联电气工程师。1921 年任彼得格勒省国民经济委员会电力局技术规格总管理处处长。——285—286。

穆济琴科,М.Ф.(Музыченко,М.Ф.生于 1883 年)——1921 年加入俄共(布);职业是裁缝。1913 年起住在美国,在缝纫厂工作。1921 年 6 月回国后领导莫斯科一家缝纫厂。1922—1927 年在国营莫斯科缝纫工业托拉斯系统担任领导工作。——537。

穆拉洛夫,尼古拉·伊万诺维奇(Муралов,Николай Иванович 1877—1937)——1903 年加入俄国社会民主工党。十月革命期间是莫斯科军事革命委员会委员和革命司令部成员。1919—1920 年任东方面军、第 3 和第 12 集团军革命军事委员会委员。1920 年 8 月起任农业人民委员部部务委员。1921 年 3 月起任莫斯科军区司令。——372。

N

纳察列努斯,谢尔盖·巴甫洛维奇(Нацаренус,Сергей Павлович 1883—1938)——1904 年加入俄国社会民主工党。1918 年先后为摩尔曼斯克-白海边疆区和彼得格勒军区军事特派员。历任第 7、第 14 和第 15 集团军革命军事委员会委员。1919 年 7 月被任命为哈尔科夫军区军事委员。后在苏维埃和经济部门担任领导工作。1921 年任俄罗斯联邦驻土耳其代表。——142。

纳里曼诺夫,纳里曼·克尔巴拉伊·纳贾夫(Нариманов,Нариман Кербалай Наджаф оглы 1870—1925)——1905 年加入俄国社会民主工党。1917 年是建立阿塞拜疆苏维埃政权斗争的领导人之一。1919 年起任俄罗斯联邦外交人民委员部近东司司长、副民族事务人民委员。1920 年起任阿塞拜疆革命委员会主席、阿塞拜疆苏维埃社会主义共和国人民委员会主席。1922 年起任外高加索联邦联盟院主席。——356。

纳兹万诺夫,米哈伊尔·康德拉季耶维奇(Названов,Михаил Кондратьевич 1872—1934)——苏联制糖工业工艺工程师。1919—1921 年先后在最高国民经济委员会生产局和国家计划委员会担任顾问。1922 年起在对外贸易人民委员部担任国营白海北部地区森林工业联合公司营业经理。——

218、418—419。

娜捷施达·康斯坦丁诺夫娜——见克鲁普斯卡娅,娜捷施达·康斯坦丁诺夫娜。

南森,弗里特奥夫(Nansen,Fridtjof 1861—1930)——挪威海洋地理学家,北极考察家,社会活动家。第一次世界大战期间曾从事改善各国战俘状况的工作。战后任国际联盟战俘事务高级专员。同情苏俄。1921年苏维埃俄国饥荒时期参与组织国际赈济饥民委员会。——36、42、234—235、291。

尼古拉耶夫,阿基姆·马克西莫奇(Николаев,Аким Максимович 1887—1938)——1904年加入俄国社会民主工党。1918—1924年任邮电人民委员部部务委员和无线电委员会主席。——294。461。

涅奥皮哈诺夫,亚历山大·亚历山德罗维奇(Неопиханов,Александр Александрович 生于 1884 年)——苏联经济工程师。1909年起在铁路工作。1919—1921年任铁路转运职工工会中央委员会副主席,后为国家计划委员会主席团委员。——16。

涅夫斯基,B.A.(Невский,B.A.生于1888年)——1921年3月起任俄罗斯联邦教育人民委员部部务委员。——446。

涅普里亚欣,米哈伊尔·格里戈里耶维奇(Непряхин,Михаил Григорьевич 生于1887年)——1918年加入俄共(布)。1919—1921年任阿斯特拉罕省粮食委员。1921—1922年任阿斯特拉罕省合作社理事会主席、鱼品工业总管理局运输处处长。——105、142—143。

努兰斯,约瑟夫(Noulens,Joseph 1864—1939)——法国政治活动家和外交家。——255、291。

诺根,维克多·巴甫洛维奇(Ногин,Виктор Павлович 1878—1924)——1898年加入俄国社会民主工党,布尔什维克。曾在国内外做党的工作,是《火星报》代办员。积极参加1905—1907年革命。1907年在党的第五次(伦敦)代表大会上当选为中央委员。斯托雷平反动时期对孟什维克取消派采取调和主义态度。第一次世界大战期间在莫斯科和萨拉托夫的地方自治机关工作,为《莫斯科合作社》等杂志撰稿。1917年二月革命后先后任莫斯科苏维埃副主席和主席。十月革命后历任工商业人民委员、副劳动人民委员、最高国民经济委员会主席团委员、纺织企业总管理委员会主席、全俄纺织辛迪加管理委员会主席、红色工会国际国际执行局成员、全俄中央执行委员会土耳其斯坦事务委员会委员等职。曾任苏联中央执行委员会主席团委员。——432、437。

诺维茨基,亚历山大·阿道福维奇(Новицкий, Александр Адольфович 生于1894 年)——苏联财政工作者,1918 年加入俄共(布)。1921 年起任俄罗斯联邦预算局局长、金本位制委员会秘书、小人民委员会委员、财政人民委员部驻劳动国防委员会代表。1922 年任财政人民委员部驻乌克兰特派员和乌克兰人民委员会委员,后任全乌克兰中央执行委员会委员。1923 年起任苏联财政人民委员部财务监督管理局局长。——480—482。

诺沃勃兰诺夫,П. Н.(Новобранов, П. Н.)——461。

P

佩斯通,Х. Г.(Пестун, Х. Г. 1889—1939)——1918 年加入俄共(布)。1920—1921 年任党的戈梅利省委书记。1921—1922 年任俄共(布)中央驻巴什基尔特派员。——271—272。

皮达可夫,格奥尔吉·列昂尼多维奇(Пятаков, Георгий Леонидович 1890—1937)——1910 年加入俄国社会民主工党。1914—1917 年先后侨居瑞士和瑞典;曾参加伯尔尼代表会议,为《共产党人》杂志撰稿。1917 年二月革命后任党的基辅委员会主席和基辅工人代表苏维埃执行委员会委员。十月革命后任国家银行总委员。1918 年 12 月任乌克兰临时工农政府主席。1919 年任第 13 集团军革命军事委员会委员,1920 年曾在乌拉尔任第 1 劳动军革命军事委员会委员。1920 年起历任顿巴斯中央煤炭工业管理局局长、国家计划委员会和最高国民经济委员会副主席、驻法国商务代表、苏联国家银行管理委员会主席、副重工业人民委员、租让总委员会主席等职。1920—1921 年工会问题争论期间支持托洛茨基的纲领。——32、87、155、225—226。

皮亚季戈尔斯基,Ю. В.(Пятигорский, Ю. В. 生于 1888 年)——苏联外贸工作人员。1921 年 7—11 月任对外贸易人民委员部出口管理局局长和劳动国防委员会出口事务特别委员会委员。——267。

普拉夫金,亚历山大·格奥尔吉耶维奇(Правдин, Александр Георгиевич 1879—

1938)——1899年加入俄国社会民主工党。十月革命后至1923年任副内务人民委员。——316。

普里加林，A.B.（Пригарин，А.В.1887—1943）——苏联商业工作者。1906—1912年是社会革命党人，1920年加入俄共（布）。1921年任俄罗斯联邦粮食人民委员部驻远东特派员。1922年起在苏联商业和供应部门担任领导工作。——308。

普列奥布拉任斯基，叶夫根尼·阿列克谢耶维奇（Преображенский，Евгений Алексеевич 1886—1937）——1903年加入俄国社会民主工党。国内战争期间任第3集团军政治部主任。1920年初任俄共（布）乌法省委主席。同年，在党的第九次代表大会上当选为中央委员、中央委员会书记。1921年3月起先后任财政人民委员部部务委员和教育人民委员部职业教育总局局长、《真理报》编辑等职。1920—1921年工会问题争论期间支持托洛茨基的纲领。——205、387、397、451—452、512、523、527—528。

普列奥布拉任斯基，Н.Ф.（Преображенский，Н.Ф.1886—1952）——1904年加入俄国社会民主工党。1920年起任俄共（布）中央委员会西伯利亚局农村工作部部长、西伯利亚监察委员会主席、俄罗斯国家电气化委员会西伯利亚分会主席等职务。——182。

普列德捷琴斯基，С.А.（Предтеченский，С.А.1884—1931）——苏联热工技术工程师。1919年起任页岩工业总管理局局务委员，同年7月起兼任伏尔加河中游页岩区矿务局局长。——394。

普列特涅夫（Плетнев）——苏联教授。——97。

普罗柯波维奇，谢尔盖·尼古拉耶维奇（Прокопович，Сергей Николаевич 1871—1955）——俄国经济学家和政论家，经济派的著名代表人物，伯恩施坦主义在俄国最早的传播者之一。1904年加入资产阶级自由派的解放社，为该社骨干分子。1905年为立宪民主党中央委员。1906年参与出版半立宪民主党、半孟什维克的《无题》周刊，为左派立宪民主党人的《同志报》积极撰稿。1917年二月革命后任临时政府工商业部长（8月）和粮食部长（9—10月）。1921年进入全俄赈济饥民委员会，同委员会中其他反苏维埃成员利用该组织进行反革命活动。1922年被驱逐出境。——234。

Q

契切林,格奥尔吉·瓦西里耶维奇(Чичерин, Георгий Васильевич 1872—1936)
——1904 年参加俄国革命运动,1905 年在柏林加入俄国社会民主工党。
长期在国外从事革命活动。斯托雷平反动时期是孟什维主义的拥护者,第
一次世界大战期间是国际主义者,1917 年底转向布尔什维主义立场,1918
年加入俄共(布)。1918 年初回国,先后任副外交人民委员、外交人民委
员,是出席热那亚国际会议和洛桑国际会议的苏俄代表团团长。——24、
28、35—36、63、66、68—69、72、91、92—93、113、114—115、116、117、118、
119、137、155、158、161、162、163、168、178、190、191—192、198、242、250、
255—256、265、290—291、299—300、301、303、329—330、439、447—449、
455—457、488—489、496。

切尔柳恩恰克维奇,尼古拉·亚历山德罗维奇(Черлюнчакевич, Николай
Александрович 1876—1938)——1907 年加入俄国社会民主工党。十月革
命后在莫斯科人民法院工作,后任俄罗斯联邦司法人民委员部部务委员。
——332。

切尔诺夫——见格列奇涅夫-切尔诺夫,安德列·谢苗诺维奇。

丘巴尔,弗拉斯·雅柯夫列维奇(Чубарь, Влас Яковлевич 1891—1939)——
1907 年加入俄国社会民主工党。1918—1923 年任国营机械制造厂联合公
司管理委员会主席、俄罗斯联邦最高国民经济委员会主席团委员、恢复乌
克兰工业组织局局长、乌克兰最高国民经济委员会主席团主席、顿巴斯中
央煤炭工业管理局局长。在党的第十次代表大会上当选为候补中央委员,
第十一次代表大会上当选为中央委员。1920—1934 年为乌克兰共产党
(布)中央政治局委员。——251、401、475。

丘茨卡耶夫,谢尔盖·叶戈罗维奇(Чуцкаев, Сергей Егорович 1876—1946)
——1903 年加入俄国社会民主工党。1918—1921 年任财政人民委员部
部务委员、副财政人民委员、小人民委员会委员、取消货币税工作委员会主
席。1921—1922 年先后任西伯利亚革命委员会副主席和主席,俄共(布)
中央委员会西伯利亚局成员。——44、393。

瞿鲁巴,格奥尔吉·德米特里耶维奇(Цюрупа, Георгий Дмитриевич 1885—

1920—1921 年任建筑工会中央委员会主席、国家建筑工程总委员会主席、最高国民经济委员会副主席。工会问题争论期间领导民主集中派。——13、252。

塞拉蒂,扎钦托·梅诺蒂(Serrati,Giacinto Menotti 1872 或 1876—1926)——意大利工人运动活动家,意大利社会党领导人之一。1914—1922 年任社会党中央机关报《前进报》社长。第一次世界大战期间是国际主义者。共产国际成立后,坚决主张意大利社会党参加共产国际。1920 年率领意大利社会党代表团出席共产国际第二次代表大会;在讨论加入共产国际的条件时,反对同改良主义者无条件决裂。他的错误立场受到列宁的批评,不久即改正了错误。1924 年带领社会党内的第三国际派加入意大利共产党。——359、523。

赛德-加利耶夫,萨希布·加雷(Саид-Галиев,Сахиб Гарей 1894—1938)——1917 年加入俄国社会民主工党(布)。1920—1921 年任鞑靼苏维埃社会主义自治共和国革命委员会主席和人民委员会主席,1921—1924 年任克里木苏维埃社会主义自治共和国人民委员会主席。——85—86。

色诺芬托夫,伊万·色诺芬托维奇(Ксенофонтов,Иван Ксенофонтович 1884—1926)——1903 年加入俄国社会民主工党。十月革命后是全俄肃反委员会的组织者之一,1917 年 12 月—1921 年 4 月任全俄肃反委员会会务委员,1919—1920 年任全俄肃反委员会副主席。1921—1925 年任俄共(布)中央办公厅主任。——318。

沙波瓦洛夫,亚历山大·西多罗维奇(Шаповалов,Александр Сидорович 1871—1942)——俄国革命运动最早的参加者之一。1894 年为民意党人。1895 年加入工人阶级解放斗争协会。1906 年侨居国外,参加了布尔什维克国外组织的工作。1917 年回国。十月革命后从事苏维埃和党的工作。——347。

沙夫兰斯基,伊万·奥西波维奇(Шафранский,Иван Осипович 1891—1954)——1917 年加入俄国社会民主工党(布)。1921 年 5—6 月任土耳其斯坦共产党撒马尔罕州委责任书记,后任党的撒马尔罕州监察委员会主席。——1。

沙特兰,米哈伊尔·安德列耶维奇(Шателен,Михаил Андреевич 1866—

1957)——苏联电工学家,苏联科学院通讯院士(1931年起)。曾参与制定俄罗斯国家电气化计划,是俄罗斯国家电气化委员会彼得格勒小组的负责人。1921年4月起任国家计划委员会委员。——392。

舍列赫斯,雅柯夫·萨韦利耶维奇(Шелехес, Яков Савельевич 1874左右——1921)——原俄国珠宝钟表商店的老板,因盗窃国家珍品,被最高法庭军事庭判处枪决。——183、186、218。

舍姆波隆斯基(Шемполонский)——1917年加入俄国社会民主工党(布)。1921年1月提出退党申请,被开除出党。同年10月底又提出重新入党的申请,但未获批准。——519。

舍普金,М.М.(Щепкин, М.М.)——苏联农业科学院教授,育种畜牧业专家。1920—1921年任莫斯科畜牧学院院长。因全俄赈济饥民委员会案被捕。——302—303。

舍印曼,亚伦·李沃维奇(Шейнман, Арон Львович 1886—1944)——1903年加入俄国社会民主工党。1920年任副对外贸易和国内商业人民委员。1921年10月初被任命为财政人民委员部部务委员和国家银行管理委员会委员,后为该委员会主席。——420、496—497、514。

舍印曼,М.М.(Шейнман, М.М.)——115。

施利希特尔,亚历山大·格里戈里耶维奇(Шлихтер, Александр Григорьевич 1868—1940)——1891年参加俄国社会民主主义运动。1917年二月革命后任克拉斯诺亚尔斯克工兵代表苏维埃执行委员会委员和俄国社会民主工党中西伯利亚区域局成员。十月革命后任俄罗斯联邦农业人民委员、粮食人民委员、驻西伯利亚粮食特派员。1919年任乌克兰粮食人民委员,1920年任坦波夫省执行委员会主席。1921年任国家珍品保管工作调查委员会委员;同年起从事外交工作。——56、135。

施略普尼柯夫,亚历山大·加甫里洛维奇(Шляпников, Александр Гаврилович 1885—1937)——1901年加入俄国社会民主工党。第一次世界大战期间在彼得堡和国外做党的工作,负责在党中央委员会国外局同俄国局和彼得堡委员会之间建立联系。1917年二月革命后任党的彼得堡委员会委员、彼得格勒工兵代表苏维埃执行委员会委员和彼得格勒五金工会主席。十月革命后参加第一届人民委员会,任劳动人民委员,后领导工商业人民委员部。1918 年先后任南方面军革命军事委员会委员和里海—高加索方面军革命军事委员会主席。1919—1922 年任全俄五金工会中央委员会主席,1921 年 5 月起任最高国民经济委员会主席团委员。1920—1922 年是工人反对派的组织者和领袖。1921 年在党的第十次代表大会上当选为中央委员。——195、522。

施米特,瓦西里·弗拉基米罗维奇(Шмидт, Василий Владимирович 1886—1940)——1905 年加入俄国社会民主工党。1918—1928 年先后任全俄工会中央理事会书记和劳动人民委员。在党的第八次和第十次代表大会上当选为候补中央委员。——523、537—538。

施泰因,波里斯·叶菲莫维奇(Штейн, Борис Ефимович 1892—1961)——1926 年加入联共(布)。1920—1952 年在外交人民委员部工作。——63、66。

施瓦尔茨,А.А.(Шварц, А.А.)——苏联工程师。当时任电力托拉斯中央管理委员会副主席。——12。

施韦奇科夫,康斯坦丁·马特维耶维奇(Шведчиков, Константин Матвеевич 1884—1952)——1904 年加入俄国社会民主工党。1918 年起在造纸工业部门担任负责工作,任人民委员会负责造纸和印刷工业的特派员、造纸工业总管理局局长和中央制浆造纸工业托拉斯经理。——177。

施韦佐夫,А.И.(Швецов, А.И. 1889—1943)——苏联合作社工作人员。1914—1918 年是社会革命党人,后加入俄共(布)。1921—1924 年任中央消费合作总社副主席。——308。

什克洛夫斯基,格里戈里·李沃维奇(Шкловский, Григорий Львович 1875—1937)——1898 年加入俄国社会民主工党,曾在白俄罗斯一些城市和国外做党的工作。1909 年起流亡瑞士,加入布尔什维克伯尔尼支部;1915 年起任布尔什维克国外组织委员会委员。1917 年二月革命后回国,在下诺夫哥罗德和莫斯科工作。1918—1925 年主要从事外交工作,其间曾在农业人民委员部和莫斯科市政机关短期工作。——61、299。

什麦拉尔,博胡米尔(Smeral, Bohumir 1880—1941)——捷克斯洛伐克工人运动和国际工人运动活动家,捷克斯洛伐克共产党创建人之一。1921—1929 年和 1936 年起为捷克斯洛伐克共产党中央委员。1922—1935 年为共产国际执行委员会委员和主席团委员。——23—24、73、211。

斯大林(**朱加施维里**),约瑟夫·维萨里昂诺维奇(Сталин(Джугашвили),
Иосиф Виссарионови 1879—1953)——1898年加入俄国社会民主工党,党
的第二次代表大会后是布尔什维克。曾在梯弗利斯、巴统、巴库和彼得堡
做党的工作。多次被捕和流放。1912年1月在党的第六次(布拉格)全国
代表会议选出的中央委员会会议上,被缺席增补为中央委员并被选入中央
委员会俄国局;积极参加布尔什维克《真理报》的编辑工作。在十月革命的
准备和进行期间参加领导武装起义的彼得格勒军事革命委员会和党总部。
在全俄苏维埃第二次代表大会上当选为全俄中央执行委员会委员;参加第
一届人民委员会,任民族事务人民委员。1919年3月起兼任国家监察人
民委员,1920年起为工农检查人民委员。国内战争时期任全俄中央执行
委员会驻国防委员会代表、人民委员会驻南俄粮食特派员、共和国革命军
事委员会委员和一些方面军的革命军事委员会委员。1919年起为党中央
政治局委员。1922年4月起任党中央总书记。——20、31、77、146、199—
202、209—210、215—216、226、230、234—235、252、264、283、331、350、
367—368、371、389、392、423、430、458、468、472、491、499—500。

斯柯别列夫,马特维·伊万诺维奇(Скобелев,Матвей Иванович 1885—1938)
——1903年参加俄国社会民主主义运动,孟什维克;职业是工程师。第四
届国家杜马代表,社会民主党杜马党团领袖之一。第一次世界大战期间是
中派分子。1917年二月革命后任彼得格勒工兵代表苏维埃副主席、第一
届中央执行委员会副主席;同年5—8月任临时政府劳动部长。十月革命
后脱离孟什维克,先后在合作社系统和对外贸易人民委员部工作。1922
年加入俄共(布),在经济部门担任负责工作。——255。

斯克良斯基,埃夫拉伊姆·马尔科维奇(Склянский,Эфраим Маркович
1892—1925)——1913年加入俄国布尔什维克党。1918年1月起任副陆
军人民委员,1918年10月—1924年3月任共和国革命军事委员会副主
席。1920—1921年任劳动国防委员会委员和卫生人民委员部部务委员。
——22、31、319。

斯克沃尔佐夫-斯捷潘诺夫,伊万·伊万诺维奇(Скворцов-Степанов,Иван
Иванович 1870—1928)——1891年参加俄国社会民主主义运动,1904年

成为布尔什维克。1905—1907 年革命期间在党的莫斯科委员会写作演讲组工作。1907 年和 1911 年代表布尔什维克被提名为国家杜马代表的候选人。斯托雷平反动时期在土地问题上坚持错误观点,对"前进"集团采取调和主义态度,但在列宁影响下纠正了自己的错误。因进行革命活动多次被捕和流放。十月革命后参加第一届人民委员会,历任财政人民委员、全俄工人合作社理事会副主席、中央消费合作总社理事会理事、国家出版社编辑委员会副主任、中央列宁研究院院长等职。马克思《资本论》(第 1—3 卷,1920 年俄文版)以及马克思和恩格斯其他一些著作的译者和编者,写有许多有关革命运动史、政治经济学、无神论等方面的著作。——76、196、278、343、410、477。

斯米尔加,伊瓦尔·捷尼索维奇(Смилга, Ивар Тенисович 1892—1938)——1907 年加入俄国社会民主工党,布尔什维克。1914—1915 年任党的彼得堡委员会委员。1917 年二月革命后任党的喀琅施塔得委员会委员,芬兰陆军、海军和工人区域执行委员会主席。十月革命后历任俄罗斯联邦人民委员会驻芬兰全权代表、共和国革命军事委员会委员,以及一些方面军的革命军事委员会委员和东南劳动军委员会主席。1921—1923 年任最高国民经济委员会副主席和燃料总管理局局长。在党的第七次和第八次代表大会上当选为中央委员,第十一次代表大会上当选为候补中央委员。——25、37、39—40、41—42、50、51、53、69—70、225—226、303、336、349、355、368、379—380、394、398、423。

斯米尔诺夫,亚历山大·彼得罗维奇(Смирнов, Александр Петрович 1877—1938)——1896 年参加俄国社会民主主义运动,在特维尔、彼得堡和莫斯科从事革命工作。屡遭沙皇政府迫害。俄国社会民主工党第四次(统一)代表大会和第五次(伦敦)代表大会彼得堡组织的代表。十月革命后任副内务人民委员。1918 年是人民委员会派驻萨拉托夫省采购和发运粮食及其他食品的特派员。1919 年起先后任粮食人民委员部部务委员、副粮食人民委员、农业人民委员、俄罗斯联邦人民委员会副主席和联共(布)中央委员会书记等职。——246、307、390—391、400。

斯米尔诺夫,伊万·尼基季奇(Смирнов, Иван Никитич 1881—1936)——1899 年加入俄国社会民主工党。十月革命后任东方面军第 5 集团军革命军事委员会委员。1919—1921年任西伯利亚革命委员会主席。1921—
1922年在最高国民经济委员会工作,主管军事工业。1922年任彼得格勒
委员会和俄共(布)中央委员会西北局书记。在党的第八次和第十次代表
大会上当选为候补中央委员,第九次代表大会上当选为中央委员。——
44、354—355、393—394、546—548。

斯莫尔亚尼诺夫,瓦季姆·亚历山德罗维奇(Смольянинов, Вадим Александр-
ович 1890—1962)——1908年加入俄国社会民主工党。1921年4月起
先后任劳动国防委员会办公厅主任助理和副主任,主管经济建设问题。
——9、30、44—45、50、51、53、60、87、92—94、95、96、97—99、102、108、
112、116、123—124、132、140、141、142—143、145、157、161—162、169、
170、171—172、177—178、193、204—205、215、227、229、240、241—242、
243—247、248、251、252—253、255、256、258、260、267—268、270—271、
272—274、276、278—279、297、302、320、330、375、466、473、502、
525—526。

斯切克洛夫,尤里·米哈伊洛维奇(Стеклов, Юрий Михайлович 1873—1941)
——1893年参加俄国社会民主主义运动,是敖德萨第一批社会民主主义
小组的组织者之一。1903年俄国社会民主工党第二次代表大会后是布尔
什维克。斯托雷平反动时期和新的革命高涨年代为布尔什维克的一些报
纸和杂志撰稿。1917年二月革命后当选为彼得格勒苏维埃执行委员会委
员;最初持"革命护国主义"立场,后转向布尔什维克。十月革命后任全俄
中央执行委员会和苏联中央执行委员会主席团委员,《全俄中央执行委员
会消息报》和《苏维埃建设》杂志的编辑。——93—94、202、230。

斯琼克尔,波里斯·埃内斯托维奇(Стюнкель, Борис Эрнестович 1882—
1938)——苏联电气工程师。1920年起是俄罗斯国家电气化委员会委员;
曾参与制定中部工业区电气化方案。1920—1922年任最高国民经济委员
会金属工业总管理局技术委员会主席和局务委员。——366。

斯塔尔科夫,瓦西里·瓦西里耶维奇(Старков, Василий Васильевич 1869—
1925)——1890年加入彼得堡工艺学院学生马克思主义小组。1893年与
列宁相识。1895年参与组织彼得堡工人阶级解放斗争协会,是协会的中
心小组成员。1895年12月被捕,1897年流放东西伯利亚,为期三年。十

月革命后在对外贸易人民委员部工作,1921 年起任俄罗斯联邦驻德国副商务代表。——299、516、517—518。

斯特卢米林(**斯特卢米洛-彼特拉什凯维奇**),斯坦尼斯拉夫·古斯塔沃维奇（Струмилин（Струмилло-Петрашкевич），Станислав Густавович 1877—1974）——苏联经济学家和统计学家,苏联科学院院士(1935)。1923 年加入俄共(布)。1921—1937 年在苏联国家计划委员会工作。——16。

斯托莫尼亚科夫,波里斯·斯皮里多诺维奇（Стомоняков，Борис Спиридонович 1882—1941）——1902 年加入俄国社会民主工党。1920—1925 年任俄罗斯联邦驻德国商务代表。——10、50、61、75、86、98、189、276、298—299、483—484、515。

斯维尔德洛夫,韦尼阿明·米哈伊洛维奇（Свердлов，Вениамин Михайлович 1886—1940）——1902—1909 年是俄国社会民主工党党员,后脱离政治活动。1919—1920 年任交通人民委员部部务委员、副交通人民委员、最高国民经济委员会主席团委员和最高运输委员会主席。后任最高国民经济委员会会务委员,在最高国民经济委员会矿业局和科学技术局工作,曾任筑路科学研究所所长。——337。

斯维杰尔斯基,阿列克谢·伊万诺维奇（Свидерский，Алексей Иванович 1878—1933）——1899 年加入俄国社会民主工党。1918 年起任粮食人民委员部部务委员,1922 年起任工农检查人民委员部部务委员。——272。

索尔茨,亚伦·亚历山德罗维奇（Сольц，Арон Александрович 1872—1945）——1898 年加入俄国社会民主工党。1920 年起为党中央监察委员会委员,1921 年起为党中央监察委员会主席团委员、俄罗斯联邦最高法院成员。——54、230、437—438。

索柯里尼柯夫(**布里利安特**),格里戈里·雅柯夫列维奇（Сокольников（Бриллиант），Григорий Яковлевич 1888—1939）——1905 年加入俄国社会民主工党。1909—1917 年住在国外。第一次世界大战期间为托洛茨基的《我们的言论报》撰稿。十月革命后从事苏维埃、军事和外交工作。是缔结布列斯特和约的苏俄代表团成员,后来又参加了同德国进行的经济问题谈判。1918 年 12 月—1919 年 10 月任南方面军革命军事委员会委员,1920 年 8 月—1921 年 3 月任土耳其斯坦方面军革命军事委员会委员和方面军司令、全俄中央执行委员会和俄罗斯联邦人民委员会土耳其斯坦事务委员会主席。1921年11月起先后任财政人民委员部部务委员、副财政人民委员、财政人民委员。在党的第六、第七和第十一次代表大会上当选为中央委员。——59。

索罗金,彼得·谢尔盖耶维奇(Сорокин, Петр Сергеевич 1886—1933)——苏联粮食机关工作人员。曾是社会革命党人,1918年加入俄共(布)。1920—1923年为莫斯科消费合作社理事会理事、莫斯科省粮食委员。——115。

索洛维约夫,Н.И.(Соловьев, Н.И. 1870—1947)——1900年加入俄国社会民主工党。十月革命后任燃料特别会议主席,后任最高国民经济委员会燃料局局长。1919年任石油总委员会主席。1921年任俄共(布)中央统计局局长。——287。

索斯诺夫斯基,列夫·谢苗诺维奇(Сосновский, Лев Семенович 1886—1937)——1904年加入俄国社会民主工党,新闻工作者。1918—1924年(有间断)任《贫苦农民报》编辑。1921年任党中央委员会鼓动宣传部长。——271、372、482。

T

塔甘采夫,В.尼古拉耶维奇(Таганцев, В.Николаевич 1890—1921)——俄国教授。1921年反苏维埃政权阴谋的策划者之一。根据彼得格勒肃反委员会1921年8月24日的决定被枪决。——188。

泰奥多罗维奇,伊万·阿道福维奇(Теодорович, Иван Адольфович 1875—1937)——1895年加入莫斯科工人阶级解放斗争协会,1903年俄国社会民主工党第二次代表大会后是布尔什维克。1905年在日内瓦任《无产者报》编辑部秘书。1905—1907年为党的彼得堡委员会委员。国内战争时期参加游击队同高尔察克作战。1920年起任农业人民委员部部务委员,1922年起任副农业人民委员。——6、30、111、179、196。

坦希列维奇,Г.М.(Танхилевич, Г.М. 生于1888年)——1921年任俄罗斯联邦最高国民经济委员会中央工业经济管理局租让委员会委员。——74。

特里丰诺夫,瓦连廷·安德列耶维奇(Трифонов, Валентин Андреевич 1888—

1938)——1904 年加入俄国社会民主工党。1919 年夏起任特别远征军政委、南方面军特别集群和东南方面军革命军事委员会委员，1920 年 1 月—1921 年 5 月任高加索方面军革命军事委员会委员。1921 年 6 月起任最高国民经济委员会燃料总管理局副局长和全俄石油辛迪加管理委员会主席。——505。

特罗雅诺夫斯基，亚历山大·安东诺维奇（Трояновский，Александ Антонович 1882—1955）——1907 年加入俄国社会民主工党。曾在彼得堡、基辅做党的工作，屡遭沙皇政府迫害。1910 年侨居瑞士、巴黎和维也纳；是俄国社会民主工党中央委员会出席巴塞尔代表大会（1912）的代表团成员，出席了有党的工作者参加的俄国社会民主工党中央委员会克拉科夫会议和波罗宁会议。1917 年回国。1917—1921 年是孟什维克，1923 年加入俄共（布）。十月革命后从事军事和外交工作。1921 年起在工农检查人民委员部工作。——441。

梯什卡，扬（约吉希斯，莱奥）（Tyszka，Jan（Jogiches，Leo）1867—1919）——波兰和德国工人运动活动家。1893 年参与创建波兰王国社会民主党（1900 年改组为波兰王国和立陶宛社会民主党），1903 年起为该党总执行委员会委员。曾积极参加俄国 1905—1907 年革命。1907 年出席俄国社会民主工党第五次（伦敦）代表大会，当选为候补中央委员。斯托雷平反动时期和新的革命高涨年代谴责取消派，但往往采取调和主义态度。1912 年反对布拉格代表会议的决议。第一次世界大战期间在德国，参加德国社会民主党的工作，持国际主义立场；是斯巴达克联盟的组织者和领导人之一。1916 年被捕入狱，1918 年十一月革命时获释。积极参与创建德国共产党，在该党成立大会上当选为中央委员会书记。1919 年 3 月被捕，于柏林监狱遇害。——130。

提赫文斯基，М. М.（Тихвинский，М. М. 1868—1921）——俄国化学工程师，教授。十月革命后任彼得格勒工艺学院和矿业学院教授、最高国民经济委员会石油总委员会实验室管理处主任。1921 年参与反对苏维埃政权的阴谋，根据彼得格勒肃反委员会 1921 年 8 月 24 日的决定被枪决。——125、277。

托洛茨基（勃朗施坦），列夫·达维多维奇（Троцкий（Бронштейн），Лев

Давидович 1879—1940)——1897 年参加俄国社会民主主义运动。在俄国社会民主工党第二次代表大会上是西伯利亚联合会的代表,属火星派少数派。1905 年同亚·帕尔乌斯一起提出和鼓吹"不断革命论"。斯托雷平反动时期和新的革命高涨年代,打着"非派别性"的幌子,实际上采取取消派立场。1912 年组织"八月联盟"。第一次世界大战期间持中派立场,先后任孟什维克取消派的《我们的言论报》的撰稿人和编辑。1917 年二月革命后参加区联派,在党的第六次代表大会上随区联派集体加入布尔什维克党,当选为中央委员。参加十月武装起义的领导工作。十月革命后任外交人民委员、陆海军人民委员、共和国革命军事委员会主席和交通人民委员等职。曾被选为党中央政治局委员和共产国际执行委员会委员。1918 年初反对签订布列斯特和约。1920—1921 年挑起关于工会问题的争论。
——128、131、134、144、147、190、199、202、228、230、331、382—383、387、430、447—448、479。

W

瓦尔加,叶夫根尼·萨穆伊洛维奇(Варга, Евгений Самуилович 1879—1964)
——苏联经济学家。生于匈牙利布达佩斯,1906 年加入匈牙利社会民主党,属该党左翼。1919 年 3 月匈牙利建立苏维埃政权后,先后任匈牙利苏维埃共和国财政人民委员和最高国民经济委员会主席。匈牙利革命失败后逃到奥地利,1920 年移居苏维埃俄国,加入俄共(布)。积极参加共产国际的活动。写有资本主义政治经济学方面的著作。——257。

瓦尔斯基,阿道夫(瓦尔沙夫斯基,阿道夫·绍洛维奇)(Warski, Adolf (Варшавский, Адольф Саулович)1868—1937)——波兰革命运动活动家,先后参加波兰王国社会民主党以及波兰王国和立陶宛社会民主党的建党工作。是波兰王国和立陶宛社会民主党出席俄国社会民主工党第四次(统一)代表大会的有发言权的代表,会后进入俄国社会民主工党中央委员会。在党的第五次(伦敦)代表大会上当选为中央委员。1909—1910 年是俄国社会民主工党中央机关报《社会民主党人报》编辑之一。第一次世界大战期间是国际主义者。1918 年参与创建波兰共产党,是波共中央委员(1919—1929)和政治局委员(1923—1929)。——283。

维埃共和国陆军人民委员、立陶宛和白俄罗斯共产党中央委员会主席团委员。1919年6月起先后任第16集团军和西方面军革命军事委员会委员。1921年4月—1923年秋任全俄肃反委员会（国家政治保卫局）副主席。——18—19、26、67、68—69、125、183—184、191、217、218、231、232—233、302、327、418、525—526。

沃尔柯夫，叶夫根尼·扎哈罗维奇（Волков，Евгений Захарович 生于1883年）——1920年加入俄共（布）。1921年9—10月任全俄中央执行委员会中央赈济饥民委员会新闻处处长，同时任劳动国防委员会所属国家计划委员会科技图书部主任。——338。

沃林（弗拉德金），波里斯·米哈伊洛维奇（Волин（Фрадкин），Борис Михайлович 1886—1957）——1904年加入俄国社会民主工党。1917年十月革命期间任莫斯科河南岸区军事革命委员会主席。1918—1921年先后任奥廖尔、科斯特罗马和哈尔科夫省执行委员会主席，俄共（布）布良斯克省委书记，乌克兰社会主义苏维埃共和国副内务人民委员。1921年秋—1924年任《莫斯科工人报》编辑。——60、267—268。

沃洛季切娃，玛丽亚·阿基莫夫娜（Володичева，Мария Акимовна 1891—1973）——1917年加入俄国社会民主工党（布）。1918—1924年是人民委员会的打字员、劳动国防委员会和人民委员会的助理秘书。——4。

沃伊柯夫，彼得·拉扎列维奇（Войков，Петр Лазаревич 1888—1927）——1903年加入俄国社会民主工党，孟什维克。1917年8月加入布尔什维克党。1920—1924年任对外贸易人民委员部部务委员，兼任白海北部地区森林工业特别管理局管理委员会委员。——7—8、455—456。

乌格拉诺夫，尼古拉·亚历山德罗维奇（Угланов，Николай Александрович 1886—1940）——1907年加入俄国社会民主工党。1920—1921年先后任俄共（布）彼得格勒省委委员和书记、彼得格勒工会理事会书记。在党的第十次代表大会上当选为候补中央委员。——345、371、446。

乌汉诺夫，康斯坦丁·瓦西里耶维奇（Уханов，Константин Васильевич 1891—1937）——1907年加入俄国社会民主工党。1921年任莫斯科市罗戈日-西蒙诺沃区苏维埃主席。俄共（布）第十次代表大会代表，曾参与平定喀琅施塔得反革命叛乱。——78。

乌里扬诺娃，玛丽亚·伊里尼奇娜（Ульянова，Мария Ильинична 1878—1937)——列宁的妹妹。早在大学时代就参加了革命运动，1898 年加入俄国社会民主工党。曾在彼得堡、莫斯科、萨拉托夫等城市以及国外做党的工作。1900 年起为《火星报》代办员。俄国社会民主工党第二次代表大会后是布尔什维克。1903 年秋起在党中央秘书处工作。1904 年在布尔什维克彼得堡组织中工作。1908—1909 年在日内瓦和巴黎居住，积极参加布尔什维克国外小组的工作。因从事革命活动多次被捕和流放。第一次世界大战期间在莫斯科和彼得格勒做宣传鼓动工作，执行列宁交办的任务，同党中央委员会国外局进行通信联系等。1917 年 3 月—1929 年春任《真理报》编委和责任秘书。曾任中央监察委员会委员、苏维埃监察委员会委员、苏联中央执行委员会委员。——93—94。

X

希尔奎特，莫里斯（Hillquit，Morris 1869—1933)——美国社会党创建人之一；职业是律师。起初追随马克思主义，后来倒向改良主义和机会主义。1901 年参与创建美国社会党。1904 年起为社会党国际局成员；曾参加第二国际代表大会的工作。第一次世界大战期间是中派分子。——567。

希尔曼，悉尼（Hillman，Sidney 1887—1946)——美国工会活动家。出生在立陶宛，1907 年起住在美国。1914 年起是美国缝纫工人联合工会领导人，后任男服缝纫工联合工会主席。1921—1922 年曾到莫斯科，就建立援助苏俄恢复经济的俄美工业公司问题会见过列宁。——432—433。

肖恩·麦克·尼尔（Seán mac Néill)——爱尔兰共产党人。——303。

谢尔戈——见奥尔忠尼启则，格里戈里·康斯坦丁诺维奇。

谢杰尔尼科夫，季莫费·伊万诺维奇（Седельников，Тимофей Иванович 1876—1930)——1918 年加入俄共（布)。1920 年是俄罗斯联邦驻爱沙尼亚代表团代表。1921 年起任农业人民委员部部务委员。——472。

谢里亚科夫，И.И.（Серяков，И.И. 生于 1884 年)——莫斯科市缝纫工业工作人员。1919—1923 年任国营莫斯科缝纫工业托拉斯管理委员会的处长，后任管理委员会主席。——536。

谢列布里亚科夫，列昂尼德·彼得罗维奇（Серебряков，Леонид Петрович

1888—1937)——1905 年加入俄国社会民主工党。十月革命后任党的莫斯科区域委员会委员、全俄中央执行委员会秘书。1919—1920 年任党中央委员、中央委员会书记、全俄工会中央理事会南方局主席、南方面军革命军事委员会委员、工农红军政治部主任。1921 年起在交通人民委员部系统担任领导职务。——13。

谢列布罗夫斯基，亚历山大·巴甫洛维奇（Серебровский, Александр Павлович 1884—1938)——1903 年加入俄国社会民主工党。1918 年起任红军供给非常委员会副主席、乌克兰方面军军需部长、副交通人民委员等职。1920—1926 年任阿塞拜疆中央石油管理局局长。——49、51、549—550。

谢列达，谢苗·帕夫努季耶维奇（Середа, Семен Пафнутьевич 1871—1933)——1903 年加入俄国社会民主工党。1918—1921 年任俄罗斯联邦农业人民委员，1921 年起任最高国民经济委员会和国家计划委员会主席团委员。——281、450。

谢马什柯，尼古拉·亚历山德罗维奇（Семашко, Николай Александрович 1874—1949)——1893 年参加俄国社会民主主义运动，布尔什维克。1905 年参加下诺夫哥罗德武装起义被捕，获释后流亡国外。曾任俄国社会民主工党中央委员会国外局书记兼财务干事。1913 年参加塞尔维亚和保加利亚的社会民主主义运动。1917 年 9 月回国。积极参加莫斯科十月武装起义，为起义战士组织医疗救护。十月革命后任莫斯科苏维埃医疗卫生局局长。1918—1930 年任俄罗斯联邦卫生人民委员。——49、97、321、439、491—492、540。

谢苗——见叶努基泽，特里丰·捷伊穆罗维奇。

欣丘克，列夫·米哈伊洛维奇（Хинчук, Лев Михайлович 1868—1944)——1890 年参加俄国社会民主主义运动。1919 年以前是孟什维克，曾任孟什维克中央委员。1920 年加入俄共（布）。1917—1920 年任莫斯科工人合作社理事会理事。1921 年起历任中央消费合作总社理事会主席、苏联驻英国商务代表和驻德国全权代表、俄罗斯联邦国内商业人民委员。——67—68、133—134、177、278、380、405—406、411。

Y

雅柯夫列夫，尼古拉·尼古拉耶维奇（Яковлев, Николай Николаевич 1870—

1966)——苏联矿业工程师,地质矿物学博士。1897 年起从事科研教学工作。曾在乌拉尔、顿巴斯、高加索等地进行矿藏科学考察活动。1921 年起为苏联科学院通讯院士。写有一些地质学、矿物学和古生物学方面的著作。——231。

雅柯夫列娃,瓦尔瓦拉·尼古拉耶夫娜(Яковлева, Варвара Николаевна 1884—1941)——1904 年加入俄国社会民主工党。在莫斯科做党的工作。1921—1922 年任党中央委员会西伯利亚局书记。1922—1929 年在俄罗斯联邦教育人民委员部工作,起初任职业教育总局局长,后任副教育人民委员。——546。

叶尔马柯夫,弗拉基米尔·斯皮里多诺维奇(Ермаков, Владимир Спиридонович 生于 1888 年)——1917 年加入俄国社会民主工党(布)。1919 年任东方面军交通部副委员。1920—1921 年任国防委员会实行铁路军事管制和促进燃料供应特别委员会特派员,1921 年 9 月起任劳动国防委员会出口事务特别委员会委员。1922—1925 年参加对外贸易人民委员部部务委员会。——267。

叶利扎罗娃,C.C.(Елизарова, C.C.生于 1888 年)——苏联生物学家,1920 年加入俄共(布)。1920 年起主持渔业科学捕捞机关的工作,任渔业和鱼品工业总管理局科学技术处处长。——58。

叶列宁,A.A.(Еленин, A.A. 1891—1939)——1918 年加入俄共(布),工人。1919—1921 年任科洛姆纳机器制造厂工厂委员会主席,1922—1925 年任该厂副厂长。——553—554。

叶梅利亚诺夫,尼古拉·亚历山德罗维奇(Емельянов, Николай Александрович 1872—1958)——1904 年加入俄国社会民主工党,工人。1905—1907 年革命和 1917 年二月革命的积极参加者。按照党的指示,1917 年 7—8 月在拉兹利夫曾掩护列宁躲避临时政府的追捕。参加了攻打冬宫的战斗。1918 年任谢斯特罗列茨克苏维埃军事委员,1919 年任谢斯特罗列茨克苏维埃执行委员会主席。从 1921 年底起在俄罗斯联邦驻爱沙尼亚商务代表处做经济工作。——463—464。

叶努基泽,阿韦尔·萨夫罗诺维奇(Енукидзе, Авель Сафронович 1877—1937)——1898 年加入俄国社会民主工党,布尔什维克。1910 年在巴库组织中工作,参加巴库委员会。1911 年被捕入狱,1912 年 7 月获释。十月革命后在全俄中央执行委员会军事部工作,1918—1922 年任全俄中央执行委员会主席团委员和秘书,1923—1935 年任苏联中央执行委员会主席团委员和秘书。——57、62、71、96、115、168、254、292、373、503—504。

叶努基泽,特里丰·捷伊穆罗维奇(谢苗)(Енукидзе, Трифон Теймурович (Семен)1877—1937)——1899 年加入俄国社会民主工党,布尔什维克。1919 年起任国家纸币印刷厂管理局局长。——528。

叶若夫,伊万·卡利尼科维奇(Ежов, Иван Каллиникович 生于 1885 年)——1918 年加入俄共(布)。1918—1924 年任最高国民经济委员会中央国家仓库管理局局长。——361—362。

伊格纳季耶夫,亚历山大·米哈伊洛维奇(Игнатьев, Александр Михайлович 1879—1936)——1903 年加入俄国社会民主工党。参加 1905—1907 年革命,是党中央战斗技术组成员。根据党的建议,1908 年同尼·巴·施米特的妹妹——伊·巴·施米特佯婚,以便保证在尼·巴·施米特死后把伊·巴·施米特分得的那份遗产立即交给布尔什维克党。1920—1925 年任苏联驻芬兰商务代表。——291—292、436、441。

伊帕季耶夫,弗拉基米尔·尼古拉耶维奇(Ипатьев, Владимир Николаевич 1867—1952)——苏联有机化学教授,科学院院士(1916—1936)。1921—1922 年任最高国民经济委员会主席团委员和化学工业局局长。——208—209、374。

伊万诺夫(Иванов)——403。

约尔丹斯基,尼古拉·尼古拉耶维奇(Иорданский, Николай Николаевич 1863—1941)——1921 年 11 月起任俄罗斯联邦教育人民委员部部务委员。——446。

约吉希斯,莱奥——见梯什卡,扬。

约诺夫(科伊根,费多尔·马尔科维奇)(Ионов(Койген, Федор Маркович) 1870—1923)——俄国社会民主党人,崩得领袖之一,后为布尔什维克。1908 年 12 月参加俄国社会民主工党第五次代表会议的工作,在基本问题上支持孟什维克护党派的纲领,后对取消派采取调和主义态度。第一次世界大战期间加入接近中派立场的崩得国际主义派。十月革命后加入俄共(布),在党的沃佳基地区委员会工作。曾在苏俄驻柏林代表处工作。——158。

约诺夫,伊里亚·约诺维奇(Ионов, Илья Ионович 1887—1942)——1904 年加入俄国社会民主工党。1918—1926 年先后任彼得格勒苏维埃出版社社长、国家出版社彼得格勒分社社长。——19。

越飞,阿道夫·阿布拉莫维奇(Иоффе, Адольф Абрамович 1883—1927)——1917 年加入俄国社会民主工党(布)。十月革命后在外交部门担任负责工作。1918 年 4—11 月任俄罗斯联邦驻柏林全权代表,领导同德国进行和平谈判和经济谈判的苏俄代表团。1920 年 9 月 1 日被任命为在里加同波兰进行和平谈判的俄罗斯—乌克兰代表团团长,后曾任全俄中央执行委员会和俄罗斯联邦人民委员会土耳其斯坦事务委员会主席和俄共(布)中央委员会土耳其斯坦局主席。1922—1924 年任驻中国大使。——59、117、315—316、329、352。

Z

扎哈罗夫,米哈伊尔·瓦西里耶维奇(Захаров, Михаил Васильевич 生于 1881 年)——俄国工人,布尔什维克,第三届国家杜马莫斯科省代表,布尔什维克合法报纸《明星报》撰稿人。1919 年是最高国民经济委员会国家建筑工程委员会调度局成员,1920 年是苏俄亚-恩巴工程的政治委员,1921 年 5 月起任最高国民经济委员会国家建筑工程总委员会会务委员。——13。

扎克斯(**格拉德涅夫**),萨穆伊尔·马尔科维奇(Закс (Гладнев), Самуил Маркович 1884—1937)——1904 年加入德国社会民主党,后为俄国社会民主工党党员,孟什维克,1906 年起为布尔什维克。曾在《明星报》和《真理报》编辑部以及波涛出版社工作。对取消派采取调和主义立场。1917 年在乌克兰做党的工作和编辑工作。十月革命后在苏维埃的和党的出版社工作,曾任人民委员会文化专员。后从事经济工作。——331。

扎卢茨基,彼得·安东诺维奇(Залуцкий, Петр Антонович 1887—1937)——1907 年加入俄国社会民主工党。1921 年任全俄中央执行委员会主席团委员兼秘书,中央清党委员会委员。——392、446。

祖巴诺夫,В.С.(Зубанов,В.С.1888—1952)——苏联电气工程师;Ф.С.祖巴诺
　　夫的哥哥。1921年12月—1924年6月任国营卡希拉区发电站技师和卡
　　希拉—莫斯科输电网工程处主任。此前是辛比尔斯克弹药厂发电站站长。
　　——560。

祖巴诺夫,Ф.С.(Зубанов,Ф.С.1897—1956)——苏联电工技师。1921年在国
　　营卡希拉区发电站电工技术处工作。——560。

佐洛托夫斯基,Г.А.(Золотовский,Г.А.)——苏联工程师,最高国民经济委员
　　会军事局的工作人员。——123。

文 献 索 引

阿多拉茨基,弗·维·《[卡·马克思和弗·恩格斯〈书信集。马克思和恩格斯通信中的理论和政治〉一书的]序言》(Адоратский, В. В. Предисловие [к книге К. Маркса и Ф. Энгельса. Письма. Теория и политика в переписке Маркса и Энгельса]. — В кн. : Маркс, К. и Энгельс, Ф. Письма. Теория и политика в переписке Маркса и Энгельса. Пер. , статья и примеч. В. В. Адоратского. М. , «Моск. рабочий», 1922, стр. V—VII (Моск. ком-т РКП). На обл. дата: 1923) — 151—152。

— 《马克思主义基本问题大纲》(Программа по основным вопросам марксизма. М. , Гиз, 1922. 109, 2 стр. (Главполитпросвет)) — 152。

巴布金,伊·彼·《阿斯特拉罕国营鱼品工业的现状和近期展望》(Бабкин, И. П. Современное положение и ближайшие перспективы астраханской государственной рыбной промышленности. Доклад 16 июня 1921 г. Рукопись) — 106。

巴甫洛夫,雅·——见别尔津,扬·安·。

巴秋什科夫,В. Д. 和韦钦金,尼·谢·《硬土路》(Батюшков, В. Д. и Ветчинкин, Н. С. Твердые грунтовые дороги. Пг. , 1915. 55 стр. (Всероссийская сельскохозяйственная палата)) — 435—436。

[别尔津,扬·安·]《英国来信(第一封)》([Берзин, Я. А.] Письмо из Англии. № 1. — «Правда», М. , 1921, № 228, 11 октября, стр. 1—2, в отд. : За границей. Подпись: Я. Павлов) — 443。

别利亚科夫,阿·《关于同饥饿作斗争》(Беляков, А. О борьбе с голодом. — «Известия ВЦИК Советов Рабочих, Крестьянских, Казачьих и Красноарм. Депутатов и Моск. Совета Рабоч. и Красноарм. Депутатов», 1921, № 158 (1301), 21 июля, стр. 1; № 159 (1302), 22 июля, стр. 1; № 162

(1305),26 июля,стр.1;№164(1307),28 июля,стр.1;№166(1309),30 июля,стр.1)——357、373。

——《无产阶级的农业》(Пролетарское земледелие.—«Известия ВЦИК Советов Рабочих,Крестьянских,Казачьих и Красноарм.Депутатов и Моск.Совета Рабоч. и Красноарм.Депутатов»,1921,№209(1352),20 сентября,стр.1) ——357、373。

——《无产阶级农业的成就》(Успехи пролетарского земледелия.—«Известия ВЦИК Советов Рабочих, Крестьянских, Казачьих и Красноарм. Депутатов и Моск.Совета Рабоч. и Красноарм. Депутатов»,1921,№212 (1355),23 сентября,стр.1)——357、373。

茨韦特科夫,М.《谈谈工业企业农场总管理局农业展览会》(Цветков,М. К сельскохозяйственной выставке Главземхоза.—«Экономическая Жизнь», М.,1921,№208,18 сентября,стр.1)——357、373。

多姆年科,Е.Ф.《给弗·伊·列宁的电报》(1921 年 9 月 29 日)(Домненко, Е.Ф.Телеграмма В.И.Ленину.29 сентября 1921 г.)——393。

恩格斯,弗·《给约·魏德迈的信》(1853 年 4 月 12 日)(Энгельс,Ф.Письмо И.Вейдемейеру.12 апреля 1853 г.)——344。

——《〈社会主义从空想到科学的发展〉英文版导言》(Введение к английскому изданию «Развития социализма от утопии к науке».20 апреля 1892 г.) ——344。

戈尔德巴耶夫《我国的宝藏》(Гольдебаев. Наши богатства.(Из частного письма).— «Правда»,М.,1921,№178,13 августа,стр.2)——208—209。

黑格尔,乔·威·弗·《逻辑》——见黑格尔,乔·威·弗·《逻辑学》。

——《逻辑学》(Наука логики. Пер.с нем.Н.Г.Дебольского.Ч.1—2.Пг.,тип. Стасюлевича,1916.3 кн.(Труды Петроградского философского общ-ва. Вып.XII—XIV))——7。

卡克滕,阿·《典型事例》(Кактынь,А.Показательный пример.(О Криворожском бассейне).—«Экономическая Жизнь»,М.,1921,№192,31 августа,стр.1) ——251。

凯萨罗夫,弗·德·《关于地图集的报告》(1921 年 7 月 15 日)(Кайсаров,В.Д.

Доклад об атласе.15 июля 1921 г.Рукопись)——123。

克拉松,罗·爱·《给弗·伊·列宁的信》(1921 年 8 月 31 日)(Классон,Р.Э. Письмо В.И.Ленину.31 августа 1921 г.Рукопись)——243—245、268。

克拉辛,列·波·《给弗·伊·列宁的电报》(1921 年 10 月 22 日)(Красин,Л.Б. Телеграмма В.И.Ленину.22 октября 1921 г.)——487。

克雷比赫,卡·《资本主义世界危机和共产国际》(Kreibich,K.Die Weltkrise des Kapitalismus und die Kommunistische Internationale.Das Referat des Genossen Karl Kreibich und die Resolution.Nach der Konfiskation. 2. Aufl. Reichenberg, Runge, 1921. 47 S. (Der Reichenberger Parteitag. 1921))——567。

克尼波维奇,尼·米·《给弗·伊·列宁的信》(1921 年 8 月 6 日)(Книпович, Н.М.Письмо В.И.Ленину.6 августа 1921 г.Рукопись)——272。

库什涅尔,波·《革命和电气化》(Кушнер,Б.Революция и электрификация. Пб.,Госиздат,1920.28 стр.)——343。

库兹涅佐夫,瓦·《发展无产阶级农业的措施》(Кузнецов,В.Меры к развитию пролетарского земледелия.—«Известия ВЦИК, Советов Рабочих, Крестьян- ских, Казачьих и Красноарм. Депутатов и Моск. Совета Рабочих и Красноарм.Депутатов», 1921, №216 (1359), 28 сентября, стр. 1)—— 357、373。

——《工业无产阶级附设的国营农场》(Приписные совхозы промышленного пролетариата.—« Известия ВЦИК Советов Рабочих, Крестьянских, Казачьих и Красноарм. Депутатов и Моск. Совета Рабоч. и Красноарм. Депутатов»,1921,№213(1356),24 сентября,стр.1)——357、373。

拉茨科,安·《调解法庭。德国士兵生活中的六个片断》(Latzko, A. Friedens gericht. Sechs Abschnitte aus dem Leben deutscher Soldaten. Zürich, Rascher,1918)——501。

——《战争中的女性》(Frauen im Krieg.Geleitworte zur Internationalen Frauen- konferenz für Völkerverständigung in Bern.Zürich,Rascher,1918.14 S.) ——501。

——《战争中的人们》(Menschen im Krieg. Zürich, Rascher, 1918. 200 S.)

——501。

拉柯夫斯基,克·格·《饥荒和玉米》(Раковский,Х.Г.Голод и кукуруза.——
«Правда»,М.,1921,№231,14 октября,стр.1)——450。

拉林,尤·《苏维埃工业的秘密》(Ларин,Ю.Тайны советской промышленности.
——«Правда»,М.,1921,№125,9 июня,стр.1)——15。

拉齐斯,马·伊·《金窖》(Лацис,М.И.Золотое дно.——«Правда»,М.,1921,
№217,29 сентября,стр.1)——374。

雷,拉·拉·《对印度政治形势的看法》(Rai,L.L.Reflections on the Political
Situation in India.Leipzig,Wigand,1917.44 p.)——567。

列宁,弗·伊·《[〈帝国主义是资本主义的最高阶段〉一书]法文版和德文版
序言》(Ленин,В.И.Предисловие к французскому и немецкому изданиям
[книги«Империализм,как высшая стадия капитализма»].6 июля 1920
г.)——223。

——《对阿·谢·基谢廖夫的提纲所作的修改》(1921 年 9 月 4 日)(Поправки к
тезисам А.С.Киселева.4 сентября 1921 г.Рукопись)——281。

——《对最高国民经济委员会的提纲所作的修改》(1921 年 7 月 9 日或 10 日)
(Поправки к тезисам ВСНХ.9 или 10 июля 1921 г.Рукопись)—— 39、
40、42。

——《给德·伊·库尔斯基的信和给秘书的指示》(1921 年 9 月 3 日)(Письмо
Д.И.Курскому и поручение секретарю.3 сентября 1921 г.)——380。

——《给格·列·皮达可夫的电报》(1921 年 6 月 24 日)(Телеграмма Г.Л.
Пятакову.24 июня 1921 г.)——32、155。

——《给加·伊·米雅斯尼科夫的信》(1921 年 8 月 5 日)(Письмо Г.И.
Мясникову.5 августа 1921 г.)——197。

——《给美国"技术援助苏俄协会"的电报草稿》——见列宁,弗·伊·《致
路·卡·马尔滕斯》(1921 年 8 月 2 日)。

——《给米·康·弗拉基米罗夫的电报》(1921 年 8 月 17 日)(Телеграмма
М.К.Владимирову.17 августа 1921 г.)——212——213。

——《给尼·彼·哥尔布诺夫的指示和给阿·谢·基谢廖夫的信》(1921 年 9
月 11 日)(Записка Н.П.Горбунову и письмо А.С.Киселеву.11 сентября

1921 г.）——400。

——《给尼·尼·瓦什科夫的电话》(1921 年 8 月 16 日)（Телефонограмма Н.Н.Вашкову.16 августа 1921 г.）——556。

——《给帕·伊·波波夫的信和给秘书的指示》(1921 年 8 月 16 日)（Письмо П.И.Попову и поручение секретарю.16 августа 1921 г.）——220。

——《给瓦·弗·古比雪夫的信和美国来俄工人的保证书草稿》(1921 年 9 月 22 日)（Письмо В. В. Куйбышеву и проект обязательства рабочих, едущих из Америки в Россию.22 сентября 1921 г.）——427。

——《关于工农检查院的任务、对任务的理解和执行的问题》(1921 年 9 月 27 日)（К вопросу о задачах Рабкрина, их понимании и их исполнении. 27 сентября 1921 г.）——368。

——《捍卫共产国际的策略的讲话》（Речь в защиту тактики Коммунистического Интернационала.—Полн. собр. соч. том 44, стр.23 — 33）——20。

——《劳动国防委员会给各地方苏维埃机关的指令》（Наказ от СТО（Совета Труда и Обороны）местным советским учреждениям. Проект.[М., 1921]. 20 стр. Под загл.: Проект. Наказ от СТО（Совета Труда и Обороны）местным советским учреждениям. Без обл. и тит. л.）——2。

——《列宁同志关于新经济政策和政治教育委员会的任务的讲话》（Речь тов. Ленина о новой экономической политике и задачах политпросветов. —«2-ой Всероссийский съезд политпросветов. Бюллетень съезда», М., 1921, №2, 19 октября, стр.1 — 3）——509。

——《民族和殖民地问题提纲初稿(为共产国际第二次代表大会草拟)》(1920 年 6 月 5 日)（Первоначальный набросок тезисов по национальному и колониальному вопросам. (Для Второго съезда Коммунистического Интернационала). 5 июня 1920 г.）——237。

——《谈谈对俄国革命的估计》（К оценке русской революции.—«Пролетарий», Женева, 1908, №30, 23(10) мая, стр.3 — 6）——344。

——《新经济政策和政治教育委员会的任务。在全俄政治教育委员会第二次代表大会上的报告(1921 年 10 月 17 日)》——见列宁, 弗·伊·《列宁同志关于新经济政策和政治教育委员会的任务的讲话》。

президиум VIII Всероссийского электротехнического съезда. 8 октября 1921 г.)——410。

——《致瓦·亚·斯莫尔亚尼诺夫》(1921 年 9 月 3 日)(Письмо В.А.Смольянинову.3 сентября 1921 г.)——320。

——《致〈消息报〉、〈真理报〉编辑部和弗·尼·伊帕季耶夫》(1921 年 8 月 17 日)(В редакцию«Известий», «Правды»и В.Н.Ипатьеву. 17 августа 1921 г.)——374。

——《致 А.И.波嘉耶夫和瓦·亚·阿瓦涅索夫》(1921 年 7 月 24 日)(Письмо А.И.Потяеву, В.А.Аванесову.24 июля 1921 г.)——110、142。

[列宁,弗·伊·]《论粮食税(新政策的意义及其条件)》(法文版)([Lénine, V.I.]L'impôt alimentaire.(La nouvelle politique, sa nature et ses conditions).Pétrograd, Internationale communiste, 1921.56 p.Перед загл. авт.: N.Lénine)——212。

——《论粮食税(新政策的意义及其条件)》(德文版)(Die Naturalsteuer.(Die Bedeutung der neuen Politik und ihre Vorbedingungen).M., Kommunistische Internationale, 1921.37 S.Перед загл. авт.: N.Lenin)——212。

——《农业税的意义》(英文版)(The Meaning of the Agricultural Tax.—In: [Lenin, W.I., Bukharin, N.and Rutgers, S.J.]The New Policies of Soviet Russia.Chicago, Kerr,[1921], p.9—40)——211。

——《苏维埃俄国新政策的前提和意义》(Die Vorbedingungen und die Bedeutung der neuen Politik Sowjetrusslands. (Über die Naturalsteuer). Leipzig, Frank, 1921.71 S.(Kleine Bibliothek der Russischen Korrespondenz.Nr.47/48).Перед загл. авт.: N.Lenin)——211。

马克思,卡·《资本论》(第 1 — 3 卷)(Маркс, К.Капитал.Критика политической экономии, т.I—III.1867 — 1894 гг.)——152。

马克思,卡·和恩格斯,弗·《书信集.马克思和恩格斯通信中的理论和政治》(Маркс, К. и Энгельс, Ф. Письма. Теория и политика в переписке Маркса и Энгельса. Пер., статья и примеч. В. В. Адоратского. М., «Моск. рабочий», 1922. LXII, 328 стр.(Моск. ком-т РКП).На обл. дата: 1923)——151、351。

马斯洛夫，谢·《农民经济》(Маслов, С. Крестьянское хозяйство. Очерки экономики мелкого земледелия. 4-ое изд., доп. и перераб. М., 1920. 398, II стр. На обл.: изд. 5-е, год изд.: 1921)——179、196。

美舍利亚科夫，尼·列·《在孟什维克的天堂里。格鲁吉亚之行观感》(Мещеряков, Н. Л. В меньшевистском раю. Из впечатлений поездки в Грузию. М., Госиздат, 1921. 56 стр. (РСФСР))——114、115。

米哈伊洛夫，列·《给弗·伊·列宁的信》(1921 年 9 月 27 日)(Михайлов, Л. Письмо В. И. Ленину. 27 сентября 1921 г. Рукопись)——366。

米歇尔斯，В. А.《贫穷的亿万富翁》(Михельс, В. А. Нищие миллиардеры. — «Известия ВЦИК Советов Рабочих, Крестьянских, Казачьих и Красноарм. Депутатов и Моск. Совета Рабоч. и Красноарм. Депутатов», 1921, №203 (1346), 13 сентября, стр. 1)——327。

米雅斯科夫，康·《春秋两季的播种工作》(Мясков, К. Весенняя и осенняя посевные кампании. — «Известия ВЦИК Советов Рабочих, Крестьянских, Казачьих и Красноарм. Депутатов и Моск. Совета Рабоч. и Красноарм. Депутатов», 1921, №202(1345), 11 сентября, стр. 1)——324。

米雅斯尼科夫，加·伊·《伤脑筋的问题》(Мясников, Г. И. Больные вопросы. — В кн.: «Дискуссионный материал» (тезисы тов. Мясникова, письмо тов. Ленина, ответ ему, постановление Организ. бюро Цека и резолюция мотовилихинцев). Только для членов партии. М., 1921, стр. 15 — 26)——150、197。

——《致俄共(布尔什维克)中央委员会》(В Центральный Комитет РКП (большевиков). Докладная записка. 2 мая 1921 г.—Там же, стр. 3 — 15)——197。

莫伊谢耶夫，叶·伊·《报告》(1921 年 5 月)(Моисеев, Е. И. Докладная записка. Май 1921 г. Рукопись)——285。

萨法罗夫，格·伊·《民族政策的当前问题》(Сафаров, Г. И. Очередные вопросы национальной политики. Ташкент, 1921. 20 стр.)——181。

塞拉蒂，扎·梅·《我们的回答》(Serrati, G. M. La nostra risposta. —«Avanti!», Milano, 1921, N. 201, 21 agosto, p. 2. Под общ. загл.: II Partito socialista italiano e la Terza Internazionale）——359。

［什麦拉尔，博·］《什麦拉尔的讲话》（［Šmeral, B.］Die Rede Šmerals.—
«Vorwärts», Reichenberg, 1921, Nr. 114, 17. Mai. Abendausgabe. Beilage
zu Nr. 114, S. 2—4. Под общ. загл.: Der Kongreß der tschechischen
Linken. Der Beitritt zur Dritten Internationale mit 562 gegen 7 Stimmen
beschlossen.—Ein Referat Šmerals gegen die Dritte Internationale）
——24。

斯克沃尔佐夫-斯捷潘诺夫，伊·伊·《俄罗斯联邦电气化与世界经济的过渡
阶段》（Скворцов-Степанов, И. И. Электрификация РСФСР в связи с
переходной фазой мирового хозяйства. Предисловия Н. Ленина и Г.
Кржижановского. М., Госиздат, 1922. XVI, 392 стр. с илл.; 1 л. карт. Перед
загл. авт.: И. Степанов）——76、477。

—《给弗·伊·列宁的一封信（摘录）》（1921 年 8 月 12 日）（Из письма В.
И. Ленину. 12 августа 1921 г. Рукопись）——196。

斯切克洛夫，尤·《普通的事情（再谈"城市农业"）》（Стеклов, Ю. Обыкновенная
история（Еще «о городском земледелии»）.—«Известия ВЦИК Советов
Рабочих, Крестьянских, Казачьих и Красноарм. Депутатов и Моск. Совета
Рабоч. и Красноарм. Депутатов», 1921, №177（1320）, 12 августа, стр.
1——358、372。

—《再论重要的问题》（Еще о важном вопросе.—«Известия ВЦИК Советов
Рабочих, Крестьянских, Казачьих и Красноарм. Депутатов и Моск. Совета
Рабоч. и Красноарм. Депутатов», 1921, №168（1311）, 2 августа, стр. 1）
——358、372。

—《重要的问题》（Важный вопрос.—«Известия ВЦИК Советов Рабочих,
Крестьянских, Казачьих и Красноарм. Депутатов и Моск. Совета Рабочих
и Красноарм. Депутатов», 1921, №156（1299）, 19 июля, стр. 1）——
358、372。

—《左倾，但还没有达到丧失知觉的程度》（Левизна, но не до бесчувствия.
（К вопросу о чистке партии）.—«Известия ВЦИК Советов Рабочих,
Крестьянских, Казачьих и Красноарм. Депутатов и Моск. Совета Рабоч. и

Красноарм. Депутатов», 1921, №182(1325), 18 августа, стр. 1)——230。

苏潘，亚·《欧洲殖民地的扩张》(Supan, A. Die territoriale Entwicklung der Europäischen Kolonien. Mit einem kolonialge schichtlichen Atlas von 12 Karten und 40 Kärtchen im Text. Gotha, Perthes, 1906. XI, 344 S.)——23。

索尔茨，亚·亚·《不合时宜的警报》(Сольц, А. А. Неуместная тревога.——«Правда», М., 1921, №184, 21 августа, стр. 1)——230。

索斯诺夫斯基，列·《能够做到什么？》(Сосновский. Л. Что можно сделать? ——«Правда», М., 1921, №179, 14 августа, стр. 1)——358、372。

瓦什科夫，尼·尼·《俄国的电气化》(Вашков, Н. Н. Электрификация России.——«Экономическая Жизнь», М., 1921, №149, 10 июля, стр. 1)——148—149。

维诺格拉多夫，А. В.《电气化》(Виноградов, А. В. Электрификация. Конспект лекций. Владимир, Госиздат, 1921. 36 стр.; 1 л. карт (Владимирский губполитпросвет))——343。

乌汉诺夫，康·和波里索夫，尼·《莫斯科市罗戈日-西蒙诺沃区工人和红军代表苏维埃的日常工作和活动(1917 年 3 月—1921 年 1 月)》(Уханов, К. и Борисов, Н. Из жизни и деятельности Совета р. и к. д. Рогожско-Симоновского района г. Москвы (Март 1917 г.—январь 1921 г.). М., Рогож.-Симонов. Совет р. и к. д., 1921. 106 стр. (РСФСР))——78。

希尔奎特，莫·《从马克思到列宁》(Hillquit, M. From Marx to Lenin. New York, The Hanford press, [1921]. 157 p.)——567。

*　　　　*　　　　*

《白海北部地区森林工业管理局机关条例》(1921 年 8 月 17 日劳动国防委员会的决定)(Положение об органе управления лесной промышленностью Северо-Беломорского района (Северолес). Постановление СТО. 17 августа 1921 г.)——460。

《俄国共产党(布尔什维克)章程》(Устав Российской Коммунистической партии (большевиков). М., Госиздат, 1920. 16 стр. (РСФСР))——361。

《俄国呼声报》(纽约)(«Русский Голос», Нью-Йорк, 1921, №1492, 4 июля, стр.1; №1493, 5 июля, стр.1)——154。

《俄罗斯联邦电气化计划》(План электрификации РСФСР. Доклад 8-му съезду Советов Государственной комиссии по электрификации России. М., Гостехиздат, 1920. 669 стр. разд. паг.; 14 л. схем и карт (РСФСР. Науч.-техн. отд. ВСНХ))——343、385。

《俄罗斯社会主义联邦苏维埃共和国宪法(根本法)》(Конституция (Основной закон) Российской Социалистической Федеративной Советской Республики. Опубликована в №151 «Известий Всерос. Центр. Исп. Комитета» от 19 июля 1918 г. М., Гиз. 1919. 16 стр. (РСФСР))——361。

《俄罗斯统计年鉴》(彼得格勒)(Статистический ежегодник. России. Изд. Центр. стат. ком-та МВД. Пг., 1915—1918. 3 кн.)

—1914 г. 1915. XVIII, 675 стр. Разд. паг.——453。

—1915 г. 1916. IX, 638 стр. Разд. паг.——453。

—1916 г. Вып. 1. Изд. Центр. стат. ком-та КВД, 1918. II, 121 стр.——453。

《房产管理条例[1921年8月8日小人民委员会通过]》(Положение об управлении домами, [принятое Малым Совнаркомом 8 августа 1921 г.].—«Известия ВЦИК Советов Рабочих, Крестьянских, Казачьих и Красноарм. Депутатов и Моск. Совета Рабоч. и Красноарм. Депутатов», 1921, №177 (1320), 12 августа, стр.4, в отд.: Действия и распоряжения правительства)——184。

《告俄罗斯联邦全体公民书》(Ко всем гражданам РСФСР. [Воззвание ВЦИК об оказании всемерной помощи голодающим]. 12 июля 1921 г.—«Известия ВЦИК Советов Рабочих, Крестьянских, Казачьих и Красноарм. Депутатов и Моск. Совета Рабоч. и Красноарм. Депутатов», 1921, №150 (1293), 12 июля, стр.1)——82。

《革命职业工会第一次国际代表大会决议和决定》(1921年7月3—19日)(Резолюции и постановления Первого международного конгресса революционных профессиональных союзов (3—19 июля 1921 г., Москва). С предисл. А. Лозовского. М., 1921. 73 стр. (Красный Интернационал профсоюзов))——90—91、130。

《工农政府法令汇编》(莫斯科)(《Собрание Узаконений и Распоряжений Рабочего и Крестьянского Правительства》, М., 1919, №56, 22 ноября, ст. 537, стр. 572—573)——410。

——1921, №44, 1 июля, стр. 1—43.——47、62、78、93—95、100、102、120、164—165、193。

《工人、农民、哥萨克和红军代表苏维埃全俄中央执行委员会及莫斯科工人和红军代表苏维埃消息报》(《Известия ВЦИК Советов Рабочих, Крестьянских, Казачьих и Красноарм. Депутатов и Моск. Совета Рабоч. и Красноарм. Депутатов》)——93、94、208、435。

——1921, №120(1263), 3 июня, стр. 2.——208—209。

——1921, №150(1293), 12 июля, стр. 1, 2.——82、549。

——1921, №156(1299), 19 июля, стр. 1.——358、372。

——1921, №158(1301), 21 июля, стр. 1; №159(1302), 22 июля, стр. 1; №162 (1305), 26 июля, стр. 1; №164(1307), 28 июля, стр. 1; №166(1309), 30 июля, стр. 1——358、372。

——1921, №168(1311), 2 августа, стр. 1.——358、372。

——1921, №177(1320), 12 августа, стр. 1, 4.——184、358、372。

——1921, №182(1325), 18 августа, стр. 1.——230。

——1921, №194(1337), 2 сентября, стр. 2.——208—209、557。

——1921, №202(1345), 11 сентября, стр. 1.——324。

——1921, №203(1346), 13 сентября, стр. 1.——327。

——1921, №209(1352), 20 сентября, стр. 1.——358、372。

——1921, №212(1355), 23 сентября, стр. 1, 2.——313、358、372。

——1921, №213(1356), 24 сентября, стр. 1.——358、372。

——1921, №216(1359), 28 сентября, стр. 1.——358、372。

——1921, №232(1375), 16 октября, стр. 2.——563。

《工业企业农场总管理局的活动》(Деятельность Главземхоза.——《Экономическая Жизнь》, М., 1921, №211, 22 сентября, стр. 2. Под общ. загл.: Сельское хозяйство)——358。

《工业企业农场总管理局展览会》(Выставка Главземхоза.——《Экономическая

Жизнь》, М., 1921, №214, 25 сентября, стр. 2)——358、372。

《工资问题基本原则》(1921 年 9 月 4 日)(Основные положения по тарифному вопросу. 4 сентября 1921 г. Рукопись)——281—282、285、286。

《工资政策提纲草案》——见《工资问题基本原则》。

《共产国际第三次代表大会的论纲和决议(1921 年 6 月 22 日—7 月 12 日于莫斯科)》(Thesen und Resolutionen des III. Weltkongresses der Kommunistischen Internationale(Moskau, 22. Juni bis 12. Juli 1921). Hamburg, Kommunistische Internationale, 1921. 192 S. (Bibliothek der Kommunistischen Internationale. XX))——129—131。

《共产国际》杂志(莫斯科)(«Коммунистический Интернационал», М.)——122、515。

《关于地方经济会议、关于地方经济会议报告制度和关于贯彻执行人民委员会和劳动国防委员会指令的决定》(全俄中央执行委员会的决定)(О местных экономических совещаниях, их отчетности и руководстве Наказом СНК и СТО. Постановление ВЦИК.—«Собрание Узаконений и Распоряжений Рабочего и Крестьянского Правительства», М., 1921, №44, 1 июля, стр. 1—9)——62、78、93—95。

《关于加强粮食工作》(1921 年 7 月 9 日俄共(布)中央政治局的决定)(Об усилении продовольственной работы. Постановление Политбюро ЦК РКП(б). 9 июля 1921 г.)——38。

《[关于解散全俄赈济饥民委员会的]政府公告》(Правительственное сообщение[о роспуске Всероссийского комитета помощи голодающим].—«Правда», М., 1921, №191, 30 августа, стр. 1)——235。

《关于开展住宅环境卫生周的条例(卫生人民委员部和内务人民委员部批准)》(Положение об устройстве недели оздоровления жилищ(утвержденное НКЗ и НКВн. Д.).—«Известия ВЦИК Советов Рабочих, Крестьянских, Казачьих и Красноарм. Депутатов и Моск. Совета Рабоч. и Красноарм. Депутатов», 1921, №150(1293), 12 июля, стр. 2, в отд.: Действия и распоряжения правительства)——491。

《关于区经济委员会的法令》——见《关于地方经济会议、关于地方经济会议报告制度和关于贯彻执行人民委员会和劳动国防委员会指令的决定》（全俄中央执行委员会的决定）。

《关于苏维埃的建设》[全俄苏维埃第八次代表大会通过的决议]（О советском строительстве.[Резолюция, принятая на VIII Всероссийском съезде Советов].—В кн.: Восьмой Всероссийский съезд Советов рабочих, крестьянских, красноармейских и казачьих депутатов. Стеногр. отчет (22 — 29 декабря 1920 года). М., Госиздат, 1921, стр. 277—280 (РСФСР))——467。

《关于我们党内的工团主义和无政府主义倾向》[1921年俄共（布）第十次代表大会通过的决议]（О синдикалистском и анархистском уклоне в нашей партии.[Резолюция, принятая на X съезде РКП(б).1921 г.].—В кн.: Десятый съезд Российской Коммунистической партии. Стеногр. отчет (8—16 марта 1921 г.). М., Госиздат, 1921, стр. 310 — 311 (РКП(б))——371—372。

《关于组织问题的决议（根据洛佐夫斯基同志的报告）》（Резолюция по организационному вопросу (По докладу т. Лозовского).—В кн.: Резолюции и постановления Первого международного конгресса революционных профессиональных союзов (3 — 19 июля 1921 г., Москва). С предисл. А. Лозовского. М., 1921, стр. 41 — 54. (Красный Интернационал профсоюзов))——91。

《国家商品交换工作的经验》（Опыт государственного товарообмена.—«Продовольственная Газета», М., 1921, №97, 17 июня, стр. 2)——284。

《汉堡人民报》（«Hamburger Volkszeitung»)——501。

《航海》（德国海运年鉴）（柏林）（Nauticus. Jahrbuch für Deutschlands Seeinteressen. Hrsg. v. Hollweg, Berlin)——23。

《红旗报》（柏林）（«Die Rote Fahne», Berlin)——501。

《红色权利报》（布拉格）（«Rudé Právo», Praha, 1921, Číslo 103, 4. května—Číslo 116, 20. května)——73, 74。

《火星报》[旧的、列宁的][莱比锡—慕尼黑—伦敦—日内瓦]（«Искра», [старая, ленинская], [Лейпциг—Мюнхен—Лондон—Женева])——500。

《基谢廖夫的提纲》——见《工资问题基本原则》。

《技术援助苏俄协会代表大会》(Съезд О-ва тех. пом. С[оветской] России.—
　　«Русский Голос», Нью-Йорк, 1921, №1492, 4 июля, стр. 1; №1493, 5
　　июля, стр. 1)——154。

[《技术援助苏俄协会第一次代表大会的电报》(1921 年 7 月 4 日)]([Телегра-
　　мма перевого съезда Общества технической помощи Советской России. 4
　　июля 1921 г.].—«Русский Голос», Нью-Йорк, 1921, №1493, 5 июля, стр.
　　1, в ст.: Съезд О-ва тех. пом. С[оветской] России)——154。

《经济生活报》(莫斯科)(«Экономическая Жизнь», М.)——63、93、94、103、
　　148、268、279、369、370、404、436、526。

　　—1921, №149, 10 июля, стр. 1.——148—149。

　　—1921, №192, 31 августа, стр. 1.——251。

　　—1921, №194, 2 сентября, стр. 4.——268。

　　—1921, №208, 18 сентября, стр. 1.——358、372。

　　—1921, №211, 22 сентября, стр. 2.——358。

　　—1921, №214, 25 сентября, стр. 2.——358、372。

《克尔日扎诺夫斯基和拉姆津的报告》——见《苏维埃俄国的电气化》。

《劳动国防委员会关于未同俄罗斯联邦签订互换邮寄包裹协定的国家寄来的
　　食物包裹和其他包裹的收费及递送办法的决定》(1921 年 9 月 20 日)
　　(Постановление Совета Труда и Обороны о порядке оплаты и направления
　　продовольственных и иных посылок, следующих из стран, не заключав-
　　ших с РСФСР соглашений, предусматривающих обмен почтовыми
　　посылками. 20 сентября 1921 г.)——494、498。

《粮食报》(莫斯科)(«Продовольственная Газета», М., 1921, №97, 17 июня,
　　стр. 2)——278。

　　—1921, №130, 17 сентября, стр. 2.——367。

《论纲和决议(共产国际第三次代表大会通过)》(Thesen und Resolutionen.
　　Angenommen auf dem III. Kongreß der Kommunistischen Internationale.
　　Hrsg.: Presse-Bureau der Kommunistischen Internationale. M., 1921. 103
　　S.)——73—74、156。

《每日纪事报》(伦敦)(«The Daily Chronicle», London)——291。

вольственная Газета», М., 1921, №130, 17 сентября, стр. 2, в отд.: Официальный отдел)——367。

《社会民主党会议》(Совещание с.-д.—«Газета Печатников», М., 1919, №11, 6 января, стр. 4)——114。

《世界贸易地图集》(Atlas of the World's Commerce. A new series of maps with descriptive text and diagrams showing products, imports, exports, commercial conditions and economic statistics of the countries of the world. Compiled from the latest official returns at the Edinburgh geographical institute and edited by J. G. Bartholomew. London, Newnes, 1907. LI, 176, 42 p.)——23。

《水力涡轮机在瑞典的订货》(Заказ водяных турбин в Швеции.—«Экономическая Жизнь», М., 1921, №194, 2 сентября, стр. 4, в отд.: Разное)——268。

《苏维埃俄国的电气化》(Электрификация Советской России. Доклад т. Кржижановского и содоклады проф. Рамзина и Александрова на пленарном заседании Петроградского Совета рабочих, крестьянских и красноармейских депутатов 20 и 22 января 1921 года. Пг., Госиздат, 1921, 87 стр.)——343。

《苏维埃》杂志——见《我们的道路》杂志(《苏维埃》杂志)(柏林)。

《土耳其斯坦共产党第六次代表大会决议和决定》(1921 年 8 月 11—20 日) (Резолюции и постановления VI съезда Коммунистической партии Туркестана (11—20 августа 1921 г.). Ташкент, 1921. 21 стр.)——264。

《我们的道路》杂志(《苏维埃》杂志)(柏林)(«Unser Weg»(«Sowjet»), Berlin) ——130。

《无产者报》(日内瓦)(«Пролетарий», Женева, 1908, №30, 23(10) мая, стр. 3—6)——344。

《1914—1915 年年鉴》——见《俄罗斯统计年鉴(1914 年和 1915 年)》。

《1920 年 8 月 28 日人口普查的初步总结》(Предварительные итоги переписи населения 28 августа 1920 г. Вып. 1—4. М., 1920—1921. 4 кн. (Труды Центр. стат. упр. Т. 1. Серия I работ отд. демографии). Текст паралл. на рус. и франц. яз.)——452。

《1921 年赖兴贝格党代表大会。资本主义世界危机和共产国际》——见克雷
比赫,卡·《资本主义世界危机和共产国际》。

《印刷工人报》(莫斯科)(«Газета Печатников», М., 1919, №11, 6 января, стр.
4)——114。

《真理报》(莫斯科)(«Правда», М.)—— 93、94、205、208、266、309、353、366。

—1920, №15, 24 января, стр.2.—— 406—407。

—1921, №125, 9 июня, стр.1.—— 15。

—1921, №178, 13 августа, стр.2.—— 208。

—1921, №179, 14 августа, стр.1.—— 358、372。

—1921, №184, 21 августа, стр.1.—— 230。

—1921, №191, 30 августа, стр.1.—— 235。

—1921, №217, 29 сентября, стр.1.—— 373。

—1921, №228, 11 октября, стр.1—2.—— 443。

—1921, №231, 14 октября, стр.1.—— 450。

《中央统计局公报》(莫斯科)(«Бюллетень Центрального Статистического
Управления», М.)——399。

《最高国民经济委员会主席团的决定》(1921 年 7 月 11 日)(Постановление през-
идиума ВСНХ. 11 июля 1921 г. Рукопись)——46。

编入本版相应时期著作卷的
信件、电报的索引

《列宁全集》第二版第51卷编译人员

译文校订：崔松龄　李俊聪
资料编写：张瑞亭　刘方清　王丽华　孔令钊
编　　辑：杨祝华　许易森　江显藩　王宏华　李桂兰　李京洲
　　　　　薛春华
译文审订：张慕良　岑鼎山

《列宁全集》第二版增订版编辑人员

李京洲　高晓惠　翟民刚　张海滨　赵国顺　任建华　刘燕明
孙凌齐　门三姗　韩　英　侯静娜　彭晓宇　李宏梅　付　哲
戚炳惠　李晓萌

审　　定：韦建桦　顾锦屏　王学东

本卷增订工作负责人：彭晓宇　任建华

项目统筹：崔继新

责任编辑：毕于慧

装帧设计：石笑梦

版式设计：周方亚

责任校对：马　婕

图书在版编目（CIP）数据

列宁全集.第51卷/（苏）列宁著；中共中央马克思恩格斯列宁斯大林著作编译局编译.
—2版（增订版）-北京：人民出版社，2017.3
ISBN 978‑7‑01‑017136‑4
Ⅰ.①列…　Ⅱ.①列…②中…　Ⅲ.①列宁著作-全集　Ⅳ.①A2
中国版本图书馆 CIP 数据核字(2016)第 316461 号

书　　　名	**列宁全集**
	LIENING QUANJI
	第五十一卷
编 译 者	中共中央马克思恩格斯列宁斯大林著作编译局
出版发行	**人民出版社**
	（北京市东城区隆福寺街 99 号　邮编 100706）
邮购电话	（010）65250042　65289539
经　　销	新华书店
印　　刷	北京新华印刷有限公司
版　　次	2017 年 3 月第 2 版增订版　2017 年 3 月北京第 1 次印刷
开　　本	880 毫米×1230 毫米 1/32
印　　张	25
插　　页	3
字　　数	648 千字
印　　数	0,001—3,000 册
书　　号	ISBN 978‑7‑01‑017136‑4
定　　价	60.00 元

ISBN 978-7-01-017136-4

9 787010 171364 >